Landon
Der König und ich

Margaret Landon

Der König und ich

Aus dem Amerikanischen von
Walter Jelen-Jelinek

Illustriert von Margaret Ayer

Knaur

Titel der Originalausgabe: »Anna and the King of Siam«
Originalverlag: HarperCollins Publishers, New York

Besuchen Sie uns im Internet:
www.droemer-knaur.de

Die Folie des Schutzumschlags sowie die Einschweißfolie
sind PE-Folien und biologisch abbaubar.
Dieses Buch wurde auf chlor- und säurefreiem Papier gedruckt.

Knaur Verlag, München
Copyright für die deutsche Übersetzung © 1956
Hallwag Verlag Bern und Stuttgart
Copyright für diese Ausgabe © 2000
Droemersche Verlagsanstalt Th. Knaur Nachf., München 2000
Copyright © 1943, 1944 by Margaret Mortenson Landon
Published by arrangement with HarperCollins Publishers, Inc.
Alle Rechte vorbehalten. Das Werk darf – auch teilweise –
nur mit Genehmigung des Verlages wiedergegeben werden.
Für diese Ausgabe bearbeitet von Angela Troni.
Das Vorwort übersetzte Andrea Bußemeier.
Copyright © 2000 Droemersche Verlagsanstalt Th. Knaur Nachf.,
München 2000
Umschlaggestaltung: Agentur Zero, München
Umschlagfotos: Bettina Grabner, München
Satz: Ventura Publisher im Verlag
Druck und Bindung: Wiener Verlag GmbH, Himberg
Printed in Austria
ISBN 3-426-66064-4

2 4 5 3

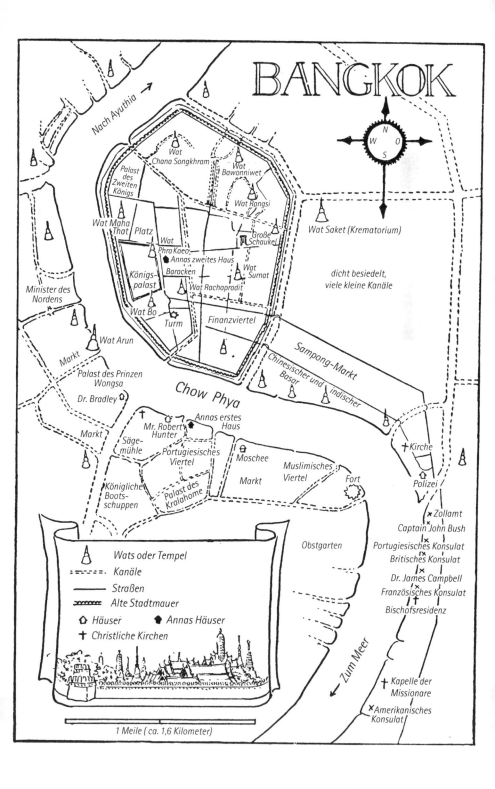

Vorwort

*I*ch lernte Anna Leonowens und ihre Geschichte durch den verstorbenen Dichter Doktor Edwin Bruce McDaniel kennen. Aus einem Versteck hinter einer Reihe von Büchern zog er eines Nachmittags *Als englische Erzieherin am Siamesischen Hof* aus seinem Bücherschrank und händigte es mir mit der Bemerkung aus: »Das hier müssen Sie unbedingt lesen. Die Siamesische Regierung wollte mit aller Macht das Erscheinen dieses Buches verhindern. Sie soll sogar versucht haben, die gesamte Auflage aufzukaufen, um den öffentlichen Verkauf des Buches zu unterbinden. Es gab deswegen schon so viel böses Blut, daß ich mein eigenes Exemplar vorsichtshalber versteckt halte.«
Ich nahm das Buch und setzte mich. Die Autos draußen auf der langen Nakon-Sritamarat-Straße in Südsiam hupten ununterbrochen, auch bimmelten die Gharries, die von Pferden gezogen wurden, und immer wieder schrillten Fahrradklingeln. Gelegentlich trottete auch ein Elefant vorbei, schwerfällig und majestätisch zugleich. Doch als ich zu lesen begann, verebbten diese Alltagsgeräusche.
Stunden später tauchte ich ganz benommen wieder aus der Geschichte auf, völlig überrascht, mich immer noch in der heutigen Welt zu befinden. Doktor McDaniel besaß auch Anna Leonowens' zweites Buch *Die Romantik des Harems*. Auch dieses verschlang ich vor gut fünfzehn Jahren in einem Rutsch. Meine Bemühungen, weitere Exemplare zu beschaffen, blieben erfolglos, beide Bücher wurden seit mehr als 50 Jahren nicht mehr gedruckt. Meine Begeisterung war jedoch so groß, daß ich verschiedene amerikanische Freunde dazu drängte, sie zu lesen.

Zum Glück waren in den New Yorker Bibliotheken und auch in Chicago Exemplare von Leonowens' Romanen vorhanden. Muriel Fuller, eine meiner engsten Freundinnen, die während des College meine Zimmernachbarin war, sagte dann 1937 zu mir: »Warum nimmst du nicht einfach die biographischen Hintergründe der beiden Bücher und machst ein neues daraus? Laß die endlosen Erörterungen und Beschreibungen weg, damit langweilst du nur diejenigen, die nicht gerade Siamesische Geschichte studieren. Dann verknüpfst du die einzelnen Ereignisse und erzählst sie schön der Reihe nach.«
Mir gefiel die Idee, Anna Leonowens dem modernen Leser vorzustellen – ihre Lebensgeschichte war schließlich mehr als interessant. Ich selbst fand zwar die langen Beschreibungen über Land und Leute keineswegs langweilig, aber ich verstand, daß es anderen Lesern so gehen konnte.
Monate später war ich noch immer mit der offensichtlichen Unmöglichkeit konfrontiert, weitere Exemplare dieser Bücher aufzutreiben. Am 17. März 1938 geschah dann das Unmögliche: Während mein Mann in einer wirtschaftswissenschaftlichen Buchhandlung nach einem ausgefallenen Buch über China suchte, schlenderte ich ins Antiquariat. Ich traute meinen Augen kaum, als ich unter dem Buchstaben »L« den Roman *Die Romantik des Harems* fand, und zögerte, nach dem Preis zu fragen. Eine meiner Bekannten hatte in London nämlich die ungeheure Summe von drei Pfund für *Die englische Erzieherin* bezahlt. Ganz hinten auf der letzten Seite entdeckte ich den mit Bleistift geschriebenen Preis: ein Dollar!
Nur wenige Wochen später las ich dann in der Zeitung, daß Marshall Fields 50 000 alte Bücher verscherbelte. So unglaublich es auch erscheinen mag: Ich fand *Als englische Erzieherin am Siamesischen Hof* nach halbstündigem Suchen zu dem sensationellen Preis von 50 Cents.
Nachdem ich die Bücher nochmals sorgfältig gelesen hatte, stellte sich heraus, daß ich – wollte ich tatsächlich eine zusam-

menhängende Geschichte aus ihnen machen – unbedingt mehr Informationen brauchte, als in den Büchern enthalten waren. Ich wußte nichts über Leonowens' Nachkommen, außer daß ihr Sohn eine Bauholzfirma in Siam besessen hatte und dort gestorben war. Wieder ereignete sich dann im Winter 1939 ein Zufall, als mein Mann mit einer Gruppe von Ministern in Illinois zu Mittag aß. Er wurde als Siamese vorgestellt und seine Hochwürden Doktor Gerald G. Moore, der damalige Dekan von Sankt Luke, lehnte sich über den Tisch und sagte: »Meine Mutter würde Sie bestimmt gerne kennenlernen. Sie hatte mal eine Freundin – um genau zu sein, die Ehefrau eines Cousins –, die vor vielen Jahren in Siam wohnte. Meine Mutter spricht noch heute von Tante Annie und ihren Briefen aus Siam.«
»Ihr Name war doch nicht zufällig Anna Leonowens, oder?« fragte mein Mann verwundert.
»Doch, genau so hieß sie«, antwortete Dr. Moore ebenso verwundert. »Warum?«
Mein Mann überschlug schnell, daß es immerhin mehr als 70 Jahre her war, seit Anna Leonowens Siam verlassen hatte und sagte: »Es wäre mir ein Vergnügen gewesen, Ihre Mutter kennenzulernen. Meine Frau und ich, wir interessieren uns sehr für Anna Leonowens, und wir wären begeistert, jemanden zu treffen, der sie persönlich gekannt hat.«
Dr. Moores Augen glänzten, als er sagte: »Meine Mutter wohnt nur ein paar Blocks von hier entfernt. Möchten Sie vielleicht nachher mitkommen und sie kennenlernen?«
Durch diese zufällige Begegnung lernten wir auch Dr. Moores Schwester Kathleen Moore und seine Mutter Lizzie Avice Moore kennen, die noch ein junges Mädchen gewesen war, als Anna Leonowens 1867 von Siam zurück nach Irland kam. Sie erinnerte sich sehr genau an sie. Die Moores arrangierten auch mein Treffen mit Avis S. Fyshe, der Enkelin von Anna Leonowens, die in Montreal lebt und mich nicht nur mit Briefen, sondern auch mit anderem wichtigen Material versorgte.

Im Herbst 1939 begann ich schließlich mit dem Buch. Die Sache gestaltete sich weitaus schwieriger, als ich vermutet hatte, obwohl ich mich immer schon sehr für die Herrschaft des Königs Mongkut interessiert hatte und mich deshalb ganz gut in der Geschichte Siams im 19. Jahrhundert auskannte. Außerdem hatte ich neun von zehn Jahren in Siam in Provinzen gelebt, wo ich meist die einzige weiße Frau war. Die unzähligen Geschichten aus der Vergangenheit brachten mir die Welt von gestern wieder nahe, die inzwischen völlig aus dem modernen Bangkok verschwunden ist.

Allerdings stellte ich fest, daß ich in der Zeit von 1927 bis 1937 ein völlig anderes Siam kennenlernte als Anna Leonowens gut sechzig Jahre zuvor. Als ich dort lebte, habe ich zum Beispiel keinen einzigen Gebrandmarkten gesehen – zu Anna Leonowens Zeit war es eine Seltenheit, wenn ein Mensch an seinem linken Handgelenk *kein* Brandzeichen des Adeligen trug, dessen Leibeigener er war.

Immer wieder mußte ich spezielle Informationen über bestimmte obskure geschichtliche Ereignisse herausfinden, ehe ich Annas anschauliche Erzählungen wirklich ordnen konnte. Da gibt es zum Beispiel jene Geschichte, wie Lord John Hay von den Haremsdamen empfangen wurde. Sowohl der genaue Zeitpunkt als auch der Anlaß von Lord Johns Besuch in Bangkok waren extrem schwer herauszufinden. Als ich in der Kongreßbibliothek zwischen all den anderen, damals noch nicht katalogisierten Büchern in siamesischer Sprache den ersten Band der Briefe von König Mongkut fand, bedeutete dies einen großen Fortschritt für meine Arbeit.

Der Aufbau dieses Buches wird hauptsächlich durch die Art der Aufzeichnung von Anna Leonowens bestimmt. Mein ursprüngliches Anliegen – ihre Erzählungen ohne sprachliche oder stilistische Änderungen aneinanderzustückeln – war nicht zu verwirklichen. So wurden kleine, aber vertretbare Änderungen vorgenommen, wie etwa der Wechsel vom Ich-Erzähler in einen auktorialen Erzähler oder die Anpassung an die Sprache unserer Zeit.

Wenn ich nach den inhaltlichen Quellen des Buches gefragt würde, kann ich sagen, daß es zu 75 Prozent aus Fakten besteht und zu 25 Prozent aus Erzählungen, die auf Tatsachen basieren. Zwei Menschen bin ich zu besonderem Dank verpflichtet, da sie mir während der vier Jahre des Schreibens sehr geholfen und mich immer wieder ermutigt haben, scheinbar unüberwindbare Hürden zu meistern: Muriel Fuller, die ich bereits erwähnte, und mein Ehemann Kenneth Perry Landon. Er hat mich eigentlich erst dazu ermutigt, die Geschichte von Anna Leonowens aufzuschreiben. Er unterstützte geduldig meine Recherchen, hat oft neue Materialquellen entdeckt, wenn ich schon aufgeben wollte, und diente mir bei dem langwierigen und mühseligen Versuch, dieses Buch ins Leben zu rufen, immer wieder als Hebamme.

Margaret Landon, Washington, D. C., 1943

Bangkok 1862

Der siamesische Dampfer *Chow Phya*, das modernste aller zwischen Singapur und Bangkok verkehrenden Schiffe, ankerte vor der Sandbank an der Mündung des gleichnamigen Flusses. Eine Truppe Zirkusartisten beugte sich über die Reling und versuchte, einen ersten Blick auf das Land zu werfen, dessen König sie eingeladen hatte, seine große Familie zu unterhalten. Ihre dressierten Hunde bellten und schnappten nach den beiden Hunden des Schiffskapitäns George Orton, doch Jip und Trumpet blickten nur hochmütig und abweisend in die andere Richtung.

Abseits der lärmenden und lachenden Gruppe stand eine Engländerin gegen die Reling gelehnt. Sie trug ein Musselinkleid mit hohem Kragen und bis zu den Handgelenken reichenden Ärmeln. Sie war sehr schlank und anmutig, und ihr hübsches Gesicht wurde von kastanienbraunen Locken umrahmt. Ihre dunklen Augen ruhten auf dem Landstrich am Horizont. Neben ihr stand – ebenso regungslos wie sie – ein großer Neufundländer.

Die Sonne stieg höher, und ihre goldenen Strahlen tanzten und funkelten auf den blauen Fluten des Golfes. Das Lachen und Lärmen an Deck wurde lauter, die Hunde rannten wild umher, doch die junge Frau wirkte in diesem Durcheinander so unbeteiligt, als wäre sie durch eine unsichtbare Wand davon getrennt.

Ein gutgekleideter Junge von ungefähr sechs Jahren kam in Begleitung einer Amme aus Vorderindien in einem buntgemusterten Gewand an Deck. Er hatte die gleichen Gesichtszüge und dasselbe vornehme Auftreten wie die junge Frau an der Reling. Sein braunes Haar war lockig, und seine braunen Augen glänzten freudig.

»Mama, Mama!« rief er, als er auf die stille Frau zulief. »Sind wir da? Sind wir endlich da?«

Sie wandte sich ihm mit einem Lächeln zu. »Ja, Louis. Wir sind da. Bald werden wir in Bangkok sein, nicht wahr, Captain Orton?« fragte sie den sonnengebräunten jungen Mann in makelloser Uniform, der sich hinter ihren Sohn gestellt hatte.

»Wir werden mit der Flut über die Sandbank fahren«, antwortete der Offizier, »heute nacht werden Sie schon an Land schlafen.«

Louis lief mit dieser Nachricht zu den Zirkusleuten, der Neu-

fundländer stapfte träge hinter ihm her. »Bleib bei ihm, Bessy!« rief die junge Frau dem Hund auf malaiisch hinterher.
»Beebe und Bessy passen doch hoffentlich gut auf Sie und Louis auf?« fragte der Captain.
»Ja, sehr.« Sie lächelte leicht, während ihre Augen dem davoneilenden Sohn folgten. »Beebe und Moonshee waren schon vor meiner Heirat bei mir, und die gute alte Bessy ist ebenfalls ein Familienmitglied. Sie beschützt uns mit ihrem Leben.«
Captain Orton stand für einen Augenblick schweigsam da. Eine frische Brise spielte mit den Locken der jungen Frau. »Mrs. Leonowens, Sie sollten besser einen Mann an ihrer Seite haben«, sagte er mit leiser Stimme. »Eine Magd, ein Hund und ein alter Persischlehrer reichen nicht aus. Es gefällt mir nicht, daß Sie nach Bangkok gehen. Für manche Frauen ist das kein Problem – aber nicht für Sie. Viele Menschen kommen nie wieder zurück!« Seine sonnengebräunten Wangen schienen ein wenig dunkler zu werden. »Vergeben Sie mir meine Direktheit, aber Sie können sich nicht vorstellen, was für Zustände in diesem Land herrschen!«
»Sie vergessen, daß ich seit meinem fünfzehnten Lebensjahr im Orient lebe.«
»Ja, in britischen Kolonien, wo britische Soldaten Sie beschützten. Aber das hier ist *Siam!*«
Die junge Frau biß sich auf die Lippen, blickte aber nicht zu ihm. »Ich kann nicht mehr umkehren. Ich habe mein Wort gegeben.«
»Sie wollen nicht zurückgehen?«
»Ich kann nicht!«
Orton schwieg einen Augenblick und sagte schließlich: »Da wäre immer noch Mr. Cobb. Er ist ein echter Gentleman und reich dazu.«
Sie errötete. Als sie darauf nicht einging, sagte er erregt, doch sehr leise: »Und ... ich bin auch noch da. Vielleicht kein echter Gentleman und bestimmt nicht reich, aber ...«

Mit Tränen in den Augen drehte sie sich zu ihm um. »Lieber Captain Orton, sagen Sie doch so etwas nicht! Für mich sind Sie ein echter Gentleman, ein freundlicher Gentleman, der mir diese lange Fahrt um einiges erträglicher gemacht hat. Aber bitte, versuchen Sie zu verstehen, daß es für mich immer nur einen Mann gegeben hat – Leon –, und nun, da er von mir gegangen ist, wird es keinen anderen mehr geben.« Sie blickte über das Wasser, doch ihre Augen waren blind; eine Träne lief ihr über die Wange, und sie trocknete sie hastig mit einem Taschentuch. Der Captain lehnte sich neben sie an die Reling.
»Mrs. Leonowens, Sie sind viel zu jung, um Ihr Herz jetzt schon zu begraben.« Ein bittender Ton klang aus seiner Stimme. »Glauben Sie mir, ich würde nicht viel von Ihnen verlangen. Ich möchte mich nur um Sie und Louis kümmern dürfen.«
»Aber ich kann Ihnen nicht einmal das zugestehen. Ich weiß nicht, warum, aber ich habe wirklich nichts, was ich Ihnen geben könnte.« Sie blickte zu ihm auf. Für einen langen Augenblick sah Orton ihr tief in die Augen, dann wandte er sich um. Ohne sie anzusehen, sagte er mit ruhiger Stimme: »Ich werde jeden Monat im Hafen sein. Sollten Sie jemals Hilfe brauchen, die *Chow Phya* und ich stehen zu Ihrer Verfügung.«
Dann ging er mit eiligen Schritten davon, ohne auf ihre Antwort zu warten.
Es war heißer geworden. Seufzend und ein wenig beruhigt ging die schlanke, anmutige junge Frau zu ihrer Kabine zurück.

Von Wales nach Indien

Sie hatte in Carnarvon in Wales am 5. November 1834 das Licht der Welt erblickt, auch wenn sich dort niemand mehr an Anna Harriette, die Tochter von Thomas Maxwell Crawford und seiner Frau, erinnerte – Tausende von Kilometern entfernt, in einer der schönsten und faszinierendsten Städte Asiens, sollte sie noch lange Zeit in den Herzen der Menschen weiterleben.
Carnarvon war ein guter Ort für ein Kind, eine saubere Stadt mit engen kleinen Straßen. Stets wehte ein frischer Wind vom Meer, und zahlreiche Schiffe fuhren in der blauen und geräumigen Bucht ein und aus. An warmen Sommerabenden konnte man die Terrasse am Nordende der Stadtmauer entlangspazieren und beobachten, wie die Sonne in einem Wolkenparadies hinter den Anglesey Hills unterging. Vor der Stadt ragte der

Mount Snowdon in den Himmel, Stürme brausten im Winter durch seine felsigen Engpässe, und im Frühjahr konnte man an seinen Hängen Schneeglöckchen und Primeln pflücken.
Als Kind eines so romantischen Landes war es kaum verwunderlich, daß Anna Harriette Crawford sich ihr Leben lang daran erinnerte, wie sie einst Briefe an Feen und Waldgeister in die Bäume gesteckt und stets die schmeichelhaftesten Antworten erhalten hatte. Es war auch nachvollziehbar, daß sie von einer innigen Freiheitsliebe erfüllt war, ebenso von einem tiefen religiösen Glauben und von Mut und Stolz, die sie nie verließen.
Sie war erst sechs, als ihre Eltern nach Indien reisten. Captain Crawford und sein Regiment waren wegen des drohenden Krieges als Verstärkung dorthin beordert worden. Seine kleine Tochter wurde bei einer Verwandten untergebracht, die eine Mädchenschule leitete. Anna war gerade sieben Jahre alt geworden, als ihre Tante, Mrs. Walpole, sie eines Tages zu sich rief, sanft in die dicken Arme nahm und ihr sagte, daß ihr Vater in dem fernen Land, in das er gezogen war, um der Königin zu dienen, den Soldatentod gefunden habe.

Im November des Jahres 1849 ging ein Dampfer, unter dessen Passagieren sich auch Anna Harriette Crawford befand, im Hafen von Bombay vor Anker. Sie war fünfzehn, kam frisch von der Schule und wartete ungeduldig darauf, endlich bei ihrer Mutter, die wieder geheiratet hatte, leben zu können.
Die Sonne schien durch den Nebel der frühen Morgendämmerung, als das junge Mädchen voller Neugierde und Verwunderung aus ihrem Bullauge blickte. Sie sah die Kais und die lange Flucht von steinernen Stufen, die das Ufer säumten, darüber erhoben sich die exotischen Formen der verschiedenen Tempel, die Überreste des alten Forts Maratha und zahlreiche europäische und indische Gebäude.
Als das Schiff andockte, herrschte unter den Passagieren eine große Aufregung. Schreiende Träger zankten wegen der Ge-

päckstücke, eine Gruppe Offiziere und Beamter – manche in lichtbraunen Röcken aus chinesischer Seide und mit breitkrempigen Strohhüten, andere in blauen Waffenröcken mit Militärkappen – drängte sich durch die Menge und kam an Bord. Ein junger Kadett, der nahe der Laufplanke gestanden hatte, eilte in die Arme eines gutaussehenden Offiziers, der ihm sehr ähnelte, aber gut zwanzig oder dreißig Jahre älter war. Anna hielt unruhig nach ihrer Mutter Ausschau, sie hatte ein wenig Angst, sie würde sie nach den langen Jahren der Trennung nicht wiedererkennen. Endlich entdeckte sie ihre Mutter und stellte fest, daß die Jahre der Trennung sie kaum verändert hatten: Sie war ein wenig älter, ein wenig zarter, aber das war auch schon alles. Sie fuhren glücklich vom Kai fort, und Anna hängte sich während der Fahrt förmlich aus der Kutsche heraus, um ja keine der neuen und wundersamen Sehenswürdigkeiten zu verpassen. Ihre Mutter berichtete, sie würden für einige Wochen bei Freunden in Colaba bleiben, um dann weiterzureisen. Annas Stiefvater hatte eine verantwortungsvolle Stelle inne und mußte in Poona die Durchführung einiger Regierungsprojekte beaufsichtigen. Doch bis dahin sollte Anna soviel von Bombay sehen, wie die Zeit erlaubte.

Eine ihrer ersten Fahrten führte sie zum Fort, eine andere zur Werft. Hier hatte Anna zum erstenmal Gelegenheit, einen Blick auf den Welthandel zu werfen. Der große Platz wimmelte von Kaufleuten, die sich drängten, stießen und in einem Dutzend Sprachen miteinander feilschten – hochtrabende Engländer, Araber und Hindus und dazwischen eine bunte Menge von Fakiren und Bettlern, die auf einige Münzen hofften.

Sechs Stunden lang tauschten, kauften und verkauften, handelten und debattierten die Menschen hier auf faszinierende Weise, bis um vier Uhr unzählige Kutschen in einer langen Reihe bei den steinernen Lagerhäusern vorfuhren und im Nu mit den weißen Kaufleuten wieder verschwanden. Plötzlich war, mit Ausnahme einiger Wächter, kein Mensch mehr zu sehen, nur

Anna hatte sich standhaft geweigert fortzugehen, ehe alles vorüber war. Sie war berauscht von diesem bunten Treiben. Das war also Handel! Eine unersättliche Neugierde erfüllte sie, mehr zu sehen und zu wissen.

Ein oder zwei Tage später fuhr sie mit ihrer Mutter durch die Märkte und Basare. Sie besuchten den Bhendi-Basar und danach den arabischen Pferdemarkt, beobachteten die Landung der aus Mekka kommenden Pilger, einer schmutzigen Menge krank aussehender Männer, sowie die Ankunft einiger bildschöner Sklavinnen, die an reiche Inder verkauft werden sollten.

Am meisten war das junge Mädchen aus der Provinz von einer Abendgesellschaft beeindruckt, zu der sie mit ihren Eltern eingeladen war.

Auf dem Weg zum Galadiner fuhren Anna und ihre Eltern durch eine lange Allee, bis ihre Kutsche vor einem von Säulen getragenen Steingebäude hielt, zu dem eine eindrucksvolle Treppenflucht führte. Auf den Stufen wartete bereits ein halbes Dutzend Bediensteter in wallenden weißen Roben mit karminroten und goldenen Turbanen, die Anna mit einem scheuen Blick musterte. Sie begrüßten die Gäste ehrfürchtig, halfen ihnen galant aus dem Wagen und führten sie in den Salon, in dessen Mitte die Witwe einer Königin gleich auf einer gelben Satin-Ottomane saß.

Anna Harriette fand die Gäste nicht besonders interessant, obwohl die Männer größtenteils schmucke Uniformen und die Damen aufwendige Kleider aus feinstem chinesischem Crêpe, Seide oder indischer Gaze trugen – vielmehr erweckten die würdevollen indischen Bediensteten ihre Aufmerksamkeit. Während des gesamten Abendessens glitten sie so lautlos dahin, daß ihre Füße kaum den Boden zu berühren schienen. Große Fächer bewegten sich sacht, sanftes Licht fiel von den Kronleuchtern auf die Blumen, das Glas und das Silber. Weitere Bedienstete standen mit gekreuzten Armen vor den Türen und

Säulen, sie waren so unbeweglich, daß man sie – von dem Funkeln ihrer Augen einmal abgesehen – für Bronzestatuen hätte halten können.

Das Tischgespräch drehte sich um die Ausbreitung der britischen Macht. Ein Meer von Worten wogte um das junge Mädchen, und niemand wunderte sich, daß Anna so ruhig dasaß – es galt vielmehr als Zeichen guter Erziehung. Ihre Gedanken aber waren alles andere als ruhig: Sie hörte den Offizieren zu, die mit vom Wein geröteten Gesichtern Feldzüge und Siege debattierten. Auch sprachen sie sehr verächtlich über die Inder und amüsierten sich auf ihre Kosten. Das Lachen, das Geprahle und die arrogante Überheblichkeit berührten das junge Mädchen schmerzlich. Es erschien ihr zum ersten Mal nicht richtig, daß die Engländer hier in Luxus und Verschwendung lebten. Plötzlich kamen ihr das köstliche Mahl, das Rauschen der Brunnen, das durch die Fenster drang, und das Verhalten bei Tisch völlig unangemessen, fast sogar empörend vor. Was dachten nur die dunklen und unheildrohenden Männer, die im Schatten warteten und jede Wendung und Bewegung der weißen Gesichter bei Tisch verfolgten? Haßten sie etwa die Eroberer ihres alten Landes? Dachten sie sich: »Nicht mehr lang, ihr Narren, und unsere Messer werden eure Kehlen aufschlitzen«? Diese düstere Vorstellung wurde so stark, daß Anna plötzlich wünschte, sich den forschenden Blicken der Inder entziehen zu können. Sie wäre am liebsten aufgesprungen und davongelaufen, so heftig wurden ihr Groll und ihre Abneigung gegen dieses Geplauder bei Tisch, doch die Etikette verbot es ihr. So saß sie still und versuchte, ihre innere Unruhe in den Griff zu bekommen.

Seit jenem Abend hatte Anna viel über Indien nachgedacht. Sie sah nun genauer hin, wenn sie mit ihrer Mutter durch die Stadt fuhr, nur konnte sie mit niemandem über die bohrenden Zweifel sprechen, denn ihre Ansichten unterschieden sich zu sehr von den Gedanken der Menschen um sie herum.

Während dieser Wochen gelangte Anna zu einer aufrüttelnden Erkenntnis, die ihr gesamtes Leben sehr stark prägen sollte: daß ein Mensch, ungeachtet seiner Hautfarbe, seiner Religion oder seines Geschlechts gewisse Rechte besitzt, die kein anderer verletzen darf.

Nach einigen Monaten in Bombay fuhr Anna mit ihren Eltern nach Poona, der einstigen Hauptstadt der großen indischen Könige. Das Land war voll der schroffsten Gegensätze: prunkvolle Göttertempel und armselige Hütten, fruchtbare Ebenen und weite Wüsten, hohe Felsen mit alten Befestigungswerken, die nun einsam und verlassen dalagen, und tiefe Höhlen in abseits gelegenen Bergen, in denen noch die romantische Kultur längst vergangener Zeiten eingemeißelt war.

Während das Pferdegespann schnell dahintrabte, gingen Anna unzählige Gedanken durch den Kopf – und als sie einige Tage später an ihrem Ziel anlangten, ließen sie das Mädchen noch immer nicht los.

Zwei Ereignisse hatte Annas Aufenthalt in Bombay zur Folge gehabt: erstens, daß sie in einen jungen britischen Offizier verliebt war, den sie dort getroffen hatte und ohne den sie sich ihr Leben nicht mehr vorstellen konnte. Er hieß Major Thomas Louis Leonowens, und er war Stabsoffizier im Verpflegungsamt der Armee. Sie hatten vereinbart, sich regelmäßig zu schreiben, und es galt als abgemacht, daß sie – wenn Anna ein wenig älter war – heiraten würden.

Die andere Tatsache war, daß sie ihren neuen Stiefvater nicht leiden konnte. Er war ein regelrechter Haustyrann, und mit jedem Tag der Reise wurde ihre Abneigung ihm gegenüber stärker. Unglücklicherweise war er aber, gemäß dem Testament ihres Vaters, gemeinsam mit Colonel Rutherford Sutherland ihr Vormund und zugleich der Nachlaßverwalter.

Annas Stiefvater hatte mehrmals angedeutet, daß er Pläne für ihre Zukunft habe, und sie waren noch nicht lange in Poona, als es zum ersten Streit kam. Seine Pläne schlossen nämlich auch einen Gatten ein, den er bereits ausgewählt hatte: einen reichen Kaufmann, ungefähr doppelt so alt wie sie, der ihr in jeder Hinsicht unsympathisch war. Ihr Stiefvater war nicht gewillt, ihre Freundschaft mit dem jungen Major Leonowens, der außer seinem Offizierspatent nur wenig vorzuweisen hatte, zu erlauben – doch Anna besaß ihren eigenen Willen zur Unabhängigkeit, und so nahm die Freundschaft in Form eines geheimen Briefwechsels ihren Fortgang.

Nach zahlreichen Auseinandersetzungen konnte Annas Mutter schließlich zwischen ihrem despotischen Gatten und ihrer eigenwilligen Tochter einen Kompromiß erzielen. Der Kaplan der Ostindischen Kompanie in Bombay, Reverend George Percy Badger und seine Frau, waren mit Annas Mutter befreundet. Mr. Badger, ein hervorragender Kenner der arabischen Sprache, hatte den Auftrag, die ersten Kirchen der Nestorianer in Kurdistan und anderer orientalischer Christen zu besuchen. Er und Mrs. Badger luden Anna ein, sie nach Ägypten und in den Nahen Osten zu begleiten.

Im Jahre 1850 schiffte Anna sich mit den Badgers in Bombay ein. Aus Ägypten schrieb sie über den Zauber des Nils und berichtete über die Besuche der Pyramiden von Luxor, Theben und Karnak. »Wir sahen wirklich alles, was irgendwie sehenswert war!« hieß es in einem ihrer Briefe. Außerdem übernahm Mr. Badger ihre Erziehung, und sie begann, mit ihm Arabisch zu lernen. Für das Studium der persischen Sprache hingegen verpflichtete sie einen Privatlehrer, Moonshee mit Namen, der mit seiner Frau, Miriam Beebe, viele Jahre in ihren Diensten bleiben sollte.

Anna arbeitete hart mit Mr. Badger, sie folgte stets seinen sachkundigen Erläuterungen aufmerksam und machte sich immer viele Notizen. So öffnete sich dem Mädchen aus Wales eine bisher unbekannte Welt.

Als Anna nach fast einem Jahr nach Poona zurückkehrte, stand ihr Entschluß fest: Sie würde auch gegen den Willen ihres Stiefvaters heiraten. Leon schrieb, daß alles für sie bereit sei: »Ich habe ein großes, luftiges Haus in bester Lage nahe dem Regierungsgebäude gemietet. Es ist zwar weit vom Fort entfernt, doch ansonsten überwiegen die Vorteile. Ich habe auch eine Kutsche und ein Pferd gekauft und die Einrichtung des Hauses, von einigen Gegenständen abgesehen, vollendet. Unser Heim wird sehr hübsch, doch nicht allzu reichhaltig möbliert sein, denn das würde eine Unmenge Geld verschlingen. Da ich bisher fast elfhundert Rupien ausgegeben habe, kannst du ungefähr beurteilen, daß die Einrichtung eines Hauses wahrlich keine Bagatelle ist. Wir haben auch einen großen Garten, was dich bestimmt freuen wird ...

Um beträchtliche Kosten zu ersparen, wird es wohl am besten sein, wenn wir in der Kirche von Poona getraut werden. Du mußt dir jedoch über deine Wünsche im klaren sein, laß mich deine Entscheidung bald wissen.«

Anna und Leon wurden 1851 in aller Stille getraut. Viele Jahre später schrieb sie einem ihrer Enkel: »Seit dieser Heirat, der mein Stiefvater sich mit soviel Groll entgegenstellte, ist jeglicher Kontakt zu ihm abgebrochen.« Der Schmerz saß noch immer tief. Kein einziges Mal erwähnte sie ihren Kindern und Enkeln gegenüber den Namen ihres verhaßten Stiefvaters – sie sollten ihn niemals kennenlernen.

Die Prophezeiung des Astrologen

Ihr neues Zuhause am Malabar Hill war von der übrigen Welt abgeschlossen. Der Hügel, ein felsiges Vorgebirge an der Südseite von Bombay, war mit wunderschönen Häusern bebaut, von denen nicht wenige aussahen wie Paläste. Auf der höchsten Stelle stand etwas abseits ein hoher Turm. Es war ein »Turm des Schweigens«, wohin die Anhänger Zoroasters ihre Toten brachten.

Auf der anderen Seite dieser ängstlich gemiedenen Stelle und nicht weit von einem Palmenhain stand ein einsames Haus, das von jedermann »Morgans Torheit« genannt wurde. Sein Erbauer war vor gut zehn Jahren nach England zurückgekehrt, seither war es unbewohnt. In dieses Haus führte Major Leonowens seine Braut.

Der ursprüngliche Eigentümer war ein großer Vogelliebhaber gewesen und hatte bei der Erbauung des Hauses die Unterbringung seiner gefiederten Freunde berücksichtigt. Das junge Paar nannte sein Heim auch sogleich »Das Vogelhaus«. Es hatte zwei Stockwerke: Das erste war auf Steinsäulen gebaut, die mittels eines Drahtgewebes miteinander verbunden waren. Die meisten der seltenen Vögel, die einst hier gehalten wurden, waren verschwunden. Das obere Stockwerk aus fein gemasertem Teakholz war von einem kunstvoll geschnitzten Balkon umgeben. Ein Turm, von dem man die schönste Aussicht der gesamten Insel genoß, bildete den östlichen Abschluß des Hauses. Das Erdgeschoß war über und über mit Unkraut und dichtem Gestrüpp bedeckt. Der Gärtner erzählte Anna, es wimmle darin von Reptilien, doch sie hatte niemals etwas davon bemerkt, bis eines Morgens die Schlangenbeschwörer mehrere große Kobras herauslockten.

Die Turmkammer war der Lieblingsplatz des jungen Paares. Sie war ganz schlicht mit einem Tisch, einigen Rohrsesseln, Sofas und einem Perserteppich möbliert. Gazenetze an Türen und Fenstern verhinderten das Eindringen der Mücken, Moskitos und Fliegen. Der Rest des Hauses war mit der gleichen Einfachheit eingerichtet. Es gab weder Vorhänge noch Rollos oder Teppiche.

Eine Armee von Bediensteten war für diesen kleinen Haushalt notwendig, da jeder der Angestellten nur für eine ganz bestimmte Aufgabe zuständig war. Der Khansamah, der oberste Diener, wachte über alle Bediensteten, und Anna mußte sich mehr als einmal mit ihm auseinandersetzen, wenn sie etwas auf ihre anstatt auf seine Art erledigt haben wollte. Außerdem gab es noch einen Koch, der sich immerzu betrank, und einen Küchengehilfen, der immer genau dann Lust zum Musizieren verspürte, wenn das junge Paar sich zur Ruhe begeben hatte. Sie beschäftigten einen Lampenanzünder, der dreimal in ebenso vielen Monaten um Urlaub bat, um seine Mutter beerdigen zu können, eine Zofe, einen Wäscher, einen Bheesti, der die Wannen im Badezimmer mit Wasser füllte und sonst nichts anderes tat, Jharu-Wala, der jeden Morgen kam, auskehrte und dann wieder bis zum nächsten Morgen verschwand, einen Kutscher, einen Reitknecht und einen Schneider. Anna wünschte, sie könnte auf die Dienste mancher dieser mehr oder weniger eifrigen Geister verzichten. Doch wann immer sie dies vorschlug, wurde ihr erwidert, daß es der Sitte entsprach, und die ganze Dienerschaft verbündete sich gegen sie.

Außer den Bediensteten gab es auch noch einen Lehrer oder Pundit, Govind mit Namen, der jeden Morgen und Abend kam, um Sanskrit und Hindustanisch zu unterrichten.

Major Leonowens mußte beruflich viel reisen, und das junge Paar besuchte eine Stadt nach der andern. Wenn sie einmal nicht unterwegs waren, studierten sie oder betrachteten die Sehenswürdigkeiten Bombays. Sie führten ein interessantes Leben, denn es gab unendlich viel zu sehen und zu lernen.

Einmal suchten sie einen berühmten alten Feuerpriester und Astrologen auf, um sich ihre Horoskope erstellen zu lassen. Dies war zwar nicht gerade einfach gewesen, aber mit Hilfe eines Parsen, ein Freund ihres englischen Nachbarn, war es ihnen schließlich gelungen. Der alte Priester empfing Fremde nämlich nur, wenn einer seiner Glaubensgenossen für sie vermittelte.

Die beiden verließen ihr Haus gegen sechs Uhr abends. Nach einer langen Fahrt durch das Parsenviertel hielt die Kutsche vor einem großen, baufälligen Holzhaus, dessen bis über die Straße reichender Balkon von wackligen hölzernen Säulen gestützt wurde, unter dem ein kleiner Kräutergarten angelegt war. Ihr Nachbar, der dieses Haus oft vorher besucht hatte, führte sie durch den Garten über hölzerne Treppen in einen Korridor. Er klopfte behutsam an ein sehr altes Tor, das einen Spalt offenstand, und eine schwache Stimme forderte sie zum Eintreten auf. Einen Augenblick später standen sie vor dem Feuerpriester, der nur schweigsam und unbeweglich dasaß, selbst seine Augen wandten sich ihnen nicht zu.

Ein alter äthiopischer Diener bedeutete ihnen, sich auf den Polstern niederzulassen, bis sein Herr die Abendgebete beendet habe. Sie nahmen schweigend Platz und blickten sich um. In der Mitte des ärmlichen Raumes stand ein dreifüßiges Gestell, auf dem sich eine runde, irdene Lampe mit sieben brennenden Dochten befand. Davor stand der Feuerpriester in seinem langen, schmutzigen Gewand, das bis zu seinen abgemagerten Füßen reichte. Während er seine Lippen im Gebet bewegte, glitten seine dünnen Finger über einen heiligen Faden, das mystische Wahrzeichen seines Glaubens. Den Beobachtenden fiel vor allem der ernste und friedvolle Ausdruck auf seinem Gesicht auf und nicht, daß er unglaublich alt war.

Unzählige alte Pergamente waren auf dem Boden gestapelt, Töpfe, irdene Lampen, Halstücher, Teppiche, Bettzeug und bestickte Polster lagen in scheinbarem Durcheinander herum. Der äthiopische Diener, der ebenso alt aussah wie sein Herr, grinste aus einer Ecke auf die weißen Fremden. Er hatte fast alle Zähne verloren.

Nachdem der Feuerpriester seine Gebete beendet hatte, legte er sein langes Kleid und seinen dunklen, kegelförmigen Hut ab und zog einen grauen Rock und seine Kappe an. Sodann wandte er sich dem Engländer zu, griff freundlich nach dessen Händen und drückte sie zum Gruß gegen seine Stirn. Das junge Paar hieß er auf die gleiche Weise willkommen und setzte sich dann hin, um mit ihnen zu plaudern.

Nach einer Stunde wagten sie es, ihn um ihre Horoskope zu bitten. Er erhob sich sogleich, und es schien, als wäre er über ihr Ansuchen erfreut. Bereitwillig führte er sie durch einen Korridor über eine alte hölzerne Treppe in eine kleine Kammer. Sie hatte kein Dach, besaß aber eine seltsame Vorrichtung – einer Falltür gleich –, die bei regnerischem Wetter heruntergelassen werden konnte. In einer Ecke stand eine Bank. In der Mitte des Raumes befand sich ein runder Drehtisch, der mit seltsamen Hieroglyphen bemalt war, ein dreibeiniger Stuhl stand daneben.

Sobald sie auf der Bank Platz genommen hatten, ergriff der

Priester eine Tafel mit schwarzen und roten Quadraten und ein Stück Kreide. Dann stellte er eine Laterne, die er aus einer Nische in der Wand geholt hatte, mitten auf den Tisch. Er wandte sich zu Anna und fragte sie auf hindustanisch nach dem Tag, dem Jahr, der Stunde und dem Augenblick ihrer Geburt. Alle Antworten schrieb er in Zeichen und Nummern in die Quadrate der seltsamen schwarz-roten Tafel.

Die ganze Zeremonie nahm einige Zeit in Anspruch, denn zuweilen überkamen ihn Zweifel, und er korrigierte die Zeichen und Nummern. Als er alles zu seiner Zufriedenheit niedergeschrieben hatte, begann er die Zeichen mit den Hieroglyphen auf dem Tisch zu vergleichen und studierte die Sterne auf jeder seiner Tafeln mit größter Aufmerksamkeit. Er wandte sein Antlitz dem Himmel zu und blickte abwechselnd auf das Firmament und die Hieroglyphen. Anna war anscheinend in einem ungünstigen Sternbild geboren. Der Priester sagte zahlreiche Todesfälle unter ihren Verwandten und Freunden voraus, ebenso prophezeite er eine Trennung durch Meere und Ozeane von ihren Lieben. Doch er sprach auch von einem langen und glücklichen Leben und von zahlreichen Enkeln und Urenkeln.

Sodann wandte er sich der Zukunft ihres Gatten zu, die jedoch noch ungünstiger war, da der Schatten eines großen Planeten seinen Pfad in der Mitte seines Lebens kreuzte. Der alte Priester schüttelte den Kopf. »Aber wenn Sie das überleben«, bemerkte er abschließend, »werden Sie sich ebenfalls eines hohen Alters und großen Wohlstandes erfreuen können.«

Es war nicht so sehr, was der alte Astrologe gesagt hatte, sondern sein vollkommener Glaube an seine Worte und die Position der Sterne und ihre unerbittliche Bedeutung, die das junge Paar so beeindruckten. Seine wallenden grauen Locken, die hohe Stirn und der tiefsinnige Ausdruck seines Gesichts waren auffallend. Sein Kopf schien mit den Mysterien der Sterne beschäftigt zu sein, während sein Herz mit der Ergründung der geheimen Bestimmung menschlicher Schicksale in Anspruch genommen wurde.

Als sie wieder in ihrer Kutsche durch die warme Nacht fuhren, waren alle sehr still. Jeder hing seinen eigenen Gedanken nach – der eine ein wenig amüsiert, der andere ein wenig ungläubig und doch irgendwie beeindruckt. Schließlich konnten sie nicht ahnen, daß innerhalb weniger Jahre alle Prophezeiungen des alten Mannes in Erfüllung gehen würden.

Der Brief des Königs

Doch zunächst einmal sollten sie sich mit dem Leben und nicht mit ihrem Tod beschäftigen. Als die Geburt ihres ersten Kindes bevorstand, beschlossen sie, daß Anna zu ihrer Mutter nach Poona fahren solle. Leon begleitete seine Frau auf dieser Reise, konnte aber nicht bis zur Geburt des Kindes bleiben. Kurz vor ihrem achtzehnten Geburtstag schrieb er:

Meine geliebte Annie!
Ich habe soeben Dr. Nohoes Brief erhalten, der mich - davon unterrichtet, daß Du einem kleinen Mädchen das Leben geschenkt hast. Seit meiner Abreise aus Poona habe ich dieser Nachricht entgegengefiebert, mein Liebling, meine geliebte Annie. Ich empfand unendliche Freude und tiefe Dankbarkeit zu Gott, als ich erfuhr, daß unser sehnsüchtig erwartetes Baby endlich da ist und ihr beide wohlauf seid. Deine innige Liebe und mei-

ne Ergebenheit für Dich haben stets mein Denken erfüllt, und jetzt hat diese Nachricht mein Glück vollkommen gemacht. Ich hoffe, meine Geliebte, daß Du nicht zuviel leiden mußtest und daß es Dir gutgeht. Schone Dich und achte auf unser geliebtes Kind. Ich sehne mich so sehr danach, Teuerste, Dich bald wieder in meinen Armen zu halten und den ersten Kuß auf die Stirn meines Kindes zu drücken.
Wir haben uns zwar immer einen Sohn gewünscht, werden nun aber ebenso glücklich sein und unser Kind nicht weniger lieben, nur weil es ein Mädchen ist ... Du hast recht, wir dürfen niemals wieder voneinander getrennt leben. Was immer auch in Zukunft passieren mag, wir werden stets zusammen sein, um uns gegenseitig zu stützen und zu trösten ...
Dein ergebener und Dich liebender Gatte
Leon

Ein anderes Mal schrieb er:

Ich komme gerade von einer Hochzeit zurück. Miß Howell hat heute morgen Mr. Henderson geheiratet, und ich hoffe von ganzem Herzen, daß sie glücklich sein werden. Sie fand es sehr schade, daß Du nicht dabei sein konntest, und sendet Dir die herzlichsten Grüße. Obwohl ich während des Frühstücks mehr Scherze machte als die anderen, konnte ich es kaum erwarten, endlich nach Hause zu kommen und Deinen sehnsüchtig erwarteten Brief zu lesen. Je besser ich diese Leute von Bombay kennenlerne, desto größer ist meine Verachtung für sie. Sie sind eine stupide und träge Gesellschaft, die sich bloß mit den gewöhnlichsten Ereignissen beschäftigt und mit denen kein geistreiches Gespräch über Kunst oder Kultur möglich ist.

Ich vergleiche Dich niemals mit anderen, meine Geliebte, denn meine Liebe gehört Dir. Doch je mehr Menschen ich begegne, desto klarer wird mir, daß ich niemals geheiratet hätte, wenn ich nicht Dir begegnet wäre. Du läßt alle meine frühesten und schönsten Träume von meiner künftigen Frau wahr werden. Ich lese gerade Deinen lieben Brief von Sonntag nacht und bin von Glück erfüllt. Ja, Liebling, diese Tage sind lang, und die Zeit der Trennung ist schwer, da wir uns so innig und leidenschaftlich lieben und uns so sehr nach den Armen des anderen sehnen. O meine geliebte, süße Frau, teuerster Schatz meines Herzens, wie sehne ich mich danach, Dich an mein Herz zu pressen, die Seligkeit von Deinen Lippen zu trinken, die höchste, leidenschaftlichste Wonne in Deinen Armen wahr werden zu lassen. Doch wie unvollkommen sind alle meine Bekundungen der Zuneigung und Liebe, um meine Gefühle, meine Ergebenheit für Dich zu beschreiben. Mir fehlen einfach die Worte, um Dir zu sagen, wie sehr ich Dich liebe, Dich verehre und anbete.
Ich hoffe, Ende dieses Monats bei Dir sein zu können. Ich kann Dir nicht sagen, Teuerste, wie sehr ich mich danach sehne, Dein geliebtes Gesicht zu sehen und Dich, mein geliebtes Weib, wieder an meiner Seite zu haben. Küsse unsere liebe Pussy für mich. Gott segne Euch beide, ich bete für Euch!
Dein zärtlicher und ergebener Gatte
Leon

Doch der Tod ließ sich nicht betrügen. Innerhalb weniger Monate nahm er erst ihre »liebe, kleine Pussy« und dann Annas Mutter zu sich. Der doppelte Verlust entkräftete Anna vollkommen. Der Arzt war nicht sicher, ob sie ohne einen sofortigen Klimawechsel am Leben bleiben würde; bleich, still und apathisch lag sie im Bett. Doch ehe die Bewilligung erteilt wurde, war Annas junger Körper wieder zu Kräften gekommen. So fuhr das junge Paar schließlich auf dem Segelschiff *Alibi* nach England, und sie hofften, daß die lange Seereise Annas Gesundheit wieder vollkommen herstellen würde. Doch das Schiff lief auf Felsen auf, ehe es das Kap der Guten Hoffnung erreichte, und die Passagiere wurden von einem anderen Segelschiff gerettet und nach Neusüdwales gebracht.

Um diese Zeit erwarteten Leon und Anna ihr zweites Kind, daher beschlossen sie, bis zur Geburt in Australien zu bleiben. Leider starb der kleine Junge schon nach wenigen Stunden. Anna wurde daraufhin so krank, daß es ihr nichts mehr ausmachte, ob sie am Leben blieb oder starb. Sie fuhren mit dem nächsten Dampfer ab, und Leon umsorgte sie während der langen Reise mit unermüdlicher Ergebenheit. Ende 1853 hatten sie sich endlich in England niedergelassen.

Zwei Kinder wurden in den drei Jahren ihres Londoner Aufenthalts geboren – Avis Annie Crawford Connybeare am 25. Oktober 1854 und genau ein Jahr später Louis Thomas Gunnis. Entweder lag es am milderen Klima oder der besseren ärztlichen Betreuung, die beiden Kinder gediehen jedenfalls prächtig. Ihre junge Mutter ging sogar selbst mit ihnen in den Park, in der damaligen Zeit etwas Unerhörtes für die Frau eines Offiziers. Doch Anna spazierte fröhlich zwischen all den Kindermädchen umher und scherte sich keinen Deut um diese Sitte, die ihr so gar nicht gefiel. Sie erfreute sich bester Gesundheit, war rundherum glücklich und hübscher als je zuvor. Das englische Klima hatte wieder Farbe auf ihre Wangen gezaubert, und sie sprühte vor Lebenslust.

Als Anna eines Nachmittags mit Avis an der Hand und Louis im Kinderwagen mal wieder durch den Park lief, wurde sie von einem unternehmungslustigen jungen Mann angesprochen. Sie freute sich sehr über seine Aufmerksamkeit und sagte ihm nicht, wer sie war, sondern antwortete ihm mit der gleichen Koketterie. Als er sie schließlich fragte, ob er sie wiedersehen könne, entgegnete sie nur spröde: »Meine Herrin erlaubt keine Herrenbesuche!«

»Dann werden Sie aber doch mal wieder mit mir spazierengehen?«

»Meine Herrin gestattet auch das nicht!« Und sie rauschte davon, da sie ein Lachen nicht länger unterdrücken konnte.

1856 wurde Leon in Singapur stationiert. Dort lebte inzwischen die Familie, als im Frühjahr 1857 bei Merut der Indische Aufstand ausbrach. Die Zeitungen aus Kalkutta wimmelten nur so von schlechten Nachrichten. Offiziere, mit denen Leon früher gedient hatte, fielen einer nach dem anderen im Kampf. Sie fanden auf den Listen der Ermordeten die Namen ihrer Freunde – Männer, Frauen und Kinder – und die Namen mehrerer Verwandter Annas. Sie litt sehr unter diesen Verlusten, und dennoch war sie der Meinung, daß die Briten, die Indien mit Gewalt erobert hatten, die Inder nicht verurteilen konnten. Schließlich versuchten die Inder nur, ihr Land auf die gleiche Weise zurückzugewinnen. Womit konnte auch jemand die Grausamkeiten der britischen Kommandanten bei der Niederschlagung des Aufstandes von 1764 oder die Vernichtung eines indischen Regimentes, das sich geweigert hatte, in Burma einzufallen, rechtfertigen? Und womit die Besetzung von Oudh? Als der Aufstand erlosch und Königin Victoria ein Gesetz unterzeichnete, das Indien der britischen Krone unterstellte, hatte Anna nicht nur Freunde und Verwandte, sondern auch ihr gesamtes Vermögen verloren. Eine Bank nach der andern wurde wegen der Ereignisse in Indien zahlungsunfähig. und Anna stand plötzlich ohne einen Penny da. Ihre kleine Familie mußte von einem Tag auf den anderen mit Leons bescheidenem Gehalt auskommen.

Kaum ein Jahr später wurden sie von dem schwersten Schicksalsschlag heimgesucht. Leon hatte mit einigen anderen Offizieren eine Tigerjagd geplant. Anna hatte ihn gebeten, nicht daran teilzunehmen, doch Leon liebte die Jagd, und außerdem waren bereits alle Vorbereitungen getroffen. Er versprach ihr aber, bis zur nächsten Nacht zurückzukehren.

Die Jagd nach dem Tiger war ziemlich langweilig, es war nahezu Mittag, als sie ihn erlegten. Um sein Versprechen halten zu können, mußte Leon in der größten Tageshitze zurückreiten. Die Kameraden beschworen ihn, bis zum Abend zu warten, doch er lachte sie nur aus. Was bedeutete schon ein wenig Sonne einem Manne, der an die Hitze gewöhnt war? Leon kam zwar zur versprochenen Stunde zu Hause an, fiel aber ohnmächtig vor den Füßen seiner Frau nieder.

Während der ganzen Nacht kniete sie betend neben ihm. Selbst nachdem ihr der Arzt gesagt hatte, daß der Tod eingetreten sei, betete sie noch immer, Leon möge ihr erhalten bleiben. Doch als der Morgen graute und keine Besserung eintrat, begriff sie, daß er gestorben war.

Leons Kameraden halfen, wo sie nur konnten. Die Offizierskollegen in Singapur versteigerten seine Pferde, gaben ihr den Erlös und ließen auch zwei der Tigerkrallen für sie in eine goldene Brosche fassen.

Eine Weile schien es, als würde Anna unter der Last des Schmerzes ihren Verstand verlieren. »Es ist zuviel! Zuviel! Zuviel!« dachte sie. Sie hatte erst ihren Vater, ihre Mutter, zwei ihrer Kinder, ihre Freunde, ihre Verwandten, ihr Vermögen und nun ihren geliebten Mann verloren. Warum sollte sie noch weiterleben, wenn das Leben so grausam war? Mittlerweile war es ihrem Stiefvater gelungen, die alte Heimstätte von Carnarvon in seinen Besitz zu bringen. Nichts war ihr geblieben! Nein, das stimmte nicht ganz – sie hatte immer noch Avis und Louis, fünf und vier Jahre alt. Und die treue Miriam Beebe und Moonshee hatten während der schrecklichen Tage, als Anna von Trauer überwältigt war, rührend für sie gesorgt. Doch wer war da, wenn sie einmal sterben oder ihren Verstand verlieren würde?

Allein wegen ihrer Kinder mußte sie jetzt versuchen, stark zu sein.

Sie hätte niemals gedacht, daß sie einmal selbst für ihren Lebensunterhalt würde sorgen müssen. Doch von Freunden ermutigt, eröffnete sie nun eine Schule für Offizierskinder und versuchte verzweifelt, endlich wieder ein normales Leben zu führen.

Alle waren in dieser schweren Zeit sehr freundlich zu ihr, vor allem ihr unmittelbarer Nachbar Francis D. Cobb, ein im Exportgeschäft tätiger Amerikaner. Er war auf den Rat seines Arztes nach Singapur gekommen, um sich von einer Tuberkulose zu erholen. Noch als Leon am Leben war, hatte sich Mr. Cobb mit dem jungen Paar angefreundet und ihnen hin und wieder Bücher ausgeliehen. Anna fand in den Monaten nach Leons Tod bei ihm Trost und Halt. Sie sprachen oft über den Mißstand der Sklaverei, und er berichtete ihr auch von Abraham Lincoln, dem seltsamen, hageren Mann aus Illinois, dem er sein vollstes Vertrauen schenkte. So kam es, daß sie trotz ihres Kummers immer größeren Anteil an der Bekämpfung der Sklaverei nahm.

Ein Jahr nach Leons Tod beherrschte die Trauer noch immer ihre Worte und Handlungen, doch der überwältigende Schmerz ließ allmählich nach. Die Kinder nahmen ihre Zeit voll und ganz in Anspruch. Sie waren so verschieden: Avis sanft und liebevoll, Louis dagegen ein wahrer Wirbelwind.

»Ich erinnere mich am besten an Papa!« rief Louis eines Tages im Garten. »Ich erinnere mich an alles von Papa!«

»Aber«, entgegnete Avis mit ruhiger Beharrlichkeit, »ich erinnere mich, wie er ritt und wie er uns auf Spaziergängen mitnahm.«

»Ach, das ist ja noch gar nichts«, erwiderte Louis lebhaft. »Ich erinnere mich sogar daran, wie gut Papa sprang, als er noch ein kleiner Junge war!«

Anna mußte bei den Worten ihrer Kinder laut lachen, dann hielt sie plötzlich inne. Sie hatte geglaubt, sie würde niemals wieder lachen können.

Ihre größte Sorge war, daß die Schule ein finanzieller Mißerfolg werden könnte. Die Offiziere sandten ihre Kinder zwar gerne hin, vergaßen aber oft, das Schulgeld zu bezahlen. Was konnte sie nur tun, um ihren Lebensunterhalt zu verdienen? Ihr Stiefvater hatte geschrieben, daß sie und die Kinder jederzeit nach Carnarvon kommen könnten. Sie müßte nur zugeben, daß es ein großer Fehler gewesen war, seine Worte zu mißachten und Leon zu heiraten. Doch wie konnte sie in dem geliebten alten Haus mit ihrem Stiefvater wohnen, da ihre Mutter nicht mehr unter den Lebenden weilte? Nein, sagte sie sich leidenschaftlich, das könnte sie niemals tun.

Noch ehe sie eine endgültige Entscheidung getroffen hatte, war Mr. W. Tan Kim Ching, der siamesische Konsul in Singapur, auf ihre Schule aufmerksam geworden. Er sollte im Auftrag seines Königs eine englische Erzieherin für die königlichen Kinder verpflichten. Nach langwierigen Verhandlungen erhielt Anna schließlich einen Brief vom König persönlich.

26. Februar 1862
Großer Königlicher Palast, Bangkok

An Mrs. A. H. Leonowens
Madam, wir haben gerne und mit großer Zufriedenheit zur Kenntnis genommen, daß Sie bereit sind, die Erziehung unserer geliebten königlichen Kinder zu übernehmen. Und wir hoffen, daß Sie uns und unsere Kinder (die von den Engländern immerzu als Einwohner eines rückständigen Landes bezeichnet werden) nach Ihren besten Kräften mit der englischen Sprache, Wissenschaft und Literatur vertraut machen, nicht aber versuchen werden, sie zum Christentum zu bekehren. Als gläubige Buddhisten sind wir uns, gleich den Anhängern der Leh-

re Christi, der Macht von Wahrheit und Tugend bewußt und deshalb mehr an der englischen Sprache und Literatur als an einer neuen Religion interessiert.
Wir erlauben uns hiermit, Sie in unseren königlichen Palast einzuladen und Sie zu bitten, für unsere Kinder Ihr Bestes zu tun. Wir werden Sie mit der Rückkehr des siamesischen Dampfers Chow Phya erwarten.
Wir haben auch Mr. William Adamson und unserem Konsul in Singapur geschrieben und sie gebeten, die beste Lösung für beide Seiten herauszufinden.
Ihr ergebener

Gezeichnet: S. S. P. P. Maha Mongkut, Rx.

Die erste Nacht

Am frühen Nachmittag begann der Dampfer seine langsame Fahrt stromaufwärts. Tische wurden an Deck gebracht, die Passagiere speisten und plauderten. Das rotbraune Wasser strömte die Windungen der saftig grünen Ufer entlang, Affen sprangen von Ast zu Ast, und Vogelgezwitscher scholl aus dem Dickicht.
Nach einer halben Stunde ankerte das Schiff wieder vor einer kleinen Ansiedlung, und Captain Orton ging an Land, um dem Gouverneur und den Zollbeamten Bericht zu erstatten. Die Passagiere beobachteten zwischenzeitlich das Dorfleben. In dem offenen Schuppen des Zollhauses lungerten Dolmetscher, Inspektoren und Zollbeamte auf Matten, kauten Betel und Ta-

bak und nötigten den Eigentümern der hier verankerten Schiffe Geld, Waren und Proviant ab. Vor den Bambushütten tummelten sich Schweine, Hunde und schmutzige Kinder im Staub. Gegenüber dem Dorf entdeckten die Passagiere eine kleine Insel mit einem zauberhaft schönen Marmortempel, gleich einem Juwel auf der Brust des Flusses. Als die *Chow Phya* ihre Reise stromaufwärts fortsetzte, standen die junge Frau und ihr Sohn gegen die Reling gelehnt und blickten auf das vorbeiziehende Ufer. Je näher sie ihrem Ziel kamen, desto häufiger wurden die von Palmen überdachten Häuser und die Pyramiden, Türme und Türmchen der großen Gebäude. Die Sonne ging gerade unter, als Anna ein Dach in englischem Stil erspähte. Eine weiße Kapelle mit grünen Fensterläden wurde sichtbar, zwei Häuser unter schattigen Bäumen standen daneben. Anscheinend war es die Residenz der amerikanischen Missionare. Das friedliche und so heimatlich anmutende Bild ging der Engländerin ans Herz. Vor ihr lag im Zauber der hereinbrechenden Nacht das Land, in das sie als Fremde gekommen war. Dieser Gedanke erfüllte sie plötzlich mit unbeschreiblicher Angst. Sie wünschte für einen Augenblick, sie hätte den Worten ihrer Freunde in Singapur mehr Beachtung geschenkt. Doch dann verscheuchte sie ihre Angst mit aller Kraft.

Nach einer weiteren halben Stunde ankerte der Dampfer in der Nähe mehrerer alter siamesischer Kriegsschiffe. Etwas weiter flußaufwärts konnte Anna die langen weißen Mauern erkennen, über die sich in langen Reihen die Dächer des königlichen Palastes erhoben. Sie war ganz verzaubert von dem berauschenden Anblick: unzählige Boote, Kanus, Gondeln, Dschonken und Schiffe, die den Fluß bevölkerten, schwarze Rauchsäulen. Endlich hatte sie ihr Ziel erreicht. Vor ihr lag der Palast, in dem sie schon bald ihre Arbeit aufnehmen würde. Ob man sie wohl noch heute nacht dorthin bringen würde? Hoffentlich erwartete sie jemand vom britischen Konsulat.

Die Zirkusartisten bereiteten sich schon darauf vor, das Schiff zu verlassen; sie sollten umgehend von siamesischen Beamten in den Palast gebracht werden. Ihr Gepäck wanderte über die Schiffswand in die kleinen Boote, dann kamen die bellenden und winselnden Hunde an die Reihe und schließlich sie selbst. Gleichzeitig wurde die Luke geöffnet, und das Entladen der Fracht begann. Doch noch immer war niemand, weder von der siamesischen Regierung noch vom britischen Konsulat, gekommen, um Anna abzuholen. Erneut beschlich sie eine unbestimmte Angst, und sie fühlte sich einsam und verlassen.
Da tauchte aus dem tiefen Schatten eine lange, wunderschöne, drachenförmig geschnitzte Gondel auf, die von Fackelschein erhellt wurde. Auf ihrem Deck befand sich eine kleine, vergoldete, mit Vorhängen geschmückte Kabine, in der ein siamesischer Würdenträger auf einem Teppich und auf Polstern ruhte. Ein Sklave mit einem Fächer kauerte vor ihm.
Dieser Würdenträger trat nun mit gleichgültiger Miene auf die *Chow Phya*. Sein Oberkörper war nackt, während seine seltsamen Beinkleider aus leuchtendroter Seide bis zu seinen Knöcheln reichten. Seine braune Haut schimmerte im Licht der Fackeln. Ein Dutzend Bediensteter, die wie Kröten über das Deck krochen, folgten ihm. Wie auf ein Zeichen warfen sich alle Asiaten auf dem Schiff zu Boden. Nur die Engländerin, die indische Kinderfrau und der bärtige Perser Moonshee blieben stehen. Der verwirrte Moonshee starrte auf den hochmütigen, halbnackten Mann, begann seine Gebete zu murmeln und sagte am Ende jedes einzelnen: »Großer Gott! Was ist das?«
Die Engländerin stand gefaßt da und wartete. Der Würdenträger, ebenso ruhig, wartete gleichfalls. Da trat Captain Orton aus dem Schatten hervor.
»Mrs. Leonowens, darf ich Ihnen Seine Exzellenz Chao Phya Sri Suriyawong, Premierminister des Königreiches Siam, vorstellen? Eure Exzellenz – Mrs. Anna Leonowens.«
Die Engländerin neigte ihren Kopf, während der Schein der

Fackeln über das scharfgeschnittene Gesicht des Premierministers flackerte. Obwohl kein Zeichen auf seinen Rang hindeutete, erkannte Anna sofort, daß dieser siamesische Adelige etwas Achtunggebietendes an sich hatte.
Er winkte einen jungen Diener heran, der zu ihm kroch wie ein Hund, der sich seinem erzürnten Herrn nähert. Ein Schwall unverständlicher Worte folgte, dann wandte sich der Diener zu Anna um und sagte auf englisch: »Sind Sie die Dame, die am königlichen Hof unterrichten wird?«
Sie nickte. »Ja, die bin ich.«
»Haben Sie Freunde in Bangkok?«
»Nein, ich kenne niemanden hier.«
Wieder ein Schwall siamesischer Worte. Die Engländerin konnte natürlich nicht wissen, daß der Mann mit den stolzen schwarzen Augen, der sie so intensiv beobachtete, genau verstand, was sie gesagt hatte. Sein Gesicht verriet keinen anderen Ausdruck als Hochmut. Wieder fragte der Dolmetscher: »Was werden Sie tun? Wo werden Sie heute nacht schlafen?«
Sie zuckte zusammen. »Ich weiß es noch nicht«, antwortete sie und versuchte, ihre Stimme selbstbewußt klingen zu lassen. »Ich bin völlig fremd hier. Allerdings ging aus dem Brief Seiner Majestät hervor, daß bei meiner Ankunft ein Haus für mich bereitgestellt sein würde. Und ich habe ihn darüber informiert, daß wir heute abend eintreffen.«
Dolmetscher und Würdenträger musterten sie mit unverschämten Blicken. Der Premierminister sprach, und der Dolmetscher übersetzte: »Seine Majestät kann sich nicht an alles erinnern.« Dann fügte er gleichgültig hinzu: »Sie können jetzt gehen, wohin Sie wollen.«
Der Premierminister schritt, von seinen Günstlingen und Sklaven gefolgt, davon, und kurz darauf verschwand seine Gondel mit den flackernden Fackeln in der Nacht.
Anna Leonowens war über die Herzlosigkeit des Empfangs bestürzt.

»Sehen Sie nun, was ich meine?« fragte Captain Orton. »Wieviel Entgegenkommen können Sie von Männern dieses Schlags erwarten?«

Anna vermochte nicht zu antworten. In freundlichem Ton fuhr er fort: »Sie können gerne noch auf dem Schiff bleiben, wenn Sie es wünschen. Aber wir werden während der ganzen Nacht ausladen, und es wird alles andere als ruhig werden.«

»Ich danke Ihnen sehr«, sagte sie leise.

Captain Orton wandte sich um, ging davon und kam wieder zurück. »Und mein anderes Angebot steht ebenfalls noch.«

Aus Decken und Kissen wurde für Louis an Deck eine Liegestätte bereitet. In der Dunkelheit saß Anna neben ihrem Sohn und hatte mehr Angst, als sie zugeben wollte. Immer wieder dachte sie daran, daß ihr eigener Wille sie und Louis in diese Lage gebracht hatte. Doch was hätte sie sonst tun können? Hätte sie etwa Francis Cobb oder George Orton heiraten sollen? »Leon, mein lieber Leon!« flüsterte sie, vom Schmerz ganz benommen. »Ich konnte es nicht. Ich konnte es einfach nicht.« Sie wurde von heftigen Schluchzern geschüttelt und versuchte nicht, ihre Tränen zurückzuhalten.

Nur wenige Meter von ihr entfernt schritt Captain Orton im Schatten auf und ab. Er schimpfte leise vor sich hin. Gelegentlich blickte er auf das schlafende Kind und das gebeugte Haupt der jungen Frau. Ein Kranich schrie über ihren Köpfen, und der dicke schwarze Rauch der Maschinen verdunkelte die Sterne. Das Geplapper der Kulis ähnelte dem Krächzen der Krähen.

Da näherte sich ein Boot der *Chow Phya* und war in einem Augenblick bei der Laufplanke angelangt.

»Captain Orton!« rief eine laute und fröhliche Stimme. Ein jovialer Engländer mit grauem Haar und rundem rötlichem Gesicht sprang lachend an Bord.

»Bringen Sie Nachrichten vom Konsul?« fragte Captain Orton.

»Von Sir Robert? Nein, er ist während der heißen Jahreszeit

nicht in der Stadt. Ich wollte nur kurz herkommen, um Sie zu sehen.«

Alles war innerhalb weniger Minuten eingefädelt. Captain John Bush, dem Hafenmeister, wäre es eine große Ehre, Mrs. Leonowens aufzunehmen, bis der König sie rufen ließ. Er habe genügend Raum in seinem Haus, es sei zwar sehr einfach, aber sauber. »Gewiß, gewiß, ich freue mich, der Dame helfen zu können, Sir. Gewiß, gewiß.«

Louis, Beebe und Moonshee, der Neufundländer, die Koffer und Schachteln und zuletzt auch Anna waren kurz darauf allesamt bei Captain Bush im Boot. Captain Orton winkte ihnen zum Abschied zu und gab ihnen viele gute Wünsche mit auf den Weg. Vier Männer legten sich in die Riemen, und das kleine Boot schoß auf den dunklen Fluß hinaus. Bald war die Silhouette der *Chow Phya* und mit ihr der letzte vertraute Anblick verschwunden.

Im Takt der gleichmäßigen Ruderschläge glitt das Boot durch eine traumhafte Szenerie: Hohe Schiffe, feingeschnitzte hübsche kleine Gondeln und Kanus zogen ununterbrochen vorbei. Doch bei all diesem Leben und der Bewegung war es vor allem das sanfte Rauschen des Wassers, das Anna Leonowens erfüllte. Dieses monotone Geräusch war für ihre verzweifelte Seele wie eine beruhigende Medizin. Kein Rasseln der Räder, kein Glockengeläut, kein Kreischen der Maschinen übertönte das Rauschen des Wassers.

»Übrigens«, unterbrach ihr neuer Freund fröhlich die Stille, »Sie werden mit mir gleich zu einem Theaterstück gehen müssen, Madam, meine Frau ist nämlich mit den Jungen dort, und sie hat den Haustürschlüssel in ihrer Tasche.«

»Zu einem Theaterstück?«

»Oh, seien Sie unbesorgt, Madam! Es ist kein richtiges Theater, sondern bloß eine kleine Laienspielgruppe, die von einem Franzosen, der vor vierzehn Tagen aus Singapur kam, geleitet wird. Wir haben so wenig Ablenkung hier, daß wir für alles dankbar sind, das die Monotonie unterbricht. Das Theater ist im Palast des Prinzen Wongsa. Ich werde Sie dann auch gleich dem Prinzen vorstellen. Er ist der jüngere Bruder des Königs. Übrigens ein sehr patenter Kerl!«

Sie antwortete nicht. Diese Nachricht war alles andere als erfreulich, schließlich hatte sie ein siamesischer Adeliger gerade erst aus dem Gleichgewicht gebracht.

Nach einigen Ruderschlägen legte das Boot an einem hölzernen Pier an, der von zwei Laternen beleuchtet war. Captain Bush half Anna galant heraus. Louis wurde aus seinem tiefen Schlaf gerissen und wollte nicht bei Beebe bleiben, er weinte unaufhörlich: »Ich will zu meiner Mama, ich will zu meiner Mama!« Ihr Kind in den Armen, stapfte Anna über die Stufen auf den Landungssteg, wo ein zusammengeringeltes Wesen auf einer Matte ruhte, das im fahlen Schein der Laterne einem Bären glich. Die plumpe Masse entwirrte sich, und eine fette Hand streckte sich ihnen entgegen.

»Seine Königliche Hoheit, Prinz Wongsa«, sagte Captain Bush und rollte die fremd klingenden Silben auf der Zunge. »Mrs. Leonowens, die neue Gouvernante, Eure Königliche Hoheit.« Eine weiche Hand umschloß die ihre, und der Prinz begrüßte sie mit einer sehr angenehmen Stimme. Neben ihm stand eine schweigsame Gestalt, deren hämischer Gesichtsausdruck im Flackern der Laterne deutlich zu erkennen war. In der gleichen Tracht wie am frühen Abend, eine Pfeife im Mund, weidete sich der Premierminister mit stillem Vergnügen an ihrem augenscheinlichen Schrecken.

Wortlos und erregter als je zuvor eilte sie Captain Bush nach, der sich durch ein enges Bambustor und sodann durch eine dichte Menge zwängte, die vor einer Art Altar saß. Eine Reihe wohlhabend aussehender Chinesen besetzte die rückwärtigen Plätze, während auf den Sitzen direkt hinter Captain Bush und Anna die Männer und Frauen der ausländischen Kolonien saßen, die sie mit neugierigen Blicken musterten. Auf einem Po-

dest, das mit bestickten Vorhängen verdeckt war, saßen siamesische Damen mit ihren in Seide gekleideten, lachenden, schwatzenden und gestikulierenden Kindern. Ganz im Hintergrund standen die Schaulustigen, deren Köpfe mit bürstenartigen Haarbüscheln bedeckt waren.
Ein Zauberkünstler, ein kleiner, lebhafter Franzose, der sein Handwerk zu verstehen schien, zeigte nun seine Tricks. Seine Puppe plauderte, sein leerer Sack füllte sich mit Eiern, seine Steine verwandelten sich in Süßigkeiten und umgekehrt, und seine ausgestopften Vögel zwitscherten. Die Zuschauer waren begeistert, sie applaudierten, murmelten beeindruckt und stießen immer wieder Rufe der Verwunderung aus.
Die junge Engländerin in der ersten Reihe hielt ihren kleinen Sohn fest umschlungen. Sein Kopf fiel gegen ihre Brust, und er schlief wieder ein. Auch Anna war müde und entmutigt und erwartete mit quälender Ungeduld das Ende der Vorstellung. Endlich war es soweit. Captain Bush erhob sich, und sie verließen gemeinsam das Theater. In dem Tumult konnte er jedoch seine Frau nicht erspähen. »Sie wird bestimmt vor uns zu Hause sein«, sagte er.
Der Schein unzähliger Fackeln spiegelte sich auf den dunklen und stillen Fluten, als sie wieder in das Boot stiegen, und ließ die dunkelbraunen Körper der Ruderer gespenstisch erscheinen.
Nach einer halben Stunde legte das Boot wieder an, die müde kleine Gruppe stieg aus, und die Ruderer luden die Koffer und Schachteln aus. Die Reisenden überquerten einen sauberen sandigen Hof und stiegen über hölzerne Stufen zu einer Veranda hinauf. Mrs. Bush erwartete sie mit einem schlafenden Kind im Arm. Unbekümmert und über die Ankunft der Gäste nicht weiter überrascht, hieß sie die Fremden mit einem freundlichen Lächeln willkommen. Ihre Güte und Schlichtheit beruhigte Anna, und sie fühlte sich nicht mehr so verlassen.
»Es ist wirklich sehr freundlich von Ihnen, uns aufzunehmen«, sagte Anna, und ihr war bewußt, daß es trotz aller gutmütigen

Herzlichkeit Captain Bushs von einer sechsfachen Mutter recht viel verlangt war, mitten in der Nacht vier unerwartete Gäste zu beherbergen.

»Aber nicht doch. Ich freue mich sehr über ihren Besuch«, antwortete Mrs. Bush herzlich, reichte ihr Baby der Kinderfrau und kümmerte sich selbst um die Gäste. Mit ruhiger Selbstverständlichkeit führte sie Anna und Louis zu einem Zimmer, zündete die Lampe für sie an und schloß die Fensterläden. Ein sauberes Eisenbett mit einem reinen Netz, weißen Überzügen und einem runden weißen Polster wartete auf die Müden. Mit beschaulicher Ruhe richtete Mrs. Bush auf der rückwärtigen Veranda Matten für Moonshee und Beebe her, während sich Bessy gleich bei der Tür niederließ.

Ein Ruderer brachte die Koffer herauf, und Anna nahm einen für die Nacht zu sich. Louis wachte nicht einmal auf, als sie ihn entkleidete und ins Bett legte. Mrs. Bush hatte sich schon längst zurückgezogen, und obwohl Anna unendlich müde war, konnte sie nicht einschlafen. Die Ereignisse des Tages gingen ihr wieder und wieder durch den Kopf. Der unfreundliche Empfang des Premierministers hatte sie außerordentlich entmutigt und die ärgsten Befürchtungen ihrer Freunde bestätigt. Vielleicht war Captain Orton im Recht gewesen, als er sagte, sie begehe einen Fehler. Die Weigerung des Premierministers, auch nur die geringste Verantwortung für ihr Wohlbefinden zu übernehmen, hatte sie verbittert und verängstigt. Ihre Zukunftsaussichten waren äußerst ungewiß, und die Furcht vor dem Unbekannten spülte, einer Flutwelle gleich, alle Vernunft davon. Unruhig drehte sie sich in ihrem Bett von einer Seite auf die andere, bis sie aufstand und am Fenster niederkniete, von wo aus sie die Sterne, den einzig vertrauten Anblick in diesem fremden Land, sehen konnte. Ihr Kopf sank auf ihre Hände, und während sie betete, fiel sie in einen unruhigen Schlaf. Als sie erwachte, kroch die Dämmerung über eine niedere Mauer durch die halboffenen Fenster.

Der Kralahome

Als Anna aufstand, überfiel sie die ganze Schwermut der vergangenen Nacht. Louis schlief noch. Sie kleidete sich an, kämmte ihr Haar und machte sich für den kommenden Tag bereit. Sie schrubbte ihr Gesicht mit aller Kraft, doch der Spiegel verhehlte ihr nicht, daß weder Wasser noch Seife die Schatten der Angst und der Einsamkeit entfernen konnten. Louis erwachte, als er sie umhergehen hörte. Seine Augen blickten sie neugierig und fragend an, und sein Lächeln war froh.
»Mama, wir sind da! Wo ist der Palast, Mama? Ich will ihn sehen. Können wir ihn heute sehen?«

Sie lächelte und führte ihn zum Fenster. »Knie nieder, Louis, und wir werden unseren himmlischen Vater bitten, auch hier über uns zu wachen.«

Seine kindliche Stimme vereinte sich mit der ihren: »Vater unser, der du bist im Himmel ...« Der vertraute Klang dieser Worte wirkte unendlich beruhigend auf ihre Herzen, und sie betete unhörbar: »Herr, erbarme dich! Der Knabe ist noch so jung! Die Schatten sind so dunkel! Ist diese bittere Taufe wirklich notwendig, um seine junge Seele zu reinigen?« Dann sprach sie laut weiter: »Denn dein ist das Reich und die Kraft und die Herrlichkeit in Ewigkeit. Amen.«

Als sie zum Ausgehen bereit waren, betraten sie das Zimmer nebenan, wo sie von Mrs. Bush mit dem gleichen freundlichen Lächeln wie in der Nacht zuvor begrüßt wurden. Sie führte ihre Gäste an den gedeckten Frühstückstisch, auf dem bereits Früchte und Tee standen. Als sie Platz genommen hatten, brachte ihnen ein Diener Schalen mit dampfendem Reis und Suppe. Die heiße Mahlzeit tat ihnen gut.

Da kam Captain Bush herein und begrüßte sie unbekümmert. »Schön, schön, wie geht es Ihnen?« fragte er herzlich. »Ein neuer Tag, wie? Sehen die Dinge heute morgen nicht gleich viel besser aus? Natürlich tun sie es, natürlich. Der Prinz hat Sie wohl ganz schön eingeschüchtert?« Anna lächelte schwach, und Captain Bush berichtete haarklein, was sich ereignet hatte. Seine Frau lauschte aufmerksam und lächelte Anna beruhigend zu. Im Hof spielten zwei der Kinder, sie trugen Sarongs, liefen lachend und schreiend umher und sprangen schließlich in den Fluß, der am Haus vorbeirauschte. Louis konnte kaum erwarten, mit ihnen zu spielen.

»Wirklich«, sagte Captain Bush und wandte sich wieder Anna zu. »Prinz Wongsa ist trotzdem kein böser Kerl. Die Fremden haben ihn gern. Er gilt allgemein als sehr anständig und liberal. Sie werden es mit der Zeit selbst sehen.«

»Das mag schon sein«, entgegnete Anna unsicher. »Aber im

Dunkeln sah er wie ein Bär aus. Außerdem frage ich mich, was ich als nächstes tun soll.«
»Was heißt hier soll!« verwies sie Captain Bush. »Tun Sie einfach gar nichts. Das ist Siam. Sie dürfen sich nicht beeilen und immer Dinge tun wollen. Hier muß man warten können, bis die Dinge zu einem kommen. Machen Sie sich keine Sorgen. Der König hat viel Geld für Ihre Reise ausgegeben, er wird Ihre Dienste schon noch in Anspruch nehmen.«
»Aber der König weiß doch nicht einmal, daß ich hier bin«, warf sie ein.
»Natürlich weiß er es. Der König weiß alles, was hier vorgeht. Sie haben doch nicht etwa geglaubt, daß er Sie persönlich erwarten würde? Nein, natürlich nicht. Der Kralahome wird zu gegebener Zeit nach Ihnen senden.«
»Der – wer wird nach mir senden?«
»Der Kralahome. Der Premierminister, den Sie gestern auf dem Schiff kennengelernt haben. Er ist der einflußreichste Mann im Königreich, und ein jeder nennt ihn bei seinem siamesischen Titel. Er wird nach Ihnen senden, sobald er sich entschieden hat, welche Aufgaben er Ihnen zuweisen will.«
Das Frühstück war kaum beendet, als sich diese Voraussage auch schon erfüllte. Das Boot des Kralahome legte an, und der Dolmetscher berichtete ihr, daß er Anna mitsamt ihren Bediensteten und ihrem Gepäck unverzüglich in den Palast seines Herrn zu bringen habe.
Eilig packten sie ihre Sachen zusammen und nahmen in dem langen, schnellen Boot Platz.
»Machen Sie sich nur keine Sorgen«, sagte Mrs. Bush eindringlich. »Alles wird in bester Ordnung sein. Haben Sie nur ein wenig Geduld.«
»Ich danke Ihnen für alles!« rief Anna dankbaren Herzens. »Ich werde Ihnen niemals sagen können, wie sehr ich Ihre Güte schätze.«
»Auf Wiedersehen! Gott sei mit Ihnen!« Captain Bush winkte

der kleinen Gruppe mit seiner plumpen Rechten zu, und das Boot mit den vielen Ruderern legte ab.

Nach ungefähr einer Viertelstunde hatten sie den Fluß überquert und legten an einem steinernen Kai in einem kleinen Kanal an. Mit Anna an der Spitze schritten sie über den Kai zu einem niederen Torweg, der in einen gepflasterten Hof führte. Zwei berittene steinerne Mandarine mit grimmigen Mienen bewachten den Eingang. Etwas weiter entfernt sahen sie zwei in Stein gehauene bewaffnete Krieger und gleich daneben zwei Wachtposten aus Fleisch und Blut in europäischen Uniformen, doch ohne Schuhe. Links lag der Pavillon, in dem die Theatervorstellungen stattfanden, auf der rechten Seite stand der Palast des Kralahome, ein Gebäude mit einer weiten, halbkreisförmigen Fassade. Eine Reihe von Gebäuden bildete einen eindrucksvollen Hintergrund.

Ein wenig eingeschüchtert stiegen die fremden Besucher die Stufen zum Palast empor. Ängstlich folgten sie dem Dolmetscher durch weitläufige, mit Teppichen ausgelegte Räume. Kostbare Vorhänge schmückten die Fenster, herrliche kristallene Leuchter hingen von den Decken. Eine prächtige silberne Vase stand auf einem mit Perlmutt eingelegten und mit Silber ziselierten Tisch. Wunderschöne Blumen erfüllten den Raum mit einem süßen, doch ein wenig beklemmenden Duft. Auf jeder Seite standen kostbare Vasen, mit Juwelen besetzte Schalen, Kelche und Statuen – antike und moderne, europäische und orientalische.

Endlich erreichten sie das Audienzzimmer, vor dem ihr Führer stehenblieb. Anna bemerkte einige junge Mädchen, die hinter einem Samtvorhang, der von der Decke bis zum Boden reichte, standen und hervorguckten. Mehrere männliche Bedienstete kauerten im Vorgemach. Manche trugen die schlichte Kleidung der Bediensteten und Sklaven, während andere sehr elegant gekleidet waren und jüngere Verwandte des Kralahome zu sein schienen. Unsicher und vollkommen verwirrt von der Herr-

lichkeit und der Fremdartigkeit des Anblicks stand die kleine Gruppe in ihrer Mitte.
Plötzlich teilten sich die Vorhänge, und der Kralahome stand vor ihnen, halbnackt wie in der vergangenen Nacht. Das Gemurmel der Bediensteten verstummte augenblicklich, und Anna zuckte unwillkürlich zusammen. Dieser Mann war sehr mächtig, und was er beschloß, würde ihr ganzes zukünftiges Leben beeinflussen. Er handelte offensichtlich im Auftrag des Königs. Und obwohl sie sich voll und ganz auf das konzentrieren mußte, was sie sagen wollte, empfand sie einen starken Widerwillen. Sie konnte plötzlich keinen klaren Gedanken mehr fassen, und der Anblick dieses nackten Rumpfes verwirrte sie. Anna hatte niemals vorher Verhandlungen mit einem halbnackten Mann geführt. Ihr sechster Sinn sagte ihr, daß sein Auftreten den Mangel an Respekt für sie und die Stelle, die sie einnehmen würde, verriet. Im ganzen Raum gab es kein freundliches Antlitz. In ganz Siam gab es niemanden, den sie um Hilfe hätte bitten können. Sie verspürte den heftigen Drang, einfach davonzulaufen, und sie wandte sich halb um, zur Rückkehr durch das Vorgemach, durch den Garten zum Kai – doch dann wohin?
Der Kralahome streckte seine Hand aus. »Guten Morgen, Sir«, sagte er auf englisch. »Setzen Sie sich, Sir!«
Sie ergriff die ausgestreckte Hand und lächelte unfreiwillig über das »Sir«. Das Erstaunen über die männliche Anrede lenkte sie für einen Augenblick von ihrer Angst ab und stellte ihr inneres Gleichgewicht wieder her.
»Danke«, sagte sie und ließ sich ein wenig steif auf der geschnitzten Bank nieder.
Der Würdenträger, der sich sehr wohl bewußt war, in welche Verlegenheit er die Engländerin mit seiner notdürftigen Bekleidung brachte, näherte sich ihr mit dem Ausdruck freundlicher Neugierde und strich über den Kopf ihres Sohnes.
»Wie heißt du, mein Kleiner?« fragte er.
Doch Louis antwortete nicht und fing verängstigt an zu wei-

nen. »Mama, laß uns nach Hause gehen! Bitte, Mama, gehen wir nach Hause!«
»Sei still, Louis! Beruhige dich, Liebling! So benimmt man sich doch nicht. Sag dem Prinzen schön deinen Namen!« Aber das Kind war völlig verängstigt und weinte bitterlich. Als Louis sich wieder beruhigt hatte, sagte Anna zum Dolmetscher, der neben ihr auf dem Boden kauerte: »Wollen Sie Ihren Herrn bitte fragen, ob er so freundlich sein wird und meine Bitte um ein Haus oder eine Wohnung Seiner Majestät so bald als möglich vorzutragen? Ich würde mich mit meinen Habseligkeiten gerne an einem ruhigen Platz niederlassen, ehe ich mit meiner Arbeit beginne. Der König hat mir eine Wohnung nahe dem Palast versprochen. Ich denke da an ein Haus, in dem ich mich vor und nach den Schulstunden frei und ungestört bewegen kann.«
Als ihre Bitte dem Kralahome übersetzt wurde, mußte er lächeln, und er blickte sie überrascht und amüsiert über ihren Wunsch nach Freiheit und Unabhängigkeit an.
Nachdem er sie ausgiebig von oben bis unten gemustert hatte, wandte er sich direkt an sie. »Sind Sie denn nicht verheiratet?«
Sie neigte ihren Kopf. »Mein Gatte ist nicht mehr am Leben.«
»Und wo wollen Sie ihre Abende verbringen?«
»Nirgends, Eure Exzellenz«, antwortete sie knapp. »Ich wünsche bloß für mich und mein Kind Ruhe und Abgeschiedenheit, wenn ich meine Pflichten erfüllt habe.«
»Seit wann ist Ihr Gatte tot?« fragte er hartnäckig, offensichtlich war er von der tugendhaften Begründung ihres Ansuchens nicht ganz überzeugt.
Annas unterdrückte Angst verwandelte sich in eisige Ablehnung. Sie drehte sich zum Dolmetscher um: »Sagen Sie Ihrem Herrn, er besitze kein Recht, sich in meine persönlichen Angelegenheiten einzumischen. Seine Verhandlungen mit mir beziehen sich nur auf meine Tätigkeit als Gouvernante. Ich weigere mich, mit ihm über mein Privatleben zu sprechen.«
Während der Dolmetscher ihre Worte übersetzte, huschte ein

Ausdruck des Erstaunens über das Gesicht des Kralahome, was ihr einen kurzen und bitteren Augenblick des Vergnügens schenkte, obwohl sie ihre Worte gleich wieder bedauerte. Ihre spontane Antwort hatte sie für einen Moment vergessen lassen, daß die Orientalen die Konversation gewöhnlich mit einer Reihe persönlicher Fragen beginnen, und es war durchaus möglich, daß die scheinbare Unverschämtheit des Kralahome nicht mehr war als der Wunsch, höflich zu sein. Doch die Worte waren bereits gesprochen. Außerdem war es wichtig, ihre Stellung klarzumachen und ihr Recht auf Achtung und Ungestörtheit zu betonen. Der Kralahome zuckte mit den Schultern und entgegnete: »Wie Sie wünschen.«
Er schritt vor ihr auf und ab, ohne seine Augen von ihrem Gesicht zu wenden, als suchte er selbst nach der Antwort, die sie ihm verschwieg. Plötzlich rief er seinen Dienern etwas zu. Fünf oder sechs von ihnen richteten sich auf ihren Knien auf, krochen rückwärts, bis sie die Stufen erreicht hatten, und verschwanden. Louis, aufs neue verängstigt und eingeschüchtert, begann wieder zu weinen.
Weitere rauhe Kehllaute folgten, und wieder verließen einige Sklaven auf die gleiche kriechende Art das Gemach. Der Kralahome lächelte wie ein geheimnisvoller allwissender Buddha. So saßen sie eine halbe Stunde da, bis Louis es unerträglich fand, sich an Annas Rock klammerte und schluchzte: »Komm bitte nach Hause, Mama! Warum kommst du nicht nach Hause?«
Obwohl er flüsterte, konnte der Kralahome seine Worte verstehen: »Ich kann diesen Mann nicht leiden!«
Der Kralahome sagte plötzlich mit fremd klingender Stimme: »Du nicht gehen kannst!«
Er wollte das Kind bloß necken, doch Louis versteckte seinen Kopf in Annas Schoß und weinte verzweifelt. Seine Mutter war beinahe ebenso eingeschüchtert wie er, wenn sie an ihre zukünftige Aufgabe dachte, doch sie bewahrte Haltung. Liebevoll streichelte sie Louis und versuchte, ihn zu beschwichtigen.

Nach einer Ewigkeit kehrte der Dolmetscher zurück. Er kroch auf allen vieren zu seinem Herrn und grüßte ihn unterwürfig. Einige unverständliche Sätze folgten. Der Kralahome erhob sich, wandte sich um und verschwand hinter einem Spiegel. Augenblicklich verschwanden auch die vielen neugierigen Augen, die aus jedem Winkel und jeder Vorhangfalte hervorgestarrt hatten, und eine süße, wilde Weise, die dem Klingeln silberner Glocken glich, wurde von weit her hörbar.

Der Dolmetscher erhob sich, gähnte und stolzierte zu einem der Spiegel. Andächtig bewunderte er sein Ebenbild und strich sich dann mit sorgsamer Geckenhaftigkeit das Haarbüschel, das seinen Kopf zierte, zurecht. Als er dies getan hatte, näherte er sich der jungen Frau.

»Hallo, guten Morgen. Wie geht es Ihnen?« sagte er, während er sie mit frechen Blicken musterte.

»Guten Morgen«, antwortete sie mit eisiger Miene. »Ich dachte, Sie seien ein Bediensteter.«

Er richtete sich beleidigt auf. »Ich bin der Halbbruder des Kralahome ...«, er zwinkerte ihr bedeutungsvoll zu und sagte: »Ich glaube, Sie sollten besser nett zu mir sein.«

Sie stand auf. »Ich verlange von keinem Mann, zu meinen Füßen zu liegen, wie Sie es vor Ihrem Bruder taten, aber erinnern Sie sich doch demnächst freundlichst daran, daß ich Achtung verlange. Ich verbitte mir jegliche Vertraulichkeiten.«

»Mein Bruder hört sehr oft auf mich.« Seine Augen blitzten boshaft. »Kommen Sie, bitte. Ihre Räume sind bereit.«

Die kleine Gruppe folgte ihm durch lange, wunderschöne Korridore. »Meine Freunde sind auch seine Freunde. Und meine Feinde sind seine Feinde«, fuhr ihr Führer grinsend fort. »Ich verlange wirklich nicht viel. Ich glaube, Sie werden es mir geben können.«

Anna öffnete ihre Börse nicht. Er führte sie schließlich in zwei große Räume am westlichen Ende des Palastes, die man für sie hergerichtet hatte. Ihre Schachteln und Koffer waren bereits

heraufgebracht worden und standen an der Wand. Die junge Frau trat ans Fenster und blickte auf blühende Obstbäume und einen künstlichen kleinen See, in dem viele bunte Fische umherschwammen. Als sie von dem ersten in das zweite Zimmer trat, drängte sich der Halbbruder des Kralahome an sie heran. Diese Unverschämtheit brachte das Faß zum Überlaufen. Sie stampfte energisch auf, während ihr die Zornesröte ins Gesicht stieg, und rief: »Hinaus! Elende Kreatur! Machen Sie, daß Sie hinauskommen!«
Im nächsten Augenblick kniete er demütig flehend im halboffenen Türeingang. Zorn, Schlauheit und Unverschämtheit spiegelten sich auf seinem Gesicht. Die Wirkung ihrer Worte überraschte sie. Demütig lag er zu ihren Füßen. »Madam, Sie werden doch meinem Bruder nichts sagen. Ich gelobe Ihnen, Sie nicht wieder zu belästigen. Versprechen Sie mir, ihm nichts zu sagen, Madam!«
Er war also doch nicht so einflußreich, wie er behauptet hatte! »Ich verspreche es«, sagte sie, versuchte jedoch nicht, den Widerwillen in ihrer Stimme zu unterdrücken. »Gehen Sie jetzt – und zwar augenblicklich!«
Er war kaum verschwunden, als die Haremsdamen des Kralahome zu ihr kamen. Neugierig drängten sie sich durch die Tür, die Anna vergessen hatte zu schließen. Eine nach der anderen umarmten sie Anna liebevoll und plauderten dann auf siamesisch wie eine Gruppe von Papageien. Sie waren jung und, von ihren schwarzen Zähnen einmal abgesehen, sehr hübsch, die jüngsten waren kaum älter als vierzehn. Sie trugen kostbare Kleider, doch sonst unterschieden sie sich auf den ersten Blick kaum von ihren Sklavinnen, die hinter ihnen im Raum oder in der Halle knieten. Manche dieser Mädchen mit ihrem hellen Teint und ihren dunklen, mandelförmigen Augen entsprachen sogar westlichen Schönheitsidealen.
Eine alte Frau schritt mit autoritärer Miene durch die lärmende Schar, wies auf Louis, der auf dem Schoß seiner Mutter Zu-

flucht gesucht hatte, und rief auf malaiisch: »Hübsch, hübsch!«
Die vertrauten Worte waren wie Musik in Annas Ohren. Sie antwortete der Frau in der gleichen Sprache: »Es tut gut, endlich wieder Malaiisch zu hören. Doch wie kommt eine Malaiin in einen siamesischen Palast?«
Augenblicklich wurde es still. Die alte Frau machte es sich auf einem Sofa gemütlich und begann zu erzählen. »Ich stamme aus Kedah. Vor sechzig Jahren arbeiteten meine Schwester und ich auf den Feldern, als wir von einer Gruppe siamesischer Abenteurer verschleppt wurden. Sie brachten uns nach Bangkok, wo wir, gemeinsam mit anderen Malaienmädchen, als Sklavinnen verkauft wurden. Vorerst grämte ich mich sehr darüber und trauerte um Vater und Mutter. Ja, es war schlimm, wirklich schlimm! Ich war sehr unglücklich. Doch ich war auch jung und wunderschön. So kam es, daß ich für den Haushalt des Somdet Ong Yai, des Vaters meines jetzigen Herrn, des Kralahome, gekauft wurde. Der Prinz wurde auf mich aufmerksam, und schon bald war ich seine Favoritin. Ich schenkte ihm zwei liebliche Söhne, die ebenso schön waren wie dieser Junge. Doch sie starben beide. Ja, sie sind tot!« Sie schluchzte leise. Ihre Tränen ließen sie weniger häßlich erscheinen. Anna kannte diesen Schmerz und empfand tiefes Mitleid mit ihr. Wie sehr sich doch Frauen auf der ganzen Welt glichen!
»Und mein gnädiger Herr ist auch tot! Er hat mir diese herrliche Beteldose geschenkt!«
Anna bewunderte die Dose lächelnd. »Wie kommt es dann, daß Sie noch immer eine Sklavin sind?«
»Ich bin alt, häßlich und kinderlos, und daher vertraut mir der Sohn meines toten Gebieters, der wohltätige Edle, dessen Haupt gesegnet sei!« Sie faltete ihre zerfurchten Hände und verbeugte sich in der Richtung jenes Palastflügels, in dem ihr Herr sich gerade zweifellos ausruhte. »Nun ist es mein Vorrecht, diese geliebten Wesen zu behüten und zu überwachen und zu sehen, daß sie niemand anderen als meinen Gebieter lie-

ben.« Das ewige Lied des Harems, dachte Anna mit Schaudern. Geistige und körperliche Sklaverei!

Als die alte Frau ihren Bericht beendet hatte, entnahm sie ihrer Dose etwas Betel, lehnte sich zurück und kaute genießerisch. Die jüngeren Frauen, die sich bisher still verhalten hatten, obgleich sie die malaiische Sprache nicht verstanden, konnten ihre Heiterkeit nicht mehr länger unterdrücken. Sie umschwärmten Anna wie Bienen und bestürmten sie mit Fragen, die von der alten Malaiin übersetzt wurden.

»Wie alt sind Sie?«
»Haben Sie einen Gatten?«
»Wie viele Söhne haben Sie?«
»Sind Sie reich?«
»Aus welchem Land kommen Sie?«

Plötzlich stellte ein vorlautes Mädchen eine Frage, über die alle zu lachen begannen. Die Malaiin übersetzte sie sogleich.

»Sie sagt: ›Möchten Sie gerne die Frau unseres Gebieters werden? Glauben Sie nicht, daß es immer noch besser wäre, als die Frau des Herrn des Lebens zu sein?‹ Das ist der König.«

Dieser ungeheuerliche Vorschlag machte Anna vorerst sprachlos. Dachten diese stupiden, einfachen Mädchen etwa, daß sie gekommen war, um in den Harem des Königs einzutreten? Mit Schrecken erinnerte sie sich daran, daß ein Anwalt in Singapur seit langem den Auftrag hatte, »eine schöne Engländerin aus guter Familie« für den Harem zu suchen, der – wie sie wußte – neben siamesischen Mädchen auch viele Chinesinnen und Inderinnen beherbergte. Ohne ein Wort zu sagen, stand Anna auf und ging nach nebenan.

Doch die Mädchen folgten ihr ohne Skrupel und wiederholten die verletzende Frage immer wieder, wobei sie die Malaiin mit sich zogen, damit sie die Antwort übersetzte. Die Zudringlichkeit der Frauen verärgerte Anna sehr, und sie war kurz davor loszuschreien. Doch dann erinnerte sie sich, welches harte Leben diese armen Geschöpfe führten, und sie riß sich zusammen.

Offensichtlich wollten sie den Raum nicht verlassen, ehe sie eine Antwort erhalten hatten. Anna wagte nicht, mit dem Auspacken ihres Gepäcks zu beginnen, da sie befürchtete, daß die Mädchen über jeden ihrer kleinen Schätze herfielen. Verzweifelt wandte sie sich endlich an sie und sagte mit beherrschter Stimme: »Wenn ich euch jetzt eine Antwort gebe, werdet ihr dann weggehen, wie es sich gehört, und mich für eine Weile allein lassen?«

Sie nickten. Alle Augen waren wieder auf Anna gerichtet, und ihre Gedanken überstürzten sich. Leon ... ihre religiösen Vorbehalte ... Sklaverei ... Polygamie ... Würden diese Geschöpfe sie überhaupt verstehen können?

Langsam begann sie zu sprechen, und die alte Malaiin übersetzte Satz für Satz: »Der Kralahome, euer Gebieter, und der König, der Herr des Lebens, sind Buddhisten. Eine Christin wie ich würde sich eher foltern lassen und auf Lebenszeit in einem Kerker schmachten, als in ihren Harem einzutreten.«

Ungläubiges Schweigen folgte. Da rief ein vorlautes Geschöpf: »Was? Auch nicht, wenn er Ihnen dafür all diese Ringe und Dosen und goldenen Dinge geben würde?«

Als die alte Malaiin, die Annas Gefühle nicht verletzen wollte, die bedeutsame Frage im Flüsterton übersetzte, lachte Anna über die ernsten Mienen und antwortete sanft: »Nein, auch dann nicht. Ich bin bloß hier, um die Kinder des Königs zu unterrichten. Eure einzige Aufgabe ist es, den Gebieter zu unterhalten, ich aber muß arbeiten, um für meine Kinder sorgen zu können, seit mein Gatte gestorben ist. Meine Tochter fährt gerade über den Ozean nach England, wo sie zur Schule gehen wird. Sie ist erst sieben Jahre alt, und ich bin sehr traurig darüber, daß ich von ihr getrennt leben muß.«

Schatten der Sympathie huschten über die Gesichter. Und indem sie leise vor sich hin murmelten: »*Phutho, Phutho!*«, verließen sie Anna. Eine Minute später hörte sie, wie die Mädchen sich lachend durch den Korridor des Palastes zurückzogen.

Der Haushalt des Kralahome

Nachdem ihre neugierigen Gäste gegangen waren, begann Anna mit dem Auspacken. Die Wohnung war in europäischem Stil eingerichtet, und die großen, ruhig gelegenen Räume gefielen ihr. Die Schränke, Betten, Kästen und Sessel waren wohl aus Singapur oder Hongkong importiert worden. Louis spielte bereits in dem kleinen Garten beim Teich, während Beebe und Bessy ihn bewachten. Plötzlich überkam Anna die ganze Müdigkeit des vergangenen Tages. Sie legte sich völlig erschöpft auf das Bett und fiel in einen tiefen, traumlosen Schlaf.

Herzzerreißende Rufe weckten sie schließlich auf: »Mem, Mem! Mem sahib, helfen Sie! Oh, helfen Sie!«
Beebe hatte gerufen. War Louis etwa ins Wasser gefallen? Erschreckt sprang Anna vom Bett auf, gerade als Beebe ins Zimmer gestürzt kam. Ihr Antlitz war grün vor Furcht. Louis kam hinter ihr hergelaufen.
»Beebe, beruhige dich doch! Was ist denn geschehen?«
Die zitternde Beebe sank zu Boden.
»Mem sahib, mein Gatte, der geschätzte Moonshee, Mems guter Lehrer, ist in die Hände dieser Barbaren gefallen. Mem sahib, helfen Sie uns, helfen Sie uns!« Ihre Stimme verwandelte sich in ein Wehgeschrei.
»Komm, Beebe, komm! Beruhige dich und erzähl mir, was passiert ist und wie ich dir helfen kann.«
»Mem sahib, er hatte keine bösen Absichten, er wußte nicht, was er tat. Wie konnte er es auch wissen, Mem sahib?«
»Was wissen, Beebe?« fragte Anna.
Beebe versuchte, sich zu beruhigen. »Er wußte nicht, daß es der Harem war. Er war nicht von Mauern umgeben wie in Indien, Mem. Wie konnte er es also wissen? Es ist sein Schicksal! Er ist in das Gemach der Favoritin spaziert, und sie ließ ihn von zwei großen, häßlichen Frauen verhaften und vor den Richter schleppen!«
Anna strich ihr Kleid zurecht. Das war ernst! Sie kämmte nicht einmal ihr zerzaustes Haar, sondern folgte der zitternden Beebe zu dem Gericht, das unter freiem Himmel tagte.
Moonshee stand mit auf dem Rücken gefesselten Händen da. Sein Turban war ihm bei der Balgerei, die seine Verhaftung begleitet hatte, vom Kopf gerutscht. Sein Gesicht wirkte traurig, doch gefaßt. Als gläubiger Muselman wartete er geduldig, bis man ihm die Kehle durchschnitt, denn sein Schicksal hatte ihn nun mal in dieses Land der Ungläubigen geführt. Ruhig, doch hoffnungslos blickte er auf seine Herrin.
»Moonshee! Moonshee!« rief sie. »Schau mich nicht so nieder-

geschlagen an und mach dir keine Sorgen. Es ist bloß ein Mißverständnis. Ich werde umgehend den Dolmetscher suchen und ihm alles erklären.«

Moonshee sagte nichts, und Anna eilte davon. Sie wagte sich allerdings nicht allzu weit in die Räumlichkeiten des Kralahome vor, da sie befürchtete, einen Teil des Palastes zu betreten, zu dem sie keinen Zutritt hatte. Doch der Halbbruder des Kralahome war nirgends zu finden. Sie lief daher zu den anderen zurück und sah, daß der Richter eben erschienen war. Mittels Zeichen und Gesten versuchte sie ihm klarzumachen, daß ihr Bediensteter bloß versehentlich eine Gesetzesübertretung begangen hatte. Doch der Richter konnte oder wollte sie nicht verstehen. Er schrie den alten Mann in einem Ton an, der auch ohne Sprachkenntnisse verstanden werden konnte. Moonshee ließ all dies mit ruhiger Teilnahmslosigkeit über sich ergehen. Er verstand die Sprache nicht, in der man ihn beschimpfte, und erwartete weder Gnade noch Intelligenz von diesen Ungläubigen, unter denen zu leben seine Herrin sich unverständlicherweise entschlossen hatte.

Die Müßiggänger in den Höfen und auf den Balkonen verfolgten die Verhandlung mit neugierigen Blicken. Als Anna den Dolmetscher unter ihnen entdeckte, eilte sie sofort zu ihm: »Da sind Sie ja! Ich habe Sie schon überall gesucht. Kommen Sie bitte schnell und erklären Sie dem Richter, daß mein Moonshee nicht wußte, wohin er ging. Es war ein bedauerlicher Irrtum und ganz bestimmt keine Absicht, daß er den Harem betreten hat.«

Der junge Mann sah sie mit unverschämtem Grinsen an und wandte sich dann achselzuckend ab. »Das ist die Sache des Richters. Ich kann hier nicht eingreifen. Ihr dummer Diener kann seiner Bestrafung nicht entgehen.«

Die Müßiggänger grinsten, obwohl sie der englischen Sprache nicht mächtig waren, hatten sie verstanden, worüber die beiden sprachen. Und die Tatsache, daß die weiße Frau sich gerade lä-

cherlich machte, verlieh dem ganzen Schauspiel einen besonderen Reiz. Anna überlegte kurz, ob sie den Dolmetscher nicht doch besser bestechen sollte, da machte der Richter eine dramatische Pause und verkündete mit feierlicher Stimme den Urteilsspruch. Ein Diener brachte eine lange Peitsche herbei, während mehrere Sklaven dem alten Mann die Kleider vom Rücken rissen.
Annas Augen blitzten auf. Sie ging auf den Richter zu und sah ihm scharf in die Augen: »Wenn auch nur ein Peitschenhieb auf den Rücken dieses alten Mannes fällt, werde ich dafür sorgen, daß Sie zehnmal so viele Schläge einstecken müssen. Ich werde umgehend den britischen Konsul informieren – überlegen Sie sich also gut, was Sie da tun!«
Obwohl sie englisch gesprochen hatte, verstand selbst der Richter die Bedeutung ihrer Worte »Britischer Konsul«. Er hielt den Diener mit der Peitsche zurück, wandte sich an den Dolmetscher, und eine lange und heftige Diskussion auf siamesisch folgte. Plötzlich warfen sich alle im Hof Anwesenden mit Ausnahme Moonshees, Beebes und Annas zu Boden. Hinter ihr stand der Kralahome, der unangekündigt erschienen war.
Ruhig überblickte er die Situation und befahl den Sklaven gelassen, die Fesseln des Alten zu lösen. Sobald Moonshees Hände frei waren, hob er seinen Turban auf und schritt stolz nach vorne, um ihn zu Füßen seines Befreiers niederzulegen: »Friede sei mit Euch, o Wesir eines weisen Königs«, sagte er auf hindustanisch.
Das ehrwürdige Aussehen Moonshees, dessen schneeweißer Bart über seine Brust fiel, mußte jeden Zweifel, den der Kralahome über seinen Charakter und seine Absichten gehabt haben mochte, zerstreuen.
»Du kannst jetzt zu deiner Frau zurückgehen, alter Mann«, sagte er auf englisch, und die kleine Gruppe verließ den Platz.
Anna kehrte in ihre Wohnung zurück und packte ihre restlichen Sachen aus. Moonshees Verhaftung hatte sie völlig aus der

Fassung gebracht, und das Ordnen ihrer Habseligkeiten beruhigte ihre Nerven wieder ein wenig. Sie unterbrach sich erst zum Abendessen, das von kleinen Pagen serviert wurde. Zögernd probierten sie und Louis ihre erste siamesische Mahlzeit. Offensichtlich hatte man nur für sie einige europäische Speisen zubereitet und sie mit siamesischen Gewürzen und Saucen angerichtet. Seltsamerweise hatten die kleinen Pagen, die sie bedienten, braune Manilazigarren zwischen den aufgeworfenen Lippen. Von Zeit zu Zeit hüpften sie über zwei Porzellanfiguren, die in der Nähe des Fensters standen, und spuckten in den Hof. Als Anna diese Unart vorwurfsvoll rügte, lachten sie und liefen davon. Andere Pagen kamen herein und brachten Obst. Sie stellten die Körbe auf den Tisch und nahmen dann auf den Sofas Platz, um ihnen interessiert beim Essen zuzusehen. Anna schüttelte darüber den Kopf. Da lachten die Pagen, sprangen auf, gaben auf dem Teppich verschiedene akrobatische Kunststücke zum besten und verschwanden wieder.

Der zweite Tag in Siam näherte sich allmählich seinem Ende: Licht und Schatten lagen im Halbschlaf, das Leben schien wie ein verträumter Strom träge dem Ozean des Todes zuzufließen.

Unten im Garten bereiteten Beebe und Moonshee ihr Essen zu. Der Duft ihrer dicken Suppe stieg langsam mit der heißen Abendluft empor. Nur das Lachen und Plätschern der Mädchen, die sich im goldenen See tummelten, unterbrach die Stille.

Das Mißgeschick hatte Moonshee nicht aus der Ruhe zu bringen vermocht. Annas Gedanken hingegen beschäftigten sich noch immer mit diesem unerfreulichen Zwischenfall. »Vielleicht hätte ich mich doch mit diesem elenden Dolmetscher gut stellen sollen«, dachte sie. »Er ist rachsüchtig und gefährlich.« Sie errötete verärgert. »Nein, ich hätte die Lage nicht verbessern können, wenn ich versucht hätte, ihn zu besänftigen. Er hätte nur noch mehr verlangt. Dieser Wichtigtuer mußte einfach zurechtgewiesen werden! Wenn wir erst unser eigenes Haus haben, wird alles besser werden.« Der Gedanke an die Gerechtigkeit des Kralahome tat ihr gut.

Sie entschloß sich, auf die sofortige Erfüllung des königlichen Versprechens zu dringen. Sie mußte ihr eigenes Heim haben, bevor sie ihre Arbeit im Palast aufnahm. Die Angelegenheit eilte, denn selbst ein orientalischer Monarch würde ihr kaum ein Gehalt bezahlen wollen, um sie unbeschäftigt in ihrer Wohnung sitzen zu lassen.

Am nächsten Tag kamen einige Besucher vorbei. Bereits am Morgen sprach ein Eurasier bei ihr vor. Er verbeugte sich höflich und sagte: »Ich bin Mister Robert Hunter, der englische Sekretär Seiner Exzellenz. Kann ich vielleicht irgend etwas für Sie tun?«

Sie atmete erleichtert auf bei dem Gedanken, daß sie nicht ausschließlich auf die Dienste des unverschämten Dolmetschers angewiesen war. »Mister Hunter, bitte nehmen Sie doch Platz. Ich benötige wohl im Augenblick nichts, werde aber gerne später Ihre Hilfe in Anspruch nehmen.«

Er verbeugte sich feierlich. »Wegen meiner Tätigkeit als Hafenbeamter bin ich nicht immer erreichbar, doch halte ich mich oft für kurze Zeit in meinem Büro auf. Dort stehe ich Ihnen sehr gerne zur Verfügung. Doch da Sie im Augenblick nichts benötigen, werde ich nun wieder gehen.«

»Haben Sie vielleicht eine Ahnung, wann der König nach mir senden wird, Mister Hunter?«

Der Sekretär machte eine nachdenkliche Miene. »Das ist schwer zu sagen, Madam. Seine Majestät wird derzeit von zwei Zeremonien in Anspruch genommen, die am Tag Ihrer Ankunft begannen und bis zum Einundzwanzigsten dauern werden. Er wird die Tonsur seiner ältesten Tochter vornehmen und seinem ältesten Sohn, Prinz Chulalongkorn, einen offiziellen Rang verleihen. Der Junge wird eine goldene Tafel, auf der sein königlicher Name eingraviert ist, erhalten – eine Art Taufe. Anschließend wird ihm ein Titel verliehen werden.«

»Sie meinen, er wird zum Thronfolger ernannt werden?« fragte Anna interessiert.

»Das nicht gerade. Diese Würde gibt es hier nicht, doch er wird einen Rang von vierzigtausend Sakdina erhalten. Ich weiß kaum, wie ich dies übersetzen soll, doch ein gewöhnlicher Bürger hat bloß sechs Sakdina – oder Punkte, wenn Sie es so nennen wollen. Natürlich werden ihn die vierzigtausend über alle anderen im Königreich stellen.«

»Er ist also der Thronfolger«, warf Anna ein. »Wird er zu meinen Schülern gehören?«

»Ich denke, ja«, versicherte ihr Mr. Hunter. Diese Nachricht machte ihr Freude. Ihre Entscheidung, nach Siam zu gehen, beruhte nicht nur auf dem Wunsch, eine Stelle zu finden. Sie fühlte, daß ihr das Schicksal diese Aufgabe zugewiesen hatte.

Wenn der junge Thronerbe zu ihren Schülern gehörte, würde sie sein Denken vielleicht ein wenig beeinflussen können. Sie fragte Mr. Hunter: »Und glauben Sie, daß man nach mir schikken wird, sobald die Zeremonie vorüber ist?«

»Das kann ich Ihnen unmöglich sagen, Madam«, antwortete er vorsichtig. »Mister Alexander Loudon ist hier, um den Niederländischen Vertrag zu ratifizieren. Er wird mehrere Audienzen bekommen, außerdem findet ihm zu Ehren ein Staatsbankett statt. Das neue Jahr beginnt am neunundzwanzigsten, es wird mit einem großen Feuerwerk am Fluß, Theatervorstellungen in allen Palästen und Spielen für das Volk begrüßt. Dann folgt ein anderes Fest, Songkran genannt. Anschließend wird Seine Majestät der Verbrennung der verstorbenen Königsgemahlin, Prinz Chulalongkorns Mutter, die im September starb, beiwohnen. Das wird im April sein, und die Zeremonie wird ein bis zwei Wochen in Anspruch nehmen. Sie können daher durchaus davon ausgehen, noch einige Zeit für sich zu haben.«

Er verbeugte sich höflich und verließ sie.

Kurz darauf erschien ein Page mit einer Karte, die »Mr. George Orton« anmeldete. Hinter dem Jungen trat bereits der schmunzelnde Captain ein. Anna war froh, ein vertrautes Gesicht in der neuen und fremden Umgebung zu sehen, und begrüßte ihn herzlich.

»Wir laufen mit der Flut aus«, erklärte er, »und ich wollte bloß fragen, ob Sie mir etwas für Ihre Freunde in Singapur mitgeben wollen.«

»Captain Orton, wie nett von Ihnen! Setzen Sie sich doch, bitte. Wenn sie ein wenig Zeit haben, lasse ich uns frisches Obst bringen.« Als er sagte, daß er so lange warten konnte, schickte sie Beebe sogleich los.

Während Anna auf ihre Rückkehr wartete, setzte sie sich nieder, um einen Brief an Avis zu schreiben. Was sollte sie dem Kind nur mitteilen? Ihre Sorgen und ihre Abhängigkeit von diesem unberechenbaren Orientalen durfte sie keinesfalls erwähnen. Sie seufzte. Doch als sie begonnen hatte, schrieb sich der Brief beinahe von selbst.

Anna standen die Tränen in den Augen, als sie die letzten Worte geschrieben und den Brief verschlossen hatte. Sie reichte ihn Captain Orton mit einem Korb Früchte für Mr. Cobb und ihre anderen Freunde in Singapur. Er hielt ihre Hand einen Augenblick länger als notwendig und fragte: »Sie bleiben also?«

»Ich bleibe«, sagte sie leise.

»Gott segne Sie!« sagte er und eilte davon.

Das Ordnen der verschiedenen Habseligkeiten fiel ihr jetzt bedeutend schwerer als vorher. Das Gesicht ihrer Tochter, die wahrscheinlich gerade über den Ozean fuhr, tauchte vor ihr auf, und Anna spürte fast, wie sich die kleinen Arme um ihren Hals legten, genau wie vor ihrer Abreise aus Singapur. »Mama, Mama, ich will dich nicht gehen lassen«, hatte Avis gesagt. Und Anna war sich grausam und gefühllos vorgekommen, als sie die Umklammerung der Arme löste und den kleinen, weichen Körper Fremden anvertraute. Tränen stiegen ihr erneut in die Au-

gen, fielen auf ihren Schoß und färbten einige Stellen ihres malvenfarbigen Musselinkleides scharlachrot.
Wie lange sie so in Gedanken versunken dasaß, wußte sie nicht. Ein Klopfen an der Tür schreckte sie auf. Eine Siamesin, eine stämmige Frau von ungefähr vierzig Jahren mit groben Gesichtszügen, trat ein. Sie war nicht hübsch, doch die freundliche Miene, mit der sie auf Anna zuging und ihre Hände ergriff, war gewinnend. Die Anstandsdame von gestern fungierte als Dolmetscherin.
»Mem, das ist Khun Ying Phan, die Hauptfrau des Kralahome. Sie heißt Sie willkommen und fragt, ob Sie irgend etwas benötigen.«
»Danken Sie ihr und laden Sie sie ein, Platz zu nehmen.« Khun Ying ließ sich auf einem der Sofas nieder. Eine ihrer Sklavinnen kam auf Ellbogen und Knien mit einem goldenen Tablett, auf dem mehrere kleine goldene Behälter standen, zu ihr gekrochen. Sorgfältig wählte sie ein Stück Arekanuß, ein Siriblatt, eine winzige Prise Tabak und sprach erst wieder, als sie alles zu einer roten Masse gekaut hatte. »Fühlen Sie sich hier wohl?« ließ sie durch die Dueña fragen.
»Bitte, sagen Sie ihr, daß ich mich wohl fühle und auch, daß ich für diese Wohnung und die guten Mahlzeiten, die ihre Bediensteten mir und meinem Sohn brachten, sehr dankbar bin.«
Khun Ying nahm dieses Lob dankend zur Kenntnis. »Wie viele Kinder haben Sie, Mem?« fragte sie.
»Ich habe zwei, ein Mädchen und einen Jungen. Das Mädchen ist gerade auf dem Weg nach England, sie wird dort zur Schule gehen.«
Khun Yings ausdrucksvolle Miene verriet Mitgefühl. »Oh, das ist hart, das ist wirklich sehr hart.«
»Wie viele Kinder hat Khun Ying?« fragte nun Anna.
»Mein Gebieter ist kinderlos«, war die Antwort.
Und die Dolmetscherin flüsterte ihr erklärend zu: »Sie ist die zweite Frau meines Herrn. Er verstieß seine erste Gattin, weil er

glaubte, er sei nicht der Vater ihres Kindes. Und er nannte den Knaben ›Es ist nicht so‹. Doch die gütige Khun Ying holte diesen Sohn in den Palast zurück und zog ihn groß. Sie änderte seinen Namen in ›Mein Herr erduldet‹. Heute ist er ein einflußreicher Mann und ein wichtiger Mitarbeiter seines Vaters. Doch er ist der einzige Sohn meines Gebieters.« Sie schüttelte bedauernd den Kopf über diese betrübliche Tatsache, die zweifellos auf irgendeine schreckliche Sünde in einem früheren Leben zurückzuführen war.

»Bieten Sie ihr ein Geschenk an, Mem«, flüsterte die Dolmetscherin.

Anna wählte aus ihrem Korb eine kleine, hübsche Schere aus, die sie selbst gerne mochte. »Will Lady Phan diese kleine Gabe als ein Zeichen meiner Dankbarkeit für Ihre großzügige Gastfreundschaft annehmen?«

Lady Phan war über Annas Geschenk hocherfreut und betrachtete die kleine Schere von allen Seiten.

»Sie müssen mich bald besuchen und meinen Garten sehen«, sagte sie. »Ich habe viele Blumen, sie nehmen den Platz der Kinder ein.«

»Mir sind all die schönen Blumen in den Vasen überall im Palast schon aufgefallen.«

Wieder lächelte Khun Ying erfreut. »Heute abend findet eine Theatervorstellung statt«, sagte sie. »Wenn Lady Leonowens kommen möchte, werde ich eine Sklavin senden, um Sie abzuholen.«

Anna verbeugte sich, zum Zeichen, daß sie die Einladung annehme.

»Sie werden ›Ramayana‹ sehen, und zwar jenen Abschnitt, in dem Rama kommt, um Sita zu holen.«

»Oh, dann bin ich mehr als begeistert! Ich habe ›Ramayana‹ schon oft in Indien gesehen und es verstehen und bewundern gelernt.«

Nachdem diese Angelegenheit erledigt war, zog sich Khun Ying mit ihrem Gefolge zurück, um wieder ihren Pflichten im Palast nachzukommen, die sie vom Morgengrauen bis zur Dunkelheit in Anspruch nahmen.

Kurz nach acht – Louis schlief bereits, von Beebe behütet – erschienen die Sklavinnen, um Anna durch endlos lange Gänge in den Theatersaal zu führen. Sie wiesen Anna eine niedere Bank in dem großen, matt erleuchteten Raum zu, und sie setzte sich darauf. Als ihre Augen sich an das seltsame, nebelähnliche Licht gewöhnt hatten, entdeckte sie den Kralahome, er war der einzige Mann in dem von Frauen erfüllten Raum.
Er saß wie ein Götze aus Ebenholz mit gekreuzten Beinen, aufrecht und schweigsam, auf einer mit einem Perserteppich belegten Bank. Er wirkte ganz wie ein natürlicher Herrscher unter all diesen dunklen, halbbarbarischen und doch anmutigen Gestalten, die ihn umgaben. Sein Körper war kräftig, der Hals kurz und dick, die Nase groß mit breiten Nasenflügeln, die Augen forschend und durchdringend. Auf einem Ruhebett lag Khun Ying Phan, von ihren Dienerinnen umgeben.
Eine Flöte, deren leise und sanfte Töne aus den Falten eines großen Vorhanges zu kommen schienen, eröffnete die Darbietung. Zwölf Mädchen mit goldenen und silbernen Fächern kamen herein. Sie ließen sich auf dem Boden vor dem Kralahome nieder und begannen, mit ihren Fächern ihm und seiner Gattin Kühlung zuzufächeln. Eine andere Gruppe graziöser, lächelnder Mädchen trat auf die Bühne und nahm die Weise der Flöte in einem schnellen, rhythmischen und melodischen Wirbel auf.
In der Mitte des Raumes stellten sich zwanzig Tänzerinnen, alles reizvolle junge Mädchen, nackt bis zur Taille, mit goldenen und durchsichtigen Tüchern auf, offensichtlich der Chor. Ihre Köpfe waren bescheiden gesenkt, ihre Hände demütig gefaltet. Sie trugen nur einen Rock aus kostbarem Stoff und mit goldenem Saum, der in sanften Falten um ihre Beine fiel. Sie

hatten sich goldene, sechs Zoll lange Fingernägel aufgeklebt, die wie die Krallen legendenhafter Vögel aussahen.

Beim Klang der fröhlichen Musik traten die Tänzerinnen in zwei Gruppen. Sie knieten alle gleichzeitig nieder, legten ihre Handflächen aneinander und senkten ihre Köpfe, bis sie mit der Stirn den Teppich vor ihrem Gebieter berührten. Er beobachtete sie teilnahmslos, kein Zeichen der Anerkennung für ihre anmutige Geste spiegelte sich in seinen Zügen.

Als sie sich tanzend in den Hintergrund zurückgezogen hatten, erschienen die Hauptdarsteller des Dramas – Rama und seine Jünger in kostbaren Gewändern und der Affenkönig mit seinem Gefolge in scheußlichen Masken. Der Kampf begann. Obwohl Anna die gesungenen Worte nicht verstehen konnte, fiel es ihr nicht schwer, der vertrauten Handlung zu folgen. Die Anmut der Schauspielerinnen war bewundernswert, jeder noch so kleinen Bewegung eines Fingers oder Fußes kam eine Bedeutung zu. Zwei Stunden lang verfolgte sie das Schauspiel gefesselt, bis der Kampf entschieden und Sita endlich wieder eingefangen war.

Während des triumphalen Finales sprangen die Mädchen des Chores auf und drehten sich im Kreise, während sie mit den Zehen zum Rhythmus der Musik auf den Teppich klopften. Das Licht funkelte auf ihren nackten Brüsten, den Armbändern und dem Goldbesatz ihrer Röcke.

Halb erschüttert, halb fasziniert, wandte Anna die Augen von den Tänzerinnen ab, um auf die regungslose Gestalt zu blicken, für die der exotische Zauber zum besten gegeben wurde. Der Kralahome saß noch immer kalt und grimmig da, während seine großen Hände auf den Knien ruhten. Welches Gefühl der Leidenschaft auch in ihm brennen mochte, er wirkte wie die Ruhe selbst.

Die Musik schwoll in einem leidenschaftlichen Crescendo an und die Tänzerinnen wirbelten zum großen Finale über die Bühne. Sie waren wie die Zweige einer Weide, die sich im Wind neigten. Ihre Muskeln bewegten sich wie Blätter in einer Brise, und ihre Augen funkelten lebhaft. Dann war die Darbietung beendet, und sie warfen sich zu seinen Füßen.

Da lagen die Mädchen wie lebende Marionetten mit ihren jungen, bebenden Körpern am Boden und wagten nicht, in das Gesicht ihres schweigsamen Gottes zu blicken, in dem gerade die Gefühle der Verachtung und der Leidenschaft gegeneinander kämpften. Der Kralahome gähnte. Wortlos stand er auf und zog sich plötzlich gelangweilt zurück.

Annas dritter Tag in Siam – war es wirklich erst der dritte? – war zu Ende.

Die Mattoons

Die Hitze wurde immer drückender. Seit Monaten hatte es nicht geregnet, das Gras überall in den Gärten war braun geworden. Selbst nachts hielt die erstickende Schwüle an. Ein beklemmender Tag nach dem andern verging, und Anna wartete mit immer größerer Ungeduld auf ihre Unterredung mit dem König. Doch die Einladung an den Hof blieb aus, und sie hörte auch nicht, daß ein Haus für sie bereitgestellt würde.

Also versuchte sie, sich zu beschäftigen, so gut es unter diesen Umständen eben ging. Morgens unterrichtete sie Louis, nachmittags schrieb sie Briefe, und in den Abendstunden lernte sie mit ihrem Lehrer Moonshee Persisch und Sanskrit.

Beinahe jeden Tag mußte sie auch einen heftigen Ansturm ihrer Wohnung durch neugierige Mädchen aus dem Harem über sich ergehen lassen. Sie brachen wie ein Heuschreckenschwarm über Anna herein und verließen so gut wie nie die Wohnung, ohne die verschiedensten Kleinigkeiten zu erbetteln oder einfach mitzunehmen. Für die Mädchen war dies kein Diebstahl, sondern der ihnen gebührende Tribut. Manchmal brachten sie auch die alte malaiische Anstandsdame mit und bestürmten Anna mit unzähligen kindischen Fragen. Morgens und abends machte sie Spaziergänge im Garten oder schlenderte die Kais am Fluß entlang. Zuweilen besuchte Anna auch Khun Ying Phan in ihrem hübschen Reich in den Frauenquartieren vom Palast des Kralahome. Hier gab es weder Teppiche noch Siegel oder sonstige Gegenstände europäischer Herkunft. Die einzigen Möbel waren Sofabetten, niedrige Marmorsofas, Tische und einige Sessel. Alles sah hier antik und zierlich aus und wirkte angenehm kühl, obwohl die heiße Märzsonne durch die seidenen Fensternetze schien.

Dieses reizvolle Haus war von einem hübschen Garten umgeben, dessen Büsche, Brunnen, lauschige Winkel und Rasen die Hand eines perfekten Künstlers verrieten. Ausnahmsweise standen hier nur wenige Zwergbäume in großen chinesischen Töpfen, die orientalische Gärten gewöhnlich wie Friedhöfe erscheinen lassen. An deren Stelle gab es blühende Bäume, Farnkräuter und Büsche in bezwingender Harmonie. Ein kühler schattiger Weg führte zu einem weiteren, noch größeren Garten mit ebenso vielen blühenden Sträuchern von außerordentlicher Schönheit.

»Das hier sind die Kinder meines Herzens«, sagte Khun Ying, als sie mit Anna durch den Garten schlenderte. Und sie fügte flüsternd hinzu: »Sie müssen wissen, mein Gebieter ist kinderlos.«

Doch Khun Ying konnte meist nur wenig Zeit für Besucher erübrigen, die Miniaturstadt des Palastes mit ihren tausend Bediensteten und mehreren hundert Sklavinnen beanspruchte fast ihre gesamte Zeit.

Je länger Anna sie kannte, desto mehr bewunderte sie diese Frau, die trotz ihrer Sanftheit außerordentlich tüchtig war. Anna war besonders von ihrer immerwährenden Freundlichkeit den jüngeren Frauen im Harem ihres Gatten gegenüber beeindruckt. Sie lebte so glücklich unter ihnen, als wären sie ihre Töchter. Sie teilte die kleinen Geheimnisse der Mädchen, beschwichtigte ihre Gemüter und vertrat ihre Wünsche vor dem unbeugsamen und hoheitsvollen Kralahome, auf den sie einen günstigen Einfluß ausübte.

Nahezu jeden Tag erschien Mr. Hunter bei Anna und erkundigte sich nach ihrem Gesundheitszustand und ihren Wünschen, außerdem informierte er sie über den aktuellen Stand der Verhandlungen, die darauf hinzielten, sie bald bei Hofe vorzustellen. Er war ein gebeutelter kleiner Mann, in nüchternem Zustand ernsthaft, aber sehr unberechenbar, wenn er getrunken hatte, was öfter vorkam.

Einmal brachte er auch seine Gattin mit, eine sehr nette Frau siamesisch-portugiesischer Herkunft, die den melodischen Namen Rosa Ribeiro de Alvergarias Noi Hunter führte. Sie interessierte sich sehr für Louis und seine Spiele und erzählte gleich: »Ich habe selbst zwei Söhne. Robert ist elf und John neun Jahre alt.«

»Louis ist erst sechs«, sagte Anna, »und meine kleine Tochter Avis ist sieben.« Sie erzählte ihrem Gast ein wenig von Avis, und ein Ausdruck der Anteilnahme glitt über Mrs. Hunters Gesicht. »Oh, das ist bitter, von der lieben Kleinen getrennt zu leben, nicht wahr? Auch unsere Jungen sollen einmal in England studieren, aber ich werde es wohl nicht ertragen, ohne sie zu leben«, sagte sie seufzend.

Manchmal kam der Dolmetscher des Kralahome an Stelle Mr. Hunters, doch sein Verhalten, in dem kriecherische Demut mit arrogantem Stolz wechselte, ärgerte Anna jedesmal aufs neue. Und obwohl sie versuchte, ihren Widerwillen gegen ihn zu verbergen – da es ihr weise schien, sich in diesem fremden Land so wenig Feinde wie möglich zu machen –, gelang es ihr nicht immer.

Eines Nachmittags bekam Anna Besuch von Mr. und Mrs. Stephen Mattoon. Mr. Mattoon war ein bärtiger Mann mit funkelnden Augen, seine Frau war sehr offen mit ausgeprägten Gesichtszügen und straff zurückgekämmtem Haar. Die Ruhe, die sie ausstrahlte, wirkte auch beruhigend auf die junge Engländerin, und die beiden freundeten sich sehr schnell an. Anna konnte dem Ehepaar endlich all die Fragen stellen, die sie seit langem beschäftigten. Sie erfuhr, daß die Mattoons seit fünfzehn Jahren in Siam lebten und während dieser Zeit nur sehr selten aus gesundheitlichen Gründen in den Vereinigten Staaten gewesen waren. Besonders interessierte Anna sich für den Unterricht, den Mrs. Mattoon und zwei andere Missionarinnen vor zehn Jahren im Palast erteilt hatten.

»Wir wurden vom König im Jahr seiner Thronbesteigung – das war 1851 – eingeladen, die Frauen des Palastes zu unterrichten. Sie werden wie wir bestimmt bald herausfinden, daß man ihre Aufmerksamkeit kaum länger als einige Minuten erregen kann. Die meisten von ihnen haben niemals einen Unterricht genossen, besitzen aber einen edlen Charakter, auf den Sie aufbauen können.«

»Ich glaube«, sagte Anna, »ich werde auch einige der jungen Prinzen unterrichten.«

»Das haben wir schon gehört, und das ist natürlich Ihre große Gelegenheit, schließlich wird einer von ihnen einmal König werden.«

»Die Frauen des Kralahome haben mir – was den König betrifft – einen gehörigen Schrecken eingejagt. Sie nennen ihn den Herrn des Lebens! Ist er wirklich so launenhaft und rachsüchtig, wie sie sagen?«

Mrs. Mattoon zögerte. »Ja. – Es wäre nicht fair, Ihnen falsche Hoffnungen zu machen. Doch er ist ein außerordentlich intelligenter Mann, und er hat bereits mehr für Siam getan als alle seine Vorgänger. Jene unter uns, die ihn seit Jahren kennen, bewundern ihn sehr. Sie müssen bedenken, daß er nur dem Namen nach ein absoluter Herrscher ist. Er hat oft sehr fortschrittliche Ideen, doch er muß gegen die Intrigen und den Argwohn der Adeligen ebenso wie gegen die Trägheit der Massen, die keinen Wechsel wünschen, ankämpfen. Er ist der Kopf einer Bewegung, die Sie die Jungsiamesische Partei nennen könnten. Auf seiner Seite stehen noch sein jüngerer Bruder, der Zweite König, der Kralahome, Prinz Wongsa und einige andere. Doch die Masse der Adeligen schreckt davor zurück, das Land dem Handel mit Europa zu erschließen. Sicher können Sie diesen Standpunkt verstehen. Sie verdächtigen Frankreich und England kolonialer Bestrebungen und würden daher eine Politik der Abgeschlossenheit vorziehen. Betrachten Sie also den König als einen Mann, der mit einem Fuß in der Vergangenheit, im Mittelalter des Feudalismus, steht und mit dem andern in der modernen Welt der Zivilisation und Wissenschaft. Zwei Seelen ringen also in seiner Brust, und es ist schwer vorauszusagen, wie er sich jeweils verhalten wird. Unterschätzen dürfen Sie ihn allerdings niemals! Er kann durchaus sehr grausam sein, aber ich kenne ihn auch als sehr gutherzigen Menschen.«

»Sehen Sie«, erklärte Mrs. Mattoon, »er hätte den Thron besteigen sollen, als sein Vater im Jahr 1824 starb. Doch sein älterer Halbbruder war damals sehr mächtig und riß den Thron an sich mit dem vagen Versprechen, sich zurückzuziehen, wenn der Prinz volljährig würde. Prinz Mongkut erkannte aber die drohende Gefahr für sein Leben und verließ seine Frau und die beiden kleinen Kinder, um Priester zu werden. Der Prinz hatte einen großen Wissensdurst, wurde ein Gelehrter von Rang und erhielt schließlich sogar die Würde des Hohepriesters. Seine Tätigkeit gab ihm eine Freiheit, die er im Palast niemals besessen hätte. Oft kam er in die Häuser der Missionare, um sich Bücher auszuborgen und die verschiedensten Fragen zu stellen. Ja, er lernte sogar Englisch und machte unter der Leitung des Missionars Jesse Caswell beachtliche Fortschritte, Französisch und

Latein studierte er bei Bischof Pallegoix. Er ist außerdem ein ausgezeichneter Mathematiker und Amateurastronom.«
»Er scheint ja wirklich außerordentlich zu sein«, lachte Anna.
»Das ist er auch«, fuhr Mr. Mattoon fort. »Beispielsweise ist er der erste Siamese, der eine Druckerpresse aufgestellt hat, das war noch zu seiner Zeit als Hohepriester. Er schuf sogar einen neuen Schriftcharakter für die Pali. Er ist wahrhaftig ein erstaunlicher Mann. Er rief eine Erneuerungsbewegung innerhalb des Buddhismus hervor und organisierte die ganze buddhistische Kirche neu, während er Priester war.«
Mrs. Mattoon erzählte weiter: »Und jetzt als König hat er seine Presse bei sich im Palast. Haben Sie denn schon etwas von ihm gelesen?«
»Nein, noch nicht«, antwortete Anna.
»Er bedient sich der englischen Sprache auf bemerkenswerte Weise. Nicht etwa, daß seine Grammatik einwandfrei wäre, doch seine Ausdrucksweise ist kraftvoll, und seine Themen sind unerschöpflich. Wir müssen Ihnen unbedingt einige Proben davon zeigen, wenn Sie zu uns kommen.«
»Ich werde sie sehr gerne besuchen, doch sagen Sie mir bitte, wie es dazu kam, daß Sie den Unterricht im Palast aufgaben?«
»Das ist eine lange Geschichte«, sagte Mrs. Mattoon. »Der König reagiert sehr empfindlich auf Kritik. Das ist nur natürlich, da er stets von Schmeichelei umgeben ist. Seit Jahren abonniert er sämtliche in Singapur erscheinenden Zeitungen und sucht stets nach Artikeln, die sich auf seine Person beziehen. Stößt er auf etwas, das ihm nicht paßt, wird er wütend. Vor mehreren Jahren wurden in einem Artikel seine Verhandlungen mit verschiedenen europäischen Mächten kritisiert. Sofort verschloß er die Tore des Palastes, ohne irgendeine Erklärung dafür zu geben. Wir machten ausfindig, daß er einen der Baptistenmissionare verdächtigte, den beleidigenden Zeitungsartikel verfaßt zu haben. Natürlich waren alle Missionare unschuldig, denn es wäre der Gipfel der Unvernunft gewesen, etwas Derartiges zu

tun. Es dauerte über ein Jahr, ehe er davon überzeugt war, daß keiner von uns etwas damit zu tun hatte. Trotzdem behandelte er uns seitdem mit Mißtrauen. Aber wie ich bereits sagte, er ist ein intelligenter Mann. Man muß ihm gegenüber bloß eine gewisse Vorsicht walten lassen.«

Als sie sich zum Gehen wandte, fügte Mrs. Mattoon hinzu: »Wenn wir Ihnen irgendwie helfen können, müssen Sie es uns nur wissen lassen. Und besuchen Sie uns bald einmal. Wir wohnen nur fünf Meilen von hier.«

»Ich habe Ihr Haus vom Schiff aus gesehen«, sagte Anna. »Es kam mir wie ein richtiges Stück Heimat vor.«

Die erste Audienz beim König

An jenem bedeutungsvollen Nachmittag des 3. April kleidete sich Anna mit besonderer Sorgfalt und schmückte ihr malvenfarbenes Musselinkleid außerdem mit einem schwarzen indischen Spitzenschal. Nach mehrwöchigen Verhandlungen, die Mr. Hunter in ihrem Auftrag mit dem Kralahome geführt hatte, war man schließlich übereingekommen, daß Captain John Bush sie bei Hof vorstellen sollte. Der britische Konsul, Sir Robert Schomburgk, weilte während der heißen Jahreszeit nicht in Bangkok, und Captain Bush schien in dessen Abwesenheit die geeignetste Persönlichkeit zu sein. Obwohl er Brite war, führte er dank seiner Stellung als Hafenmeister den siamesischen Titel eines Luang Wisut Sakharadit, und dieser Rang machte es ihm möglich, bei den halbwöchentlichen Audienzen des Königs anwesend zu sein.

Mit ihrem hübschesten Hut und langen schwarzen Seidenhandschuhen war Anna bereits eine Stunde vor der vereinbarten Zeit fertig. Es gab noch einen kurzen Zwischenfall, als Louis sich weigerte, ohne sie zu Hause zu bleiben. Er weinte so bitterlich, daß selbst Beebes Vorschlag, mit ihm spazierenzugehen und ihm später sogar sein Lieblingsgericht zu kochen, ihn nicht zu beruhigen vermochte. Schließlich mußte er angekleidet werden und durfte seine Mutter begleiten.

Captain Bush erschien pünktlich um fünf Uhr, ein wenig zu auffällig gekleidet in seinem hochgeschlossenen weißen Anzug, doch frisch und fröhlich wie immer. Sie würden mit seinem Boot über den Kanal zum Königspalast fahren. Louis, den die große Hitze müde und mürrisch gestimmt hatte, gab die ganze Fahrt über keinen Mucks von sich, nur einmal beugte er sich zu seiner Mutter und flüsterte: »Mama, ich habe Angst vor dem König.«

»Du mußt aber keine Angst haben, mein Liebling«, raunte sie ihm beruhigend zu. »Du hast ihn doch noch nicht einmal gesehen.«

Aber ihr selbst war auch nicht ganz wohl bei dem Gedanken an die bevorstehende Unterredung mit dem seltsamen König, von dem sie schon so viele unheilvolle Dinge gehört hatte. Sie war immerhin ganz allein in einem fremden Land, in dem es nicht einmal britische Soldaten gab – Siam war weder Indien noch Singapur. Sie durfte vor diesem geheimnisvollen orientalischen Despoten weder unterwürfig noch anmaßend erscheinen.

Sie dachte darüber nach, während das Boot auf die Anlegestelle des Palastes zusteuerte. Um sie herum wimmelte es vor Leben. Eine Gruppe Priester badete im Fluß. Andere standen in ihren nassen gelben Röcken am Ufer und wrangen ihre Kleider aus, die sie eben gewaschen hatten. Über den Weg am Kai schritten anmutige Mädchen, die Wasserkrüge auf den Köpfen balancierten, andere wieder trugen Heubündel oder Körbe mit Früchten. Verschwitzte Sklaven eilten mit Adeligen in geschnitzten

Sänften auf ihren Schultern zur Spätnachmittagsaudienz. In der Ferne sah Anna einen Trupp Speerträger, deren lange Waffen in der Sonne glitzerten.

Captain Bush, Anna und Louis stiegen aus dem Boot und gingen eine Straße entlang, die auf beiden Seiten von hohen Ziegelmauern begrenzt wurde. Die Wälle zur Linken umschlossen den königlichen Palast, während die auf der rechten Seite den Wat Bo umgaben. Captain Bush erzählte ihr ein wenig vom Wat Bo und wies besonders auf den berühmten Koloß hin, eine riesengroße vergoldete Statue des ruhenden Buddha. Die Sohlen der riesigen Füße waren mit Flachreliefs aus Perlmutt verziert. »Sie müssen sich das unbedingt ansehen, Madam!« rief er. Ich bezweifle, daß Sie selbst in Indien etwas Derartiges gesehen haben.«

»Natürlich werde ich mir das ansehen«, entgegnete Anna, die an außergewöhnlichen Dingen immer Freude hatte.

Sie ließen den Tempel hinter sich und gingen die Palastmauer entlang, bis sie zu einem kreisförmigen Fort mit mehreren Bastionen und Türmen kamen. Sie schritten durch die Pforte und gelangten zu einem steinigen Pfad beim Stall des weißen Elefanten. Louis wollte hierbleiben um das riesige Tier zu betrachten, doch sie mußten weitergehen.

Schließlich erreichten sie den Wat Phra Kaeo, den Tempel des Smaragdenen Buddha, in dem der König seine Andacht abhielt. Anna blieb begeistert stehen und dachte, daß dies sicher der herrlichste aller siamesischen Tempel war. Die großen achteckigen, zum Himmel strebenden Säulen und die in luftiger Höhe thronende Turmspitze erinnerten sie an den Sonnentempel in Baalbek und an den stolzen Tempel der Diana von Ephesus. Die seltsamen Tore und Fenster sahen eher gotisch aus, doch die brahmanischen Symbole herrschten vor.

Louis, der von den vielen Statuen ganz entzückt war, hätte sie sich gerne genauer angesehen, wenn seine Mutter und Captain Bush es ihm erlaubt hätten. Vor allem gefielen ihm die Marmorfiguren, die die Göttin Ceres oder den Apostel Paulus darstellten.

Sie spazierten am Tempel vorbei und gelangten in einen gepflasterten Hof und von hier zum Amarindpalast, an dessen Tor weder Führer noch Pagen standen. Da die vorbeieilenden Sklaven sie nur gleichgültig ansahen, entschlossen sie sich, unbegleitet durch die Vorräume zu gehen. Sie gelangten in ein großes Vorgemach, das zur Audienzhalle führte.

Das späte Nachmittagslicht fiel durch die hohen Fenster in den geräumigen Saal, in dem zahlreiche Edelleute in goldbestickten Seidengewändern mit gesenkten Köpfen auf ihren Ellbogen und Knien kauerten. Ihnen gegenüber, am anderen Ende des Saales, saß der König auf seinem goldenen Thron. Er war mittelgroß und außerordentlich mager. Wie er so mit gekreuzten Beinen bewegungslos dasaß, schien es, als wären er und der Thron aus einem Stück geschnitzt.

Die kleine Gruppe auf den Stufen blieb stehen und beobachtete die Szene mit unverhohlenem Interesse. Doch als ihnen niemand die geringste Beachtung schenkte, flüsterte Anna Captain Bush zu: »Bitte, stellen Sie uns jetzt gleich vor. Louis wird langsam müde und hungrig.«

»Wir sollten besser noch ein wenig warten, Madam«, erwiderte Captain Bush ernst, doch Annas Geduld war erschöpft. Sie warf ihren Kopf zurück, nahm Captain Bush beim Arm und zog ihn mit sich die Stufen hinauf. Louis hielt sie an der anderen Hand, und so betraten sie unangemeldet die Halle. Auf dem tiefroten Teppich knieten die reglosen Körper Hunderter von Höflingen und Adeligen. Anna verspürte das kindische Verlangen, wie ein Frosch über diese Gestalten zu hüpfen und triumphierend vor dem Mann zu landen, in dessen Händen ihr Schicksal lag und der bewegungslos wie Buddha auf dem Thron saß.

Der König bemerkte sie sofort. Er sprang auf, eilte durch die Halle auf sie zu und rief ungeduldig: »Wer? Wer? Wer?«

Als er vor ihnen stand, fiel Captain Bush, gleich den anderen Höflingen, auf die Knie und entledigte sich seiner Aufgabe. »Majestät – die neue englische Erzieherin, Mrs. Anna Harriette Leonowens, und ihr Sohn Louis.«

Anna machte einen tiefen Knicks und balancierte dann, so gut sie konnte, auf gebeugten Knien in der froschartigen Stellung, die – wie man ihr gesagt hatte – der Zeremonie entsprach. »Wenigstens«, dachte sie, »bin ich nicht so ein Wurm wie diese armen Reptilien hier.«

Der König schüttelte ihre Hand und musterte sie aus harten, scharfen Vogelaugen. Doch er sagte nichts. Abschätzend blickte er sie an und schritt auf dem Teppich auf und ab, wobei er mit mathematischer Präzision einen Fuß vor den anderen stellte.

Captain Bush flüsterte ihr verstohlen zu: »Das Feuerwerk beginnt in einer Minute, Madam. Bereiten Sie sich schon mal darauf vor!«

Plötzlich machte der König einen großen Satz, blieb direkt vor ihr stehen, streckte einen Arm aus und wies mit dem Zeigefinger auf ihre Nase.

»Wie alt werden Sie wohl sein?« fragte er mit eisiger Stimme.

Anna war vollkommen überrascht. In ihren kühnsten Vorstellungen hatte sie sich nicht ausgemalt, daß die Unterredung derart beginnen könnte. Außerdem war es ihr sehr unangenehm, vor Hunderten von knienden Männern ins Kreuzverhör genommen zu werden, zumal über derart private Angelegenheiten. Sie war der Meinung, daß man sie solch vertrauliche Einzelheiten besser vor ihrer Anstellung oder im Rahmen einer Privataudienz hätte fragen sollen. Andererseits aber wollte sie den König nicht schon bei ihrer ersten Begegnung verstimmen. Sie antwortete nach einer kleinen Pause mit ernster Miene: »Hundertfünfzig Jahre alt, Sire.«

Er ließ die Hand sinken und ging wieder, überrascht und verwirrt, mit schnellen, gleichmäßigen Schritten auf und ab. Seine dunklen Augen erforschten ihr Gesicht eingehend, dann blitzten sie in plötzlichem Verstehen auf. Er hustete, lachte, hustete wieder und ging seinerseits zum Angriff über.

»In welchem Jahr wurden Sie geboren?«

Augenblicklich gewann sie ihr Gleichgewicht wieder und antwortete ernsthaft: »Ich wurde 1712 geboren, Majestät.«

Diese Antwort rief auf dem Gesicht des Königs eine unbeschreibliche Heiterkeit hervor. Captain Bush verschwand plötzlich reichlich unzeremoniell hinter einer Säule, um ebenfalls lachen zu können. Der König hustete wieder mit Nachdruck, worauf Anna sich fragte, ob er sich wohl über ihre Kühnheit, seinen Fragen auszuweichen, ärgerte. Dann richtete er einige Worte an die Höflinge unmittelbar vor ihm, die mit dem Teppich zugewandten Gesichtern schmunzelten.

In der Zwischenzeit hatte der König seinen Marsch mit eneuter Energie aufgenommen, und während er Annas Gesicht noch einmal ausgiebig musterte, blieb er plötzlich vor ihr stehen und rief: »Wie viele Jahre verheiratet?«

»Mehrere Jahre, Majestät«, parierte die neue Erzieherin, entschlossen, sich nicht überrumpeln zu lassen und nichts Privates in aller Öffentlichkeit preiszugeben. Das Wortgeplänkel machte ihr langsam Spaß, es ähnelte nunmehr einem kindlichen Gefecht mit hölzernen Schwertern.

Nach einigen Minuten der Überlegung drehte sich der König um, trat rasch auf sie zu und fragte triumphierend: »Ha! Ha! Wie viele Enkel haben Sie nun? Ha, ha! Wie viele? Wie viele? Wie viele? Ha, ha, ha!«

Der König, Anna, Captain Bush, der wieder aus seinem Versteck hinter der Säule hervorkam, und alle Höflinge, die genug Englisch verstanden und dem Wortwechsel folgen konnten, lachten herzlich. Der König hatte das Gefecht gewonnen.

Der Gedanke, die Engländerin mit ihren eigenen Waffen besiegt zu haben, versetzte den König in beste Laune. Er ergriff Annas Hand und zog sie schnell durch die Audienzhalle, an den knienden Männern vorbei, durch eine mit Vorhängen verdeckte Tür, während sich Louis verzweifelt an ihren Rock klammerte. Mit hohem Tempo hasteten sie durch eine Reihe von Gängen, in denen ältliche Dueñas und einige jüngere Frauen kauerten. Als Anna und Louis bereits völlig außer Atem waren, blieb der König endlich vor einer Reihe verhüllter Nischen stehen und schob die Samtvorhänge beiseite.

Dahinter sahen sie eine kniende junge Frau, die ihr Antlitz mit einem Schal verdeckte. Ihr schlanker, kindlicher Körper hatte die Feinheit eines Meißener Porzellanfigürchens. Sachte zog der König das Seidentuch fort, das sie scheu vor ihr Gesicht hielt, und Anna blickte in ein Gesicht von großer Zartheit und Schönheit. Der König beugte sich zu ihr herab, nahm ihre Hand und legte sie in Annas Rechte, die er immer noch festhielt. Weich und widerstandslos wie ein toter Vogel lag die Hand dieser Frau nun in der ihren.

»Das ist meine Gattin, Lady Talap«, stellte er vor. »Sie möchte gerne eine englische Erziehung erhalten, sie ist schon einmal von Missionarinnen unterrichtet worden. Ihr Talent ist ihrer Schönheit ebenbürtig, und es ist unser Wille, sie zu einer guten englischen Schülerin zu machen. Sie werden sie für uns ausbilden.«

Die junge Frau faszinierte Anna irgendwie. Ihre ausdrucksvolle, bescheidene und sanfte Art war sehr anziehend. »Es würde mir große Freude bereiten, sie zu unterrichten, Majestät«, sagte Anna.

Als der König ihre Antwort übersetzt hatte, lachte Lady Talap vor Freude auf. Sie warf Anna einen so aufrichtig glücklichen Blick zu, daß sie sich wunderte. War es denn so viel verlangt, englischen Unterricht nehmen zu dürfen? Für Lady Talap bedeutete die Erlaubnis wohl sehr viel. Die Gnade des Königs beschwingte sie so sehr, daß sie sich vor ihnen zu Boden warf. Anna verließ sie mit einem Gefühl der Zuneigung und des Mitleids. Sie fand es geradezu empörend, selbst für die harmlosesten Wünsche von den Launen eines so verdorrten Heuschrecks von König abhängig zu sein! Sie blickte von der Seite auf seine starren Gesichtszüge und erschauerte.

Plötzlich schien ihr, als wäre der marmorne Palast von Dunkelheit und Schwermut erfüllt. Anna wußte nicht, ob der plötzliche Schatten der Sklaverei und Unterdrückung oder die untergehende Sonne diese beklemmende Stimmung hervorgerufen hatte.

Der König führte sie durch die Korridore wieder zur Audienzhalle zurück. Dutzende von Kindern kamen aus den Gemächern des Palastes, und der Herrscher sprach sie herablassend an, aber ihr Interesse galt Louis. Plaudernd, lachend und schreiend liefen sie auf ihn zu. Er wich scheu zurück, doch sie kamen immer näher heran und berührten schließlich seine Kleider, seine Haare, seine Schuhe und seine weißen Hände. Louis, der dies nahezu unerträglich fand, warf seiner Mutter einen flehenden Blick zu, doch sie konnte nichts anderes tun, als langsam weiterzugehen. Der König lachte, der Anblick der Kinder amüsierte ihn.

»Ich habe siebenundsechzig Kinder«, sagte er stolz, als sie die Audienzhalle erreicht hatten. »Sie werden sie alle erziehen und auch meine Frauen, die Englisch zu lernen wünschen, unterrichten. Außerdem müssen Sie mir bei meiner umfangreichen Korrespondenz behilflich sein.« Er beugte sich zu ihr herab und fuhr mit gedämpfter Stimme fort: »Auch fällt es mir schwer, die französischen Briefe zu lesen und zu übersetzen. Die Franzosen verwenden so gerne unklare und irreführende Ausdrücke. Sie werden mir sicher all diese Sätze verständlich machen. Des weiteren erhalte ich mit jeder Post Briefe aus dem Ausland, die ich nur mit Mühe entziffern kann. Sie werden diese Schreiben in Rundschrift kopieren, damit ich sie mit Leichtigkeit lesen kann.«

Die vielen verschiedenen Pflichten verwirrten Anna, doch sie hielt es für das beste, zu einem späteren Zeitpunkt dagegen zu protestieren.

»Ich werde später nach Ihnen schicken«, sagte der König abschließend und winkte mit der Hand.
Anna knickste, und auch Louis machte eine kurze Verbeugung. Dann zogen sie sich mit Captain Bush zurück. Als sie in den Abend hinaustraten, atmete Anna befreit auf. Die Luft im Palast war in der großen Hitze wahrlich beklemmend gewesen. Sie war aufrichtig dankbar, daß in ihrer Vereinbarung mit dem König ein Haus außerhalb des Palastes inbegriffen war. An diesem unglaublichen Ort ein und aus zu gehen und zu unterrichten war etwas ganz anderes, als Tag und Nacht hier leben zu müssen. Immerhin war die Audienz nicht schlecht verlaufen, obwohl es dabei ein wenig seltsam zugegangen war. Der König hatte anscheinend gute Laune und besaß Sinn für Humor. Dennoch war er ein seltsamer, unberechenbarer und selbstherrlicher Mann, und es würde schwer werden, ihn zufriedenzustellen, besonders wenn sie tatsächlich Privatsekretärin und Erzieherin sein sollte. Harte Arbeit machte ihr nichts aus, sie begrüßte sie sogar als schmerzstillendes Mittel.
Captain Bush mußte lächeln, als er wieder an das Wortgeplänkel im Palast dachte. »Wie viele Enkel haben Sie? Das war nicht schlecht!« wiederholte er belustigt. »Und trotzdem könnte ich nicht mit Sicherheit behaupten, daß er schlauer wäre als Sie, wenn es darauf ankäme.«

Die Einäscherung einer Königin

Anna wartete noch immer auf die Aufforderung, mit dem Unterricht zu beginnen. Es hieß, der König sei gerade damit beschäftigt, die erste Zivilpolizei Bangkoks aufzustellen. Zwei junge Engländer aus Singapur wurden zu Kommissaren ernannt, während die fünfundfünfzig Offiziere und Polizisten größtenteils Malaien und Inder waren.
Dann folgte die Einäscherung der Gemahlin des Königs. Die Zeit vom 10. bis zum 18. April war für diese Zeremonie bestimmt, deren Höhepunkt das Anzünden des Scheiterhaufens durch den König bildete. Zu dem Verantwortungsbereich des Kralahome in seiner hohen Stellung gehörte ein großer Pavillon, in dem die Ausländer von Bangkok, die an den Feierlichkeiten teilnahmen, empfangen und bewirtet wurden. Das bedeutete natürlich auch eine Menge Arbeit für Lady Phan. Am

Tag vor der Feier wurden mehrere Bootsladungen von Möbeln über den Fluß gerudert, Vorhänge wurden aufgehängt und Teppiche ausgebreitet. Schon lange vor Tagesanbruch am ersten Morgen der Feierlichkeiten herrschte im Palast eifrigste Tätigkeit. Blumen wurden gepflückt und in Vasen arrangiert und eine Menge Speisen zubereitet. Die Sitte verlangte, daß den Gästen, zu welcher Stunde sie auch erschienen, reichhaltige Mahlzeiten serviert wurden. Der dicke Prinz Wongsa, in dessen Palast der Zirkus gastiert hatte, war mit der Bewirtung der Priester und der siamesischen Beamten betraut worden. Gewöhnlichen Leuten war natürlich der Zutritt zu dem abgezäunten Platz, auf dem die Zeremonie stattfand, nicht gestattet.

Anna freute sich über die Einladung, mit den anderen Mitgliedern des Haushalts zu erscheinen, da sie noch nie an einer derartigen Feier teilgenommen hatte.

Das Mausoleum war auf einem großen Platz, dessen südliche Seite bis zum Königlichen Palast reichte, errichtet worden. Das Fundament des an gotische Architektur erinnernden Baus umfaßte zwanzig Quadratmeter, während die Spitze des Dachs ganze fünfundzwanzig Meter über den Erdboden ragte. Zwei lange Treppenfluchten im Osten und Westen führten zum Katafalk, auf dem die irdischen Überreste der Königin in einem goldenen Schrein ruhten. Um sie herum hatte man bereits wohlriechendes Holz aufgestapelt, das für die Einäscherung bestimmt war.

Der Pavillon des Königs und jener des Kralahome, die sich auf den gegenüberliegenden Seiten des Platzes befanden, standen im Mittelpunkt des allgemeinen Interesses. Eine riesige Menschenmenge stand in gespannter Erwartung vor dem Zaun und harrte der kommenden Ereignisse. Anna war überrascht, daß dieser Zeremonie jeglicher Ernst fehlte, den Europäer gewöhnlich mit einem derartigen Anlaß verbinden. Statt dessen herrschte ausgelassene Fröhlichkeit: Theatervorstellungen waren im Gange, Boxkämpfer und Seiltänzer sorgten für die Unterhaltung der Massen. Als Höhepunkt des Abends war ein großes Feuerwerk geplant.

Innerhalb der Umzäunung herrschte ein stetes Kommen und Gehen. Priester aus allen Teilen des Königreichs stimmten immer wieder feierliche Gesänge an, und ein Chor löste den anderen ab. Groteske Figuren in Riesengröße, anscheinend Gestalten aus der Hindumythologie, bewachten die Eingänge des Mausoleums, in dessen Nähe es auch einen Steingarten, Brunnen und einen Teich gab. Anna amüsierte sich über die Priester, die darin badeten, ohne den Vorbeigehenden auch nur die geringste Beachtung zu schenken.

Anna kam und ging mit den Mitgliedern des Haushalts. Während der drei Nachmittage vor dem Tag der Einäscherung thronte der König im Ornat, von seinen Würdenträgern umgeben. Die Abendstunden vertrieb er sich, indem er Limonen, in denen kleine Münzen und goldene Ringe verborgen waren, in die Menschenmenge warf. Die würdelose Art, in der sie sich auf Händen und Knien um diese Schätze balgten, schien ihn zu amüsieren.

Anna traf viele Mitglieder der ausländischen Kolonie im Pavillon des Kralahome, und sie hörte die wildesten Vermutungen über die auffällige Abwesenheit des Zweiten Königs. Man flüsterte, daß seine Flagge immer noch nicht auf halbmast wehe, und daß er über den Prunk der Einäscherung, die dem Rang einer Königsgemahlin nicht entsprach, erzürnt sei, vor allem weil die Feier bedeutend kostspieliger war als die Feuerbestattung des Bruders der beiden Könige im vergangenen Jahr.

»Der König handelt, wie es ihm gefällt«, sagte ein Plauderlustiger zu einem anderen. »Warum auch nicht? Jeder weiß schließlich, wie sehr er die Königin geliebt hat!«

»Vielleicht ist das Ganze auch nur ein neuer Schachzug, um die Thronfolge ihres Sohnes zu sichern. Ich glaube nämlich nicht, daß diese Frau jemals den vollen Rang einer Königin innehatte. Wenn mich mein Gedächtnis nicht trügt, starb die wirkliche

Königin vor zehn Jahren. Die Einäscherung mit dem einer Königin gebührenden Pomp würde ihre Stellung und die ihres Sohnes in aller Öffentlichkeit bestätigen.«
»Das könnte gut sein«, entgegnete sein Nachbar.
»Oh, ich weiß nicht, ob das zutrifft«, mischte sich ein dritter ein. »Meiner Meinung nach ist die ganze Affäre nur auf die alte Eifersüchtelei zwischen den beiden Brüdern zurückzuführen. Außerdem ist der Zweite König machtlos. Seine einzige Freude im Leben besteht doch darin, seinem Bruder zuweilen ein wenig Respektlosigkeit zu zeigen ...«
Niemals vorher hatte Anna etwas über das Verhältnis der beiden Könige gehört, obwohl ihr das seltsame Doppelkönigtum aus den Berichten Sir John Bowrings bekannt war. Seit Jahrhunderten war es in Siam Sitte, gleichzeitig zwei Könige zu haben. Oft waren es Vater und Sohn, wobei der Sohn irgendwann die Nachfolge des Vaters antrat. Jetzt waren es Brüder.
Das Entzünden des Holzstoßes war für den Nachmittag des Karfreitags geplant, und so entschloß sich Anna, dieser Zeremonie nicht beizuwohnen.

Nachdem die Einäscherung vorüber war und Anna noch immer keine Aufforderung erhalten hatte, den Unterricht im Palast zu beginnen, entschloß sie sich, die siamesische Sprache zu lernen. Mr. Hunter vermittelte ihr einen Lehrer, ein verhutzeltes altes Männchen, der einst dem Priesterstand angehört hatte. Manchmal kam auch Mr. Hunter vorbei, um ihr bei Schwierigkeiten, denen ihr des Englischen unkundiger Lehrer nicht gewachsen war, zu helfen.
Anna hatte große Freude an dieser Sprache. Als sie nach und nach die seltsamen Buchstaben erlernte und schließlich die ersten Wörter verstand, erkannte sie, wie sehr ihr die Sanskritkenntnisse weiterhalfen, da man zuweilen siamesische Wörter an ihrer Ähnlichkeit mit dem Sanskrit erkennen konnte.
Als sie einmal die Mattoons besuchte, erhielt sie von dem

freundlichen Ehepaar ein englisch-siamesisches Lehrbuch und ein Matthäus-Evangelium, das Mr. Mattoon vor einigen Jahren neu bearbeitet und gedruckt hatte. Mrs. Mattoon, der das Buch gehörte, hatte am Rand und zwischen den Zeilen die Übersetzung der schwierigeren Wörter notiert. Mit diesen Schriften bestens ausgerüstet, machte Anna große Fortschritte. Wenn sie die englische Bibel zum Vergleich daneben legte, konnte sie die Bedeutung vieler siamesischer Wörter und Sätze, die ihr der Lehrer bloß ungenau erklären konnte, sofort erfassen. Später sandten ihr die Mattoons auch fünfzig Seiten eines siamesisch-englischen Wörterbuchs, mit dessen Zusammenstellung sich der Missionar Dr. Dan Beach Bradley beschäftigte.
Anna führte nun langsame Gespräche mit den Frauen des Palastes, wann immer sie zu Besuch kamen. Die Unterhaltungen beschränkten sich gezwungenermaßen auf die einfachsten Wörter und Sätze wie: »Sind Sie gesund?« oder »Wie heißt das?« Erfreulicherweise machte das neue Spiel ihren Gästen großen Spaß. Gerne sagten sie ihr die Namen aller Gegenstände, die sich im Zimmer befanden, und so verfügte sie schon bald über einen ganz ordentlichen Wortschatz. Zuweilen erkannte sie einige schnell gesprochene Worte, wenn sich ihre Gäste miteinander unterhielten, und manchmal verstand sie sogar die Bedeutung eines ganzen Satzes. Der Zauber, den Sprachen schon immer auf sie ausgeübt hatten, ließ ihr die drückend heißen Tage erträglich werden.
Francis Cobb schrieb ihr aus Singapur, daß Avis mit dem Ehepaar Heritage und Susan am 16. April abgereist sei.
Captain Orton überbrachte ihr das Schreiben zusammen mit einem kleinen Paket von Mrs. Heritage, das ein neues Foto von Avis und einige Zeilen von ihr enthielt: »Auf Wiedersehen, Mama, auf Wiedersehen, Louis. Eure Avis Leonowens.«
Ihr altes Haus in Singapur war wieder vermietet worden. Mr. Cobbs Partner bereitete sich zur Abreise nach Amerika vor, und Mr. Cobb mußte als Vizekonsul der Vereinigten Staaten

amtieren. Anna seufzte. Alles, mit Ausnahme ihrer Tätigkeit im Palast, machte Fortschritte.

Anscheinend hatte der König inzwischen ganz vergessen, daß er sie überhaupt verpflichtet hatte. Mr. Hunter berichtete ihr, Seine Majestät sei im Begriff, nach Petschaburi zu fahren, das drei Tagereisen von Bangkok entfernt lag. Dieser am gleichnamigen Fluß gelegene Ort war ein Lieblingsplatz des Königs. Fünfhundert Sklaven hatten hier unter der Oberaufsicht des Kralahome viele Jahre gearbeitet, um einen Palast zu errichten. Nunmehr war der Bau endlich für die Einweihungszeremonie bereit. Höhepunkt der Feier sollte die Einbettung eines Knochensplitters einer echten Reliquie Buddhas in einen Schrein sein.

»Woher weiß der König, daß der Knochensplitter echt ist?« fragte Anna neugierig.

»Es heißt«, erklärte Mr. Hunter, »daß er sich ein wenig bewegt, wenn man ihn mit Limonensaft beträufelt. Und wenn man ihn unter ein Augenlid legt, reizt er das Auge nicht. Das ist übrigens, hm, die entscheidende Probe ...«

Es wurde Mai, und der König und sein Gefolge zogen mit großem Pomp auf dem Fluß vorbei. Louis und Anna gingen nach wie vor am Morgen und in den Abendstunden spazieren und sahen dabei, wie die ärmere Bevölkerung lebte. Sie kochten ihre Mahlzeiten über einem Kohlenfeuer, Scharen von Kindern lachten und spritzten im Fluß herum.

Der Fluß faszinierte Anna immer wieder. Die Morgensonne spiegelte sich auf den Fluten und vergoldete Hunderte von kleinen Booten, mit denen die Marktleute sich fortbewegten. Zahlreiche Flöße und schwimmende Läden, in denen ein Teil der Bevölkerung lebte, waren am Ufer festgemacht. Hier wurden die seltsamsten Dinge zum Verkauf angeboten, und zuweilen kauften Anna und Louis eine Kleinigkeit für Avis.

Einmal wagte Anna es, Bananenkuchen zu kaufen, und sie stell-

te entzückt fest, daß sie genügend Siamesisch verstand, um der Verkäuferin den gewünschten Betrag abzählen zu können.
Wenn sie früh genug aufstanden, konnten sie zuschauen, wie die Priester in ihren safrangelben Gewändern in winzigen Booten von einem schwimmenden Haus zum anderen ruderten, um die Almosen der Frommen in Empfang zu nehmen. In der Mitte des Stromes ankerten grüne und rote Dschunken aus Amoy und Swatow. Gläubige spazierten auf dem Weg zum Tempel vorbei, mit Tellern, auf denen sich leckere, zum Opfer bestimmte Kuchen befanden. Und über diese ganze malerische Szenerie verstreuten die Tempelglocken ihre sanften Melodien.
Eines kühlen Morgens wagten sie sich weiter als bei ihren bisherigen Spaziergängen, die sie noch nie über die Kaiseite des Kralahomepalastes hinausgeführt hatten. Sie beobachteten vierzig oder fünfzig Zimmerleute, die unter einem langen Sonnenschutzdach Boote bauten. Louis war völlig fasziniert. »Ich möchte jetzt jeden Tag herkommen, Mama«, sagte er, als sie an einen Kanal kamen, über den gerade eine Brücke gebaut wurde. Dort arbeiteten halbnackte Sträflinge mit Halseisen, die durch schwere Ketten miteinander verbunden waren. Die Männer konnten sich nur mit der größten Anstrengung bewegen und holten Steine von einer am Kanalufer liegenden Barke. Jeder einzelne hob einen Stein auf, und dann bewegten sie sich langsam, schwitzend und keuchend zu den Maurern, die anschließend die Steine in die Brücke einfügten. Die meisten der Gefangenen sahen trotzig und herausfordernd aus, doch einige von ihnen hatten sanfte und traurige Augen.
»Arme Geschöpfe!« dachte Anna. »Ob wohl die Sklaven des Pharaos ebenso am Bau der Pyramiden arbeiteten?«
Sie sahen den Männern eine Weile bei der Arbeit zu, als plötzlich der Führer einer Kolonne, die gerade ihre Steine abgesetzt hatte, auf Louis zuging und grinsend seine Hand ausstreckte. Louis fuhr erschreckt zurück, griff aber in seine Tasche und ließ einige Münzen in die ausgestreckte Rechte fallen.

Was dann geschah, kam so überraschend, daß Anna keine Zeit blieb, sich darauf vorzubereiten. Mit einem Schrei fiel die ganze Horde über sie her, drängte sich mit ausgestreckten Händen und klirrenden Ketten gegen sie, griff nach ihnen und kreischte: »Gebt Almosen! Gebt Almosen! Gebt Almosen!« Die Männer umringten die beiden von allen Seiten, und Anna verlor vor Angst beinahe den Verstand. Sie nahm Louis auf den Arm und drückte ihn gegen ihre Brust, damit er von der Horde nicht zertrampelt wurde. Dann versuchte sie vergebens, sich durch das Gedränge zu kämpfen.

Die Männer bedrängten sie immer weiter, doch sie hatte kein Geld bei sich, mit dem sie den drohenden Rufen hätte nachgeben können. Der abstoßende Geruch der Körper ekelte sie an. Für einen Augenblick dachte sie, sie seien verloren. Ein brauner Nebel schwebte vor ihren Augen, und sie fürchtete, ohnmächtig zu werden. Plötzlich, wie vom Blitz getroffen, fielen die Männer nieder. Sie blickte um sich und sah, wie herbeigeeilte Offiziere sich mit Peitschen auf die Kettensträflinge stürzten und auf sie einschlugen.

Die Szene war genauso widerlich wie die vorhergehende. Schnell stellte sie Louis wieder auf den Boden, er war kalkweiß und zitterte am ganzen Körper – aber er war unverletzt. Anna ergriff seine Hand und lief, so schnell sie konnte, zum Palasttor. Ohne einen Blick zurückzuwerfen, ging sie mit raschen Schritten in den Hof und erreichte schließlich ihre Räume. Diesmal erschienen ihr die verhaßten Zimmer als willkommener Zufluchtsort.

Nachdem sie und Louis die von den schwitzenden Händen der Sträflinge beschmutzten Kleider abgelegt hatten, badeten sie, zogen sich um und gingen zum Abendessen.

Beebe brachte die Speisen herein, sie hatte den Pagen die Arbeit des Bedienens abgenommen. Doch das heutige Abenteuer hatte Anna und Louis den Appetit verdorben, sie rührten beide kaum einen Bissen an. »Laß uns von hier fortgehen, Mama«, sagte der

Junge mit bettelndem Blick. »Bitte, laß uns doch nach Singapur zurückgehen!«
Anna seufzte. Auch sie hatte an ihr Haus in Singapur gedacht, aber sie wollte noch nicht aufgeben. Sie antwortete ihrem Sohn mit gespielter Fröhlichkeit: »Du wirst dich hier bestimmt wohl fühlen, Louis, wenn wir erst unser eigenes Haus haben. Wir werden das Klavier, die Bilder von Avis und alle unsere Bücher im Salon aufstellen, und dann wird es hier so schön sein wie in Singapur.«

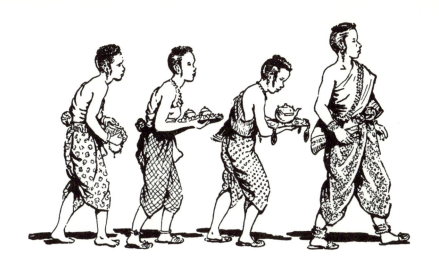

Im Harem des Königs

Die Hitze war noch immer drückend, obwohl der angekündigte Monsun jeden Augenblick für eine Milderung sorgen konnte. Louis warf sich in der Nacht im Bett herum und rief immerzu: »Kaltes Wasser, Beebe. Kaltes Wasser.« Auch Anna sehnte sich nach einer kühlen Brise und lag ruhelos unter ihrem Moskitonetz. Sie stellte sich vor, daß die Luft dieses östlichen Gefängnisses, in dem sie lebte, wie die darin herrschende Atmosphäre sei – erstickend und betäubend – und daß die Luft in einem eigenen Haus – wenn sie es nur bekommen würde! – frischer sein würde.

Was konnte sie nur tun? Der König war inzwischen aus Petschaburi zurückgekehrt und hatte sie immer noch nicht aufgefordert, mit dem Unterricht zu beginnen. Sie konnte keinesfalls vor ihm erscheinen, ehe er nach ihr schickte. Sie wollte aber auch nicht nach Singapur zurückkehren und ihre Niederlage eingestehen. Ihr Herz schreckte vor einer Heirat zurück. Immer wenn sie zu Bett ging, drehten sich ihre Gedanken im Kreis: Sie mußte irgend etwas tun, doch sie wußte beim besten Willen nicht, was. Sie war jetzt seit zwei Monaten in Siam, und die Untätigkeit, zu der sie verurteilt war, ließ sie schier verzweifeln. Wenn es doch nur nicht so heiß wäre – wenn sie doch nur ihre Arbeit aufnehmen könnte – wenn sie doch nur ein eigenes Haus hätte, in dem sie tun und lassen könnte, was sie wollte – wenn … Dann war die Nacht irgendwie vorüber. Ein neuer bleierner Tag begann.

Eines Morgens erschien dann endlich Mr. Hunter und richtete ihr aus, daß sie sich bereithalten sollte, um ihre Tätigkeit im Palast umgehend aufzunehmen.
»Die Schwester des Kralahome, Lady Piam, wird Sie dieses Mal hinbringen«, erklärte er. »Sie wird Sie morgen früh mit ihrem Boot abholen.«
Die Schwester des Kralahome war eine stattliche, mütterlich aussehende Frau, die Anna mit den Worten: »Guten Morgen, Sir«, begrüßte.
»Guten Morgen«, antwortete Anna. »Es ist sehr freundlich von Ihnen, daß Sie mich abholen. Sollen wir sofort gehen?«
Die Schwester des Kralahome antwortete freundlich: »Guten Morgen, Sir. Guten Morgen, Sir.«
Anna wertete dies als Zustimmung und machte sich bereit. Beebe drückte Louis einen Hut auf die Locken, da er unbedingt mitkommen wollte. Mit langsamen Schritten führte Lady Piam sie zum Boot. Hinter ihr folgte die Prozession der Sklavinnen, die sie immer begleitete. Ein Mädchen trug eine goldene Teekanne auf einem bestickten Satinpolster. Eine andere ein goldenes Tablett, auf dem sich zwei winzige Porzellanschalen ohne Henkel, aber mit Deckel befanden. Eine dritte trug eine Beteldose aus schwerem Gold. Zwei Sklavinnen standen etwas weiter hinten und hielten große Fächer in den Händen. All das wa-

ren Symbole des Ranges der adeligen Dame und als solche unbedingt notwendig.

Nachdem die ganze Gruppe in dem überdachten Boot Platz genommen hatte, bemerkte Lady Piam die Bücher und nahm eines mit Interesse zur Hand. Als sie beim Durchblättern das Alphabet erkannte, blickte sie Anna in freudiger Überraschung an und las ihr die Buchstaben vor, wobei sie mit dem Finger auf jeden einzelnen zeigte. Anna half ihr, und Lady Piam schien eine Weile lang dankbar und belustigt zu sein. Plötzlich aber klappte sie das Buch zu, reichte Anna ihre plumpe Hand und sagte: »Guten Morgen, Sir.«

Anna antwortete: »Guten Morgen«, und fügte einen Augenblick später »Sir« hinzu. Während das Boot seine gemächliche Fahrt flußaufwärts fortsetzte, wiederholte Lady Piam diesen Gruß, sooft sie sich Anna zuwandte.

Schließlich hielten sie vor einem prunkvollen Pavillon. Sie stiegen aus und gingen durch mehrere Gänge, bis sie zu einer von Amazonen bewachten Sperre kamen. Die Wachtposten trugen enganliegende, hochgeschlossene Jacken mit scharlachfarbenen Knöpfen, diagonal laufende Schärpen schmückten ihre Brust. Eine Art gewobenes Plaid, das Anna an die schottischen Kilts erinnerte, vervollständigte ihre Uniform. Die alte Dame war den Amazonen anscheinend gut bekannt, denn sie öffneten das Tor, ohne Fragen zu stellen, und warfen sich dann nieder, während sie die gefalteten Hände vor die Gesichter hielten, bis Lady Piam mit ihrem Gefolge hindurchgegangen war. Ein Gang von zwanzig Minuten brachte sie zur inneren Mauer, welche die »Verbotene Stadt« vom Rest des Palastes abschloß.

Durch ein ovales Messingtor, das sich geräuschlos öffnete, gelangten sie in den Hof. Zu ihrer Linken standen mehrere hohe, von alten Bäumen umgebene Tempel, während sich zu ihrer Rechten eine Säulenhalle erhob. Der Boden des offenen Pavillons, zu dem Lady Piam sie führte, war aus Marmor. Es war angenehm kühl.

Alle Frauen, die sich im und um den Pavillon herum aufhielten, erhoben sich, um Annas Begleiterin zu begrüßen. Sie schienen einen höheren Rang zu besitzen, da Lady Piam sich vor ihnen niederwarf. Als die Formalitäten vorüber waren, führten sie eine angeregte Unterhaltung. Mehrere Kinder saßen oder rekelten sich indessen auf dem Marmorboden, während die Säuglinge schliefen oder in den Armen ihrer Kinderfrauen strampelten. Sogleich erschienen Sklavinnen mit silbernen Tabletts, die mit scharlachfarbenen Netzen, die sich über leichte Bambusrahmen spannten, bedeckt waren. Eine Vielfalt von fremdartigen, doch sehr appetitlich aussehenden Delikatessen befand sich darauf. Anna hätte gerne davon probiert, doch da es weder Gabeln noch Löffel gab und sie nicht wie die anderen mit den Fingern essen wollte, unterließ sie es. Louis und Anna nahmen mit den Orangen vorlieb. Sie fürchtete ein wenig, daß ihre Zurückhaltung unhöflich erscheinen könnte, besonders, da diese Gerichte ihr zu Ehren zubereitet worden waren, doch niemand schenkte ihr auch nur die geringste Beachtung. Lady Piam und die Frauen des Palastes lachten und plauderten, ohne einen Blick in ihre Richtung zu werfen.
Bald erschien auch Lady Talap, das reizende junge Wesen, das Anna vom ersten Augenblick an in ihr Herz geschlossen hatte. Sie begrüßte die Schwester des Kralahome ehrfürchtig, unterhielt sich einige Minuten mit ihr und legte sich dann auf den kühlen Steinboden nieder, wobei sie ihre Betelschachtel als Kopfkissen benutzte.
Sie winkte Anna zu und lächelte sie mit plötzlichem, nur ihr eigenem Liebreiz an. Anna erhob sich und ließ sich sodann neben der hübschen, ausgestreckt daliegenden jungen Frau nieder. »Schön, daß Sie da sind«, sagte Lady Talap in ihrem sonderbaren, klar klingenden Englisch. »Es ist lange, ich Sie nicht sehen. Warum Sie kommen so spät?« Anna antwortete ihr in möglichst einfachen Sätzen, doch Lady Talap schüttelte lächelnd den Kopf. Anna sprach zu ihr wie zu einem Kind und

bemühte sich, ihre Worte für sie verständlich zu machen, doch ohne Erfolg. Als Lady Talap sah, daß Anna wegen dieses Mißerfolges enttäuscht und verwirrt war, lächelte sie wieder auf ihre bezaubernde Art und begann zu singen:

>»*Es gibt ein glückliches Land*
>*Weit, weit von hier ...*«

und sagte dann: »Ich denke oft an Sie. ›Am Anfang schuf Gott Himmel und Erde.‹«
Anna blickte sie überrascht an. Wollte die Frau ihr zeigen, wie gut sie englisch sprach? Ihre Sätze waren recht beachtlich, doch leider völlig zusammenhanglos. Louis, dessen Kopf in Annas Schoß lag, sah die seltsame Frau mit unverhohlener Neugierde an. Sprach sie nun englisch oder nicht? Ein langes, für Anna peinliches Schweigen folgte. Sie wußte nicht, wie sie Lady Talap ihre Sympathie zeigen konnte. Dabei wollte sie es doch so gerne tun, schließlich brauchte sie einige Freunde, wenn ihre Arbeit erfolgreich sein sollte. Doch die hübsche junge Frau lag nur teilnahmslos da, ohne zu ahnen, was in Annas Kopf vorging, und betrachtete die vergoldeten Rosetten des Pavillondachs.
Nach ungefähr einer halben Stunde kniete sie sich hin und blickte vorsichtig um sich. Lady Piam war mit ihren Freundinnen fortgegangen, die Kinder tummelten sich in der Sonne, niemand war in ihrer Nähe. Sie kam rasch ganz nahe zu Anna heran und flüsterte ihr ins Ohr: »Liebe Mem Mattoon! Ich liebe sie. Ich denke an sie. Ihr kleiner Junge ist tot – sie in Palast kommen – sie weinen. Ich liebe sie!« Dann rückte sie ebensoschnell wieder von ihr fort und legte sich mit dem Kopf auf die Betelschachtel zurück. Sie hielt einen Finger an die Lippen, ließ ihn wieder sinken und begann mit heller Sopranstimme zu singen:

>»*Es gibt ein glückliches Land,*
>*Weit, weit von hier ...*«

Anna saß nur still und aufmerksam da. Die vertrauliche Geste Lady Talaps mußte etwas bedeuten. Plötzlich verstand sie und war tief gerührt. Wie dumm war sie doch gewesen! Wie konnte sie nur glauben, die junge Frau würde bloß ihre Sprachkenntnisse zur Schau stellen. Dieses anmutige junge Wesen, das hinter den hohen Mauern der »Verbotenen Stadt« eingekerkert war, versuchte eine Botschaft an die Außenwelt zu senden. Sie wollte Mrs. Mattoon ihre Anteilnahme am Verlust ihres Sohnes zeigen und sie wissen lassen, daß sie sich noch immer an das erinnerte, was die gute Frau sie einst gelehrt hatte. Lady Talap hatte sich diesen einzigartigen Weg ausgedacht, um ihre tröstenden Worte der Frau zu senden, die sie als ihre Freundin betrachtete. Wie geschickt! Wie menschlich! Anna lächelte ihr verstehend zu, und Lady Talap lächelte zurück. Sie verstanden einander. Für Anna jedoch bedeutete es mehr als das. Sie empfand ein Gefühl freudiger Erregung, als sie erkannte, daß Lady Talap ihr diese Botschaft anvertraute. Die junge Frau mußte davon überzeugt sein, daß sie dem König nichts verraten würde. Das war eine Sache unter Frauen, und die Siamesin hatte der Engländerin mit dieser Botschaft für die Amerikanerin ihr Vertrauen geschenkt. Anna blickte mit erneutem Interesse auf Lady Talap. Hier ruhte sie, in Mauern und Sitten gefangen, die sie zu kaum mehr als zu einem Spielzeug des Königs machten, aber Mrs. Mattoons Einfluß hatte seine Spuren hinterlassen. Anna verfiel in Träumerei. Wie viele dieser Seelen würde sie wohl von ihren generationenalten Fesseln befreien können?
Die Zeit verging rasch. Es war bereits Nachmittag, die Frauen kamen und gingen, während die Kinder noch immer spielten. Anna lehnte sich gegen eine der Säulen des Pavillons und fühlte sich wie in einer bezaubernden Märchenwelt. War es denn möglich, daß sie nur wenige Minuten vom betriebsamen Zentrum Bangkoks entfernt war?
Ein leises Geräusch, das von der gedeckten Säulenhalle kam, ließ sie auffahren. Eine alte Frau erschien mit einem goldenen

Leuchter, in dem vier brennende Kerzen steckten. Sofort war die schläfrige Trägheit des Nachmittags verschwunden, und auch Lady Talap stand hastig auf und floh ohne weitere Umstände. Die anderen Frauen und beinahe alle Kinder schlossen sich ihr an. Anna blieb allein mit der Schwester des Kralahome, ihren Bediensteten und Louis zurück, der zufrieden im Schoß seiner Mutter schlummerte.

Anna vermutete richtig, daß der König etwas mit diesem Vorgang zu tun hatte, doch erst viel später, als sie die Sitten des Palastlebens verstand, wußte sie, welche Bedeutung dem Leuchter mit den brennenden Kerzen genau zukam. Sie waren das Opfer, das der Herrscher zum Königlichen Tempel des Wat Phra Kaeo sandte, sobald er aus seinem Mittagsschläfchen erwachte, und es kündigte sein unmittelbar bevorstehendes Erscheinen an.

Nur wenige Minuten später zog eine Prozession, die aus Hunderten von Frauen und Kindern bestand, vorbei. Manche der langsam Dahinschreitenden waren bleich und niedergeschlagen, andere wieder lebhaft und gutgelaunt. Sie hielten nicht an, um zu plaudern und blickten sich nicht um. Auch Lady Talap, in dunkelblaue Seide gehüllt, die sich sehr vorteilhaft von ihrer olivenfarbigen Haut abhob, lief mit. Sie blieb nicht stehen, um mit Anna zu sprechen, blickte sie auch nicht an, sondern eilte den anderen Frauen mit einer gewissen ängstlichen Bereitwilligkeit nach. Sie war zwar die augenblickliche Favoritin, doch viele andere waren es vor ihr gewesen.

Anna wurde allmählich unruhig, als die Stunde ihrer Feuerprobe herannahte. Diese lautlose und vorsichtige Geschäftigkeit machte ihr angst, doch sie war nach wie vor fest entschlossen, auf der Erfüllung des ihr gemachten Versprechens zu bestehen. Der König hatte ihr in seinem Brief ein Haus versprochen, doch dann entsann sie sich wieder der Worte des Kralahome bei ihrer ersten Unterredung: »Seine Majestät kann sich nicht an alles erinnern.« Vielleicht mußte er daran erinnert werden! Sie nahm die beiden Briefe, die der König ihr nach Singapur geschickt hatte, zur Hand und las sie erneut. Sodann überflog sie eine Kopie des Schreibens, das der König an Mr. Tan Kim Chang gerichtet hatte:

Bangkok, 26. Februar 1862
Was die Dame betrifft, deren Name, wie Sie erwähnten, Mrs. Leonowens ist, habe ich ihre Bewerbung um die Stelle einer Erzieherin abgewiesen, da sie ein zu hohes Gehalt beansprucht. Auch wünscht sie im Missionshaus zu wohnen, und es würde zuviel Schwierigkeiten bereiten, sie jeden Tag hin- und herbringen zu lassen. Infolge ihres steten Umganges mit Missionaren würde außerdem die Gefahr bestehen, daß sie bei der Erziehung unserer Kinder mehr darauf bedacht sein könnte, sie zum Christentum zu bekehren, als sie mit der englischen Sprache und Literatur vertraut zu machen. Dies auf unsere Kosten geschehen zu lassen, wäre unvernünftig, da wir bereits genügend Lehrer der christlichen Religion beschäftigen. Doch wenn Lady Leonowens gewillt sein sollte, ein monatliches Gehalt von hundert Dollar zu akzeptieren, und bereit wäre, im Palast oder der unmittelbaren Nachbarschaft zu leben, und wenn sie sich verpflichten würde, unsere Kinder in der englischen Sprache und Literatur zu unterweisen – und sie nicht zur christlichen Religion zu bekehren –, werde ich sie gerne als Erzieherin beauftragen, da Sie eine gute Meinung von ihr haben.
Ich habe Mr. Wm. Adamson, der mit seiner Frau die Bewerbung der Dame zu Ihnen brachte, bereits in dieser Angelegenheit geschrieben und ihm mitgeteilt, daß die Dame vor ihrer Abreise alle nötigen Veränderungen mit Ihnen treffen solle. Ich ersuche Sie, mit ihr die besten Vereinbarungen im Rahmen der hier aufgestellten Bedingungen zu schließen.

Wenn sie zu uns kommen sollte, werde ich ihr ein Haus in der unmittelbaren Nachbarschaft meines Palastes zur Verfügung stellen. Ihr Monatsgehalt wird für den Anfang hundert Dollar betragen. Wenn ich den Eindruck gewinne, daß ihre Arbeit eine höhere Bezahlung verdient, werde ich ihr zu gegebener Zeit ein höheres Gehalt bezahlen.
Bitte, teilen Sie ihr dies unverzüglich mit und überzeugen Sie die Dame.
S.S.P.P. Mha Mongkut, Rx.

Seine Briefe waren nicht unfreundlich. Warum fürchtete sie sich also vor den bevorstehenden Ereignissen? Anna steckte die Briefe ein und weckte Louis. Die Prozession von Frauen und Kindern ging langsam zu Ende, also erhob sie sich und erwartete die Ankunft des Königs.

Eine Stunde stand sie da und rechnete jeden Augenblick mit seinem Erscheinen. Das Warten strengte sie an, und je mehr Zeit verging, desto größer wurde ihre Besorgnis. Unmerklich verhärtete sich ihr Wille gegen die Macht der reizbaren Persönlichkeit des Königs. Sie wußte eigentlich selbst nicht, warum, schließlich war ihre Absprache klar und eindeutig, nur ein paar Einzelheiten mußten noch geklärt werden. Obwohl der König aus ihrer ersten Unterredung als Sieger hervorgegangen war, hatte sie ihre unschuldigen Geheimnisse für sich behalten können.

Ein wildes Gedränge ließ sie auffahren. Dienerinnen, Kinderfrauen und Sklavinnen verschwanden durch Türen und hinter Säulen. Dann ein lautes Husten – und der König erschien!
Er lächelte nicht. Laut und, wie Anna schien, ärgerlich hustend, näherte er sich der kleinen Gruppe, die im Pavillon auf ihn wartete. Es war ein unheilverkündender Auftakt für ihre Unterredung. Louis, der ein feines Gefühl für Stimmungen hatte, vergrub sein Gesicht in den Rockfalten seiner Mutter, um der Auf-

merksamkeit dessen, der sein Erscheinen auf so seltsame Weise ankündigte, zu entgehen.

Die Frauen und Kinder, die dem König gefolgt waren, warfen sich zu Boden, als er vor der Schwester des Kralahome stehenblieb. Nach wenigen Sekunden wandte sich der Herrscher Anna zu, schüttelte teilnahmslos ihre Hand, blickte auf Louis und sagte mit gleichgültiger Stimme: »Das Haar des Kindes ist sehr schön.«

Danach wandte er sich an die Schwester des Kralahome und verwickelte sie in ein langes Gespräch. Anna stand wartend, doch der König schenkte ihr keine weitere Beachtung. Während Annas Augen auf den König gerichtet waren, näherten sich ihr mehrere Frauen und zischten ihr etwas zu. Sie konnte nicht verstehen, was sie sich zu sagen bemühten, und versuchte, den Sinn des Gesprächs, das der König mit Lady Piam führte, zu erraten.

Das Gesicht des Herrschers war nicht sonderlich einnehmend, obwohl es gleichmäßige Züge hatte. Die rechte Gesichtshälfte und besonders die rechte Unterlippe erweckten den Anschein, als hätte der König einmal an einer halbseitigen Lähmung gelitten. Dennoch wirkte er machtvoll, herrisch und klug.

Wieder unterbrach das Zischen der Frauen ihre Beobachtung. Anna sah sich verwundert nach ihnen um, doch die Augen der auf Ellbogen und Knien kauernden Geschöpfe waren starr auf den Boden gerichtet. Was sie ihr wohl sagen wollten? Das Geflüster wurde immer eindringlicher. Ihr Verhalten mußte einen wichtigen Grund haben, da sie sonst nicht das Risiko auf sich genommen hätten, von ihrem Gebieter getadelt zu werden. Wußten sie denn nicht, daß Anna ihre Sprache nicht beherrschte?

Die Frauen verstummten, griffen aber plötzlich nach ihr, erwischten ein Ende ihres Rockes und zogen mit aller Kraft daran. Bevor Anna ihre Absicht erahnen konnte, hatte sie auch schon ihr Gleichgewicht verloren. Triumphierend rissen die

Frauen sie nach hinten, und sie fiel mit Louis um. Vor Schmerz und Zorn traten ihr die Tränen in die Augen. Wütend wollte sie sich wieder aufrichten, doch die Frauen hielten sie fest. Als der König endlich ihr Dilemma bemerkte, rief er ihnen einige befehlende Worte zu, worauf sie Anna losließen.

»Sie verstehen die europäischen Sitten nicht«, sagte der König zu der errötenden Engländerin, die ihren Rock glattstrich und den weinenden Knaben zu beruhigen versuchte.

Dann richtete er wieder einige Worte an die Frauen, die daraufhin etwas zurückwichen, so daß sich um Anna ein freier Raum bildete. Mit einer Handbewegung fuhr der Herrscher zu Anna gewandt fort: »Wir freuen uns sehr, daß Sie hier im Palast mit unserer Familie wohnen werden.«

Kaum vom ersten Schrecken erholt, trafen sie diese Worte wie ein Schlag. Hier leben? Wie sollte sie hier leben, wo der Schatten der Sklaverei selbst das Sonnenlicht düster erscheinen ließ und der Eindruck der Tyrannei so stark war, daß sie sie förmlich riechen konnte! Wie sollte sie nur hier leben, wo es kein Privatleben gab, wo sie nicht kommen und gehen konnte, wann sie wollte, wo jedes Tor bewacht und jede Bewegung von Spionen beobachtet wurde? Und wie sollte sie ihr Kind in der geliebten englischen Tradition aufziehen, wenn sie kein eigenes Haus besaß? Sie preßte ihre bebenden Lippen entschlossen aufeinander. Niemals! Sie würde niemals zustimmen, irgendwo zu leben, wo sie weder auf die Hilfe des britischen Konsuls noch auf die der amerikanischen Missionare zählen konnte.

»Majestät«, sagte sie mit einer Ruhe, die sie nicht fühlte, »es ist mir leider unmöglich, hier zu leben. Ich werde mich sehr glücklich schätzen, während der Unterrichtsstunden hier zu arbeiten, aber ich benötige ein kleines Haus, das mir gehört und in das ich mich zurückziehen kann, wenn ich meine Arbeit beendet habe. Ich beherrsche die siamesische Sprache noch nicht und würde mich hier wie eine Gefangene fühlen, wenn die Tore des Palastes am Abend geschlossen werden.«

»Wo gehen Sie denn jeden Abend hin?« fragte der König mißtrauisch.
»Nirgends, Majestät«, antwortete sie ungehalten. »Ich bin fremd hier.«
»Warum paßt es Ihnen dann nicht, daß die Tore abends geschlossen werden?«
»Ich weiß es nicht genau«, antwortete sie langsam, »doch ich fürchte, daß ich hier nicht leben könnte. Darf ich Majestät daran erinnern, daß Sie mir in Ihrem Brief ›ein Haus nahe dem Königlichen Palast‹ und nicht im Palast versprochen haben?«
Das Gesicht des Königs wurde purpurrot. Mit mehreren kurzen Schritten stürmte er auf Anna zu und schrie jähzornig: »Ich weiß nicht, was ich versprochen habe. Ich kenne keine früheren Bedingungen. Ich weiß nichts, aber Sie sind meine Dienerin« – seine Stimme wurde immer schriller – »und wir freuen uns, daß Sie in diesem Palast leben werden, und Sie werden gehorchen!«
Die letzten drei Worte wurden ihr direkt ins Gesicht geschrien. Zitternd wich sie einen Schritt zurück. Sie wußte für Sekunden nicht, was sie antworten sollte, und hatte auch nicht die Kraft, etwas zu sagen. »Ich gebe jetzt auf«, dachte sie. »Ich bin verloren. Ich werde nicht in diesem Palast leben! Selbst dann nicht, wenn ich nach Singapur zurückkehren muß. Nein, das könnte ich niemals tun! Aber ich werde auch nicht hier leben, als wäre ich selbst ein Mitglied dieses schrecklichen Harems!« Sie nahm ihren ganzen Mut zusammen und sagte in einem kühlen, ruhigen Ton, der sie selbst überraschte: »Majestät haben vielleicht vergessen, daß ich keine Dienerin, sondern eine Erzieherin bin. Selbstverständlich bin ich bereit, allen Befehlen Eurer Majestät, die sich auf die Erfüllung meiner Pflichten beziehen, Folge zu leisten, doch darüber hinaus kann ich Ihnen keinen Gehorsam versprechen.«
»Sie sollen im Palast wohnen!« brüllte er. »Sie sollen im Palast wohnen!« Dann hörte er plötzlich auf zu brüllen, und die Zornesröte wich aus seinem Gesicht. Er blinzelte mehrere Male

schnell und sagte mit gemäßigter Stimme: »Ich werde Ihnen Sklavinnen zur Verfügung stellen. Nächsten Donnerstag werden Sie in diesem Pavillon mit dem Königlichen Unterricht beginnen. Das ist nach Ansicht unserer Astrologen der geeignetste Tag dafür.«

Anna holte tief Luft. Er begann zu handeln, als hätten ihre Worte die Wirkung nicht verfehlt. Sklaven! Wenn er geahnt hätte, wie sehr sie die Sklaverei verabscheute, würde er nicht versucht haben, sie mit einigen dieser jämmerlichen Menschenwesen zu bestechen. Astrologen! Deshalb hatte sich der Beginn ihrer Tätigkeit so verzögert! Der König wandte sich um und erteilte einigen alten Frauen Befehle, für ihn schien die Angelegenheit erledigt zu sein.

Louis, der sich nicht länger beherrschen konnte, weinte laut. Die Schwester des Kralahome hob ihren Kopf und warf ihm grimmige Blicke zu, doch auch Anna spürte Tränen in den Augen. Wie konnte sie, eine schwache Engländerin, es nur wagen, gegen diesen unbarmherzigen Despoten und seine kriechenden Günstlinge anzugehen? Sie würde nicht im Palast leben. Doch sie sollte besser nicht hier stehenbleiben und schmählich in Tränen ausbrechen. Das würde nur ihre Schwäche verraten, und hier durfte es sich niemand leisten, schwach zu sein. Sie konnte einfach nicht warten, bis der König die Befragung beendet hatte. Besser unhöflich als schwach! Sie nahm Louis bei der Hand, wandte sich um und ging mit schnellen Schritten auf das Messingtor zu.

Hinter ihr ertönten Stimmen: »Mem, Mem, Mem!« Der König winkte und schrie. Anna war den Tränen nahe, und sie zitterte vor Erregung, dennoch verbeugte sie sich tief und eilte dann mit hocherhobenem Kopf durch das ovale Tor davon.

Die Schwester des Kralahome kam ihr wütend nachgelaufen, zerrte an ihrem Umhang, bewegte den Finger vor Annas Gesicht und schrie: »*Mai di, mai di!*« Anna verstand genug Siamesisch um zu wissen, daß dies »schlecht, schlecht!« bedeutete.

Doch sie ging völlig gefaßt weiter, ohne die aufgeregte Frau an ihrer Seite zu beachten. Ihr Vater und ihr Gatte waren Soldaten der Königin gewesen, und sie würde sich von niemandem einschüchtern oder zu etwas zwingen lassen.
Während der ganzen Fahrt auf dem Fluß hörte sie noch oft »*Mai di*«. Die erzürnte adelige Frau folgte ihr sogar bis zu ihrer Wohnungstür und bombardierte sie mit einem Wortschwall, den sie nicht verstehen konnte, dem aber zuweilen »*Mai di, mai di, mai di*« folgte. Doch Annas Entschluß war gefaßt, und sie versperrte die Tür hinter sich. Der Zorn hatte ihre Furcht verdrängt. Mochten sie doch tun, was sie wollten! Sie konnte jederzeit von ihrer Stelle zurücktreten, wenn es sein mußte! Keinesfalls aber würde sie im Palast leben.

Das neue Heim

Während Beebe den kleinen Louis badete, setzte sich Anna in einen Sessel, um die Lage zu überblicken. Doch je mehr sie darüber nachdachte, desto klarer wurde ihr, daß die unglückselige Unterredung mit dem König unvermeidlich gewesen war. Er war unberechenbar und launisch, und die Menschen um ihn herum paßten sich seinen Gemütsschwankungen an. Sie aber konnte und wollte das nicht tun. Plötzlich bedauerte sie, daß sie ihr Haus in Singapur aufgegeben hatte, um nach

Siam zu kommen. Doch sie versuchte das Bedauern zu unterdrücken, um sich auf die jetzigen Probleme konzentrieren zu können. Gegen ihren Willen hatte sie sich von Anfang an in einem Konflikt mit dem König befunden, doch er hatte ihr nie die Möglichkeit gegeben, sich anders zu verhalten. Andererseits durfte sie nicht erwarten, sich mit ihrem Wunsch nach einem eigenen Haus gegen den König durchzusetzen, wenn nicht ... ja, natürlich, das war es! Sie mußte sich die Unterstützung des Kralahome sichern.
Es war eine gute Idee, ihn so bald als möglich aufzusuchen. Je näher sie ihn kannte, desto rätselhafter erschien ihr der Mann, dessen Macht im Königreich sie bereits deutlich zu spüren bekommen hatte. Alle, die mit ihm in Berührung kamen, fürchteten und verehrten ihn unverkennbar. Die Ursache der Furcht hatte sie instinktiv während des ersten Zusammentreffens mit ihm an Bord erkannt – sie war eine Art unterdrückte, unheilvolle Kraft. Die Ursache der Achtung und Liebe, deren er sich erfreute, konnte sie jedoch nicht ergründen, falls sie nicht auf seinem Gerechtigkeitssinn beruhten. Dieser wurde niemals, ganz im Gegenteil zum König, von Leidenschaften beeinflußt.
Sein Verhalten zeichnete sich stets durch eine passive Liebenswürdigkeit aus, deren er sich voll bewußt war und die seine Stärke zu sein schien. Schon während des ersten Monats ihres Aufenthalts hatte Anna gesehen, daß sein Einfluß und sein Ansehen bis in jeden Winkel des riesigen und unerschlossenen Landes reichten. Es gab kaum einen Tag, an dem nicht Beamte aus den entferntesten Teilen des Königreichs vor ihm erschienen, um seine Befehle entgegenzunehmen. Von all den Huldigungen, welche die Siamesen ihm erwiesen, und von den Bemerkungen der Europäer war Anna sehr beeindruckt. Mr. Thomas George Knox, der erfahrene Dolmetscher des britischen Konsulats, der mit den Verhältnissen in Siam besonders vertraut war, hatte ihr erzählt, daß der König seine Position nur

dem Eingreifen des Kralahome zu verdanken hatte, da eine Verschwörung im Gange gewesen war, um ihn durch den beliebteren und liebenswürdigeren Zweiten König zu ersetzen.
Diese Erwägungen gaben schließlich den Ausschlag. Anna beschloß, sich an den Kralahome zu wenden, um die Erfüllung ihres Vertrags durchzusetzen. Genau in diesem Moment klopfte Mr. Hunter an die Tür und fragte, ob er irgend etwas für sie tun könne.
»O ja, Mr. Hunter! Wenn der Kralahome gerade nicht beschäftigt ist, würde ich sehr gerne mit ihm über die Ereignisse dieses Nachmittags sprechen.«
Mr. Hunter kehrte nach einigen Minuten zurück und berichtete, daß der Kralahome bereit sei, sie in seinem privaten Wohnzimmer zu empfangen.
Mr. Hunter führte sie in den Raum, wo der Kralahome Pfeife rauchend vor einem Stoß beschriebener Papiere saß.
»Ja?« sagte er, sah auf und nahm die Pfeife aus dem Mund.
»Exzellenz haben von meiner Unterredung mit dem König gehört?«
Ein schwaches Lächeln belebte sein unbewegliches Gesicht. Er nickte.
»Nichts lag meiner Absicht ferner als eine Auseinandersetzung mit Seiner Majestät. Doch es ist für mich und mein Kind einfach unmöglich, innerhalb des Palastes zu leben.« Sie zog die Briefe des Königs hervor und legte sie vor den Kralahome hin. »Wie Sie wissen, gab es vor meiner Anstellung einen Briefwechsel zwischen mir und dem König. Ich habe die Bedingungen Seiner Majestät akzeptiert und werde mich auch daran halten, aber ich glaube, daß auch der König an jene Bedingungen gebunden ist, die mich veranlaßten, meine Schule zu schließen und nach Siam zu kommen.«
Der Kralahome nahm die Briefe und las sie aufmerksam durch. Als er sie weglegte und die junge Frau nochmals ansah, erkannte sie, daß sie sein Interesse geweckt hatte.

»Warum lehnen Sie es ab, im Palast zu leben?«
Sie zögerte einen Augenblick. Wie konnte sie ihm nur ihr Bedürfnis nach Ungestörtheit verständlich machen? Die Siamesen legten nun mal keinen Wert darauf und schätzten sie daher auch nicht. »Exzellenz«, sagte sie, »ich benötige ein ruhiges Haus, in dem ich mich frei und ungestört bewegen kann, wenn meine Arbeit getan ist. Meine Aufgabe wird schwer und anstrengend sein, sie wird viele Stunden in Anspruch nehmen, und ich werde am Abend sehr müde sein.« Sie hielt einen Augenblick inne und dachte nach, wie sie ihm die Sache am besten erklären konnte. »Im Palast kann ich mich nicht ungestört zurückziehen, deswegen möchte ich gerne außerhalb wohnen. Außerdem werden die Tore sehr zeitig geschlossen, und wie Sie wissen, haben wir Europäer die Gewohnheit, uns gegenseitig zum Abendessen einzuladen. Ich möchte kommen und gehen, wie es mir beliebt, und ich möchte einen Ort haben, an dem ich meine europäischen Freunde empfangen kann. Im Palast wäre mir das nicht möglich. So sehr ich mich auf meine Arbeit dort freue, möchte ich doch auf meinem Recht bestehen, ein Haus zu besitzen, in dem ich in der mir gewohnten Weise leben kann, ohne Anstoß zu erregen.«
Der Kralahome hörte ihr aufmerksam zu und richtete dann auf siamesisch einige Fragen an Mr. Hunter.
»In Ordnung, Sir«, sagte er schließlich. »Ich werde versuchen, es einzurichten.«

Die folgenden Tage verstrichen unsäglich langsam. Anna unterrichtete Louis, lernte Siamesisch, besuchte Khun Ying Phan und tat alles, um das eintönige Warten so angenehm wie möglich zu gestalten. Die Haremsdamen fielen weiterhin wie Heuschrecken über ihr Eigentum her, doch sie nahm diese kleinen Plünderungen in dem Gedanken hin, daß sie schon bald der Vergangenheit angehören würden.
Endlich, nach einer Woche, erschien Mr. Hunter und berichte-

te, daß der König ihr Ansuchen genehmigt habe. Auf seinen Befehl hin hatte man auch bereits ein Haus für sie ausgewählt, und ein Bote wartete unten, um sie auf der Stelle dorthin zu führen. Falls sie sich ihr neues Haus erst einmal ansehen wollte, würde man ihre Schachteln und Koffer im Laufe des Tages nachliefern. Das Haus, bemerkte er ergänzend, sei möbliert.

Anna war hellauf begeistert. Sie zog ihr schönstes Kleid an und eilte mit Louis davon, während Beebe und Moonshee zurückblieben, um mit dem Packen zu beginnen. Ein älterer Mann in einem schmutzigen roten Rock mit Satinaufschlägen erwartete sie, und sein finsteres Aussehen dämpfte ihre erste Begeisterung. Schweigend eilte er ihnen voraus. Unterwegs begegneten sie dem Kralahome, der Anna spöttisch anlächelte, als er ihr »Guten Morgen, Sir« zurief. Machte er sich etwa über den Ausdruck der Erleichterung auf ihrem Gesicht lustig – oder war es bloß seine übliche allwissende Miene?

Anna schüttelte ihre Befürchtungen ab und bestieg mit Louis das Boot, mit dem der Mann gekommen war. Er stand die ganze Fahrt über in der Mitte des Schiffes, kaute Betel und spuckte in den Fluß. Mit seinem boshaften Gesichtsausdruck sah er im Sonnenlicht noch unheilverkündender aus. Wieder an Land, eilte ihnen der Führer mit schnellen Schritten über eine weitläufige und schmutzige Straße voraus. Nach einer halben Stunde kamen sie zu zwei großen Toren und gelangten dann in eine schmalere und noch schmutzigere Straße. An dem widerlichen Gestank, der ihnen entgegenschlug, erkannten sie sofort, daß sie auf dem Fischmarkt waren. Auf den Bänken der offenen Buden links und rechts von der Straße lagen an der Sonne getrocknete Fische, frische Fische, Garnelen und Krabben und *Kapi*, rote Kugeln verdorbener Garnelen.

Der Gestank verschlug ihnen den Atem. Die Sonne brannte, die Luft war stickig. Plötzlich blieb ihr Führer am Ende eines scheußlichen Gäßchens stehen. Eine Mauer mit einem Tor versperrte ihnen den Weg. Der Führer winkte sie zu sich und stapfte über drei zerbrochene Stufen. Dann holte er einen riesigen Schlüssel aus einer Tasche seines schmutzigen Mantels und schloß die Tür auf. Das würde doch sicherlich nicht ihr Ziel sein? Am Ende eines Fischmarkts! Anna hoffte inbrünstig, daß sich hinter dem Tor ein Hof mit einem hübschen Garten befand – was machte es aus, wenn er ein wenig verwahrlost war? –, mit einem hübschen Haus mittendrin, möglichst weit von dem Gestank und dem Lärm des Markts entfernt.

Durch das offene Tor blickten sie in einen kleinen Raum. Anna schritt über die Schwelle und gab alle Hoffnung auf. Das Zimmer war fensterlos und daher völlig dunkel. Als ihre Augen sich an die Finsternis gewöhnt hatten, erkannte sie nach und nach einige Einzelheiten. Sie bemerkte die Überreste schmutziger Matten am Fußboden. In der Mitte des Zimmers stand ein Tisch, dem ein Bein fehlte, der aber von zwei Sesseln mit zerbrochenen Lehnen gestützt wurde.

Schaudernd betrat sie das zweite Zimmer, das ebenfalls keine Fenster hatte. Billige chinesische Bettstellen erfüllten den ganzen Raum. Anna fuhr entsetzt zurück. Das Haus mußte früher eine Unterkunft für Aussätzige gewesen sein. Die Bilder verrenkter und abgezehrter, mit Geschwüren behafteter Körper stiegen in ihrer Vorstellung auf, und sie konnte kaum atmen. Die Mauern waren mit Schimmel übersät, und der Geruch nach Krankheit und Verwesung erfüllte die Räume. Es gab weder Küche noch Badezimmer. Anna würgte es zum Erbrechen. Das war also die Wohnung, die der König in seiner Großzügigkeit der englischen Erzieherin der königlichen Familie Siams zugedacht hatte!

Ihr brennender Zorn schlug in Ekel um. Nun verstand sie auch das spöttische Lächeln des Kralahome. Doch ihr war sofort klar, daß diese Demütigung nicht sein Werk war. Das war eindeutig die Idee des Königs. Sie hatte seine Pläne durchkreuzt, und er hatte zum Gegenschlag ausgeholt. Das fing ja gut an.

Ihr siamesischer Wortschatz war noch zu gering, doch sie erin-

nerte sich dankbar an die Worte der Schwester des Kralahome. Mit funkelnden Augen drehte sie sich zu dem Boten des Königs um, der grinsend mit dem Schlüssel hinter ihr stand.
»*Mai di! Mai di! Mai di!*« rief sie und schlug ihm den Schlüssel aus der Hand. Dann nahm sie Louis in ihre Arme und lief aus dem Haus.
Sie floh, ohne sich umzusehen – egal wohin, irgendwohin! Doch sie wurde von einer Schar halbnackter, barfüßiger, stinkender Männer, Frauen und Kinder aufgehalten. Sie umringten Anna und starrten sie bewundernd, mit halboffenen Mündern an. Die junge Frau erinnerte sich an ihr Erlebnis mit den gefesselten Sträflingen und blieb stehen. Dann lief sie einige Schritte zurück und befahl dem beleidigten Führer, der sie inzwischen keuchend eingeholt hatte, mit hochmütiger Stimme, sie auf dem schnellsten Wege zum Boot zurückzubringen. Die Menge kam immer näher an sie heran, und einige Wagemutige versuchten sogar, Anna zu berühren. Plötzlich war sie für den Schutz, den ihr die Anwesenheit eines Boten des Königs bot, dankbar. »Schnell, schnell!« rief sie ihm zu, und er beschleunigte seine Schritte. Zehn Minuten später traten sie wieder durch die Tore und ließen diesen abscheulichen Vorort hinter sich.
Während der ganzen Fahrt zum Palast starrte ihr Führer sie an, wobei seinem Gesicht nicht die geringste Regung anzumerken war. Sein boshaftes Grinsen ähnelte der Fratze eines Wasserspeiers. Zu Annas grenzenloser Erleichterung blieb der Mann im Boot, als sie beim Palast des Kralahome anlegten, und sein Grinsen verschwand in der Ferne.
Anna machte sich umgehend auf den Weg zum Kralahome, dessen schlaues, amüsiertes Lächeln ihren Ärger aufs neue hervorrief. Mit wenigen scharfen Worten sagte sie ihm, was sie von dem Haus hielt und erklärte, daß sie unter keinen Umständen in ein solches Elendsquartier ziehen würde.
Der Kralahome blickte sie kühl an und sagte, ohne seine Pfeife aus dem Mund zu nehmen, es hindere sie ja niemand daran zu

bleiben, wo sie sei. Seine Unverschämtheit und die vollkommene Gleichgültigkeit ihren Wünschen gegenüber steigerten ihren Zorn. Nur mit Mühe konnte sie sich beherrschen und erwiderte, daß weder die Räume im Palast noch die Hütte am Fischmarkt ihren Ansprüchen genügte und sie auf die Einhaltung des Vertrags und eine angemessene Wohnung bestehe.

Der Kralahome erhob sich gemächlich und lächelte, offensichtlich amüsierte ihr Zorn ihn sehr. Sie war schließlich nur eine junge, unbedeutende Engländerin, er aber der unbestätigte Herrscher dieses Landes. Ihre Knie zitterten vor Schwäche und Enttäuschung. In einem Ton freundlicher Überlegenheit, als wende er sich an ein dickköpfiges Kind, sagte er schließlich: »Machen Sie sich nichts draus, Sir! Es wird schon irgendwann alles gut werden.« Er nickte ihr zu und zog sich in seine Gemächer zurück.

Rasende Kopfschmerzen überkamen Anna, und sie konnte ihre Tränen nicht mehr zurückhalten. Besiegt und völlig ermattet schleppte sie sich in ihre Wohnung zurück und wies Beebe und Moonshee an, mit dem Packen aufzuhören. Ihr Puls hämmerte wild, sie fühlte einen brennenden Schmerz in der Kehle: Fieber! Von den Aufregungen des Tages und der beginnenden Krankheit völlig erschöpft, warf sie sich aufs Bett.

Die folgende Woche war ein Alptraum. Von Fieber geschüttelt und von scheußlichen Phantasien verfolgt, warf sie sich in ihrem Bett herum. Manchmal träumte sie, der Kralahome stünde vor ihr und sähe sie mit der gleichen hämischen Miene an, die er während ihres ersten Zusammentreffens an Bord aufgesetzt hatte. Wenn sie aufschrie und ihre Hände ausstreckte, um ihn fortzustoßen, griff sie ins Leere. Beebe kam dann eilig mit Wasser herbeigelaufen. Einige Male wachte sie auf und sah, wie Khun Ying Phan sich über sie beugte und ihr Gesicht sorgsam mit nach Jasmin duftendem Wasser abwusch.

Allmählich sank das Fieber wieder, und auch die Alpträume blieben aus. Anna schlief noch immer sehr viel und aß kaum.

Schließlich erwachte sie eines Tages mit vollkommen klarem Kopf und sah Khun Ying Phan vor ihrem Bett sitzen. Anna streckte zaghaft ihren Arm aus, nahm Khun Yings weiche braune Hand in die ihre und streichelte sie dankbar. »Khun Ying«, flehte sie, »bitte helfen Sie mir!« Und halb auf siamesisch, halb auf englisch bat sie Lady Phan, für sie zu vermitteln.

Khun Ying streichelte ihr Haar und ihre Wangen, als wäre Anna ein kleines Mädchen, und versprach, ihr Bestes zu tun. Allerdings bat sie Anna um ein wenig Geduld und stellte sie damit auf eine harte Probe. Das aber war unmöglich. Beharrlichkeit war ihre Tugend und Schwäche zugleich. Sie konnte einfach nicht an dem Kralahome vorbeilaufen, ohne auf die Erfüllung ihres Anliegens zu drängen und zu wiederholen, daß dieses Leben für sie unerträglich sei, wenn auch die vielen Beweise der Zuneigung und Freundschaft, die sie während ihrer Krankheit von den Frauen des Harems erhalten hatte, sie mit großer Dankbarkeit erfüllten.

Anna merkte, daß sie damit etwas erreichte, zwar nicht genau das, was sie wünschte, aber immerhin etwas. Es war ihr offensichtlich gelungen, ihn zu beeindrucken, obwohl sie nicht genau wußte, womit. In einem Land, in dem die Mächtigen alle Huldigungen forderten, die ihnen zukamen, mochte ihre Beharrlichkeit schließlich doch die gewünschte Wirkung haben. Der Kralahome war nach wie vor höflich, aber unerschütterlich und machte ihr keine Versprechungen. Obwohl sie das Gefühl hatte, daß er zu ihren Gunsten wirkte, ereignete sich nichts. Wann immer Anna auf ihren Wunsch zurückkam, lächelte er listig, klopfte seine Pfeife aus und sagte: »Jawohl, Sir! Machen Sie sich nichts daraus, Sir! Wenn Sie nicht hierbleiben wollen, können Sie jederzeit am Fischmarkt wohnen, Sir!« Sie wollte sich nur zu gern wegen seiner Kaltblütigkeit an ihm rächen und versuchte ihn gegen sich aufzubringen, ohne ihre Würde zu verlieren. Doch der Kralahome ertrug ihre Attacken mit einer Gleichmütigkeit, die sie um so mehr reizte, weil sie echt war.

Zwei Monate vergingen auf diese Weise, und Anna vertiefte sich wieder in ihre Studien. Dann stattete der Kralahome ihr eines Nachmittags einen Besuch ab, was er noch nie getan hatte. Er lobte sie wegen der Fortschritte ihres Sprachstudiums und pries sie ihrer *Chai yai*, ihrer Großmut wegen. Er berichtete ihr auch, daß der König wegen ihres Verhaltens am Fischmarkt sehr wütend sei und daß es nicht möglich war weiterzukommen, ehe Seine Majestät sich wieder beruhigt habe. Doch er fügte hinzu, daß er eine Beschäftigung für sie gefunden habe. Er habe sich entschlossen, eine Schule in seinem Palast zu eröffnen, und sie würde dort Unterricht erteilen können, bis der König ihre Tätigkeit beanspruche.

»Vielen Dank! Ich danke Ihnen sehr!« sagte sie mit solcher Begeisterung, daß er sie ganz überrascht musterte.

»Siamesische Damen nicht gerne arbeiten. Spielen gerne. Schlafen gerne. Warum Sie nicht lieben Spiel?«

Anna versicherte ihm, daß auch sie gerne spiele, wenn ihr danach sei, doch im Augenblick habe sie keine Lust. Das untätige Palastleben ermüde sie, und übrigens habe sie genug von Siam.

Er hörte sich ihr Geständnis mit dem gewohnten Lächeln an und sagte gutgelaunt: »Auf Wiedersehen, Sir.«

Am nächsten Morgen kamen zehn siamesische Jungen und ein Mädchen von einer Dueña des Harems begleitet in ihr Zimmer. Anmutig knieten sie vor ihr nieder und hoben ihre kleinen Hände feierlich zum Gruß. Die meisten von ihnen waren Halbbrüder und Neffen des Kralahome. Einige wenige waren Kinder von Untertanen, die man aufgrund ihrer Begabung ausgewählt hatte. Das kleine Mädchen war eine Halbschwester. Dankbaren Herzens nahm Anna ihre Arbeit auf, und es tat ihr gut, endlich wieder unterrichten zu können.

Und so verging der Juni, und der Juli begann. Anna hatte irgendwann den ungleichen Kampf mit dem König und ihre Hoffnung auf ein eigenes Haus aufgegeben. Da sie die Erfüllung der Bedingungen ihres Vertrags nicht durchsetzen konnte,

schrieb sie schließlich an Francis Cobb, daß sie überlege, nach Singapur zurückzukehren. Er antwortete ihr, er habe den Auftrag erteilt, ein Bild von Avis – nach einer Fotografie, die Mr. Heritage vor ihrer Abreise gemacht hatte – auf Elfenbein zu malen, werde aber die Miniatur so lange bei sich behalten, bis sie ihm ihren endgültigen Entschluß mitteile.
Voller Hoffnungen und großer Pläne war sie nach Bangkok gekommen. Zwei Jahre nach Leons Tod war ihr die Aussicht auf eine passende Dauerstellung sehr gelegen gekommen. Sie hatte gehofft, daß ein Leben in der neuen Umgebung ihr über den Schmerz um ihren Verlust hinweghelfen würde. Hauptsächlich hatte sie sich aber nach Arbeit gesehnt. Sie unterrichtete Kinder für ihr Leben gern, und sie hatte sich vorgestellt, sie könnte gemeinsam mit einem aufgeklärten Herrscher eine Musterschule gründen, die einmal ein Vorbild für das Erziehungswesen des ganzen Landes – das gerade die Fesseln des Mittelalters gesprengt hatte – sein würde. Sie hatte gehofft, eine ganze Nation durch die königliche Familie beeinflussen zu können. Vielleicht, so hatte sie geträumt, würde sie sogar den zukünftigen König unterrichten.
Sie hatte Singapur in dem Glauben verlassen, eine Mission zu erfüllen, und dieser Glaube war stärker als alle Einwände ihrer Freunde, die ihr Vorhaben als wagemutig und gefährlich bezeichneten. Sie war eine zarte, beinahe schwach aussehende Frau. Sie konnte die Sklaven nicht mit Waffengewalt befreien, wie es in den Vereinigten Staaten geschah. Sie mußte mit ihrem Wissen und ihrem Verstand für die Unterdrückten kämpfen. Doch nun waren sowieso alle Seifenblasen zerplatzt.
Sie fühlte sich verzagt, obwohl die Kinder im Palast des Kralahome sehr zugänglich und liebenswert waren. Jeden Morgen mußte sie all ihre Kräfte zusammennehmen, um den Unterricht abhalten zu können. Jede noch so kleine Anstrengung ermüdete sie. Sie wollte so gerne das beste aus dieser Sache machen und kämpfte gegen die sie überwältigende Mutlosigkeit an, doch sie

wurde von Tag zu Tag niedergeschlagener. Ob sie ging oder in Bangkok blieb – welchen Unterschied machte es schon?

Doch eines Morgens, kurz vor Schulbeginn, erschien Khun Ying Phan unangemeldet in Annas Zimmer.

»Mem cha«, sagte sie, »ich habe ein Haus für Sie gefunden.« Anna sprang mit einem solch überströmenden Gefühl der Freude auf, daß ihr Herz beinahe barst.

Lady Phan lächelte über ihr strahlendes Gesicht und bat sie, nicht zuviel zu erwarten. »Das Haus ist direkt am Fluß gelegen und hat sogar einen kleinen Garten. Sie können es nehmen, wenn es Ihnen gefällt. Wollen Sie gleich mit mir kommen und es sich ansehen?«

Anna war erstaunt darüber, daß sie tatsächlich noch glücklich sein konnte, Schlaffheit und Niedergeschlagenheit waren verschwunden. Sie dankte Khun Ying für ihre Freundlichkeit mit solcher Wärme, daß die Siamesin lachte und warnte, Anna möge ihr nicht danken, ehe sie wisse, ob wirklich ein Grund zur Dankbarkeit bestehe. Doch Annas Freude konnte durch nichts gedämpft werden. Sie hob Louis von seinem Sessel und bedeckte sein kleines Gesicht mit Küssen, bis er sich dagegen wehrte. Der Unterricht wurde abgesagt, ehe er begonnen hatte, und Anna machte sich zum Ausgehen bereit. Ein jüngerer Bruder des Kralahome sollte sie zu ihrem neuen Heim begleiten.

»Komm, mein Junge«, sagte Moonshee auf malaiisch. »Auch wir werden mitgehen. Das Haus muß ein Paradies sein, da es der Großwesir für die Mem sahib, die er zu ehren beliebt, ausgewählt hat.«

Da das Haus nicht weit vom Palast entfernt lag, gingen sie zu Fuß. Sie folgten mehreren schmalen Gassen und betraten schließlich einen von Mauern umgebenen Hof. Der erste Anblick war nicht sehr vielversprechend, da der Hof mit zerbrochenen Steinen, Ziegeln, Kalk und Mörtel bedeckt war. Ein großes, schmutziges Vorratshaus nahm einen großen Teil des Hofes ein, während auf der gegenüberliegenden Seite der Mauer eine niedrige Tür zum Fluß führte. Am Ende des Hofes stand das Wohnhaus. Es war von mehreren schönen Bäumen umgeben, deren Zweige über den Vorplatz hingen. Der ganze Ort hatte etwas Malerisches, und er war wirklich kein Vergleich zu dem schäbigen und stinkenden Fischmarkt.

Als sie das Haus betraten, verschwand ihre Begeisterung gleich wieder. Verfaulte Matten bedeckten die Böden, und die roten Spuckspuren der Betelkauer waren noch deutlich an den Wänden zu sehen. Moonshee fluchte mit leiser, monotoner Stimme vor sich hin. Anna tadelte ihn nicht, da er bloß die große Enttäuschung ausdrückte, die sie alle fühlten.

Sie nahmen ihren Mut zusammen und sahen sich weiter um. Das Haus hatte einschließlich der Badezimmer und einer Küche neun Räume, von denen manche sogar recht hübsch und luftig waren. Badezimmer, Küche und Vorratshaus waren nach orientalischem Stil durch einen Hof vom Hauptgebäude getrennt.

Das Haus war zwar ziemlich schmutzig, doch man konnte durchaus darin leben. Ein wenig Seife und Wasser würden dem Übel abhelfen, da waren Beebe und Louis ziemlich optimistisch. Sie eilten in das Vorderzimmer zurück und beendeten Moonshees Flüche, indem sie ihn beauftragten, Wasser zu holen und mit dem Scheuern zu beginnen. Moonshee wandte ein, es seien keine Kübel vorhanden, doch Anna gab ihm einige Dollar und bat ihn, alles Notwendige zu kaufen. Mit der philosophischen Resignation eines guten Mohammedaners brach Moonshee seine Rede ab und ging davon. Louis bekam indessen von Beebe eine Schürze umgebunden, da er versprochen hatte, bei der Reinigung zu helfen. Ohne große Worte darüber zu verlieren, hatten sie sich entschlossen, hierzubleiben.

Während sie auf Monshee warteten, ließ sich Anna auf dem einzigen Sessel nieder und schmiedete eifrig Pläne. Die erste Frage war, wo sie überhaupt beginnen sollten, da das gesamte Haus völlig verdreckt war. Anna ging durch eine zerbrochene Tür in eines der inneren Zimmer, hängte Hut und Mantel an einen rostigen Nagel und machte sich für die Arbeit bereit. Dann stürzte sie sich auf die alten Matten und zerriß sie grimmig. Nach den Monaten der Langeweile und Untätigkeit freute sie sich richtig auf die körperliche Arbeit.

Moonshee kehrte bald mit einigen Kübeln, doch ohne Kulis zurück. Außerdem hatte der alte Perser seinen Schmerz in billigem Wein ertränkt. Er setzte sich jammernd auf eine der Stufen und beweinte den Verlust seines schönen Hauses in Singapur. Aber Anna ließ sich durch ihn nicht entmutigen.

»Steh auf, Moonshee«, befahl sie, »und hol Beebe her. Du kannst die Bettstellen und Schachteln aus dem Palast bringen, während Beebe mir hier zur Hand gehen wird. Bitte einige Sklaven des Kralahome um Hilfe, wenn dir die Schachteln zu schwer sind. Wir werden in der Zwischenzeit die ersten beiden Zimmer aufräumen. Und jetzt beeil dich, Moonshee.« Der alte Perser erhob sich und stapfte davon.

Anna stand kaum auf dem Vorplatz, da erschien auch schon Mrs. Hunter, freundlich und liebenswürdig wie immer. Sie wollte bei den Aufräumungsarbeiten behilflich sein und hatte mehrere Sklaven, Kübel mit Farbe und Rollen chinesischer Matten für die Fußböden mitgebracht. Innerhalb einer Stunde war das ganze Haus ausgekehrt. Drei Sklaven waren damit beschäftigt, die Mauern zu streichen, während die andern mit Kokosnußschalen die verklebten Böden scheuerten. Mrs. Hunter überwachte den ganzen Betrieb, sorgte dafür, daß das Wasser häufig gewechselt und genügend Seife benutzt wurde, und achtete darauf, daß auch jeder Fußboden zweimal gescheuert wurde.

Am späten Nachmittag war das Haus makellos sauber. Die Matten, die wie frisch gemähtes Heu dufteten, waren ausgelegt, und die Möbel standen bereits an ihrem Platz. Auch einige Leuchter und zahlreiche Bücher, die Anna wie alte Freunde

vorkamen, waren schon ausgepackt. Louis' kleines Bett war mit weißen Tüchern bedeckt und stand neben Annas Bett im Schlafzimmer. Auf den Nachttisch neben ihrem Bett stellte Anna ein Foto von Avis – sie waren endlich zu Hause!
Mrs. Hunter blickte lächelnd abwechselnd auf das Foto und die junge Frau. Dann verabschiedete sie sich und ging, von Anna mit Dank überschüttet, mit ihren Sklaven fort. Als sie das Haus verließ, erschien Beebe mit einer Suppe und allerlei köstlichen Leckerbissen, die sie mit Hilfe eines »Mannes aus Bombay« zubereitet hatte.
Es war still im Zimmer. Nur das Schlagen der Wellen gegen das Ufer und das Geplätscher badender Kinder unterbrach die Ruhe. Louis? Wo war eigentlich Louis? Anna und Beebe fanden ihn schlafend in einem der Zimmer. Er war schmutzig, doch ein Ausdruck der Zufriedenheit spiegelte sich auf seinem Gesicht. Anna trug ihn in sein Bett. Dann wusch sie sich, kämmte ihr Haar, zog ihr Musselinkleid an und bereitete sich auf die erste Mahlzeit in ihrem eigenen Palast vor – wahrlich ein feierlicher Augenblick!
Als sie lächelnd in den Spiegel blickte, überschlugen sich ihre Gedanken. Sie war wieder zu Hause. Allerdings konnte sie sich nicht erklären, warum der König ihren Wunsch nach einem eigenen Haus nun doch erhört hatte, alles war hier so geheimnisvoll und unberechenbar. Doch was immer die Zukunft bringen würde, sie konnte ihr die Stirn bieten.
Sie besaß ein Haus, ihren Zufluchtsort. Ein Zuhause! Das Wort hallte immer wieder durch ihr Denken. Es führte sie zu anderen Orten, wo sie den gleichen tiefen Frieden gefunden hatte, zurück zu ihrer Mutter, in deren Schoß sie ihren Kopf gebettet hatte, als sie ein kleines Mädchen gewesen war. Sie dachte daran, wie gern ihre Mutter die Lieder ihrer fernen walisischen Heimat gesungen hatte, und an die Stärke und den Mut, die ihre Mutter ihr gegeben hatte.
Die Macht der Erinnerungen überkam sie. Sie fiel neben Louis

auf die Knie und schlang die Arme um ihn. Er wachte auf, als sie sein schmutziges Gesicht mit Küssen bedeckte, und konnte nicht verstehen, warum Tränen in den Augen seiner Mutter glänzten und sie so leidenschaftlich versprach, daß auch er ein Zuhause und eine Mutter haben solle, an die er sich gerne erinnern würde.

»Ich habe Hunger«, sagte er.

Die Schule im Palast

Am nächsten Morgen hatte Beebe ein reichhaltiges Frühstück vorbereitet, während Anna und Louis sich gebadet und angekleidet hatten. Es war ein wundervolles Gefühl, von der Betriebsamkeit des großen Palastes befreit zu sein. Genießerisch setzen sie sich an den Tisch und ließen sich die Leckereien in ihrer hart erkämpften Unabhängigkeit schmecken.

Dennoch sollten sie nicht ungestört bleiben. Ein seltsames Kichern – ein Laut, der nichts mit Heiterkeit zu tun hatte – kündigte die Anwesenheit einer Person auf dem Vorplatz an. Es war niemand anders als Gabriel vom Fischmarkt in seinem schäbigen roten Mantel mit den gelben Aufschlägen. Er überbrachte den Befehl des Königs, Mrs. Leonowens möge umgehend bei Hof erscheinen. Es war Donnerstag, jener Wochentag, der dem

Gott der Weisheit geweiht war und der daher für die offizielle Einweihung der Schule im großen Palast besonders geeignet schien.

»Allerdings«, sagte Anna streng, »hätte man mich durchaus vorher davon benachrichtigen können.«

Sie fühlte sich wie eine Schachfigur, die von unsichtbaren Riesenhänden auf dem Brett hin und her geschoben wurde. Die Spielregeln waren ihr zwar unbekannt, doch sie zweifelte nicht daran, daß die Partie gewisse Regeln hatte.

Doch sie ließ sich die Freude an dem ersten Frühstück in ihrem eigenen Haus nicht verderben. Louis und Anna zogen es so lange wie möglich hinaus, dann machten sie sich mit ihrem alten Begleiter auf den Weg. Louis umarmte den Hund zärtlich, als sie sich verabschiedeten. Anna gab Beebe Geld für Nahrungsmittel, Kohlenpfannen und andere Küchengeräte und schärfte ihr ein, daß immer jemand im Haus bleiben solle. »Wenn du auf den Markt gehst, Beebe, muß Moonshee im Haus bleiben und aufpassen!« rief sie noch zurück, als sie ihr zum Abschied zuwinkte.

Sie fuhren mit dem gleichen langen, schmalen und sehr schnellen Boot, das sie auch zum Fischmarkt gebracht hatte. Schon zu dieser frühen Stunde brannte die Sonne mit aller Kraft, und die Ruderer kämpften keuchend gegen die starke Strömung an, während der Schweiß über ihre nackten Rücken lief. Beim Landungsplatz übernahmen Sklavinnen ihre Führung und geleiteten sie durch die beim Volk unter dem Namen »Tor des Wissens« bekannte Pforte. Mehrere Amazonen, schmuck in Grün und Gold gekleidet, führten sie weiter bis zum Palastinnern, wo andere Sklavenmädchen warteten, um sie zum Pavillon, in dem die neue Schule untergebracht war, zu geleiten. Der Weg zum Pavillon führte durch einen dichten, schattenspendenden Orangen- und Palmenhain.

Vor dem äußeren Portal eines Tempels bedeuteten ihnen die Sklavinnen, zu warten. Während die Sklavinnen ihre Ankunft meldeten, stand Anna staunend zwischen den hohen goldenen Säulen.

Auf das Zeichen einer Sklavin nahm Anna ihren Sohn an die Hand und ging zögerlich in den Tempel. Sie wußte nicht, was man von ihr erwartete, noch, was sie hier erwartete. Ein riesiger goldener Buddha beherrschte den großen Raum. In der Mitte stand ein langer, fein geschnitzter Tisch mit einigen geschnitzten und vergoldeten Stühlen. Der König, die meisten adeligen Hofdamen und einige Priester waren anwesend. Eine neugierige Unruhe ging durch die Reihen der prächtig gekleideten Frauen, als Anna mit dem Jungen eintrat, doch die barfüßigen Priester in ihren schlichten gelben Gewändern ließen sich in ihrer stillen Andacht nicht stören.

Der König empfing Anna und Louis sehr freundlich und wies auf zwei Stühle, die man für sie bereitgestellt hatte. Eine Pause des Schweigens folgte, dann klatschte der König leicht in die Hände, und mehrere Sklavinnen betraten die Halle. Der König sprach einige Worte, und alle Köpfe neigten sich zustimmend, worauf die Gruppe wieder verschwand. Als sie wieder zurückkamen, trugen sie Schachteln mit Schiefertafeln, Bleistiften, Tinte, Federn und Fibeln und schoben alles auf den langen geschnitzten Tisch. Andere Sklavinnen brachten brennende Wachskerzen und Vasen mit weißem Lotos, die sie vor jeden der zwanzig oder mehr vergoldeten Stühle auf den Tisch stellten. Alles schien bis auf das letzte Detail vorbereitet zu sein, und die gedeckte Tafel wirkte vollkommen.

Auf ein weiteres Zeichen des Königs stimmten die Priester einen Gesang an. Während der ruhigen, halbstündigen religiösen Zeremonie konnte Anna sich in aller Ruhe umsehen. Vor dem Buddha stand ein Altar, der mit den kostbarsten Werken der Goldschmiede und Juweliere geschmückt war, die Anna auf ihren Reisen im Fernen Osten je gesehen hatte. Auf der vergoldeten Rednertribüne saß der Oberpriester Chao Khun Sa, ein kräftiger Mann von etwa fünfzig Jahren. Der glattrasierte Kopf und das gelbe Gewand konnten seinen ausgeprägten Intellekt und seine Persönlichkeit nicht verbergen. Anna hatte bereits viel von ihm gehört, der während der siebenundzwanzig Jahre, die der Monarch als Priester im Exil verbracht hatte, ein treuer Anhänger des Königs gewesen war. Sie hatte auch gehört, daß Seine Majestät bei allen wichtigen Entscheidungen oder Anlässen auf der Anwesenheit des Priesters bestand.

Nahe dem Gebetsstuhl, auf dem der gelehrte Abt mit übereinandergeschlagenen Beinen saß, stand ein Bildnis Brihaspatis, des Gottes der Weisheit. Anna fragte sich, was der eindrucksvolle Buddha hoch über dem Altar wohl über den Eindringling aus dem Hindu-Pantheon denken mochte.

Der Hallenboden, ein Mosaik aus Marmor und Halbedelsteinen, war eine Sehenswürdigkeit für sich. Die goldenen Säulen, die Friese und die vergoldeten Arabesken des Dachs waren ebenfalls unbeschreiblich schön.

Nachdem die Gesänge beendet waren, ertönte ein kurzer Trommelwirbel, der das Erscheinen der Prinzen und Prinzessinnen, Annas zukünftigen Schülern, ankündigte. Die Kinder erschienen ihrem Alter nach: Zuerst kam ein etwa zehnjähriges Mädchen, dessen zierliche Gestalt und verträumt glänzende Augen Anna völlig faszinierten. Der König nahm das Mädchen sanft bei der Hand und stellte es Anna vor: »Die englische Erzieherin – Prinzessin Ying Yaowalak, die Erstgeborene unter den Frauen.« Der Gruß des Kindes war ruhig und selbstbewußt. Die kleine Prinzessin nahm Annas Hände zwischen die ihren und berührte damit ihre Stirn. Auf ein Wort des Königs zog sie sich auf ihren Platz an der rechten Seite zurück. Auf diese Weise wurden Anna alle Königskinder vorgestellt, und nachdem das letzte seinen Platz in der Reihe der Knienden eingenommen hatte, verstummte die Musik des unsichtbaren Orchesters.

Der König wandte sich an seine Kinder und übersetzte für Anna seine Worte. »Liebe Kinder«, sagte er, »wir freuen uns,

daß ihr eure Erziehung in Englisch und in unserer Sprache erhaltet. Da dies hier eine englische Schule ist, werdet ihr ab sofort die englische Art zu grüßen, Gespräche zu führen sowie die englische Etikette lernen. Jeder von euch hat die Erlaubnis sitzen zu bleiben, wenn ich während des Unterrichts vorbeikomme, es sei denn, ihr wollt es nicht. In dieser Angelegenheit gebe ich euch keine Anweisungen, aber ich befehle euch, fleißig zu lernen und diese einmalige Gelegenheit zu nutzen. Schließlich hatten die königlichen Kinder noch nie ein solches Vorrecht.«
Alle Kinder verneigten sich zum Zeichen ihrer Ergebenheit, bis ihre Stirn die gefalteten Hände am Boden berührten.
Damit war die Zeremonie beendet. Sobald der König mit den Priestern das Gemach verlassen hatte, erhoben sich die Hofdamen aus ihrer knienden Stellung und begaben sich zum Tisch. Sie stellten die verschiedensten Fragen, blätterten in den Fibeln, prüften Bleistifte und Federn und kicherten. Manche fanden Annas Kleidung und besonders die Röcke – und was sie zusammenhielt – besonders interessant. Als Anna sich umwandte, sah sie zwei Hofdamen hinter ihrem Rücken stehen, in eine ernste Diskussion über ihre Person vertieft.
Während Anna noch überlegte, wie sie den Unterricht am besten organisieren konnte, erschienen die Sklavinnen und trugen die Kinder davon. Sie war sehr erstaunt darüber, daß nicht nur die Kleinen, sondern auch Jungen und Mädchen von acht, neun und zehn Jahren anscheinend nicht gewohnt waren, auch nur kleine Strecken gehend zurückzulegen. Sie wurden von ihren Sklavinnen auf den Armen weggetragen, als wären sie Säuglinge, worüber Anna völlig entsetzt war.
Ihr wurde klar, daß der Unterricht damit vorüber war und nur eine Art offizielle Einweihung stattgefunden hatte. Niemand hielt es für nötig, ihr zu sagen, wann der tatsächliche Unterricht beginnen sollte, offensichtlich wurde von ihr erwartet, daß sie jederzeit bereitstand.»Der König wird Gabriel schon senden, wenn er mich braucht«, dachte sie achselzuckend und kehrte in

ihr Haus zurück, um mit dem Umzug aus dem Palast des Kralahome fortzufahren.

Anna und Beebe verbrachten die nächsten Tage damit, das Haus bewohnbar zu machen. Es war genau dort, wo früher der Palast des verstorbenen Vaters des Kralahome gestanden hatte. Die Ziegel des Palastes waren für den Bau des Hauses benutzt worden, das Gebäude mußte also trotz des Schmutzes ziemlich neu sein.

Während die zwei Frauen Möbel kauften, Vorhänge und Bilder aufhängten und die Küche einrichteten, brachte Moonshee den Garten wieder in Ordnung. Gelegentlich hielt er inne, um Anna Steine mit siamesischen Inschriften oder Fragmente von Schnitzereien aus der Hindu-Mythologie zu zeigen.

Von den oberen Räumen aus konnte man eine lange Reihe miteinander verbundener schmutziger Häuser überblicken. Sie gehörten einem Mohammedaner von patriarchalischem Aussehen, der darin Zucker lagerte und mit dem Verkauf so lange wartete, bis die Preise stiegen. Dieser Geschäftsmann stattete Moonshee jeden Nachmittag einen Besuch ab, und die beiden zogen sich dann zurück, um den Koran zu lesen und über ihre Nachbarn zu plaudern. Monshee berichtete Anna regelmäßig die letzten Neuigkeiten aus der Nachbarschaft, und daß sie in einem so vornehmen Viertel lebten, erfüllte ihn mit kindlicher Freude. Die meisten Nachbarn waren entweder Mitglieder der mächtigen Bunnag-Familie des Kralahome oder Abkömmlinge des Chao Tak, des »Wahnsinnigen Königs«, den König Mongkuts Großvater einst vom Thron gestürzt hatte, da er vorgab, die Reinkarnation Buddhas zu sein. Allerdings wohnte auch der verhaßte Dolmetscher in ihrer unmittelbaren Nähe, was nicht so schön war.

Ehe Anna ein zweites Mal aufgefordert wurde, im Palast zu erscheinen, hatte sich die Familie in ihrem neuen Haus bereits gut eingelebt. Beebe wußte bereits, zu welcher Stunde der dicke chinesische Fleischer vorbeiruderte und welche der Frauen mit den breiten Hüten, die in ihren kleinen Booten vorbeipaddelten, die besten Früchte verkaufte. Beebe feilschte mit ihnen vom schmalen Kai aus, als hätte sie dies schon seit Jahren getan.

Eine Woche nach der Einweihungszeremonie begann der Unterricht dann tatsächlich, und wie erwartet erschien eines Morgens Gabriel, um Anna und Louis abzuholen. Im Palast wurde Anna von einer Sklavin empfangen, die sie in den kühlen, dunklen Pavillon führte.

Mehrere alte Frauen, die Anna offensichtlich schon erwartet hatten, stürzten bei ihrer Ankunft in alle Richtungen davon und kehrten ungefähr eine Stunde später mit einundzwanzig Kindern des Königs zurück. Anna erhielt eine Namensliste, die der König persönlich geschrieben hatte, und notierte sie in ihrem Notizbuch.

Es dauerte gar nicht lange, bis sie um den Tisch herum saßen und die Fibeln auf der ersten Seite geöffnet hatten. Anna setzte Louis ans untere Ende des Tisches, während sie sich an der Stirnseite niederließ.

Die Lektion begann: Anna sprach die Buchstaben des Alphabets vor, und die Kinder sprachen sie nach. Louis' ernste Miene strahlte ein großes Verantwortungsbewußtsein aus. Er war auf seinen Stuhl gestiegen, um seine Gruppe besser überschauen zu können, und er ahmte Tonfall und Bewegungen seiner Mutter mit spaßigem Geschick nach. Anna beobachtete verstohlen, wie er seine kleinen Finger von einem Buchstaben zum anderen bewegte, diese Buchstaben, die den Kindern so fremd und auch Louis noch nicht vollkommen vertraut waren.

Um die Mittagsstunde erschienen mehrere junge Frauen, die ebenfalls von Anna unterrichtet werden sollten, allerdings bekam sie dieses Mal keine Namensliste. Anna empfing sie lächelnd und trug ihre Namen in das Notizbuch ein, wie die Frauen sie ihr eben vorsprachen. Ihre Vorgehensweise löste unter den Frauen eine leichte Panik aus, doch Anna verstand nicht, warum. Daher legte sie ihr Notizbuch weg und setzte den Unterricht wieder fort. »Ba – be – bi – bo«, sprach sie laut und deutlich, und »ba – be – bi – bo« sangen die Königskinder im Chor. Mit fortschreitendem Unterricht erholten sich die Konkubinen von ihrer Aufregung, und sie zeigten bald mehr Interesse an ihrer Lehrerin als am Unterricht.

Als sich zwei Konkubinen auf den Bauch legten, um einen Blick unter Annas Röcke zu werfen, wurde sie wütend. »Um Himmels willen! Was ist denn los?« fragte sie verärgert. »Was wollt ihr über meine Füße wissen?«

Eine Frau, die malaiisch sprach, sagte ihr schließlich, daß ihr Aussehen seit ihrem ersten Besuch im Palast aufgeregt erörtert werde. Einige der Haremsdamen waren davon überzeugt, daß sie wegen ihrer glockenförmigen Röcke einer völlig anderen Rasse angehörte, deren Körper sich nach unten verbreiterte.

»Ach so!« rief Anna mit einem erleichterten Lachen aus und hob ihre Röcke hoch genug, um die Haremsdamen sehen zu lassen, daß ihre Füße und Beine genau wie die ihren waren, mit Ausnahme der Schuhe und der Hosen, die sie trug.

»Aah – ah – ah!« flüsterten die Konkubinen entzückt. Dann kroch eine Sklavin auf Anna zu, wies auf ihre Nase und wollte wissen, ob Annas Nase so groß war, weil sie daran gezogen hatte, und ob sie dies jeden Morgen tue, damit sie so bliebe. Anna versicherte ihr, daß die Größe der Nase keine Folge einer Übung oder eines künstlichen Eingriffs, sondern ein Werk der Natur sei. Die Sklavin kicherte teilnahmsvoll und wandte sich um, während sie dankbar über ihre flache Nase strich.

In der Zwischenzeit hatte eine der Haremsdamen Annas Hut und Mantel angezogen und schritt durch den Pavillon, wobei sie die Bewegungen ihrer Lehrerin mit beachtlichem Erfolg nachahmte. Eine andere Konkubine hatte sich mit Annas Schleier und Handschuhen geschmückt. Die Kinder sahen von ihren Büchern auf und lachten aus vollem Hals.

Das Gelächter rief eine grimmige Dueña vom äußeren Portal

herbei, deren zorniger Gesichtsausdruck genügte, um die Ordnung wiederherzustellen. Sofort befanden sich alle Kleidungsstücke wieder an ihrem Platz, und die Haremsdamen und ihre Sklavinnen wiederholten mit ihren schrillen Stimmen die Buchstaben des Alphabets. Die alte Dueña blickte noch einmal unheilverkündend in die Runde und zog sich dann wieder zum Portal zurück.

Eine der jungen Haremsdamen, die in ihrer Arglosigkeit einen beinahe kindlichen Eindruck machte, konnte schon ein wenig Englisch. Sie verschmähte das Alphabet und verlangte, sofort auf das hohe Meer der Sprache gesteuert zu werden. Doch als Anna sie in einer Inselgruppe schwieriger Wörter allein ließ, sendete sie schon bald erste Notsignale.

Einige Konkubinen schien der Unterricht bereits zu langweilen, und sie verschwanden, doch am anderen Ende des Tisches saß eine junge Frau, die mit angespannter Aufmerksamkeit lernte. Sie war sehr blaß und wirkte recht niedergeschlagen und einsam. Sie beugte sich über einen kleinen Prinzen, anscheinend ihr Sohn, und hing förmlich an Louis' Lippen, der die Buchstaben laut vorlas. Anna war schon während des Tumults, der den Unterricht unterbrochen hatte, auf sie aufmerksam geworden, da sie als einzige dem ganzen Getümmel keine Beachtung geschenkt hatte. Statt dessen saß sie über ihrer Fibel und wiederholte die ihr fremden Buchstaben. Nun konzentrierte sie sich mit der Hilfe ihres kleinen Lehrers auf die Meisterung des Alphabets. Gegen Unterrichtsende wiederholte sie Louis bereits die ganze Lektion. Sie machte keinen einzigen Fehler, und Louis, der ihr völlig beeindruckt lauschte, sagte ernst: »Wirklich, ein fleißiges Kind«, und bemerkte freundlich, daß sie nun gehen dürfe.

Freudenröte überflog ihr Gesicht, doch als sie bemerkte, daß Anna sie beobachtete, kroch sie vor Verlegenheit beinahe unter den Tisch. Als Anna sie aufmerksamer betrachtete, fiel ihr auf, daß die Frau gar nicht so jung war, wie sie geglaubt hatte. Sie war auch nicht besonders hübsch, doch sie hatte ausdrucksvolle tiefdunkle Augen.

Anna beschloß, die Frau nicht weiter zu beachten, um sie nicht zu entmutigen. Sie packte ihre Sachen zusammen, nahm Louis an die Hand und verließ mit ihm den Pavillon. Sie vermutete, daß die scheue Konkubine aus irgendwelchen Gründen in Ungnade gefallen war, was ein schreckliches Elend bedeutete. Während des ganzen Heimwegs dachte Anna über diese Konkubine nach, die auch von den anderen Frauen gemieden wurde. Annas Gedanken schweiften zu den Mädchen und Frauen, die sie bisher kennengelernt hatte.

Die meisten Prinzessinnen waren sehr hochmütig und bestanden auf dem kleinsten Ehrenbeweis, doch es gab auch einige Ausnahmen. Eine davon, Lady Thiang, die Mutter der Prinzessin Somawadi, wurde schon bald Annas Freundin. Lady Thiang war die wichtigste Frau des Königs, sie war ungefähr dreißig Jahre alt, hatte einen hellen Teint, pechschwarzes Haar und dunkle Augen. Sie war sehr gewandt und immer freundlich, gehörte aber nicht zu den gebildeten Haremsdamen.

Doch sie hatte dem König mehr Kinder geboren als jede andere Frau, obwohl sie niemals seine erklärte Favoritin gewesen war. Sie war Mutter von vier Töchtern und drei Söhnen, und das sicherte ihr eine hervorragende Stellung. Daher war sie auch nach dem Tode der beiden Königinnen zur Hauptfrau geworden. Manchmal kam es Anna so vor, als sei sie von allen Frauen des Palastes die einzige, die den König als Mann und Gatten wirklich liebte. Lady Thiang diente ihm stets mit natürlicher Sanftmut und großem Verständnis, das er zu würdigen wußte.

Er machte sie zur Oberaufseherin in der königlichen Küche, eine außerordentlich einträgliche Stellung, die viele Vorrechte, darunter zwei Häuser, mit sich brachte.

Ihre natürliche Liebenswürdigkeit machte sie bei allen sehr beliebt. Sie war stets bereit, den anderen Haremsdamen zu helfen, sie versöhnte sie und schlichtete immer wieder ihre kleinen

Streitigkeiten. Auch Anna mochte sie sehr, und nicht selten holte sie sich bei ihrer Freundin Rat oder berichtete ihr von ihrer Familie. Lady Thiang war stets sehr interessiert und hatte vor allem Avis in ihr Herz geschlossen.

Neben Lady Thiang erkundigte sich auch die oberste Richterin Khun Thao Ap immer wieder nach Annas Tochter, und jede der beiden Frauen sandte Avis zum Geburtstag Seide für ein Kleid. Khun Thao Ap legte ihrem Geschenk auch einige Zeilen bei, in denen sie Avis mitteilte, daß sie nun bei Anna Englisch lerne.

Sie war eine sehr gläubige, überaus gerechte, stets ernste Frau. Was immer sie sagte oder tat, war wohlüberlegt. Ihr hohes Amt war ihr wegen ihres Scharfsinns verliehen worden, und sie führte es dank ihrer außerordentlichen Eignung zur großen Zufriedenheit aller aus. Khun Thao Ap wußte alles, was sich im Harem ereignete. Ihre vollkommene Redlichkeit und ihre verständnisvolle Verschwiegenheit sicherten ihr das Vertrauen der Frauen.

Trotz ihrer außerordentlich großen Macht lebte sie sehr zurückgezogen und spartanisch. Sie bewohnte allein ein kleines Haus in einer der Hauptstraßen, wo sie jederzeit zu sprechen war. In ihrem Haushalt lebten nur vier treue Sklavinnen, den anderen hatte sie die Freiheit geschenkt.

Die rote Schlange

Als sich die erste Verwirrung wieder gelegt hatte, wurde die Schule richtig organisiert. Der Unterricht begann gleich nach der Morgenandacht im Tempel. Anna mußte daran teilnehmen, um ihre Schüler im Anschluß versammeln zu können. Der lange vergoldete Tisch, an dem die kleinen Prinzen und Prinzessinnen lernten, war zugleich der Opfertisch für die Gaben an die Priester des Buddha. Bronzene Weihrauchfässer und goldene Vasen, denen wohlriechende Düfte entstiegen, standen darauf, und die düstere Dunkelheit des großen Tempels wurde aufgehellt durch die herrlichen Farben der Seiden- und Satingewänder, das Gold und die Juwelen der königlichen Tempelbesucher und die prächtigen Priesterroben. Wenn sich die Priester, die weder nach links noch nach rechts blickten, und die Haremsdamen zurückgezogen hatten, begann der Unterricht.
In den Morgenstunden wurden ausschließlich die Königskin-

der unterrichtet, von denen manche ausgezeichnete Schüler waren. Alle interessierten Frauen wurden vom König ermutigt, am Nachmittagsunterricht teilzunehmen. Sie kamen allerdings nicht so regelmäßig wie die Kinder, mit Ausnahme der bleichen jungen Frau, die Anna bereits am ersten Tag aufgefallen war. Sie erschien jeden Nachmittag, hockte hinter ihrem Sohn oder beugte sich über seine Schulter und lernte mit einer unglaublichen Hingabe und Konzentration.

Nach einer Weile hatte Anna ihr Vertrauen so weit gewonnen, daß sie die Konkubine nach ihrem Namen fragte. Er lautete »Son Klin«, was soviel wie »Verborgener Wohlgeruch« bedeutet. Anna war klug genug, um Son Klin nicht durch besondere Hilfe und Aufmerksamkeit zu bevorzugen. Die anderen Frauen hätten es sicher sofort eifersüchtig bemerkt, und das hätte das Schicksal von Son Klin nur noch erschwert. Die blasse Frau benötigte außerdem gar keine Hilfe, da sie ebenso große Fortschritte machte wie der beste Schüler der Klasse.

Schon bald hatte Anna eine Möglichkeit gefunden, die verängstigte, stille und leidenschaftlich lernende Schülerin zu sehen. Eines Nachmittags ging Anna nach dem Unterricht direkt auf sie zu und fragte, ob sie nicht für ein, zwei Stunden nach der Schule zu ihr kommen wolle, um Englischstunden zu nehmen. Für einen Augenblick erhellte ein Lächeln ihr Gesicht und ließ es bezaubernd aussehen.

»Sie wollen mich unterrichten?« fragte sie ungläubig. »Aber, Mem, Sie dürfen doch Ihre kostbare Zeit nicht mit mir verschwenden.«

»Das kann ich schon selbst entscheiden«, sagte Anna bestimmt. »Und Ihre großen Fortschritte in der letzten Zeit sind Grund genug.«

Lady Son Klin schrie vor Freude laut auf und fiel zu Boden, um Annas Füße zu umarmen.

Sie war eine fleißige Schülerin und lernte mit einer Ausdauer, die keine der anderen Frauen besaß. Allerdings hatte sie große

Sorgen: Sie stand schon lange nicht mehr in der Gunst des Königs und widmete sich voll und ganz ihrem Sohn, Prinz Krita Phinihan, der mit seinen neun Jahren nur ein Jahr jünger war als Prinz Chulalongkorn. Der König jedoch zeigte Prinz Krita immer wieder sehr deutlich, daß er seine Gegenwart ebensowenig schätzte wie die seiner Mutter.
Lady Son Klin hatte Annas Freundschaft anfangs nur zögerlich erwidert. Allmählich aber wurden die täglichen Lektionen und Gespräche zu ihren glücklichsten Stunden. Sie erzählte noch immer kaum von sich selbst oder über ihre Sorgen, doch Anna konnte mit jedem Treffen ein wenig mehr über sie erfahren.
Lady Son Klin stammte aus einer königlichen Familie. Ihr Großvater war ursprünglich als Geisel nach Siam gebracht worden und schon bald unter dem ersten Chakri-König zum Kommandeur der Armee aufgestiegen. Ihr Vater war Gouverneur von Paklat, einer der am Fluß gelegenen Städte. Die Familie hatte im Laufe der Zeit ein großes Vermögen angehäuft, und Son Klins Vater hatte Prinz Krita zu seiner Geburt einen Palast geschenkt. Viele ihrer Verwandten standen zwar im Dienst der Regierung, doch leider nicht in der Gunst des Königs.
Als ihre Freundschaft sich vertiefte, lud Lady Son Klin Anna ein, sie zu besuchen. Von nun an lernte Anna mit ihr manchmal in ihrem bescheidenen kleinen Haus. Son Klin gab ihre Zurückhaltung jedoch nicht auf, bis Anna sie einmal zufällig an einem siamesischen Sabbat besuchte. Als eine Sklavin sie in einen kleinen Raum führte, saß ihre Freundin gerade im Nebenzimmer beim Gebet. Auf dem Altar, vor dem sich Lady Son Klin niedergeworfen hatte, stand eine vergoldete Buddhastatue, daneben hingen Bilder des Königs und ihres Sohnes.
Bald darauf rief Lady Son Klin Anna zu sich in ihre Hauskapelle. Anna ließ sich neben ihr vor dem Altar auf dem Boden nieder, und die Freundin erklärte ihr teils auf siamesisch, teils in gebrochenem Englisch die Allegorien in diesem kleinen Heiligtum.

Nachdem sie geendet hatte, saßen die beiden Frauen eine Weile schweigend da. Jede von ihnen hatte den bitteren Schmerz des Verlusts am eigenen Leib erfahren, beiden wurde das Teuerste entrissen. Anna hatte ihren Mann verloren, und Lady Son Klin war vom König gedemütigt und entwürdigt worden. In gewissem Sinne waren sie beide Witwen, und sie hatten Söhne, die ihnen alles bedeuteten. In dieser Stunde verband sie eine tiefe Zuneigung, die ein ganzes Leben lang währen sollte.

Sobald der Unterricht in gleichmäßige Bahnen gelenkt war, hatte Anna die Muße, ihre Umgebung ein wenig genauer zu betrachten. Der Palast und besonders der Harem waren eine Welt für sich. Wenn Anna und Louis jeden Morgen durch die großen Doppelportale gingen, hatten sie das Gefühl, ein glitzerndes Königreich aus Tausendundeiner Nacht zu betreten.
Die von Mauern umgebene befestigte Stadt, die sich über einen Quadratkilometer erstreckte, wurde in west-östlicher Richtung in drei Zonen unterteilt.
Im nördlichen Teil der Einfriedung lag der Regierungssitz mit der Kaserne, den Baracken der Palastgarde, der Börse und dem Obersten Gerichtshof. Außerdem standen die Königliche Kapelle und der herrliche Tempel des Smaragdenen Buddha in diesem Teil der Stadt, zu dem nur die Männer, die hier ihren Amtspflichten nachgingen, ungehindert Zutritt hatten.
Die mittlere Zone war beinahe ebenso groß, und auch hier wurden die Männer nur für gewisse Arbeiten und bei bestimmten Gelegenheiten eingelassen. In diesem Teil waren außerdem das Münzamt, die Privatdruckerei des Königs und zahlreiche Pavillons, Theater und Vogelhäuser. Dieses Gebiet wurde von zwei Gebäuden beherrscht, eines war der Amarind-Winichai-Palast oder die »Audienzhalle des Indra«, nahe dem östlichen Ende der Einfriedung. Gleich neben der Audienzhalle stand das größte Vogelhaus, in dem auf einem künstlich angelegten Miniaturgebirge sogar Bäume gepflanzt waren. Dieses Vogelhaus

war von allen Seiten von wunderschön geschmückten Pavillons in chinesischem Stil umgeben, in denen der Hofstaat und der Adel die vielen Prozessionen verfolgen konnten. Am Westende in der Nähe des Flusses stand das zweite wichtige Gebäude, der majestätische, kreuzförmige Tempel des Dusit Maha Prasat, in dem die Könige gekrönt und ihre sterblichen Überreste in goldenen Urnen aufgestellt wurden.
Das Herz der gesamten königlichen Stadt war der Palast im Palast, in dem der König wohnte. Er lag ganz im Westen des Harems, hinter einer weiteren Mauer, und man konnte sich ihm nur durch besonders schwerbewachte Tore nähern. Sein imposantestes Gebäude war die große Audienzhalle, in der die Diplomaten empfangen wurden. Unweit davon standen eine Halle für Staatsbankette und ein Museum, in dem die Geschenke, die der König von den Oberhäuptern befreundeter Staaten erhielt, aufbewahrt wurden. Hier lagen auch die Salons für Empfänge, eine Audienzhalle für die Frauen des Palastes, mehrere Wohnungen mit Schlafräumen, eine Kapelle, eine Kaserne und ein Gebäude, in dem das Sekretariat untergebracht war.
Die Fenster des königlichen Palastes gingen auf einen terrassenförmigen Garten hinaus, in dem mehrere Springbrunnen plätscherten und bunte Fische in den angelegten Teichen wie Juwelen in der Sonne glitzerten.
Neben dem Königspalast und noch innerhalb des Harems hatte man ebenfalls wunderschöne Gärten mit einem künstlichen See angelegt, in dem morgens und abends die vornehmen Damen und die Prinzessinnen badeten.
Dort standen auch die Baracken der Amazonen und die von Pfeilern gestützte Halle, in der – wie in alten Zeiten – Richterinnen über die Einwohnerinnen der »Stadt der Frauen« Gericht hielten. Nicht weit vom Gerichtshof erhob sich der Tempel, in dem Anna unterrichtete.
Ein überdachter Gang führte vom Harem direkt zum Königspalast. Nur dem König und einigen Priestern war es gestattet,

die Haremsstadt zu betreten. Die Sklavinnen durften einige Monate im Jahr ihre Gatten besuchen und auch Geschäfte für ihre Herrinnen erledigen. Ihre Gebieterinnen konnten den Harem nur dann für kurze Zeit verlassen, wenn sie aufgrund ihres Alters oder ihrer Stellung eine gewisse Freiheit erlangt hatten. König Mongkut, der liberaler war als seine Vorgänger, erlaubte seinen Gemahlinnen und den Hofdamen auch bei wichtigen Anlässen, wie der Einäscherung von Vater oder Mutter, den Palast zu verlassen. Um eine solche Erlaubnis mußte allerdings schriftlich angesucht werden, und die Bewilligung war stets fraglich. Und selbst wenn sie erteilt wurde, kostete sie ein Vermögen an Bestechungsgeldern, und auch die Amazonen der Garde erwarteten reichliche Zuwendungen. So kam es, daß die Stadt für die meisten Haremsdamen die einzige Welt war, die sie kannten – neuntausend Frauen lebten hinter diesen Mauern.

Als nächstes erforschte Anna die drei Tempel, um die nach und nach die Stadt Nang Ham – »Die verbotenen Frauen« – entstanden war. Der Tempel, in dem Anna unterrichtete, wurde Tempel der Mütter der Freien genannt. Er war vorher, wie sein alter Name Manda Maha Gotama besagte, der Mutter Buddhas geweiht gewesen. Der zweite Tempel war Buddha Thapinya, dem Allwissenden, und der dritte und herrlichste Buddha Annando, dem Unendlichen, geweiht.

Die Tempel hatten eine gewisse Ähnlichkeit mit den großen Kathedralen Südfrankreichs, es waren sehr lange quadratische Bauwerke mit doppelten Fensterreihen. Die Fenster wurden von viereckigen Wandpfeilern flankiert und von spiralförmigen Baldachinen gekrönt. In der Mitte jeder Seite befand sich ein hoher Vorraum, der in einer gegiebelten Fassade endete. Diese Vestibüle gaben den Tempeln die Form riesiger griechischer Kreuze. Die Dächer hoben sich in immer schmaler werdenden Stufen zu pyramidenförmigen Türmen, die von goldenen Aufsätzen gekrönt waren.

Die gewölbte Zelle im Hauptteil jedes Tempels, wo auch die Hauptfigur aufgestellt war, reichte bis zur zweiten oder dritten Stufe des Tempeldachs. Durch ein kleines, in das Dach eingelassenes Fenster strömte das Sonnenlicht auf das Haupt des Kolosses und bewirkte die wundervollsten Schattenspiele.

Niemand konnte Annas neugierige Fragen über den Ursprung der drei herrlichen Tempel ausreichend beantworten, sogar der Name des Erbauers war in Vergessenheit geraten. Der Überlieferung nach standen die Tempel seit mehr als tausend Jahren hier. Lange vor der Gründung Bangkoks als Hauptstadt des Königreichs im Jahr 1782 galten die Tempel als Pilgerstätten für die Menschen aus dem Osten des Landes, vor allem Frauen kamen hierher, um Gelübde abzulegen oder an den Altären Weihopfer darzubringen.

Der erste König der Chakri-Dynastie, der den nach den Kriegen mit Birma unbesetzten Thron beanspruchte, hatte den Ort schließlich als Regierungssitz gewählt. Er ließ die chinesischen Händlersiedlungen zerstören, verlegte seinen Palast vom West- zum Ostufer des Chow Phya und gründete so Bangkok. Er umgab die Stadt mit dreifachen Mauern und nannte sie die »Große Stadt der Enjzel«.

Immer wenn Anna den Gebeten der Andächtigen im Tempel zuhörte, wurde sie von tiefer Ehrfurcht ergriffen. Wann immer sie durch die schmalen, dunklen, stillen Korridore ging und unerwartet an einer der großen goldenen Statuen vorbeikam, deren Kopf und Schultern von einem Lichtkegel aus unsichtbarer Quelle umgeben waren, mußte sie einfach stehenbleiben. Der Buddha, der bewegungslos, mit verschränkten Armen und gesenkten Augenlidern, voll ermahnender Trauer auf sie niederblickte, war ein Sinnbild der Weisheit des Alters.

Von all ihren Schülern mochte Anna Prinz Chulalongkorn und seine hübsche kleine Schwester, Prinzessin Chanthara Monthon, die von allen Fa-ying oder »Himmlische Prinzessin« genannt wurde, am liebsten. Die beiden waren außerordentlich aufgeweckt und lebten mit zwei ihrer jüngeren Brüder bei einer alten Großtante im Tamnak Tuk, einem der imponierendsten inneren Paläste. Ihre hübsche junge Mutter, die Königin, war vor einem Jahr gestorben, und Prinzessin Lamom sorgte seitdem für die beiden.

Die alte Prinzessin war eine stille Frau, die eine große Vorliebe für alles Bunte und Hübsche hatte. Sie war immer entweder mit Blumen, mit Poesie oder mit den Kindern ihrer Nichte beschäftigt. Die kleine Fa-ying war ihr erklärter Liebling, doch sie hatte auch den jungen Kronprinzen ins Herz geschlossen. Ihr Haushalt war sehr groß, und mit den Töchtern ihrer Brüder und mit all ihren Nichten, Neffen und Freunden herrschte immer Trubel. Sie war nicht nur eine sehr einflußreiche Frau, in deren Haus empfangen zu werden eine Ehre für jede Tochter bedeutete, sondern sie war auch wegen ihrer Güte und Liebenswürdigkeit berühmt.

Anna plauderte oft mit der Prinzessin über die Erziehung des Prinzen Chulalongkorn. Die alte Dame erstaunte Anna bei ihrer ersten Begegnung mit der Bitte, den Thronfolger mit den Grundsätzen des christlichen Glaubens vertraut zu machen. Sie wünschte, daß ihr Schützling die bestmögliche Erziehung erhielt, und machte dabei keinen Unterschied zwischen ihrer eigenen und Annas Religion. Obwohl sie ein fröhlicher und lebenslustiger Mensch war und die Kinder sie vor keine unlösbaren Probleme stellten, war sie doch stets um ihre Schützlinge besorgt. Die kleine Fa-ying war nicht nur der Liebling ihrer Großtante, sondern auch der ihres Vaters, und der König wollte sie immer in seiner Nähe haben. Während der Mahlzeiten saß sie oft auf seinem Schoß, selbst auf seinen Reisen durfte sie ihn begleiten.

Prinz Chulalongkorn war ein ausgesprochen hübscher Junge, er lernte aufmerksam und war ernst und zuvorkommend, wie man es von einem wohlerzogenen siamesischen Jungen erwartete. Sein warmes Herz wurde bei dem häufigen Anblick von Schmerz und Armut vor Mitleid erregt. Er lernte eifrig und war von dem Willen beseelt, alle Hindernisse zu überwinden. Jede neue Idee war für ihn eine anspornende Entdeckung, die ihn sein begrenztes Wissen und die grenzenlosen Möglichkeiten des geistigen Reichtums erkennen ließ. Der Schatten des Thrones lag bereits über seinem Leben und hatte ihn der kindlichen Freude am Spiel beraubt, schwerwiegende Verpflichtungen warteten auf ihn. Als Anna die Fortschritte seines lebhaften jungen Geistes beobachtete, erinnerte sie sich an ihre Träume und verdoppelte ihre Anstrengungen, ihm bei seiner eifrigen Suche nach Wissen zu helfen. Noch war er nur ein Kind von zehn Jahren, doch vielleicht würde er eines Tages riesige und unbeschränkte Macht über das Leben von Millionen Menschen haben?

Die Fächer Geographie und Astronomie erweckten das größte Interesse der königlichen Schüler. Jedes der Kinder hatte seine eigenen Ideen über die Form der Erde, und es bedurfte geduldiger Wiederholung, um sie zu überzeugen, daß sie weder flach noch viereckig war.

Die einzige Landkarte, die Annas Schüler jemals gesehen hatten, war vor ungefähr fünfundzwanzig Jahren auf den Wunsch des verstorbenen Königs hin angefertigt worden. Der damalige Premierminister, der ein besserer Politiker als Kartograph gewesen sein mußte, hatte sie angefertigt. Die Landkarte war fast zwei Meter lang und einen Meter breit. In ihrer Mitte war auf eine rote Fläche eine menschliche Gestalt – aus Silberpapier ausgeschnitten – geklebt worden. Sie stellte den König von Siam dar. Auf dem Kopf trug er eine riesige Krone mit vielen Zacken, die jeweils für eines der zahlreichen, von ihm beherrschten Gebiete standen. In einer Hand hielt er eine Brotfrucht, das Symbol der Fülle, in der anderen eine Heugabel, mit der er alle bedrohte, die es wagen würden, sich ihm zu widersetzen.

Das Land war auf drei Seiten und einem Teil der vierten von einem breiten blauen Rand umgeben, der den Ozean darstellte. Schiffe, Boote und Dschunken segelten in jeder Richtung nach und von Siam und sollten die große Bedeutung des Seehandels für das Land deutlich machen. Über dem roten Fleck war ein kleinerer in Grün eingezeichnet, in dessen Mitte eine mit Tusche gezeichnete derbe Gestalt ohne Krone und Kleidung stand. Das war der König von Birma. Die fehlende Krone und die unbekleidete Figur deuteten die Armut seines Reiches an. Dämone und Kobolde umgaben ihn und wiesen auf die Unordnung und Mißwirtschaft in seinem kleinen Reich hin. Im Norden des grünen Fleckens war ein Engländer eingezeichnet, der einen spitzen Hut mit roten Federn trug und einen riesigen Teil des Landes in Händen hielt. Das war Britisch-Birma, und der Engländer war Lord Clive.

So wenig die Kinder über die Gestalt der Erde wußten, um so erstaunlicher war ihre Vertrautheit mit der Geographie des Himmels. Sie erzählten Anna immer wieder gerne von ihren Vorstellungen und zogen stets ein siamesisches Buch zu Rate, das alle Fragen über die drei Reiche der Engel, Dämonen und Götter beantwortete.

Anna bestritt ihre Anschauungen nicht, sie hörte ihnen nur gespannt zu. Sie ließ den König um Unterrichtsmaterial bitten, der ihr umgehend eine große englische Landkarte und mehrere Globen der himmlischen und irdischen Sphären schickte. Als sie eines Morgens im Tempel eintrafen, erregten sie unerhörtes Aufsehen. Der König hatte die Landkarte in einen schweren goldenen Rahmen spannen lassen und befohlen, daß sie mit den Globen auf großen vergoldeten Trägern in der Mitte des Tempels aufgestellt werden sollte. Während der nächsten neun Tage kamen die Frauen in Scharen, um in Geographie und Astronomie unterrichtet zu werden. Sie konnten einfach nicht glauben, daß Siam bloß ein winziges Fleckchen auf dem großen Globus darstellte. Allerdings ließen sie sich von der Tatsache trösten, daß England, die Heimat ihrer Lehrerin, noch um einiges kleiner war. Nachdem sich die erste Aufregung wieder gelegt hatte und die Schule wieder den Kindern gehörte, fanden auch sie allmählich Gefallen am Unterricht mit der Landkarte und an dem fremden Gedanken, daß die Welt sich in einem unendlichen Raum um sich selbst dreht.

Eines Tages, Anna hatte den Kindern gerade von ihrer Reise durch Ägypten erzählt, fiel plötzlich etwas, das wie eine Seidenkordel aussah, vom gewölbten Dach über ihren Köpfen mitten auf die Karte, über die sie sich gerade beugten.
Anna schrie auf, vergaß all ihre Würde, rannte in den entferntesten Winkel des Tempels und erwartete, daß die Kinder ihr folgen würden. Als sie sich umwandte, sah sie zu ihrem Erstaunen, daß die Schüler unbeweglich auf ihren Stühlen saßen und ehrfürchtig die Hände vor ihren Gesichtern gefaltet hatten. Der Tempel war vollkommen still, und alle Augen hingen an der Schlange, die in langsamen Windungen über den Tisch kroch. Beschämt kehrte Anna zu ihrem Stuhl zurück und beobachtete das schöne Reptil, sie konnte die Faszination ihrer Schüler sogar ein wenig verstehen, als sie in die klaren Augen der Schlange blickte. Sie hatte noch nie ein solches Tier gesehen: Der Rücken der Schlange war violett getönt, ihre Seiten waren mit scharlachfarbenen, schwarz umränderten Schuppen bedeckt.
Anna kamen die Sekunden wie endlose Stunden vor. Sie hielt vor Schreck den Atem an, als das Reptil vom Tisch auf die Lehne von Prinz Chulalongkorns Sessel fiel. Wenn die Schlange den Jungen beißen würde! Anna zweifelte nicht daran, daß ihr Leben verwirkt wäre, falls dem jungen Prinzen in ihrer Obhut etwas zustoßen würde. Sie wollte ihm zurufen, sich vollkommen still zu verhalten, doch kein Laut drang aus ihrer Kehle. Sie hätte sich trotzdem nicht zu sorgen brauchen, denn Prinz Chulalongkorn saß bewegungslos da wie der Buddha im Zwielicht

hinter ihm. Anna sah wie gebannt zu, als die Schlange vom Sessel glitt, den Gang und die Stufen hinunterkroch und schließlich unter den Steinen des Fundaments verschwand. Dann fiel die Lehrerin vor Erleichterung beinahe in Ohnmacht.

Nicht ein Kind hatte sich während dieser Zeit bewegt, und nicht eine Hand hatte sich aus der verehrenden Haltung gesenkt. Doch als die Schlange verschwunden war, sprangen die Kinder von ihren Sitzen auf und umringten Anna mit stürmischer Freude. Sie fielen ihr zu Füßen, liebkosten sie und sprachen so schnell auf sie ein, daß sie nicht ein Wort verstehen konnte. Als die Neuigkeit sich im Harem verbreitete, kamen die Frauen herbeigeeilt und begrüßten sie so liebevoll wie nie zuvor. Sie versuchten Anna zu sagen, daß die Götter sie augenscheinlich liebten, da sie während ihres Unterrichts dieses Zeichen ihres Wohlwollens geschickt hätten. Sie versicherten ihr, das Gleiten der Schlange über den ganzen Tisch sei ein glückverheißendes Omen, und das Fallen des Reptils auf die Lehne des Prinzensessels bedeute zweifellos, daß er eines Tages wegen seiner Weisheit und seines Wissens berühmt sein werde.

Außerdem war es keine gewöhnliche Schlange gewesen, sondern die Sarpa Rakta des Sanskrit, die rote Schlange, die geheime Botschaften von den Göttern überbringt. Die Siamesen nannten sie Ngu Thong Daeng, die scharlachbäuchige Schlange, die ihrem Betrachter alles, was gut und vorteilhaft ist, zuteil werden läßt.

Anna wußte kaum, ob sie über dieses Ereignis amüsiert, beleidigt oder erfreut sein sollte. Selbst der König war außerordentlich beeindruckt und informierte umgehend die weisen Männer des Hofes, die bestätigten, daß dieses wundervolle Zeichen von der Gunst der Götter zeugte. Anna fühlte sich noch Tage nach dem Erscheinen der Schlange unbehaglich und hoffte insgeheim, daß die Götter sie nie wieder begünstigten, was sie allerdings für sich behielt.

Welches Vorurteil die Frauen auch gegen die englische Schule im Königlichen Palast gehabt haben mochten – immerhin waren sie sehr konservativ –, es war über Nacht verschwunden. Von dieser Zeit an wurde Anna mit der größten Achtung und Rücksichtnahme behandelt, und sie war sehr dankbar dafür. Schließlich war damit eine weitere unsichtbare Schranke zwischen ihr und den Schülern gefallen.

Moonshee gräbt nach Schätzen

Annas Zuhause war inzwischen behaglich eingerichtet, und sie konnte endlich die zahlreichen Einladungen erwidern. Da die ausländische Kolonie Bangkoks recht klein war, hatte sie nicht viele gesellschaftliche Verbindungen geknüpft. Das britische Konsulat war nicht nur für die Briten, sondern für alle Ausländer zum Mittelpunkt der siamesischen Hauptstadt geworden. Bei den meisten Anlässen war Sir Robert Schomburgk der Gastgeber gewesen. Sein deutscher Akzent war noch immer unverkennbar, obwohl er schon seit vielen Jahren im Dienst der britischen Regierung stand. Sir Robert war ein geborener Preuße und ein Schützling des Prinzen Albert. Seine Soirees waren nicht außergewöhnlich, doch Anna empfand sie als willkommene Ablenkung. Sein ausgefallener Geschmack bestimmte das gesellschaftliche Leben Bangkoks, doch Anna machte dies nichts aus. Sir Robert war ein Gelehrter von Rang, und sie teilte seine Interessen. Er war ihr sympathischer als manche ihrer fröhlicheren Landsleute, die immerzu über ihn lästerten. Anna hatte auch mit einigen amerikanischen Missionaren Freundschaft geschlossen und nahm häufig an den Gottesdiensten in ihrer Kapelle teil. Sie hielten Anna über die Lage im amerikanischen Bürgerkrieg, an dem sie so leidenschaftlich Anteil nahm, auf dem laufenden. Besonders zu dem Ehepaar Mattoon fühlte sie sich sehr hingezogen.

Doch nicht nur Anna hatte sich an ihr neues Zuhause gewöhnt: Moonshee, der die Aufräumarbeiten im Hof stets als unter seiner Würde befindlich bezeichnet hatte, war noch immer eifrig mit Spaten und Rechen zugange. Anna sah, wie er unter den Steinplatten grub und den Schutt sorgsam untersuchte, und fragte sich, ob er an der Archäologie Gefallen gefunden hatte. Moonshee erklärte sein verändertes Verhalten allerdings nicht und grub nur unermüdlich weiter.

Sie hatte Moonshee zwar beauftragt, den Hof von Schutt zu säubern, allerdings war nie die Rede davon gewesen, daß er auch den Schutt, der in der Erde verborgen war, ausgraben solle. Doch auch Louis machten die Grabungsarbeiten großen Spaß, und er war fasziniert von den Schnecken, Raupen und zerbrochenen Figuren, die Moonshee fand. Manchmal brachte er seiner Mutter ein ungewöhnliches Steinornament, die diese Schätze in einem eigens dafür bestimmten Regal sammelte.

Eines Abends, als Anna mit einem Buch vor dem Haus saß, hörte sie von der Ausgrabungsstelle Louis' lautes Lachen. Sie legte das Buch zur Seite, um nachzusehen, was die beiden gefunden hatten. Moonshee saß am Rande eines tiefen Lochs in einer Ecke des Hofes und machte einen furchtbar enttäuschten Eindruck. Bessy stand neben ihm und wedelte mit dem Schwanz, während Louis vor Freude in die Hände klatschte. Gemeinsam hatten sie – auf der Suche nach einem verborgenen Schatz – dieses Loch gegraben. Auf dem Grund der Grube waren sie auf etwas gestoßen, das wie eine alte Schatulle aussah. Mit vor Erregung bebenden Händen war es Moonshee nach mehreren vergeblichen Versuchen schließlich gelungen, das Ding herauszufischen: eine Kröte! Es war bloß eine große, häßliche gelbe Kröte!

Moonshee fluchte, als er das erschreckte Tier wieder in die Grube zurückschleuderte. Dann beklagte er sein tragisches Schicksal, während Louis sich vor Lachen schüttelte.

Die nächsten Tage stand der Spaten unbeachtet in der Ecke, aber Anna vermutete aufgrund der vorsichtigen Bemerkungen Moonshees nach den abendlichen Sanskritlektionen, daß er immer noch auf verborgene Schätze hoffte. Irgendwie war er von der Idee besessen, daß Gold – Gold für die Bedürfnisse der Mem sahib und seiner selbst – im Hof vergraben sei. Wenn sein Spaten es doch nur finden würde! Das Gold würde sie sofort von der schmerzlichen Notwendigkeit befreien, länger in diesem Land der Kaffern leben zu müssen. Anna war über seine rege Anteilnahme an ihrem Schicksal gerührt und versuchte, ihn sanft zu ernüchtern. Doch ihre Worte blieben ohne Wirkung, je häufiger er davon träumte, desto stärker wurde sein Glaube daran. Doch die Stelle? Die richtige Stelle? »Warten Sie nur ...«, sagte er geheimnisvoll und schüttelte den Kopf, und für eine Woche erwähnte er die Angelegenheit mit keinem Wort.

Doch eines Morgens noch vor dem Frühstück, während Louis gerade seine Lektion wiederholte, betrat er den Raum mit einem ehrfürchtigen Gruß und einem so ernsten und zugleich komischen Gesichtsausdruck, daß Anna ihn ängstlich fragte, was denn passiert sei. Er zitterte ein wenig und stammelte aufgeregt: »Ich muß Ihnen etwas von größter Wichtigkeit anvertrauen, Mem sahib! Die Zeit ist gekommen. Nun werden Sie die Ergebenheit Ihres treuen Moonshee prüfen können, der bei Allah schwört, kein Körnchen Gold in all diesen berstenden Säcken ohne Ihre Erlaubnis anzurühren, wenn sie ihm zehn Ticals, nur zehn Ticals leihen, um einen Schraubenzieher kaufen zu können.«

»Einen Schraubenzieher?« Anna sah ihren alten Diener an, als hätte er den Verstand verloren. »Wozu, um Himmels willen, brauchst du einen Schraubenzieher, Moonshee?«

»O Mem, so hören Sie mir doch zu!« rief er, während sein Gesicht vor Erregung glühte. Dann senkte er die Stimme zu einem Flüstern und beugte sich zu ihr: »Ich habe die genaue Stelle gefunden, an welcher der alte Herzog Somdet Ong Yai starb. Es ist ein Geheimnis, ein wundervolles Geheimnis, Mem sahib. Und kein Mensch in ganz Siam kennt es!« Er sah sie triumphierend an und erwartete ihr Lob.

»Wie konntest du es dann entdecken, Moonshee?« fragte Anna amüsiert. »Du verstehst doch nicht ein Wort der Sprache, die du so sehr verachtest.«

»Hören Sie, Mem, hören Sie doch nur!« sagte er mit einer ausholenden Handbewegung und beachtete ihren Spott nicht weiter. »Nicht eine menschliche Zunge hat es mir verraten.« Er machte eine eindrucksvolle Pause. »Es war der Engel Gabriel. Er ist mir vergangene Nacht im Traum erschienen und sagte: ›O Sohn des Jaffur Khan! Deine Gebete wurden erhört, und du sollst wissen, was den Kaffern all die Jahre verborgen blieb. Steh auf und höre mir gut zu! Und empfange mit Demut die Schätze, du treuer Jünger des Propheten!‹ Ich wachte auf und war noch immer von der Schönheit und dem Zauber seiner Persönlichkeit so überwältigt, daß ich dachte, ich würde sterben. Der strahlende Schein seiner Flügel, welche die Farbe von Smaragden hatten, blendete meine Augen, und ich konnte weder sprechen noch etwas sehen. Doch ich spürte seine Anwesenheit deutlich und hörte das Rauschen seiner Schwingen, als er rief: ›Sieh, o Sohn des Jaffur Khan, die Stelle, wo der Schatz dieses hochmütigen Kaffernhäuptlings liegt!‹ Ich stand auf, und der Engel war verschwunden. Da erschien eine goldene Henne mit sechs goldenen Küken, die an glühenden Kohlen pickten. Plötzlich sah ich lauter feurige Bälle, die genau dort, wo die Henne gesessen hatte, zerplatzten. Dann war es wieder vollkommen dunkel. Mem sahib, Ihr Diener lief hinunter, legte einen Stein auf jene Stelle, kniete darauf und wiederholte seine fünf Kalemahs.«

Anna warf ihren Kopf zurück und lachte lauthals, was sie jedoch sofort wieder bedauerte.

»Ich sage Ihnen, Mem sahib, so war es. Ich benötige nur zehn Ticals für einen Schraubenzieher, und ich werde den Schatz für Sie finden.«

»Aber, Moonshee«, sagte sie freundlich, »zehn Ticals sind eine Menge Geld für mich. Und außerdem glaube ich nicht, daß dein Traum mehr als ein Traum war. Der Schatz des alten Herzogs ist vor langer Zeit in den Besitz seines Sohnes, des Kralahome, übergegangen, und wenn ein Teil davon versteckt gewesen wäre, hätte man ihn bestimmt gefunden, als der Palast niedergerissen wurde.«

Doch das Gesicht des alten Mannes drückte Entschlossenheit aus. »Ich sage Ihnen, Mem sahib, es war eine Vision. Und dieser Teil des Schatzes wurde vergraben, alle Kaffernhäuptlinge vergraben schließlich einen Teil ihres Goldes. Und niemand hat diesen Schatz bisher entdeckt.«

Anna wußte, daß die Siamesen ihre Schätze zuweilen vergruben, um sie vor dem Zugriff der Mächtigen zu sichern. Meist wurde ein Sklave an der betreffenden Stelle als Schutzgeist geopfert. Viele Siamesen verbrachten Jahre damit, unter Tempelruinen nach Schätzen zu graben. Seit Jahrzehnten suchten Familien unter den Trümmern der Stadt Ayuthia, die um 1767 von den Birmanen zerstört worden war, nach Wertgegenständen, die seinerzeit von den Bewohnern der belagerten Stadt vergraben worden waren. Selbst im Jahre 1862 waren hier noch Schatzsucher am Werk. Sie verbrachten oft zuerst eine Nacht am vermeintlichen Ort des vergrabenen Schatzes. Bei Sonnenuntergang opferten sie dem Schutzgeist dann Kerzen und gerösteten Reis, was einen Geist in ihren Träumen erscheinen lassen sollte, der ihnen dann die richtige Stelle verriet. Vielleicht hatte der alte Herzog tatsächlich einen Teil seines riesigen Vermögens vergraben, und es war durchaus möglich, daß er noch immer unentdeckt war. Doch selbst dann wirkte Monshees Geschichte einfach lächerlich. Annas Zweifel und ihre mangelnde Hilfsbereitschaft, obwohl er ihr all diese Reichtümer versprochen hatte, verletzten Moonshee sehr. Er schwor ihr, sie zu rufen, wenn ihm der Engel wieder erscheinen würde, damit sie selbst Zeuge dieses Wunders sein könne.

»Einverstanden, Moonshee«, sagte sie, froh, mit einem so einfachen Versprechen davongekommen zu sein. »Du rufst mich, und ich verspreche Dir, sobald ich die Goldklumpen und die pickenden Küken gesehen habe, daß ich dir die zehn Ticals für einen Schraubenzieher geben werde!« Wozu braucht er eigentlich den Schraubenzieher? dachte sie, nachdem er gegangen war. Vielleicht benötigte Moonshee ein Werkzeug, um die Kisten mit Gold und Juwelen, die er im Begriff war zu entdecken, öffnen zu können. Doch selbst der kostbarste Schraubenzieher würde kaum zehn Ticals kosten. Der alte Mann, der eine Schwäche für Wein und ausschweifende Erzählungen hatte, hielt zehn Ticals sicher für eine bescheidene Kapitalanlage für eine Sache, die einen so außerordentlichen Gewinn versprach. Sie amüsierte sich über Moonshees festen Glauben an diese Vision und darüber, daß er ihr Versprechen mit tiefster Befriedigung annahm.

Anna vergaß die Sache schon bald wieder. Doch nur wenige Nächte später wurde sie durch Moonshees und Beebes Rufe aus dem Schlaf geweckt. »Wachen Sie auf! Mem sabib! Kommen und sehen Sie! Kommen und sehen Sie!«

Schlaftrunken sprang Anna aus dem Bett und dachte, das Haus würde brennen. Sie warf sich einen Schlafrock um die Schultern und eilte mit Louis in den Armen in das nächste Zimmer. Die Nacht war dunkel, dicker Nebel stieg vom Fluß auf, und heftige Windstöße fegten durch den Hof. Moonshee und Beebe standen am Fenster und wiesen stumm auf ein Licht, das in einer fernen Ecke des Hofes glühte. Mit erregter Miene starrte Moonshee auf diese Stelle. »Gleich werden Sie ihn sehen, Mem sahib. Der Engel wird aus dieser Flamme steigen.«

Die Nacht war unheimlich, kein einziger Stern war am Himmel zu sehen, und nur das Schlagen der Wellen am Ufer unterbrach die Stille. Anna lief unruhig im Zimmer umher, doch Beebe legte eine weiche Hand auf ihren Arm, als bäte sie ihre Herrin um ein wenig Geduld. Anna ermüdete das Warten, und als sich nichts ereignete, ging sie mit ihren ehrfürchtigen Dienstboten die Stiegen hinunter. Vorsichtig stapften sie über den Hof und näherten sich der Ecke, in der sie die Flammen gesehen hatten. Das Feuer war wirklich echt. Rauch stieg auf, und die Flammen flackerten im Wind hin und her. Doch kein Engel Gabriel, kein himmlisches Geflügel erhob sich, als die drei die Feuerstelle erreicht hatten. Auf einigen Matten, mit einem Stein als Kopfkissen, lag eine schlafende alte Frau. Wahrscheinlich hatte sie wegen der Hitze beschlossen, im Freien zu übernachten, und ein Feuer angezündet, um die Moskitos zu verscheuchen.

Moonshee betrachtete sie mit offenem Mund. »Das, Moonshee«, sagte Anna, als sie in ihr Schlafzimmer zurückging, »ist also dein Engel Gabriel! Ich will ab sofort kein Wort mehr über diesen Schraubenzieher hören. Und über den Schatz auch nicht.«

Die Korrespondenz des Königs

Als der Unterricht in geregelten Bahnen verlief, beanspruchte der König Annas Hilfe beim Verfassen seiner französischen und englischen Briefe. Das war für sie alles andere als eine Erholung, da Seine Majestät eine umfangreiche Korrespondenz führte.

Er beschäftigte sich schon seit langem mit westlichen Wissenschaften und ganz besonders mit der Astronomie. Sein großes Interesse war die Quelle seines Briefwechsels mit gelehrten Männern in aller Welt, doch der Großteil der Korrespondenz war diplomatischer Natur. Der König hatte nahezu als einziger Siamese erkannt, daß er von der traditionellen Außenpolitik seines Landes abweichen mußte, um die Unabhängigkeit der Nation zu sichern.

Seitdem die Franzosen im siebzehnten Jahrhundert versucht hatten, Siam an sich zu reißen, wurden die Europäer von den siamesischen Königen mit großem Mißtrauen behandelt. Die

Franzosen waren schließlich mit Waffengewalt vertrieben worden, den Handel der Holländer hatte man boykottiert. Nachkommen der bezwungenen, einst so stolzen Portugiesen lebten inzwischen im Elendsviertel von Bangkok und verrichteten die niedrigsten Arbeiten.

Im neunzehnten Jahrhundert jedoch hatten sich die habgierigen Finger Frankreichs und Englands erneut nach der Malaiischen Halbinsel ausgestreckt. Während der vorhergehenden sechshundert Jahre hatte das Gebiet unter der Oberlehnsherrschaft Siams gestanden, und diese Herrschaft war durchaus nicht tyrannisch gewesen. Die einzelnen Fürstentümer waren lediglich verpflichtet, in Friedenszeiten gewisse Produkte zu liefern und während des Krieges Truppen und Proviant zur Verfügung zu stellen. Ihre Fürsten, die vom König von Siam eingesetzt wurden, herrschten nahezu unumschränkt und waren dem Herrscher in Bangkok dennoch treu ergeben.

Nur Malakka und Johor waren der Kontrolle Siams vor der Ankunft der Briten entglitten. Im Jahre 1772 machte die British East India Company den ersten Versuch, die Insel Penang vom Sultan von Kedah zu erwerben, der jedoch an der treuen Ergebenheit des Sultans scheiterte. Dem britischen Gesandten Francis Light gelang es trotzdem, den Sultan mit Gold und Schutzversprechungen zu bestechen, und im Jahre 1786 konnte er endlich die britische Flagge über der Insel hissen. Als diese Nachricht Bangkok erreichte, wurde umgehend eine Strafexpedition ausgesandt, die den Sultan von seinem Thron vertrieb. Light konnte sein Versprechen nicht halten, und der enttäuschte Sultan faßte den Entschluß, Penang zurückzuerobern. Doch Light konnte in Windeseile eine kleine Streitmacht um sich versammeln und griff den Sultan auf dem Festland an, ehe dieser seine Vorbereitungen beendet hatte. So blieb Penang der britischen Kolonie erhalten.

Innerhalb weniger Jahre konnten die Briten auch auf dem Festland einen Stützpunkt erobern, dann sicherten sie sich vor den

Holländern Malakka. Als Prinz Mongkut vierzehn Jahren alt war, versuchten zwei Abgesandte der British East India Company, einen Herrscher nach ihren Vorstellungen auf den Thron von Johor zu setzen – gegen eine Entschädigung natürlich. Sie hatten Erfolg, und die Entschädigung war die Insel Singapur. All das hatte Mongkut erlebt, viele Jahre ehe er den Thron bestieg, doch er hatte schon damals einen unglaublichen politischen Scharfsinn entwickelt.

Und so führte er in seiner Zeit im Priesterstand eine geheime Korrespondenz mit britischen Beamten in Penang, Singapur und Hongkong. Auf den ersten Blick erkannte er die Gefahr, die Siam infolge der hartnäckigen Politik der Abschließung drohte, und er hatte kaum den Thron bestiegen, als er Colonel J. W. Butterworth, dem Gouverneur von Penang, Malakka und Singapur, schrieb:

»Die Bevölkerung der Hauptstadt und die der abhängigen Gebiete und tributpflichtigen Länder scheint einmütig über unsere Nachfolge auf dem Thron erfreut zu sein. Im ganzen siamesischen Land herrscht Ordnung, ohne Anzeichen von irgendwelchen Ruhestörungen.
Ich hoffe, daß die Handelsaffären mit den fremden und eingeborenen Völkern sich in gute Bahnen leiten lassen, zumindest in bessere als zur Zeit meiner Vorgänger, und ich hoffe, Sie werden mir genügend Zeit zubilligen für die Reform der Gesetze des Landes und die große Zeremonie der Einäscherung meines verehrten Halbbruders, des verstorbenen Königs.
Ich denke, Sie werden sich über meine Nachricht hinsichtlich der Thronfolge sehr freuen, da Sie lange mein lieber Freund waren, und daß Sie diese Information meinem Freund Sir James Brooke zukommen lassen werden, der nach England abreisen mußte. Ich kann ihm leider aus Zeitmangel nicht persönlich schreiben.

*Ich werde Ihnen mehrere Boten mit einigen goldenen und silbernen Blumen senden, die nach siamesischer Sitte Geschenke sind und Ihnen die Nachricht von meiner Thronbesteigung oder Krönung, falls diese bis dahin stattgefunden hat, überbringen werden.
Ich will unsere Freundschaft keinesfalls beenden, obwohl ich jetzt an höchster Stelle dieses Königreiches stehe. Bitte, erinnern Sie sich meiner, wo immer Sie auch in Zukunft sein werden.«*

Und einen Monat später schrieb er, ein wenig besorgt:

»*Hiermit versichere ich Ihnen, daß ich mich sehr freue, wenn einige abgesandte Engländer mich in meinem Land besuchen werden. Doch könnten Sie bitte die Verhandlungen über neue Verträge um etwa ein Jahr verschieben, bis die Zeremonie des Trauergottesdienstes meines verehrten Bruders, des verstorbenen Königs, beendet ist?
Die Zeremonie der Einäscherung der königlichen Leiche sollte mit dem größten Pomp durchgeführt werden, was eine gewisse Zeit in Anspruch nehmen wird. Wenn die Mission der britischen Regierung nun vor Beendigung dieser Zeremonie kommen würde, könnte das als sehr störend empfunden werden, daher bitte ich Euer Gnaden um ein wenig Aufschub.*«

Im Jahre 1854 führte er eine angeregte Korrespondenz mit Sir John Bowring, dem Gouverneur von Hongkong, der im folgenden Jahr nach Bangkok kam, um den ersten der neuen Verträge, die während der Herrschaft Mongkuts zustande kamen, abzuschließen. Der Briefwechsel mit Sir John sollte bis zum Tode des Königs währen.
Sir John Bowring hatte den König ermutigt, sogar mit Königin

Victoria einen Briefwechsel aufzunehmen. Der Siamese war sich der zahlreichen Fehler seines englischen Stils sehr wohl bewußt und deswegen besorgt, doch Sir John beschwichtigte seine Bedenken. In seinen Memoiren erwähnte er später, daß König Mongkut »... daran dachte, Ihrer Majestät zu schreiben, und fragte mich verschiedene Dinge über den britischen Briefstil. Ich antwortete ihm, daß – da das Englisch Seiner Majestät vollkommen verständlich sei – ein leicht fehlerhaftes Schreiben von seiner Hand willkommener sei als ein Brief, den ein Engländer für ihn abgefaßt hatte«.

Und so begann der König einen Briefwechsel mit Königin Victoria. Dieser Briefwechsel war natürlich nicht zufällig entstanden, sondern sollte die freundschaftlichen Beziehungen zwischen England und Siam vertiefen und so die räuberischen Pläne anderer Kolonialmächte vereiteln.

Im Jahr vor Annas Ankunft in Siam hatte der König auch ein Schreiben an Abraham Lincoln gerichtet. Der Herrscher hatte gelesen, daß der Zirkus in den Vereinigten Staaten sehr beliebt war und die Elefanten zu den Hauptattraktionen gehörten. Da der König außerdem gehört hatte, daß sogar Kamele aus Arabien importiert worden waren, erkannte er sofort die Möglichkeit, den Vereinigten Staaten einen Dienst zu erweisen, und bot Lincoln in einem Brief einige Elefanten als Geschenk an.

Mr. Lincoln war zwar mit dem Bürgerkrieg und anderen innenpolitischen Problemen sehr beschäftigt, antwortete aber höflich und bekundete seine große Freude über das Angebot des Königs.

Wenn Anna die Auslandspost beantworten mußte, war sie oft acht bis zehn Stunden am Tag mit der Korrespondenz des Königs beschäftigt. Diese Arbeit war sehr anstrengend und schwierig, denn Seine Majestät war ebenso launenhaft wie tyrannisch, und an manchen Tagen konnte man ihm einfach gar nichts recht machen. Er schrieb immer wieder Briefe, unterzeichnete sie, drückte sein Siegel auf und ließ sie in seinen eigenen Postsäkken nach Europa oder Amerika verschicken. Später beauftragte er dann Anna, den Empfängern mitzuteilen, daß der Inhalt der vorher gesandten Zeilen auf einem Irrtum beruhe – ihr sei bei der Übersetzung oder beim Abschreiben ein Fehler passiert.

Anna ließ all dies geduldig über sich ergehen, doch auf einer Sache bestand sie. Wenn sie schon im gleichen Raum wie Seine Majestät arbeiten sollte, mußte es ihr gestattet sein, in seiner Gegenwart zu stehen. Die froschartige Haltung, die ihr als besondere Ausnahme erlaubt war, wurde schon nach wenigen Minuten unerträglich. Der König hatte durchaus für ihr Anliegen Verständnis, verlangte aber, daß sie sich in einen Sessel setzte, wenn auch er saß, und auf dem Fußboden Platz nahm, wenn er es sich dort bequem machte. Die Durchführung dieses Kompromisses erwies sich als sehr mühselig, denn Seine Majestät liebte es, sich mit einem Buch in der Hand auf dem Fußboden auszustrecken.

Glücklicherweise war der König häufig in anderen Räumen des Palastes beschäftigt. Während Anna arbeitete, rekelte sich der Privatsekretär Seiner Majestät, der den Titel Phra Alak führte, meist in der sonnigsten Ecke des Raumes, streckte seine Glieder aus und schlummerte. Anna kannte ihn fast nur in schlaftrunkenem Zustand, da er um jede Minute Schlaf kämpfen mußte. Die Arbeitsstunden des Königs hingen stets von seinen Launen ab, und oft war er aktiv, während alle anderen schliefen, und er ruhte, wenn seine Sekretäre mit wichtigen Briefen, Dokumenten und Botschaften auf ihn warteten. Auch Anna wurde häufig mitten in der Nacht geweckt, um ihm bei der Abfassung wichtiger Briefe zu helfen, die angeblich nicht bis zum Morgengrauen warten konnten. Doch am nächsten Tag erfuhr sie hie und da, daß man das Postboot stundenlang am Ankerplatz zurückgehalten hatte und die königliche Korrespondenz nicht abgesandt werden konnte, weil Seine Majestät eingeschlafen war.

Phra Alaks Stellung verlangte seine stete Bereitschaft. Er und der König hatten schon als Knaben miteinander gespielt und studiert, und sie waren auch gemeinsam in den Priesterstand eingetreten. Phra Alak war stets Freund, Sklave und Schulkamerad des Königs gewesen, daher war es nur natürlich, daß er irgendwann sein Privatsekretär wurde. Doch er hatte kein leichtes Leben: In einem Augenblick war ihm sein Gebieter noch wohlgesonnen, ein wenig später wurde er von ihm bedroht und verprügelt, um im nächsten Augenblick wieder der Vertraute des Herrschers zu sein – alles je nach Lust und Laune des Königs.

Gewöhnlich ertrug der Privatsekretär diese Schikanen geduldig, doch zuweilen floh er in sein Haus gleich neben dem Großen Palast, um sich bei seiner jungen Frau ein wenig von den Mühen des Tages zu erholen. Doch sobald der König erwachte, fragte er nach ihm, und ein Bote mußte ihn sofort holen. Manchmal behauptete Phra Alak dann, er sei krank und könne nicht aufstehen, oder seine Frau sagte, er sei ausgegangen und sie wisse nicht, wohin, während er sich unter einem Wäscheberg versteckte. Er hatte diesen Trick schon so oft angewendet, daß der König sehr wütend wurde und Soldaten aussandte, um Phra Alaks Frau als Geisel bis zum Erscheinen ihres Gatten in Haft zu nehmen.

Bei Tagesanbruch tauchte er dann ausgeruht und zerknirscht auf und warf sich vor dem Palasttor nieder. Der König, dessen Spione an jeder Straßenecke standen und der ebensogut wie Phra Alak wußte, was sein Sekretär getan hatte, spazierte irgendwann vorbei. Der Anblick seines zerknirschten Privatsekretärs ärgerte ihn so sehr, daß er befahl, ihn unverzüglich auszupeitschen und anschließend zu enthaupten. Während zwei Bedienstete davoneilten, um das Schwert und die Peitsche zu holen, verprügelte Seine Majestät seinen Freund eigenhändig. Nachdem er seinen Gefühlen freien Lauf gelassen hatte, schickte der König den Sekretär nach Tinte und Papyrus und diktierte ihm wie immer Briefe, Befehle und Ernennungen. Bis die Sklaven dem König endlich Schwert und Peitsche gebracht hatten, war sein Zorn längst verraucht, und so ließen sie sich meist viel Zeit. Ungefähr in der Mitte des Diktats erinnerte sich der König an Phra Alaks Gattin und ließ sie aus dem Gefängnis holen.

Anna wunderte es daher nicht, daß es für Phra Alak keinen größeren Luxus gab, als ein oder zwei Stunden in der Sonne einzunicken. »Ich hoffe, das nächste Mal als freier Mensch geboren zu werden«, murmelte er eines Morgens verträumt.

»Das wünsche ich Ihnen von ganzem Herzen«, antwortete Anna.

Im Sommer und Herbst des Jahres 1862 beschäftigte sich die Korrespondenz des Königs besonders mit den malaiischen Provinzen. Der Gouverneur der britischen Kronkolonien, die offiziell immer noch zu Indien gehörten, sollte mit den malaiischen Fürstentümern die Vertragsverhandlungen führen. Diese Verträge erkannten die Unabhängigkeit eines malaiischen Staates von Siam an und zogen ihn sodann mittels Handelsverträgen, kluger Diplomatie und des Hinweises auf die Macht Großbritanniens immer mehr in den Bannkreis des sich ausbreitenden britischen Imperiums. Colonel W. Orfeur Cavenagh verstand es hervorragend, immer weitere Gebiete der Halbinsel unter seine Kontrolle zu bringen.

Er weigerte sich beharrlich, Siams alten Anspruch auf Oberlehnsherrlichkeit anzuerkennen, und vergaß in seinem Eifer oft die Höflichkeit der Diplomatie, wenn sie seine Absichten störte. Und wenn seine Forderungen nicht erfüllt wurden, griff er rücksichtslos durch.

Am nächsten Nachmittag ließ der König Anna rufen. Der Unterricht war für den Tag vorüber, sie saß entspannt in ihrem Salon und las ein gutes Buch. Es war einer jener kühlen und sonnigen Nachmittage, die den Dezember zu einem solch angenehmen Monat machen. Ungeduldig klappte sie das Buch zu und folgte dem Führer in den Palast. Sie wurde sogleich in den Audienzraum des inneren Hofes geleitet, der den Frauen des königlichen Haushalts vorbehalten war.

Doch der König beachtete sie vorerst nicht. Mit besorgten Blicken musterte er die schönen jungen Geschöpfe, die sich vor ihm niedergeworfen hatten. Endlich schien der Herrscher Annas Anwesenheit zu bemerken. »Mem«, sagt er und wandte sich ihr zu, »ist es schicklich, wenn ein englischer Botschafter darum bittet, einige unserer schönsten Frauen sehen zu dürfen?«

Anna war erstaunt. Sie war ebenso wie die anderen Bewohner Bangkoks seit der Ankunft der britischen Kriegsschiffe von einer leichten Panik erfaßt worden. Sie hatte schon überlegt, was sie und Louis tun könnten, falls das Bombardement beginnen würde. Sie hatte die Gerüchte in der Hauptstadt aufmerksam verfolgt und erfahren, daß der Zweite König vor mehr als einer Woche eilends ins Landesinnere gefahren war und daß seine Beamten und Freunde ihm bereits gefolgt waren. Dies galt als ein sicheres Anzeichen für bevorstehende Unruhen, denn der Zweite König war seit langem mit Mr. Knox vom britischen Konsulat befreundet. War nicht Mr. Knox ein Sergeant des Zweiten Königs gewesen, als er vor mehr als zehn Jahren ohne einen Penny von Indien nach Siam gekommen war? Und hatte nicht der Zweite König Mr. Knox ein Mädchen seines Haushaltes zur Frau gegeben? War es da nicht selbstverständlich, daß Mr. Knox dafür den König warnte, er möge fliehen und sich bereit halten, falls der Erste König den bewaffneten Einfall nicht überleben würde? Vielleicht planten die Briten sogar mit Hilfe des Zweiten Königs den Sturz Mongkuts und seine Ablösung durch den wesentlich beliebteren Bruder – gewissermaßen als Gegenleistung für gewisse Konzessionen in den malaiischen Provinzen.

Als Anna in den Palast gerufen wurde, vermutete sie, daß eine ernste Krise ausgebrochen sei. Sie dachte, der König sei im Begriff, flußaufwärts nach Ayuthia zu fliehen, und würde sie bitten, ihn und seinen Harem zu begleiten. Daher war sie sehr erstaunt, daß er in aller Ruhe die jungen Mädchen musterte und ihr derart seltsame Fragen stellte.

»Was sagten Sie, Eure Majestät?«

»Lord John Hay! Ist es schicklich, wenn er darum bittet, einige Damen des Palastes zu sehen?«

Daß der König sich mit einer solch belanglosen Angelegenheit befaßte, beruhigte Anna. Die Ankunft der britischen Schiffe schien ihm keine Sorge zu bereiten. Anna atmete erleichtert auf und antwortete vorsichtig: »Hat Lord John Hay denn darum gebeten, einige der Frauen zu sehen?«

»Nein, noch nicht, aber er wird es tun. Entspricht das der Etikette?«

Anna bezweifelte die Richtigkeit der Information des Königs nicht, denn sie wußte, daß er auch in den Konsulaten Spione einsetzte.

»Wenn Eure Majestät in England oder Amerika wären«, sagte sie, »würden Sie bestimmt auch gerne die hübschesten Mädchen des jeweiligen Landes sehen. Es ist durchaus natürlich, daß auch Lord John Hay einige der schönsten Frauen Siams zu sehen wünscht, da er nie zuvor hier gewesen ist. Und selbstverständlich nimmt er an, daß sie hier im Palast zu finden sind.«

»Aber ich kann ihm die Frauen doch nicht mit ihren schwarzen Zähnen und ohne Schuhe vorführen«, entgegnete der König und blickte sie forschend und mit schlauer Miene an. Anscheinend hatte er sich entschlossen, bei dieser ungewöhnlichen Audienz einen besonders guten Eindruck auf seinen Gast zu machen. »Wenn er zu Königin Victoria zurückkehrt und ihr berichtet, daß unsere Frauen weder Strümpfe noch Schuhe tragen, wird sie mich für einen Barbaren halten. Mem, Sie müssen eini-

ge dieser jungen Frauen umgehend in europäischer Etikette unterweisen und Kostüme für sie anfertigen lassen.«
»Aber, Eure Majestät ...«
Er machte eine gebieterische Handbewegung. »Ich werde einige Näherinnen rufen lassen, und Sie werden die Kostüme nach den geeigneten Mustern zuschneiden. Außerdem werde ich Ihnen einige Ballen chinesischer und indischer Seide zur Auswahl senden lassen, und Sie werden das beste für die hübschesten Kleider auswählen. Aber nun müssen Sie mir sagen, welche der Mädchen dem europäischen Schönheitsideal entsprechen.«
Die Mädchen waren nach siamesischen Schönheitsbegriffen alle bildhübsch. Selbst an englischen Maßstäben gemessen, waren sie bezaubernd – von zwei Dingen einmal abgesehen: Ihre Zähne waren schwarz vom Betelkauen, wogegen ein Barbier Abhilfe schaffen sollte, und ihre Nasen waren flach. Anna erwähnte diesen unabänderlichen Mangel nicht, wählte aber nur die Mädchen aus, deren Nasen am vorteilhaftesten aussahen.
»Und wann sollen die Mädchen bereit sein?«
»Samstag nachmittag um zwei Uhr.«
Anna seufzte. Eineinhalb Tage!
Am nächsten Morgen wurde die Schule in eine Nähstube verwandelt. Seide, Juwelen, Blumen, Spitzen und alles notwendige Zubehör wurden ihr zur Verfügung gestellt. Anna hatte all diese Schätze schon oft auf dem marmornen Gehsteig vor dem privaten Palast des Königs gesehen. Sie wurden jeden Morgen hergebracht, und der Herrscher musterte sie auf dem Weg von seinem Schlafzimmer zur Frühstückshalle. Manchmal waren es Ballen von Brokat oder Samt oder silberne Tassen, geschnitzte und mit Juwelen geschmückte Teekästchen, goldene Schwerter oder silberne Scheiden, Kattun, bestickter Musselin, Fächer, Priestergewänder, kostbare Gewürze, Silber, Gold und Kostbarkeiten aller Art – alles, was man mit Geld kaufen konnte. Die Adeligen, ob Prinz oder Kaufmann, wollten die königliche Gunst mit diesen Geschenken gewinnen, und es war allgemein bekannt,

daß der Spender der kostbarsten Gaben den größten Schutz erwarten konnte. Manchmal lagen auch junge Mädchen auf dem marmornen Gehsteig. Sie wurden von alten Dueñas bewacht, die sie dem König überreichten.

Außer den Dutzenden Ballen schwerer Seide und kostbaren Brokats, die man Anna zur Auswahl brachte, wurden auch Taschentücher, Strümpfe und mit Juwelen besetzte Pantoffeln herbeigeschafft. Nur an geeignetem Material für Unterwäsche fehlte es, und die Zeit war zu knapp, um auch dafür zu sorgen.

Zufällig war gerade eine junge englische Schneiderin namens Annie Elliot in Bangkok, die ebenfalls mithalf. Den beiden Frauen machte es große Freude, mit diesem herrlichen Material zu arbeiten. Prinzessin Phanrai, die Halbschwester von Prinz Chulalongkorns verstorbener Mutter, sollte den Gast empfangen. Die fünf hübschen Mädchen, die Anna ausgesucht hatte, würden ihre Hofdamen sein. Sie waren sehr aufgeregt und ängstlich, doch es machte ihnen Spaß, die gleichen Reifröcke wie Anna zu tragen, und sie stolzierten damit durch den ganzen Tempel.

Der König hielt sein Wort und sandte seinen Friseur, der die Zähne der sechs Mädchen abschabte, bis sie weiß wie Milch waren. Am Samstagmorgen kam außerdem ein chinesischer Künstler vorbei, der ihre Haut mit weißer Farbe bemalte. Anschließend mußten sie Perücken aus europäischem Haar aufsetzen, das nach der letzten Mode gelockt und mit Schnüren von Perlen, Rubinen und Diamanten gebunden war. Broschen, Halsketten und Armbänder ließen ihre Reize besonders wirkungsvoll zur Geltung kommen.

Dann folgte die Unterweisung in europäischer Etikette. Sie sollten nur hinter einem herrlichen, mit Gold besetzten scharlachfarbenen Vorhang sitzen, der im Auftrag des Königs im Tempel aufgehängt worden war. Wenn der Vorhang sich hob und Seine Majestät sie vorstellte, hatten sie sich zu erheben, zu

verbeugen und rückwärts den Saal zu verlassen. Irgend jemand hatte dem König erzählt, daß niemand Königin Victoria den Rücken zuwandte, nachdem er ihr einmal vorgestellt wurde. Seine Majestät bestand daher gleichfalls darauf. Die Mädchen versprachen unbedingten Gehorsam, doch sie waren sehr aufgeregt und unaufmerksam, und Anna war bald der Verzweiflung nah. Sie waren so von sich selbst fasziniert, daß sie auch während Annas Erklärungen immerzu in die Spiegel sahen, die sie in ihren Händen hielten. Immer wieder ließ Anna sie die Verbeugung und die Schritte wiederholen, während sie lachten, Grimassen schnitten und plapperten, bis Anna die Hoffnung aufgab, ihnen etwas beigebracht zu haben.
Sie war völlig erschöpft, als die Stunde des Empfangs nahte. Endlich kündigte ein fernes Trompetensignal die Ankunft des wichtigen Gastes an. Anna ließ die Mädchen auf einer Reihe vergoldeter Sessel Platz nehmen, die für sie bereitgestellt worden waren. Selbst in diesem Augenblick kicherten die Auserwählten noch, doch sie sahen in ihren leuchtend blauen, rosafarbenen und grünen Reifröcken mit den blitzenden Juwelen einfach bezaubernd aus.
Als es Anna gelungen war, die Mädchen in passender Reihenfolge zu ihren Sesseln zu geleiten, standen Lord John und der König bereits in angeregter Unterhaltung beisammen. Die öffentliche Audienz, an der auch die Würdenträger des Hofes und die Schiffsoffiziere teilgenommen hatten, war vorbei, und der König hatte sich in seine Gemächer zurückgezogen, Lord John und Sir Robert waren ihm gefolgt. Als der König Lord John nach dem Zweck seines Besuches fragte, antwortete der Kommodore, daß er während seiner dreijährigen Dienstzeit im Orient jedes Land mit Ausnahme Siams besucht habe. Nun, da seine Aufgabe beendet sei und er in fünf Monaten nach London zurückkehre, habe er endlich die Gelegenheit genutzt, um dem König seine Ehrerbietung zu erweisen. Lord John fügte hinzu, er habe von den bemerkenswerten englischen Sprachkenntnis-

sen Seiner Majestät gehört, und er sei sehr glücklich darüber, daß der König seine Sprache so sehr schätze, daß er sie trotz aller Schwierigkeiten lernen wolle. Er führte weiter aus, daß es die freundschaftlichen Bande zwischen Siam und England festigen würde, wenn er Ihrer Majestät, der Königin Victoria, berichten könnte, daß er von ihrem guten Freund, dem König von Siam, so gut empfangen worden sei.

Der König folgerte daraus, daß die Anwesenheit der Kriegsschiffe und der Besuch des Kommodore eine Art stillschweigende Entschuldigung für die vor kurzem erfolgte Bombardierung von Trengganu waren, mit der – wie der König erfahren konnte – Lord John nichts zu tun gehabt hatte. Diese Aktion war von Gouverneur Cavenagh befohlen und von einem seiner Untergebenen durchgeführt worden. Lord John bemerkte erneut, daß er schon immer gerne Siam einen Besuch abstatten wollte, es ihm aber bisher leider nicht möglich gewesen war. Er habe gehört, daß in der Zwischenzeit Ihre Majestät, Königin Ramphoei, gestorben sei, und würde gerne wissen, ob eine andere Königin auserwählt worden sei, und wenn ja, bitte er um das Vorrecht, auch ihr seine Ehrerbietung erweisen zu dürfen. Der König antwortete, daß diese Entscheidung noch ausstehe, und Sir Robert bemerkte darauf: »Es ist sicherlich höchst bedauerlich, daß Lord John nicht noch zu Lebzeiten Ihrer Majestät Bangkok besuchen konnte, doch ihre jüngere Schwester ist sicher noch am Leben. Vielleicht kann man sie – natürlich nur mit Zustimmung Seiner Majestät – bitten, uns zu empfangen.« Lord John sah den König mit fragender Miene an und fügte hinzu, daß er sich glücklich schätze, der Schwester der verstorbenen Königin seine Aufwartung machen zu dürfen. Der König dachte einen Augenblick nach und sagte dann, dies ließe sich einrichten. Einen Augenblick später schickte er eine Sklavin mit der Nachricht zu Anna, daß die Mädchen in ungefähr fünfzehn Minuten ihre Plätze einnehmen sollten.
Das Gekicher der jungen Schönheiten war mittlerweile ver-

stummt und hatte einer merklichen Nervosität Platz gemacht. Zuweilen brachen sie in hysterisches Lachen aus, und ein Mädchen, das am ganzen Körper zitterte, fragte Anna: »Was für Menschen sind diese Fremden eigentlich?« Eine andere, die schon ganz blaß war, hielt ihre Hände fest in den Schoß gepreßt und fragte: »Ist es wahr, daß sie wie die Ziegen Haare auf dem Kinn haben und Kannibalen sind?« Im Harem ging nämlich das Gerücht um, alle Engländer seien bärtig – etwas Abstoßendes bei einem bartlosen Volk – und sie verspeisten mit Vorliebe kleine Kinder. Außerdem waren die Haremsdamen davon überzeugt, daß viele Engländer böse blaue Augen hätten, die direkt in die hilflosen Seelen ihrer Opfer blicken und diese für immer fangen könnten. Die Mädchen erinnerten sich in diesem kritischen Augenblick an all jene Geschichten, und Anna konnte sie nur mit Mühe am Davonlaufen hindern.

Das Trompetensignal ertönte zum zweitenmal, und Seine Majestät betrat mit Lord John und Sir Robert den Tempel. Beim Klang zarter Flötenmusik hob sich der Vorhang, und die Engländer standen den siamesischen Schönheiten gegenüber.

Unglücklicherweise hatte Lord John einen Vollbart, so daß von seinem Gesicht nur die Augen und die Nase sichtbar waren. Sein Anblick flößte den jungen Siamesinnen einen solch heftigen Schrecken ein, daß sie wie erstarrt auf ihren Sesseln saßen. Allerdings hatten sie dies befürchtet und erwartet, und so war Lord John von ihrem Aussehen noch mehr überrascht als sie von seinem.

Er war überhaupt nicht darauf vorbereitet, im Dämmerlicht des Tempels auf europäische Damen aus dem Harem des Königs von Siam zu treffen. Um sich dessen zu vergewissern, hob er sein Monokel, klemmte es vor das rechte Auge und musterte die jungen Mädchen von Kopf bis Fuß, während der König sie ihm vorstellte.

Er verbeugte sich höflich, doch anstatt sich zu erheben und

ebenfalls zu verbeugen, stießen die Mädchen leise Rufe des Schreckens aus. Sie verdeckten ihre Gesichter mit den Händen und betrachteten durch die gespreizten Finger das schreckliche, ziegenköpfige Monstrum der europäischen Mythologie.
Als dieses Wesen sie noch immer durch das Monokel ansah, rief eines der Mädchen ängstlich: »Das böse Auge!« Zweifellos umgarnte dieser Mann gerade ihre hilflosen Seelen mit seinem Starren. Eine zweite schrie: »Ich lasse ihn nicht in mein Gesicht schauen!« Und wie auf ein Zeichen erhoben sich alle von ihren Sesseln, warfen die Röcke zum Schutz über ihre Köpfe und flohen aus dem Tempel.
Anna lief ihnen verzweifelt nach. Wütend versuchte sie ihnen ihr unhöfliches Verhalten einem Fremden gegenüber klarzumachen und ihnen zu erklären, daß viele Europäer bärtig seien und das Monokel nichts anderes als die Brille des Königs sei.
»Nein! Nein!« riefen sie noch immer völlig verschreckt. »Wir können ihn nicht in unsere Gesichter blicken lassen.« Anna erklärte, schmeichelte, bat, doch es war nutzlos. Nicht einmal die Angst vor dem Zorn des Königs konnte ihre unvernünftige Furcht vor dem Monstrum im Tempel zerstreuen und sie bewegen, dorthin zurückzukehren. Wie eine Herde aufgeschreckter Schafe liefen sie umher.
Mutlos kehrte Anna schließlich allein in den Tempel zurück. Der Botschafter und der König waren bereits gegangen, und der Vorhang war wieder abgenommen worden. Einige der älteren Frauen berichteten ihr, der König sei wütend auf sie, weil sie den Mädchen keine besseren Manieren beigebracht habe. Da kamen ein Dutzend oder mehr Frauen atemlos in den Tempel gelaufen und riefen: »Beeilen Sie sich, der König ruft nach Ihnen!« Mit einer Angst, die ebenso groß wie die der Mädchen war, erschien Anna vor dem König. Sie konnte die Vorwürfe bereits ahnen, die er ihr wegen des schmählichen Endes seines Versuchs, einen großartigen Eindruck zu machen, entgegenschleudern würde. Doch seine Zurechtweisung war sehr mild.

»Warum haben Sie den Mädchen nicht beigebracht, sich wissenschaftlicher zu benehmen?« fragte er. Sie verstand seine Anspielung sofort, da gute Manieren unter den Orientalen beinahe als Wissenschaft galten. Als sie sich gerade eine Antwort auf seine heftigen Vorwürfe wegen ihres Versagens zurechtlegen wollte, fügte er nur hinzu: »Und warum haben Sie die Mädchen nicht mit dem englischen Brauch des Monokeltragens vertraut gemacht? Sie waren darauf nicht vorbereitet – und unsere Frauen sind zu bescheiden, um einen fremden Mann in ihr Gesicht schauen zu lassen.«

Lady Son Klin im Kerker

Eines Nachmittags, als Anna für die private Englischstunde zu Lady Son Klins Haus kam, saß Prinz Krita mit ungewöhnlich trauriger Miene am Fenster.
»Wo ist denn deine Mutter?« fragte Anna verwundert.
»Bei Seiner Majestät, glaube ich«, antwortete der Junge unsicher, ohne sie anzublicken. Er starrte auf die Straßenecke, als könnte seine Mutter dort jeden Augenblick auftauchen.
»Wird sie bald zurück sein?«
»Ich weiß es nicht«, antwortete er. »Sie ist schon lange fort.«
Anna wurde langsam unruhig. Das war wirklich seltsam und auch so gar nicht Lady Son Klins Art. Sie war bei ihren Verabredungen stets übertrieben pünktlich gewesen. Die einzig mögliche Erklärung war, daß der König sie so unerwartet und eilig zu

sich gerufen hatte, daß sie nicht einmal eine Sklavin mit dieser Nachricht zu ihr hatte senden können. Die Tatsache, daß sie noch nicht zurückgekehrt war oder Krita eine beruhigende Nachricht zukommen ließ, verhieß allerdings nichts Gutes. Der König haßte Son Klin so sehr, daß er seine Meinung über sie nicht plötzlich änderte, und daher mußte sein Wunsch, sie zu sehen, Unheil bedeuten. Anna kehrte nach Hause zurück, aber sie konnte das Verschwinden Lady Son Klins nicht vergessen, und je mehr sie darüber nachdachte, desto unheimlicher kam es ihr vor.

Als sie am nächsten Morgen zur Schule ging, nahm sie den Weg, der an Son Klins Wohnung vorbeiführte. Wieder sah sie Krita in der gleichen gebückten Haltung am Fenster sitzen, er blickte noch immer ängstlich in dieselbe Richtung. Anna erschrak bei dem Gedanken, daß er die ganze Nacht über hier gesessen haben könnte.

»Ist deine Mutter immer noch nicht zu Hause, mein lieber Junge?« fragte Anna.

Das Kind sah sie nicht an und antwortete: »Nein, Mem, sie ist noch nicht zurückgekommen.«

Als Anna die Vorhalle des Tempels betrat, wartete die Favoritin des Königs, Lady Talap, bereits auf sie. Sie ergriff Annas Hand, zog sie zur Seite und sagte: »Mem cha, Son Klin ist in Bedrängnis.«

»Was ist denn passiert?« fragte Anna.

Lady Talap zog Anna noch näher zu sich heran und flüsterte ihr ins Ohr: »Sie sitzt im Kerker!« Sie blickte umher, um sicher zu sein, daß keine der Spioninnen in der Nähe war, und fügte schnell hinzu: »Sie ist nicht so klug – nicht wie ich und Sie.« Mitleid, Furcht und Selbstgerechtigkeit klangen aus ihrer Stimme.

»Was hat sie denn getan?«

»Pst! Fragen Sie nicht! Ich wage nicht, es Ihnen zu sagen!«

»Kann ich sie sehen?«

»Ja, wenn Sie die Gefängniswärterinnen bestechen. Geben Sie jeder einen Tical, und gehen Sie schnell – sofort!« Sie schob Anna beinahe durch das Tor.

In dem Pavillon, der zugleich die Privatkapelle der Haremsdamen und die Schule war, hatten die Priester bereits begonnen, die Gebete zu lesen und die Lehrpredigten aus dem heiligen Buch Buddhas, dem Sasana Thai, zu rezitieren. Die Frauen saßen mit gefalteten Händen da. Vor jeder Betenden befanden sich eine Vase mit Blumen und ein paar duftende Kerzen.

Anna eilte auf Zehenspitzen aus dem Tempel. Am Eingang lungerten die Amazonen und zwei Eunuchen mit Schwertern und Stöcken. Sie geleiteten die Priester in den und aus dem Palast und bewachten sie während des Gottesdienstes.

Anna beschleunigte ihre Schritte. Vor dem Tor des Kerkers faulenzte eine Gruppe von Sklavinnen. Zwei Amazonen, die sich angeregt mit ihnen unterhielten, bewachten die Pforte. Als Anna sich ihnen näherte, verstummten sie. Hatten sie etwa gerade über Son Klin geredet? An den Amazonen vorbeizukommen, war weit schwieriger, als Lady Talap behauptet hatte. Erst nachdem sie jeder Wächterin zwei Ticals gegeben hatte, durfte sie vorbei. An der Innenseite des Tors stand eine dritte Amazone, die ebenfalls bestochen werden mußte, ehe sie sich bereit erklärte, Anna durch den langen Korridor zu führen. Zu beiden Seiten des Gangs befanden sich Zellen, in denen die vom Obersten Gerichtshof oder auf allerhöchsten königlichen Befehl zum Tode Verurteilten ihr Dasein fristeten.

Das Gefängnis war ein verwinkeltes, weitläufiges Gebäude, das von zwei hintereinanderliegenden Einfriedungen umgeben war. Zu gewissen Stunden war es den Gefangenen gestattet, zwischen diesen Einfriedungen auf und ab zu gehen.

Endlich blieb die Amazone stehen und öffnete eine Falltür, die zu einem der Verliese führte. Anna war entsetzt. Was konnte ihre sanftmütige Freundin nur verbrochen haben, um hier eingekerkert zu werden? Sie stieg über unzählige zerbrochene, steinerne, schlüpfrige Stufen in die Tiefe und mußte sich den Weg ertasten. Anfangs versuchte sie, sich an der schleimigen Wand zu halten, doch dann hörte sie das schlüpfende Geräusch einer Eidechse oder Schlange und fuhr erschreckt zurück. Als sie den Grund erreicht hatte, fühlte sie keinen Boden unter ihren Füßen, sondern bloß einige lose Planken, ebenso weich wie der Schlamm, den sie bedecken sollten. Die von dem nahen Fluß eindringende Feuchtigkeit hatte sie mit der Zeit verfaulen lassen.

Fahles Licht fiel durch ein kleines, an der Außenseite vergittertes Fenster und erhellte die Zelle. Die steinernen Wände waren mit Moos, schwammartigen Gewächsen und Reptilien bedeckt, die Decke war mit einer Schmutzschicht überzogen. Als Annas Augen sich allmählich an die Dunkelheit gewöhnt hatten, bemerkte sie einige Zeichnungen an den Wänden, die von Hunger, Verzweiflung, Angst und Krankheiten kündeten und wohl von einer vor Angst halb verrückten Gefangenen stammten.

Auf zwei hölzernen Böcken auf der anderen Seite der Zelle lagen einige Bretter, die eine Art Bettstelle bildeten. Lady Son Klin lag totenstill darauf. Ihre Füße waren mit einem seidenen Mantel bedeckt, und ihr Kopf lag auf einem Lederpolster. Sie hatte ihr Gesicht zur Wand gedreht und wollte nicht sehen, wer da über die Stiegen gestolpert kam. Über ihrem Kopfkissen standen eine Vase mit halbverwelkten Blumen, ein paar brennende Kerzen in einem goldenen Leuchter und eine kleine Buddhastatue. Sie hatte ihren Gott mitgenommen. »Hier braucht sie ihn auch!« dachte Anna schaudernd.

Sie schritt vorsichtig über den Boden und versuchte, mit ihren Füßen auf den morschen Planken zu bleiben. Endlich stand sie vor dem starren Körper, und sie war so erschüttert, daß sie kaum sprechen konnte. »Lady Son Klin ...«

Die Frau drehte sich mühevoll um. Ein leises Klirren erklärte, warum ihre Füße bedeckt waren. Sie war an das Bettgestell gefesselt. Son Klin setzte sich auf und machte Anna ein wenig

Platz. Sie weinte nicht, aber ihr Gesichtsausdruck war noch melancholischer als sonst.

Son Klin war sehr erstaunt, Anna zu sehen, und streckte ihre Hand aus, um die Freundin zu berühren, da sie ihren Augen nicht traute. Als sie sah, daß Anna tatsächlich in Fleisch und Blut neben ihr saß, faltete sie ihre Hände: »Mem, Mem«, stöhnte sie, »helfen Sie mir, Mem, bitte helfen Sie Ihrer armen Schülerin.«

Anna nahm Son Klins Hände in die ihren und sagte: »Ich werde es versuchen. Ich werde mein Bestes versuchen. Aber Sie müssen mir sagen, warum Sie hier sind. Was ist denn passiert?«

Son Klins Worte klangen ausdruckslos, als hätte der Schmerz sie ihrer Gefühle beraubt. »Sie wissen, Mem, daß wir Seiner Majestät durch unsere Kinder Bittschriften überreichen können.« Anna nickte, sie hatte schon mehrmals gesehen, wie ihre kleinen Schüler in ihren hübschesten Kleidern auf goldenen Präsentiertellern die Bitten ihrer Mütter präsentierten.

»Meine Familie fragte mich, ob ich dem König eine Bittschrift wegen meines ältesten Bruders senden könne. Sie hofften, Seine Majestät würde ihm die Stelle meines verstorbenen Onkels übertragen, da sie nicht wußten, daß Seine Majestät bereits einen anderen Adeligen für diesen Posten auserwählt hatte. Auch ich hatte nichts davon gehört.« Sie strich mit der Hand über ihre Augen, als wollte sie etwas verscheuchen, und fuhr mit tonloser Stimme fort: »Gestern morgen zog ich Krita seinen besten Anzug an und schickte ihn zur Frühstückszeit mit der Bittschrift zum König. Der Junge hatte große Angst, doch als ich ihm den Inhalt der Bittschrift erklärte, war er bereit, zu seinem Vater zu gehen. Ich erwartete ihn zu Hause, und als er zurückkam, strömten Tränen über seine Wangen. Die Bittschrift hatte den König sehr wütend gemacht, und er hatte sie meinem kleinen, zitternden, vor ihm knienden Jungen ins Gesicht geschleudert. Er beschuldigte mich der Intrige und sagte, er wisse, daß ich im

Herzen eine Rebellin sei. Er schrie, ich würde ihn und seine ganze Dynastie hassen, weil meine Vorfahren mit den Siamesen verfeindet waren, und je mehr er sprach, desto wütender wurde er. Schließlich schickte er einen der Richter zu mir, um mich wegen des Vergehens der Rebellion zu verhören. Ich ging sofort mit ihm und ließ Krita allein zu Hause. Doch ehe wir den Palast erreicht hatten, trafen wir einen anderen Richter, der den Befehl Seiner Majestät überbrachte, mich umgehend in Ketten zu legen und in den Kerker zu werfen, da Seine Majestät meine Schuld bereits für erwiesen hielt. Nachdem sie mich hier gefesselt zurückgelassen hatten, kam ein dritter Richter mit dem Befehl, mich auszupeitschen, bis ich meine verräterische Handlung und die Namen meiner Mitschuldigen gestanden hätte.«

»Son Klin! Nein! Sie peitschten Sie doch nicht wirklich aus, nicht wahr? Oje, meine Liebe!«

Die Frau lächelte müde über den Schmerz, der aus Annas Stimme klang. »Sie taten es – ja –, weil sie es tun mußten, doch ohne Kraft, so daß es nur wenig schmerzte, denn sie wußten, daß ich unschuldig war.«

»Und was haben Sie gestanden?«

»Daß ich Seiner Majestät niedrigste Sklavin und bereit sei, mein Leben für ihn zu opfern.«

»Und was geschah dann?«

»Dann brüllte Seine Majestät, daß ich für meine Lüge mit einem Pantoffel auf den Mund geschlagen werden solle.«

»Nein!« rief Anna. »Nein!« Dies war die größte Demütigung für eine Siamesin, da der Kopf als heilig galt und nicht berührt werden durfte.

Son Klin saß mit gesenktem Kopf da. »Ich bin für immer entehrt«, sagte sie.

Anna konnte nicht viel für sie tun, also beruhigte sie Lady Son Klin, so gut es ging, und berichtete, daß Prinz Krita zu Hause bei den Sklavinnen sei, die sicher gut für ihn sorgten. Anna versprach auch, ihre Angelegenheit noch am gleichen Abend dem Kralahome gegenüber zu erwähnen.

Der Kralahome empfing sie privat, doch als sie den Zweck ihres Kommens erwähnte, tadelte er sie scharf. »Es ist nicht Ihre Aufgabe, Mem, sich in die Angelegenheiten Seiner Majestät und der Frauen Seiner Majestät einzumischen!«
»Sie ist immerhin meine Schülerin«, entgegnete Anna hartnäckig. »Und außerdem habe ich mich gar nicht eingemischt. Dies ist ein privater Besuch, und ich appelliere nur an Ihren Gerechtigkeitssinn. Niemand außerhalb des Palastes weiß etwas von dieser Angelegenheit, aber wenn Sie ihr nicht helfen, werde ich Son Klins Familie sofort informieren.« Der Premier sah Anna unwillig an. Er wußte so gut wie sie, daß Son Klins große und mächtige Familie, obwohl sie in Ungnade gefallen war, einen Weg finden würde, die Demütigung zu vergelten. Es war ein offenes Geheimnis, daß die Franzosen nach rachsüchtigen Würdenträgern Ausschau hielten, die sie für ihre imperialistischen Pläne benutzen konnten. Das Verhalten des Premiers verriet wachsende Unruhe, und er fragte Anna schließlich: »Was wird ihr eigentlich vorgeworfen?«
»Son Klin wollte um die Ernennung ihres Bruders für eine Stelle bitten, die bereits einem anderen zugesagt worden war. Seine Majestät beschuldigte sie, mit ihrer Familie gegen ihn zu intrigieren. Das ist lächerlich, da sie nicht einmal wußte, daß die Ernennung bereits stattgefunden hatte. Eine Frau für etwas zu bestrafen, das anderen jederzeit gestattet wird, ist eine große Ungerechtigkeit. Dies wird das Ansehen Seiner Majestät bei Seinen ausländischen Freunden bestimmt nicht erhöhen.«
Der Kralahome machte ein ernstes Gesicht und sandte umgehend nach seinem Sekretär. Er vergewisserte sich, daß die fragliche Ernennung noch nicht bekanntgemacht worden war, und versprach Anna, die Angelegenheit dem König bei der abendlichen Audienz vorzutragen.

»Ich werde Seiner Majestät erklären, daß sich eine Verzögerung in der Bekanntmachung dieser Angelegenheit ereignete«, sagte er. Doch er sprach mit einer Gleichgültigkeit, die erkennen ließ, daß das Son Klin zugefügte Unrecht für ihn keine Sache von Bedeutung war.
Anna fröstelte, als ihr klar wurde, daß er nicht halb so entrüstet war, wie sie es erwartet hatte. Sie war unruhiger als vorher, wenn sie an die müden Augen des Knaben dachte, der auf seine Mutter wartete. Keine der Sklavinnen hatte es gewagt, ihm die Wahrheit über das Schicksal seiner Mutter zu sagen. Was konnte sie schon von dem teilnahmslosen Versprechen des Premiers erwarten, selbst wenn er sich bemühte, es zu halten?
Mehr konnte sie für Sohn Klin nicht tun, und so machte sie sich betrübt auf den Weg. Sie hatte mehr vom Premier erhofft, als sie sich eingestanden hatte, denn sie hatte mit der Zeit immer mehr an sein moralisches Empfinden geglaubt. Obwohl er berechnend, klug und rücksichtslos war, hatte sie ihn immer für gerecht gehalten. Im Gegensatz zum König war er niemals launenhaft oder unverläßlich, doch die Brutalität des Herrschers und die Gefühllosigkeit des Premiers bedrückten sie. Als sie noch immer völlig betrübt beim Abendessen saß, dachte sie, Siam würde mit solchen Führern niemals auf einen Staat hoffen können, in dem Gerechtigkeit und Barmherzigkeit herrschten. Sie wunderte sich, wie jedesmal, wenn sie sich entmutigt fühlte, warum sie überhaupt in ein Land gekommen war, in dem die Menschenrechte immer wieder mißachtet wurden. Der König betrachtete seine Frauen wie die Tiere in den Ställen, die er sich zum Vergnügen hielt und die nach Lust und Laune schikaniert wurden. Dieser Gedanke erfüllte sie mit Haß und mit einem Gefühl der Hoffnungslosigkeit hinsichtlich der Aufgabe, die sie sich gestellt hatte. Dennoch wollte sie ihren Entschluß, Son Klin zu helfen, keinesfalls aufgeben. Wenn der König sie nicht bis zu Annas nächstem Besuch im Palast freigelassen hatte, würde sie ihre Familie benachrichtigen.

Am Montagmorgen ging Anna mit angehaltenem Atem auf die Tempelschule zu. Doch was sie kaum zu hoffen gewagt hatte, war Wirklichkeit geworden. Einige Frauen, die anscheinend auf sie gewartet hatten, eilten ihr mit der guten Nachricht entgegen, daß Son Klin wieder zu Hause bei ihrem Sohn war.
Anna beschloß, der Morgenandacht fernzubleiben, welche Folgen das auch auf den Schulbesuch haben mochte, und eilte zu ihrer Freundin.
Als sie in die Straße einbog, lief Son Klin ihr auch schon entgegen und umarmte sie leidenschaftlich. »Mem, Mem! Ich bin frei, sehen Sie nur! Ich bin frei! Dank Ihrer gnädigen Güte und Ihrer barmherzigen Fürsprache.«
Offensichtlich hatte der Kralahome noch in der Nacht, in der Anna bei ihm vorgesprochen hatte, den König über die Verzögerung bei der Veröffentlichung der letzten Liste der Ernennungen informiert. Er ließ jedoch nicht durchblicken, daß er von der Bestrafung der Konkubine wußte.
Anna empfand dem Premier gegenüber eine tiefe Dankbarkeit. Er war also doch teilnahmsvoller und gutherziger, als er sich gegeben hatte.
»Seit wann denn?«
»Am Sonntagmorgen kam die Amazone mit der Nachricht, daß der König meine Entlassung angeordnet habe. Und nun bin ich wieder hier!«
Mit ernster Miene zog sie einen wertvollen Smaragdring vom Finger, nahm Annas Hand in die ihre, steckte den Ring der Freundin an und sagte: »Dies wird Sie immer an Ihre dankbare Freundin erinnern, die Sie befreit haben.«
Am folgenden Morgen sandte sie Anna eine kostbare Börse mit Münzen und einem Stück Papier, das mit kabbalistischen Zeichen beschrieben war, ein Zaubermittel gegen Armut und Not.

Das Frühstück des Königs

Als sich Annas erstes Jahr in Siam langsam seinem Ende näherte, war sie mit den Einzelheiten des Lebens im Palast vollkommen vertraut. Die Welt innerhalb dieser Mauern war wie ein Universum mit einer Sonne und vielen Monden. Der König war das leuchtende Zentrum, um das sich alles drehte, er bestimmte das tägliche Leben der Haremsdamen, und selbst die englische Schule mußte sich den Lebensgewohnheiten des Herrschers anpassen. Da er um fünf Uhr aufstand, mußten die Mitglieder seines Haushalts das gleiche tun. Seine Dienerinnen mußten sogar während der ganzen Nacht auf seine möglichen Befehle warten und somit rund um die Uhr zur Verfügung stehen. Nach einem bescheidenen Frühstück ging er auf den Hof und nahm auf einer der Matten Platz, mit denen alle von Tor zu Tor führenden Wege ausgelegt waren. Seine Kinder nahmen

ihrem Rang gemäß zu seiner Rechten Platz, dann kamen die Prinzessinnen, die Konkubinen, die Hofdamen und ihre Sklavinnen. Ein großes silbernes Tablett wurde vor jede Person gestellt, auf dem meist gekochter Reis, Früchte und Kuchen standen, doch manchmal gab es außerdem auch Zigarren.
Einige Minuten nach fünf Uhr wurde das »Tor des Verdienstes« geöffnet, und hundertneunundneunzig Priester traten begleitet von bewaffneten Eunuchen ein. Während die Priester sich der königlichen Familie näherten, sangen sie: »Nehmt euer Fleisch, doch bedenkt, es ist Staub! Eßt es, um zu leben, und erkennt euch selbst und was ihr seid! Und sagt euch: ›Es ist die Erde, die ich esse, damit ich der Erde neues Leben überreiche.‹«
Der Hohepriester führte die Prozession an, die Augen auf den Boden gerichtet schritt er dahin und bot seine Schüssel dar, die mit einer Schnur an seinem Hals befestigt und vorher unter dem gelben Priesterrock verborgen gewesen war. Hatte jemand seine Gabe nicht bereit, blieben die Priester dennoch nicht stehen. Langsam schritten sie weiter, nahmen die Opfer ohne Dank entgegen und verließen dann singend durch das »Tor der Erde« die Palaststadt.
Im Anschluß ging der König in seinen privaten Tempel, der dem Andenken seiner Mutter geweiht war. Der König schritt die Stufen zum Altar empor und läutete die Glocke, wodurch er die Stunde der Andacht ankündigte. Dann zündete er geweihte Wachskerzen an, legte weiße Rosen und Lotus nieder und betete.
Nach der Andacht zog sich der König für ein Schläfchen zurück, die Dienerinnen hatten inzwischen gewechselt. Nach seinem Erwachen wurde das Frühstück in aller Förmlichkeit aufgetragen. Zuerst begutachtete er die Geschenke auf dem Gehsteig vor dem Palast, dann betrat er den Vorraum der Audienzhalle der Frauen, wo die Haremsdamen schon auf ihn warteten. Er nahm, meist mit der kleinen Prinzessin Chanthara Monthon auf seinem Schoß, an einem langen Tisch Platz. Zwölf

Frauen knieten vor großen silbernen Tabletts, auf denen Suppen, Braten, Geflügel, Fisch, Gemüse, Kuchen, Gelee, Saucen, Früchte und Tee standen. Jede Schüssel wurde zuerst der Hauptfrau Lady Thiang gereicht, die den silbernen Deckel abhob und – wenigstens dem Anschein nach – die Gerichte kostete. Dann rutschte sie auf den Knien zum Tisch und stellte die Schüsseln vor dem König ab.

Der König aß meist nur sehr wenig von diesen reichhaltigen Speisen, obwohl er viel Zeit damit verbrachte, die kleine Prinzessin zum Essen zu überreden. Während des langen Aufenthalts im Buddhistenkloster hatte er Bescheidenheit und Zurückhaltung gelernt. Er begnügte sich daher meist mit der spärlichen Mahlzeit der Kulis, und man konnte beobachten, wie er mit feierlicher Miene die goldenen Eßstäbchen in den gekochten Reis stieß.

Während dieses bescheidenen, aber mit Muße verzehrten Frühstücks plauderte der König meist mit Anna. Der Ausgang des amerikanischen Bürgerkriegs war immer noch ungewiß, Lincoln hatte die Befreiung der Sklaven angekündigt, England und Spanien hatten sich von Napoleons Mexiko-Expedition zurückgezogen, China litt immer noch unter den Folgen des Taiping-Aufstands. Eine neue und interessante Persönlichkeit war dort aufgetaucht, »Chinese« Gordon, der das Kommando der »Immer siegreichen Armee« – die von dem kühnen amerikanischen Abenteurer Frederick Townsend Ward einige Jahre zuvor organisiert worden war – übernommen hatte.

Bei anderen Gelegenheiten sprachen sie über das Studium oder die Lektüre des Königs, oder sie plauderten über Annas Fortschritte im Sanskrit. In diesen Stunden hatte Anna den König näher kennengelernt und wußte seitdem seine Kenntnisse zu schätzen. Doch oft fühlte sie sich wegen seiner mißtrauischen Haltung anderen Menschen gegenüber abgestoßen. Er glaubte einfach nicht an die Redlichkeit der Menschen und war der Ansicht, daß jeder Mensch seine Absichten mit guten oder bösen

Mitteln vertrat. Anna konnte ihn einfach nicht davon überzeugen, daß jemand auch ohne Hintergedanken handelte. Manchmal versuchte Anna, seine verächtlichen Gedanken zu widerlegen, doch fast immer mußte sie zu ihrem Ärger erkennen, daß er ihr dann umgehend unterstellte, persönlichen Profit aus der Angelegenheit zu schlagen.
Die späten Morgenstunden verbrachte er meist mit Studien oder der Abfassung von Briefen. Anna konnte während dieser Zeit für gewöhnlich den Unterricht abhalten – mit Ausnahme der zwei Posttage im Monat. Fühlte sich der König um die Mittagsstunde müde, machte er wieder ein Schläfchen, wenn nicht, setzte er sein Studium bis um zwei Uhr fort. Wenn er bei seiner Lektüre auf ein unbekanntes Wort stieß, sandte er ein Dutzend oder mehr Sklavinnen ab, um Anna zu holen. Meist handelte es sich um technische oder wissenschaftliche Ausdrücke, die Anna weder im Wörterbuch fand noch kannte. Wenn sie die Wörter nicht erklären konnte, wurde der König sehr wütend, sah sie zornig an und schrie: »Warum wissen Sie das nicht? Sie haben ja keine Ahnung von Wissenschaft!« Wenn er sie damit seiner Meinung nach nicht genug gedemütigt hatte, suchte er nach weiteren Worten, um noch einen vergifteten Pfeil abzuschießen: »Sie sind eben nur eine Frau!« Und weil ihm im Augenblick nichts Schlimmeres einfiel, fügte er verächtlich hinzu: »Sie können jetzt gehen.«
Manchmal ließ er einen goldenen Kerzenleuchter in den Tempel des Smaragdenen Buddha bringen. Wie Anna schon bei ihrem ersten Besuch im Palast erkannt hatte, bedeutete dies, daß das Erscheinen des Königs bevorstand. Sofort füllten sich die engen, gewundenen Gassen mit Frauen und Kindern, von zittrigen achtzigjährigen Damen bis zu zwei Jahre alten Sprößlingen, die gerade die Erde unter ihren Füßen zu fühlen begannen. Die bunte Menge bewegte sich schnell und wortlos auf die Audienzhalle der Frauen zu. Frauen von geringerem Rang knieten auf dem Gehsteig nieder, während sich die Prinzessinnen, Kon-

kubinen und Hofdamen in den Alkoven und Nischen niederwarfen, um auf das Erscheinen des Königs zu warten. In der Zwischenzeit hatte der Herrscher gebadet und seinen Körper mit Hilfe einiger Frauen gesalbt. Dann ging er in den Speisesaal, wo ihm die reichhaltigste Mahlzeit des Tages serviert wurde. Nach dem Essen betrat er die Audienzhalle und plauderte mit seinen Lieblingen unter den Kindern und Frauen.

Der König war sehr kinderlieb, und die Schönheit und Aufrichtigkeit der Kleinen faszinierten ihn täglich aufs neue. Er nahm sie in seine Arme, umarmte sie und schnitt dabei drollige Gesichter. Den älteren von ihnen stellte er gerne schwierige Fragen und schmunzelte dann über ihre ernsthaften Antworten.

Anna wunderte sich auch immer wieder über die Haremsdamen, die trotz der Anwesenheit des Königs und ihrer Furcht vor ihm nicht in der Lage waren, sich ruhig zu verhalten. Wenn das Kichern und Flüstern hinter einem Vorhang mal wieder zu laut wurde, erschien eine Amazone und legte ihre Peitsche leicht auf die Schulter der Lautesten. Die Peitsche wurde während mancher Audienzen bis zu dreimal hervorgeholt. Sobald sich der König zurückzog, liefen die Frauen wie eine Schar Gänse auseinander und eilten zu ihren Häusern, als wären sie gerade einer unangenehmen Pflicht entronnen.

Diese seltsame Mischung von Unterwürfigkeit und Disziplinlosigkeit erschwerte auch den Unterricht. Während der meisten Stunden verhielten sich die Kinder mustergültig, doch manchmal waren sie – ohne eine sichtbare Ursache – einfach nicht zu bändigen. Als Anna eines Morgens den Tempel betrat, saß jedes Kind noch auf seinem Platz, doch als sie nach wenigen Minuten zurückkehrte, um mit dem Unterricht zu beginnen, waren sie verschwunden. Anna konnte weder den Grund herausfinden, noch war es ihr möglich, die Schüler bis zum nächsten Tag wieder zusammenzutrommeln – es war wirklich verwirrend.

Nahezu jeden Nachmittag wurde der Unterricht kurz unterbrochen, wenn eine Gruppe sorgsam bewachter Priester die

Haremsstadt betrat, um sie mit geweihtem Wasser zu besprengen. Während sie von einem Tor zum anderen zogen, ließen die Kinder alles stehen und liegen und stürzten hinaus, um sich auf dem Gehsteig niederzuwerfen. Auch wenn die Priester verschwunden waren, war an Unterricht nicht mehr zu denken, denn die Kinder konnten sich einfach nicht mehr konzentrieren. Anna schickte sie dann meist seufzend nach Hause, und sie verschwanden auf dem Rücken ihrer Sklavinnen, um sich auf die Audienz bei ihrem Vater vorzubereiten.

Nachdem der König den Frauen und Kindern das Zeichen zum Aufbruch gegeben hatte, schritt er in die äußere Audienzhalle, um sich mit den Mitgliedern seiner Regierung zu beraten. Zweimal wöchentlich – bei Sonnenaufgang – erschien er auch an einem Palasttor, um sich die Bitten derjenigen anzuhören, die sonst keine Gelegenheit hatten, ihn zu sprechen. Es war rührend, zu sehen, wie sich die von Ehrfurcht überwältigten Untertanen des »Herrn des Lebens« demütig niederwarfen und von seinem Anblick derart beeindruckt waren, daß sie oft vergaßen, dem König ihre Bittschriften zu überreichen.

Zweimal wöchentlich um Mitternacht führte er den Vorsitz bei den geheimen Beratungen des San Luang, der königlichen Inquisition. Anna konnte nichts Genaues über diese düsteren und schreckenerregenden Sitzungen erfahren, da sie weder den Sitzungen beiwohnen durfte noch jemand bereit war, ihr davon zu berichten. Im Laufe der Zeit erfuhr sie jedoch einige Einzelheiten: Die Inquisition fand ohne Zeugen und ohne Vorwarnung statt, das jeweilige Opfer wurde entführt, in den Kerker geworfen und dann gefesselt und gefoltert, bis es ein Geständnis ablegte oder jemanden denunzierte.

Die Gesetze Siams waren zwar nicht gerade grausam, doch wer sich nicht des Wohlwollens des San Luang erfreute, konnte auch von ihnen keine Hilfe und Unterstützung erwarten. Der San Luang war so gefürchtet, daß niemand freiwillig als Zeuge erschienen wäre, es sei denn gegen eine hohe Belohnung. Der kluge Bürger tat gut daran, einen einflußreichen Freund und Mitglied des San Luang als Beschützer zu gewinnen. Spione im Dienste des San Luang gab es in jeder einflußreichen und wohlhabenden Familie. Jeder Bürger verdächtigte und fürchtete seinen Nachbarn und seine Bediensteten, manchmal sogar seine eigene Frau.

Hin und wieder, wenn Anna sich über den König geärgert hatte und ihren Gefühlen freien Lauf ließ, beobachtete sie, wie gewisse Beamte und Höflinge verstohlene Klopfzeichen machten. Bald wurde ihr klar, daß dies die geheimen Zeichen von den Beauftragten des San Luang waren. Die Warnsignale galten ihr, weil die Betreffenden anscheinend dachten, sie sei auch ein Mitglied der Inquisition – für so groß hielt man ihren Einfluß bei Hofe.

Der König war begeistert von den Fortschritten, die Annas Schüler im Unterricht machten. Bereits im Herbst 1862, nur wenige Monate nach Eröffnung der Schule, konnten die königlichen Kinder auf englisch kleine Briefe an Avis, die Tochter ihrer Lehrerin, schreiben. Die Zeilen machten oft nur wenig Sinn, waren aber voller Zuneigung und Anteilnahme, auch wenn einige siamesische Wörter anstelle der unbekannten englischen Bezeichnungen standen. Daß Avis so weit von ihrer Mutter entfernt leben mußte, betrübte die Königskinder, und so brachten einige kleine Geschenke mit, die sie Avis als Trost gegen die Einsamkeit schicken wollten.

Prinz Chulalongkorn war mit Abstand der beste Schüler, und er lernte gewissenhaft und ernst, worüber sich Anna und besonders sein Vater sehr freuten. Prinz Chulalongkorn hatte wesentlich mehr Selbstdisziplin als die anderen Kinder und ging seinen kleinen Brüdern und Schwestern mit gutem Beispiel voran.

Anna hatte auch die beiden kleinen Söhne von Lady Talap besonders liebgewonnen, ebenso Son Klins Sohn, Prinz Krita, die älteste Tochter von Lady Thiang, Prinzessin Somawadi und

Prinzessin Fa-ying. Sie war ein entzückendes Kind und nach wie vor der erklärte Liebling des Königs. Er hatte ihr von Anfang an die besten Lehrerinnen zugewiesen, daher konnte Fa-ying bereits im Alter von drei Jahren ein wenig Siamesisch und sogar Sanskrit. Als sie im Alter von sieben Jahren Annas Schülerin wurde, besaß sie bereits erstaunliche Kenntnisse.
Sie war von den Bildern in ihren englischen Büchern entzückt, besonders liebte sie die Abbildungen des Christkindes. Immer wenn sie vom Lernen müde war, kletterte sie auf Annas Schoß und bat: »Erzähl mir eine Geschichte! Erzähl mir alles über deinen schönen Jesus!«
Und nachdem Anna ihr eine Geschichte erzählt hatte, streichelte Fa-ying Annas Wangen und sagte: »Auch ich, kleine Fa-ying, liebe deinen heiligen Jesus sehr. Liebt er mich denn auch ein ganz klein wenig? Ich habe keine Mutter, arme, kleine Fa-ying. Könnte er sie auch lieben?«
Anna war stets bemüht, der kleinen Prinzessin Liebe und Verständnis für ihre Mitmenschen zu vermitteln und die guten Eigenschaften des Kindes zu fördern. Vielleicht würde sie ihren Vater schon bald beeinflussen und somit viel tun können, um die Grausamkeit des Lebens zu mildern. Wie auch Prinz Chulalongkorn hatte sie eine angeborene Schwäche für die Armen.
Die beiden Kinder glichen nach Annas Meinung viel mehr ihrem Onkel, dem Zweiten König, als ihrem Vater. Der Zweite König war bereits als kleiner Junge wegen seines großzügigen Wesens bekannt gewesen. Ein alter Priester hatte Anna einmal erzählt, daß er als Zwölfjähriger, während er zum Lotosgarten seiner Mutter getragen wurde, einen alten, halbblinden Mann an der Straße sitzen sah. Er hatte seinen Trägern befohlen stehenzubleiben, um mit dem armen Alten sprechen zu können. Als er erfahren hatte, daß der Mann in Bangkok hilflos und fremd war, trat er ihm seinen Platz in der Sänfte ab und ließ ihn in den Lotosgarten tragen, während er zu Fuß ging. Dort angelangt, ließ er den Alten ein Bad nehmen, verschaffte ihm neue

Kleider und ließ ihm eine reichhaltige Mahlzeit auftischen. Außerdem nahm er seinen erstaunten Gast als Hirten in seine Dienste.

Anna hatte gehört, daß dieser Zwischenfall für ihn typisch sei, und auch in späteren Jahren war der Prinz nicht weniger großzügig und romantisch. Er lebte als eine Art Harun-al-Raschid, besuchte in allerlei Verkleidungen die Armen, lauschte ihren Wehklagen und half ihnen, wann immer er konnte. Die Bevölkerung vergötterte ihn und hätte ihn viel lieber als König gehabt, was natürlich das Verhältnis zwischen den Brüdern ein wenig trübte. König Mongkut war eine eher kühle Person, wenn er nicht gerade vom Zorn erhitzt war, und er betrachtete seinen warmherzigen Bruder mit Argwohn. Geschickt engte er die Aufgaben des Zweiten Königs immer mehr ein, bis dieser kaum mehr als ein Staatsgefangener war.

Allerdings war es ziemlich unwahrscheinlich, daß der König die Güte seiner Lieblingskinder mit ähnlichem Mißtrauen betrachten würde, schließlich war er ihnen gegenüber stets unendlich nachgiebig: Was sie auch wollten, sie bekamen es. Anna ließ ihr erstes Jahr in Siam Revue passieren und dachte darüber nach, daß ihre Mühe gewiß nicht vergeblich gewesen war, wenn sie die Großherzigkeit Prinz Chulalongkorns und Fa-yings erhalten und stärken konnte.

»Wirst du mir das Zeichnen beibringen, Mem cha? Ich möchte so gerne schöne Bilder malen.« Eine glockenhelle Stimme unterbrach Anna, als sie eines Nachmittags allein arbeitete, während ihre Schüler gerade Sanskrit lernten. Es war Fa-ying, die sich lächelnd an sie schmiegte. »Ich sitze lieber bei dir, als zum Sanskritunterricht zu gehen. Meine Sanskritlehrerin ist nicht so nett wie meine Englischlehrerin.« Die kleine Prinzessin kuschelte sich noch enger an sie und öffnete ihre dunklen Augen so weit, als würde sie Anna gleich ein großes Geheimnis mitteilen. »Weißt du, was sie tut? Sie biegt meine Hände zu-

rück, wenn ich Fehler mache, und das tut weh. Ich kann sie nicht leiden, und Sanskrit mag ich auch nicht.« Das anmutige Schmusekätzchen schnitt eine Grimasse, doch dann blickte sie Anna ernst an und rief: »Aber ich liebe meine Englischlehrerin und die englische Sprache. In meinen englischen Büchern sind so viele schöne Bilder, und ich möchte gerne selbst ein paar zeichnen. Willst du mir das beibringen, Mem cha?«
Fa-ying kletterte auf Annas Schoß und rollte sich dort wie ein Kätzchen zusammen.
»Ich werde dir gerne Malen und Zeichnen beibringen, wenn Seine Majestät es gestattet«, versprach Anna. Fa-ying legte die Arme um ihren Hals und liebkoste sie, was Anna sehr an ihre Tochter erinnerte.
»Und wenn du irgendwann weit fort nach England fährst, Mem cha, wirst du mich dann mit Louis auf das große, große Schiff mitnehmen?«
»Das ist eine andere Sache«, warf Anna ein. »Ich fürchte, Seine Majestät würde dich niemals so weit von sich fortgehen lassen – auch mit mir nicht. Wie könnte er auch so lange ohne dich sein?« Anna lächelte und beugte sich zu Fa-ying, die jede ihrer Bewegungen mit großen Augen verfolgte.
»O doch, er wird mich bestimmt gehen lassen!« widersprach Fa-ying selbstsicher. »Ich darf alles tun, was ich will. Ich bin die Somdet Chao-fa-ying, weißt du, und er liebt mich sehr. Deshalb wird er es mir erlauben.«
»Das freut mich aber sehr«, sagte Anna, die sich über die Selbstsicherheit des Kindes und seine Macht über den strengen Vater amüsierte. »Und ich freue mich auch, daß du Englisch und Zeichnen so gern magst. Komm mit mir, wir fragen Seine Majestät, ob du anstelle des Sanskritunterrichts zeichnen lernen darfst.«
Fa-ying sprang auf und ergriff begeistert Annas Hand: »O ja, gehen wir gleich jetzt!«
So trugen sie ihre Bitte dem König vor, der sich gerade in seinen

oberen Gemächern befand und studierte. Seine Miene erhellte sich, als er das kleine Mädchen erblickte, und er lächelte Anna zu, als wäre er für ihr Interesse an seinem Lieblingskind dankbar. Der König gab der Bitte seines Töchterchens ohne Zögern nach, und von nun an kam Fa-ying jeden Nachmittag bei Anna vorbei, während ihre Brüder und Schwestern am Sanskritunterricht teilnahmen. Es war für beide eine angenehme Abwechslung zum streng geregelten Unterricht. Manchmal zeichnete oder malte Fa-ying, manchmal saß sie nur still da und sah Anna zu. Wenn sie müde wurde, machte sie es sich auf Annas Schoß bequem und bat um eine Geschichte aus der Bibel. Manche Erzählungen mochte sie besonders gerne und wollte sie immer wieder hören. Anna bewunderte die rasche Auffassungsgabe des kleinen Mädchens, das die Bedeutung dieser Geschichten auf Anhieb erfaßte. Fa-ying war eben anders als die übrigen Kinder, sie war unglaublich begabt und zugleich sehr einfühlsam.

Obwohl der König mit dem Lernerfolg seiner Kinder sehr zufrieden war, schien er nicht zu bedenken, daß dieser noch besser sein könnte, wenn er ihre Lehrerin nicht ständig aus dem Klassenzimmer zu sich rufen lassen würde, um sich von ihr einen englischen Brief schreiben zu lassen. Doch es gab noch weitere Unterbrechungen des Unterrichts: Immer wieder wurden die Kinder von ihren Schreibtischen zu irgendwelchen Zeremonien gerufen, worüber sich Anna jedesmal ärgerte. Doch die Kinder liebten diese Zeremonien und die Feiertage des Buddhismus, und Anna blieb nichts anderes übrig, als ihren Groll hinunterzuschlucken und sich zu fügen.

Das Haus mit dem Messingtor

Im März, während der König und sein Gefolge in Petschaburi weilten, fuhr Anna mit Louis nach Singapur, um dort ihre Ferien zu verbringen. Wieder zu Hause, schrieb Louis seiner Schwester, daß es ihm viel Spaß gemacht habe und er die ganze Zeit über nicht einmal lernen mußte. Avis ging nun endlich zur Schule, das Schiff hatte über sechs Monate für die Reise nach England gebraucht. Anna war unendlich erleichtert, als sie von Misses King hörte, daß ihr Töchterchen bald nach Jahresbeginn eingetroffen sei. Gegen Ende April kehrte Anna nach Siam zurück. Sie hatte sich in Singapur sehr gut erholt und nahm ihre Arbeit als Lehrerin und Sekretärin voller Tatkraft und Vorfreude wieder auf.

Den 2. Mai 1863 würde sie jedoch niemals vergessen. In ihrem Leben gab es mehrere wichtige Abschnitte: die Kindheit in Wales, eine traumhafte Zeit, der Prunk Indiens, der kurze Aufenthalt in England, die Jahre in Singapur und ihr jetziges Leben in Siam. Doch an jenem Maimorgen sollte ihr Leben in Siam sich grundlegend ändern.

Anna war wie immer zur Schule gegangen, als die große Turmuhr die neunte Stunde schlug. Louis war an diesem Tag zu Hause geblieben, da er leichtes Fieber hatte. Als sie im Palast ankam, war der Tempel leer. Ihre Schüler nahmen an einer Zeremonie im Maha Prasat auf der anderen Seite des Palastes teil, und eine zurückgelassene Notiz besagte, daß auch sie sich dort einfinden solle. Man beging das Wisakha Bucha, das Fest der Geburt, der Erleuchtung und des Todes Buddhas. König Mongkut hatte diesen alten, längst vergessenen Brauch wiederbelebt und ihn zu einem der wichtigsten religiösen Feste des Jahres gemacht.

Anna machte sich sofort auf den Weg, da sie stets darauf bedacht war, keine dieser Einladungen auszuschlagen. Sie nahm an den Zeremonien teil und hoffte so, die Sitten des Landes besser zu verstehen. Doch jedesmal, wenn sie mit einem Gefühl der Befriedigung glaubte, die Einzelheiten und Verwicklungen dieser ihr fremden Welt zu verstehen, geschah etwas völlig Unerwartetes, und die Menschen um sie herum kamen ihr so unbekannt und verworren vor wie eh und je. Das dämmrige Licht und die düstere Atmosphäre in den langen Galerien und Gängen, der plötzliche und unerwartete Wechsel von blendendem Sonnenlicht und schwärzester Finsternis beunruhigten sie noch immer. Das Lächeln auf dem Gesicht eines Kindes, eine Schwester, die lautlos und ohne zu weinen die Schläge ihres Bruders ertrug, eine Mutter, die ihr »geweihtes Kind« in den Schlaf sang, eine Sklavin, die sich weinend einem Buddha zu Füßen warf, eine Konkubine, deren Rücken von schweigenden Sklaven blutiggepeitscht wurde – all dies erfüllte Anna immer wieder mit tiefem Mitleid.

Wann immer sie durch die Tore des Harems trat, überkam sie ein beklemmendes Gefühl. Dieser Bereich kam ihr vor wie ein Gefängnis, in dem Frauen und Kinder, die keines Verbrechens schuldig waren, auf Lebenszeit gefangen waren. Gleichzeitig waren jenseits der Palastmauern saftige grüne Wiesen, auf denen die Kinder der Armen zwar nackt, aber in Freiheit spielten. Durch die engen und düsteren Wege der Palaststadt kamen und gingen reizvolle Frauen und trippelten die Füße vieler kleiner Kinder, während die königlichen Sprößlinge von den Sklavinnen herumgetragen wurden. Für Anna lebten sie wie Vögel in einem goldenen Käfig.

Manchmal versuchte sie sich mit dem Gedanken zu trösten, daß die meisten es gar nicht anders kannten und daher gar nicht unglücklich waren und daß sie ihre eigene Freiheitsliebe auf die Menschen hier nicht übertragen konnte. Aber dann sprach sie wieder mit einer dieser sanften Frauen, fing ein Wort oder einen Blick auf, und ihr Herz verzehrte sich wieder in Mitleid. Sie mußte sich dann eingestehen, daß der Drang nach Freiheit einfach angeboren war und nicht anerzogen werden konnte. Eines Tages vermißte sie eine hübsche junge Frau, die gelegentlich am Unterricht teilgenommen hatte. Anna erkundigte sich bei einer ihrer Schülerinnen, doch die Gefragte blickte sie nur an, ohne ein Wort zu sagen, legte den Zeigefinger auf die Lippen und fuhr dann mit der Hand langsam über die Kehle, um anzudeuten, daß man das Mädchen hingerichtet hatte. Anna stellte wieder einmal entsetzt fest, daß die Frauen nicht mehr wert waren als die Tiere auf den Feldern. Viele von ihnen waren gegen ihren Willen in den Palast gekommen und wußten, daß sie ihn nicht lebend wieder verlassen würden. Und doch nahmen einige ihr Schicksal mit einer gleichgültigen Gemütsruhe hin, die noch mehr als die unzufriedenen Gesichter der anderen verriet, wie tot ihre Herzen sein mußten. Empört schrieb Anna an Francis Cobb in Singapur:

> »Ganze zwanzig Minuten trennen die Sklaverei von der Freiheit oder dem, was man in Siam unter Freiheit versteht! Nur zwanzig Minuten liegen zwischen diesen düsteren Mauern und den grünen Feldern und dem strahlenden Himmel. Ich habe noch nie zuvor ein solches Elend gesehen oder die wahren Schrecken der Sklaverei erkannt. Auch war ich mir der Vollkommenheit meines bisherigen Lebens in Licht, Glückseligkeit und Schönheit nicht bewußt, bis ich den Gegensatz kennenlernte – den Schmerz, die Häßlichkeit, den Tod und die ewige Leere. Das Elend, das man in den großen Städten Europas sieht, ist nur halb so schlimm wie die Not dieser Frauen.«

An diesem Maimorgen jedoch war der Palast wie ausgestorben. Anna hatte sich nur zögernd auf die Suche nach dem Maha Prasat gemacht. Nachdem sie ein wenig ziellos umhergewandert war, traf sie ein Blumenmädchen, das ihr den richtigen Weg wies. Sie eilte durch eine dunkle Seitengasse, kam in eine andere und gelangte schließlich in eine dritte. Nach weiteren zehn Minuten erreichte sie eine düstere Straße, deren entferntes Ende in Nebel und Dunkelheit gehüllt war. Steinerne Bänke, mit Moos und schwammartigen Gewächsen bedeckt, standen am Wegesrand. Anna war inzwischen überzeugt, daß sie sich verlaufen hatte und hielt zuerst auf der einen und dann auf der anderen Seite nach einem Kreuzweg Ausschau, aber da war keiner. Plötzlich stand sie vor einer hohen Ziegelmauer und blickte sich ratlos um. Hinter ihr lag die menschenleere Straße, vor ihr die Mauer mit einem glänzenden Messingtor. Der Lärm und das Getöse des Palastlebens waren kaum fünfzehn Minuten entfernt, und doch war es seltsam still hier – und unheimlich.

Anna gelang es schließlich, das massive Tor zu öffnen, und sie gelangte in einen gepflasterten Hof. Auf der rechten Seite war ein Garten angelegt, links stand ein Haus. Die Anlage strahlte eine bedrohliche Atmosphäre aus, und sie fühlte sich wie an einem verbotenen Ort.

In der Mitte des Gartens entdeckte sie neben einem kleinen Teich eine Frau. Sie saß auf der Erde und stillte ein nacktes Kind. Als Anna auf sie zukam, hob sie ruckartig den Kopf, umklammerte mit ihren nackten Armen das Kind und blickte Anna mit wilden Augen an. Sie war groß, kräftig und hatte eine dunkle Haut, ihre Züge waren hager, und langes, wirres Haar fiel bis auf ihre Schultern.

Anna blickte zitternd auf die trotzige Frau, und ihre Angst schwang in unendliches Mitleid um.

Die Frau war bis zu den Hüften nackt, einer ihrer Füße war an einen Pfahl gekettet, und sie war ohne den geringsten Schutz der sengenden Hitze ausgesetzt. Sie saß auf dem zerfetzten Rest einer Matte, daneben lagen ein Holzklotz als Kopfkissen und mehrere zerbrochene chinesische Schirme.

Die Frau starrte wortlos und mit müden Augen die weiße Fremde an, während Anna sich neben den Teich setzte und hilflos zu der Gefangenen hinübersah. Wieder einmal erlebte sie die Gefühllosigkeit und Härte des Haremslebens hautnah – selbst einen gefährlichen Verbrecher dürfte man nicht ungeschützt der tropischen Sonne aussetzen. Und hier saß eine halbnackte, harmlose Frau. Die Matte und die zerbrochenen Schirme deuteten darauf hin, daß sie der unerbittlichen Hitze und dem Regen schon eine ganze Weile ausgesetzt sein mußte. Schlimmer hätte man sie nicht demütigen können, und dennoch lag eine unglaubliche Anmut in ihrer Sorge für das Kind. Wer konnte nur für dieses tragische Schicksal verantwortlich sein? Anna hätte vor Zorn aufschluchzen können, doch sie hatte ihre Stimme nicht mehr unter Kontrolle. Endlich fragte sie die Frau nach ihrem Namen.

»Verschwinde!« war die wilde Antwort.
Doch Anna versuchte es noch einmal: »Warum bist du hier angekettet? Willst du es mir denn nicht sagen? Du brauchst dich nicht zu fürchten.«
»Fort! Fort! Fort!« schrie die Frau, riß das trinkende Kind von ihrer Brust und wandte Anna den Rücken zu. Als das Baby anfing zu schreien, wiegte die Gefesselte den kleinen Jungen auf ihren Knien und strich mit ihrer Wange über sein Gesicht. Anna musterte die Frau eingehend und dachte, daß sie einmal sehr hübsch gewesen sein mußte.
Ein sanfter Windstoß fuhr durch die Bäume, und eine Kokosnuß, die von einem Eichhörnchen angenagt worden war, fiel mit einem lauten Knall auf die Erde. Anna setzte sich neben die Frau und fragte mit leiser Stimme nach dem Alter des Kindes. Die Sklavin sah sie mißtrauisch an. »Er ist vier Jahre alt«, sagte sie barsch.
»Und wie heißt er?« fragte Anna beharrlich.
»Sein Name ist Thuk«, antwortete die Sklavin unwillig und wandte sich von Anna ab.
»Und wieso hat der Kleine diesen traurigen Namen?«
Die Augen der Sklavin funkelten böse. »Was geht Sie das an, Frau?«
Mehrere Minuten saßen die beiden in grimmigem Schweigen da und blickten in die Luft, doch Anna wollte sich damit nicht zufriedengeben. Sie mußte den Schlüssel zum versperrten Tor ihres Herzens finden. Doch ehe Anna einen erneuten Annäherungsversuch starten konnte, begann die Sklavin heftig zu schluchzen. Und auch der kleine Junge schrie jetzt wieder aus vollem Halse. Die Frau beruhigte sich allerdings ziemlich schnell wieder und begann dann zu Annas großer Überraschung zu sprechen.
»Sind Sie in den Garten gekommen, um nach mir zu suchen, gnädige Frau? Hat Sie vielleicht Naikodah, mein Gatte, zu mir geschickt? Sagen Sie mir, geht es ihm gut? Sind Sie gekommen,

um mich zu kaufen?« Plötzlich warf sie sich vor Anna auf den Boden. »O gnädige Frau, barmherzige Dame, bitte kaufen Sie mich! Helfen Sie mir, damit ich begnadigt werde!«
Anna schüttelte ihre braunen Locken aus dem Gesicht und versuchte, das zusammenhanglose Geplapper der Frau zu verstehen. Zögernd fragte sie: »Warum bist du denn hier angekettet? Was hast du denn verbrochen?«
Diese Frage schien die Sklavin aufzurütteln, die Angst war ihr förmlich ins Gesicht geschrieben. Ihre schwarzen Lippen bewegten sich, doch sie brachte keinen Laut heraus, und sie fing wieder an zu weinen. Dann sagte sie zitternd: »Sie wollen wissen, was ich verbrochen habe? Ich liebe meinen Gatten!«
Anna verstand die Welt nicht mehr. »Warum hast du ihn dann verlassen und bist Sklavin geworden?«
»Gnädige Frau, ich wurde als Sklavin geboren. Es war Allahs Wille!«
Bei dem Wort Allah hakte Anna nach. »Bist du Mohammedanerin?«
»Meine Eltern waren Mohammedaner, sie dienten als Sklaven dem Vater meiner Herrin, Chao Chom Manda Ung. Noch im Kindesalter wurden mein Bruder und ich als Sklaven zu ihrer Tochter Prinzessin Butri geschickt.«
»Wenn du beweisen kannst, daß deine Eltern Mohammedaner waren, kann ich dir vielleicht helfen. Alle Mohammedaner stehen unter britischem Schutz, und kein britischer Untertan darf einfach so zum Sklaven gemacht werden.«
»Aber, gnädige Frau, meine Eltern haben sich einst selbst an den Großvater meiner Herrin verkauft!«
»Das war ihre Schuld, die sie mit ihrem treuen Dienst mehr als genug bezahlt haben. Du mußt deiner Herrin klarmachen, daß du dich freikaufen kannst.«
»Klarmachen!« wiederholte die Sklavin mit funkelnden Augen. »Wissen Sie überhaupt, wer meine Herrin ist? Wissen Sie, wer die Chao Chom Manda Ung ist? Ist Ihnen bekannt, daß sie die

Tochter des Chao Phya Nikon Badihton ist? Er ist der Minister der nördlichen Provinzen und somit der mächtigste Mann im Königreich nach dem Kralahome. Ich und klarmachen?« lachte sie verächtlich. »Wissen Sie, daß sie die Gemahlin des Königs Phra Nang Kao war? Und daß der Herr des Lebens ihr Schwiegersohn ist? Und wissen Sie, daß Prinzessin Butri lange Zeit seine Favoritin war und noch immer sein besonderes Wohlwollens genießt? Klarmachen? Ich? Die ich als Sklavin geboren wurde …!« Das Feuer in den Augen der Frau erlosch. »Nein, ich kann die Freiheit nur dann wiedererlangen, wenn meine Herrin mir vergibt – und das wird sie niemals tun!«

»Und wie steht es mit deinen Freunden außerhalb des Palastes?« warf Anna ein. »Vielleicht kann von denen jemand etwas für dich tun. Hast du sie von deiner Gefangenschaft benachrichtigt?«

»Nein. Man hat mich zu plötzlich hergebracht. Vielleicht glauben sie sogar, ich sei tot. Ich kann hier mit niemandem sprechen, noch nicht einmal mit der Sklavin, die mir das Essen bringt. Sie würde es niemals wagen, für mich eine Botschaft aus dem Palast zu schmuggeln. Niemand außer Chao Chom Manda Ung kommt hier vorbei, und sie tut es nur selten und immer in Begleitung ihrer zuverlässigsten Sklavinnen. Da sie schon recht alt ist, läßt sie der König nach Belieben im Palast ein und aus gehen. Alle paar Wochen kommen einige ihrer Sklavinnen vorbei, um die Bäume zu stutzen oder um das Haus zu säubern, doch sie beachten mich nicht weiter, außer wenn sie mich verspotten. Wenn eine von ihnen Interesse oder Anteilnahme zeigen würde, teilten die anderen Sklavinnen es sofort ihrer Herrin mit.« Tiefe Verzweiflung klang aus ihrer Stimme. »Mir kann einfach niemand helfen. Ich werde wohl hier angekettet bleiben, bis ich sterbe. Niemand außer meinem Gatten sorgt sich um mich – wenn er überhaupt noch am Leben ist. Und er weiß noch nicht einmal, wo ich bin.«

Die Glocke läutete die elfte Stunde ein, und Anna hatte die Zeremonie, an der sie eigentlich teilnehmen wollte, völlig vergessen. Die Sklavin legte sich, vom vielen Sprechen ganz erschöpft, neben dem schlafenden Jungen auf die Matte. Sie bat nicht noch einmal um Hilfe, da sie ganz selbstverständlich davon ausging, daß die Fremde nichts gegen den Willen ihrer mächtigen Herrin ausrichten konnte. Anna stellte ihren eigenen kleinen Schirm vor die Sklavin hin, um sie und den Jungen ein wenig vor der Sonne zu schützen.

Diese einfache Geste berührte die Sklavin so sehr, daß sie sich aufrichtete und, ehe Anna es verhindern konnte, die beschmutzten und verstaubten Schuhe der weißen Frau küßte. Annas Augen füllten sich mit Tränen.

»Kleine Schwester«, sagte sie mit plötzlicher Entschlossenheit und benutzte dabei den liebevollen siamesischen Ausdruck, »erzähl mir deine ganze Geschichte vom Anfang bis zum Ende, und ich werde sie dem König vortragen.«

Die Sklavin setzte sich hastig auf und rückte den Schirm über dem schlafenden Kind zurecht. Ihre Augen leuchteten, als sie begann: »Mein Name, gnädige Frau, ist L'Ore. Mein Bruder und ich wurden schon als Sklaven geboren. Wir dienten der Chao Chom Manda Ung so treu und ergeben, daß wir schon bald zu ihren Günstlingen wurden. Mein Bruder wurde mit der Aufsicht über eines ihrer Reisfelder bei Ayuthia betraut, während ich zur ersten Dienerin von Prinzessin Butri wurde. Eines Tages vertraute mir Chao Chom einen Beutel mit Geld an und schickte mich in die Stadt, um indische Seide bei Naikodah Ibrahim zu kaufen. Es war das erste Mal seit vielen Jahren, daß ich den Palast verlassen durfte. Ich fühlte mich wie neugeboren und als wäre mein bisheriges Leben nichts als ein böser Traum gewesen. Der Fluß schäumte mehr als je zuvor, und die Blätter und Knospen an den Bäumen schienen mich zu grüßen. Wie grün das Gras war! Und wie klar und fröhlich die Vögel in den Büschen und Bäumen sangen, während von den fernen Ebenen der Duft der blühenden Blumen zu mir drang und mich betörte.

Eine überwältigende Glückseligkeit überkam mich. An diesem Tag ging ein neues Licht im Osten auf, ein Licht, das ab sofort mein Leben erhellen und verdunkeln sollte.«

Sie hielt einen Augenblick inne und lächelte. Anna staunte, wie gut sie erzählen konnte, und ihre Worte wollten so gar nicht zu ihrem wilden Gesicht und dem wirren Haar passen. Anna erinnerte sich daran, daß die Prinzessinnen von Siam sehr an einer guten Erziehung ihrer Kinder interessiert waren. Ihre Sklavinnen zählten oft zu den gebildetsten Frauen des Königreichs. Zweifellos hatte Chao Chom Manda Ung – oder die Prinzessin Butri – L'Ore als Sängerin geschult. Anna konnte sich gut vorstellen, wie sie mit einer Laute am Boden saß, während ihre Gebieterinnen, auf einem Ruhebett ausgestreckt, ihrem Gesang lauschten. Andere Sklavinnen knieten sicher vor den vornehmen Damen und fächelten ihnen Kühlung zu.

Die junge Frau redete weiter: »Wir vertäuten unsere Boote am Ufer und gingen zu Naikodahs Laden. Meine Begleiterinnen traten ein, während ich mich draußen auf die Stufen setzte. Sie konnten sich aber mit dem Kaufmann wegen des Preises nicht einigen, und so ging ich ihnen nach in der Hoffnung, daß er uns das Tuch für den angebotenen Betrag verkaufen würde, wenn ich ihm das Geld zeigte. Der Kaufmann hat mich vom ersten Augenblick an sehr beeindruckt, und ich überlegte angestrengt, wo ich ihm schon einmal begegnet sein konnte.

Nach langwierigen Verhandlungen über den Preis verließen wir den Laden wieder, kamen aber am nächsten Tag mit mehr Geld zurück. Ich war sehr überrascht, als er beim Bezahlen fünf Ticals in meinen Händen ließ. ›Das ist unser Trinkgeld‹, sagten die anderen Frauen sofort und rissen es an sich. Der Kaufmann behandelte mich stets mit großem Respekt und ließ bei jedem weiteren Einkauf fünf Ticals für uns zurück. Allerdings weigerte ich mich, meinen Anteil an diesem Profit anzunehmen.

Der Kaufmann ließ mich nie aus den Augen, und eines Tages, als wir etliche Schachteln duftender Wachskerzen gekauft hatten, ließ er zwanzig Ticals neben mir auf dem Boden liegen. Meine Gefährtinnen wiesen mich auf das Geld hin, doch ich hob es nicht auf. Als der Kaufmann es bemerkte, steckte er fünfzehn Ticals ein und ließ wie immer fünf Münzen zurück. Wir genossen natürlich jeden Augenblick unserer süßen Freiheit, und als wir in unserem Kanu saßen, paddelten wir nur ganz langsam. Ich wollte nicht in den Palast zurückkehren, und die Versuchung, ins Wasser zu springen und zu fliehen, war sehr groß. Doch die Verantwortung für das Geld ließ mich immer wieder zögern.«

Sie hielt wieder inne. Anna hing wie gebannt an ihren Lippen. Als die Sklavin den Bericht mit ihrer klangvollen Stimme fortsetzte, klangen Sehnsucht und Trauer aus ihren Worten: »Gnädige Frau, wir alle lieben Allah und werden auch von ihm geliebt. Und doch hat er manche von uns zu Herren und manche zu Sklaven gemacht. Es mag seltsam klingen, doch je geringer meine Hoffnung auf Freiheit wurde, desto mehr sehnte ich mich danach. Eines Tages brachte eine Sklavin neue Waren von Naikodah zu meiner Herrin. Sie bat mich um einen Schluck Wasser. Als ich ihr den Becher reichte, sagte sie leise zu mir: ›Du bist eine Mohammedanerin. Befreie dich aus der Knechtschaft dieser Ungläubigen und nimm das Geld für deinen Rückkauf von meinem Herrn.‹

Ich lauschte ihr verwundert und stellte keine Fragen, um den Zauber ihrer Worte nicht zu brechen. Sie ging rasch davon, als fürchtete sie, zuviel gesagt oder das Mißtrauen meiner Herrin geweckt zu haben. Ich war verwirrter als je zuvor, und meine Gedanken schwirrten umher wie Vögel während eines Sturms und schlugen mit ihren Flügeln gegen die verschlossenen Gefängnistore. Ich fand Trost bei unserem Allmächtigen.

Als ich die Frau das nächste Mal sah, fragte ich sie: ›Wie werde ich an das Geld kommen? Sag es mir, schnell! Würde mich dein Herr denn nicht als Sklavin halten?‹ Sie antwortete: ›Er wird dir das Geld geben und niemals bereuen, die Tochter eines gläubi-

gen Mohammedaners aus der Sklaverei befreit zu haben!‹ Vor Freude zitternd schlang ich meine Arme um sie, doch die Frau machte sich schnell frei, nahm ein Geldsäckchen aus ihrem Schal, steckte es in meinen und entfernte sich wortlos. Ich hatte schreckliche Angst, daß man mich mit dem Geld erwischen würde, daher ging ich in jener Nacht hierher und versteckte die Münzen unter dem Pflaster, auf dem wir jetzt sitzen.
Mehrere Wochen später wurden wir wieder einmal zu Naikodah gesandt, um Sandelholz, Wachskerzen und Blumen für die Einäscherung der jungen Prinzessin Adung zu kaufen. Ich war mir meiner schäbigen Kleidung niemals so sehr bewußt wie an diesem Tag. Wir erledigten unsere Einkäufe und bezahlten. Als ich gehen wollte, winkte meine neue Freundin – Damni war ihr Name – mir zu. Ihr Herr folgte uns in eine Kammer und sagte – ich erinnere mich an jedes Wort: ›L'Ore, du bist so unschuldig und schön, daß du mein Mitleid geweckt hast. Hier hast du das Geld, das du mir gerade bezahlt hast – es ist doppelt soviel wie der Preis deiner Freiheit. Nimm es und vergiß deinen Retter nicht!‹
›Möge Allah dich segnen!‹ rief Damni ehrfürchtig. Doch ich konnte nichts sagen. Der Kaufmann lächelte verständnisvoll und ging in den Laden zurück, während Damni mit einem Taschentuch meine Tränen trocknete. Von dieser Zeit an wartete und hoffte ich von Tag zu Tag. Die Freiheit schien plötzlich so greifbar nah, doch gleichzeitig war mein Herz gefangen. ›Ich bin abhängiger als je zuvor‹, dachte ich, ›denn wer kann mich von der süßen, glühenden Sklaverei der Liebe loskaufen? Für immer bin ich nun die Sklavin dieses guten Kaufmanns!‹
Ich wartete auf den geeigneten Zeitpunkt, wie eine Mutter auf die Rückkehr ihres einzigen Kindes. Ich wußte, daß ich Chao Chom nicht überreden konnte, mir meine Freiheit zu schenken, wenn sie nicht in der richtigen Stimmung war, schließlich hatte sie ihren Stolz, und außerdem war ich ihr nützlich. So wartete ich bangen Herzens, betete jeden Tag zu Gott und nannte ihn

Buddha, Vater, Barmherziger! Ich betete leidenschaftlich um meine Freiheit.
Eines Tages war Chao Chom so freundlich zu mir, daß ich die Gelegenheit für günstig hielt. Ich warf mich zu ihren Füßen und sagte: ›Gnädige Frau, seid barmherzig zu Eurem Kind und hört seine Bitte. Wie der dürstende Reisende von fern das Wasser erblickt oder der Sterbende den Vorgeschmack der Unsterblichkeit fühlt, so hat Eure Sklavin L'Ore dank Eurer Güte die Freiheit gekostet und möchte nun mehr davon trinken. Es ist ihr größter Herzenswunsch, der Lebenstraum Eurer Sklavin. Hier ist das Geld für meinen Rückkauf, gnädige Frau. Seid barmherzig und laßt mich frei!‹
Ich wagte nicht, ihr während meiner Rede ins Gesicht zu sehen, doch als sie sprach, wußte ich, daß sie zornig war. Sie bezichtigte mich der Undankbarkeit, weil ich sie verlassen wollte. Sie erwähnte alle guten Taten, mit denen sie mich überhäuft hatte und beschimpfte mich als selbstsüchtig. Ich bat und flehte und weinte. ›Du bist als meine Sklavin geboren‹, sagte sie nur kalt, ›und ich werde kein Geld für dich annehmen. Du bist für mich viel wertvoller als Geld.‹
Ich trug meine Bitte erneut vor, hartnäckiger. Dreimal legte ich das Geld vor sie hin, wie es die Sitte verlangt, und beschwor sie, es anzunehmen. ›Nehmt das Doppelte, verehrteste und gnädige Frau, aber laßt mich bitte gehen!‹
›Niemals!‹ schrie sie. ›Sei still! Ich werde dich niemals freilassen!‹ Und als hätte sie meine Gedanken erraten, fragte sie plötzlich: ›Willst du etwa heiraten? Ist es das? Also gut, ich werde einen Mann für dich finden, und du sollst mir Kinder gebären, wie es schon deine Mutter getan hat. Nimm dein Geld und geh, oder ich werde dich auspeitschen lassen!‹
So war all meine Mühe vergebens. Ich nahm meine Silbermünzen und kehrte hoffnungslos besiegt in mein Sklavendasein zurück. Doch ich erholte mich schon bald von dieser großen Enttäuschung, denn ich hatte mich entschlossen zu fliehen. Chao

Chom verfolgte mich ein ganzes Jahr lang argwöhnisch. Meine Gefährtinnen bemerkten, daß ich in Ungnade gefallen war, und bemitleideten mich, doch ich beachtete sie nicht weiter und ließ ihre Fragen unbeantwortet. Ich tat mein Bestes, um immer gehorsam und heiter zu wirken, und nach zwei Jahren zog mich Chao Chom wieder in ihr Vertrauen, obwohl ich den Palast seitdem nicht mehr verlassen durfte. Schließlich sollte ich Nai Thim, einen ihrer Lieblingssklaven, heiraten. Ich erhob keinen Einwand und tat so, als würde mich die Aussicht, sechs Monate im Jahr mit meinem Gatten verbringen zu dürfen, sehr glücklich stimmen.
Am Tag vor meiner Hochzeit wurde ich zu Nai Thims Mutter geschickt, um ihr ein Geschenk von meiner Gebieterin zu überbringen. Ich wurde zwar von zwei starken Frauen begleitet, aber ich trug dennoch mein Geld versteckt bei mir. Sobald wir das Haus meiner zukünftigen Schwiegermutter betreten hatten, bat ich sie um ein Gespräch unter vier Augen. Sie dachte, ich hätte eine Botschaft von Chao Chom für sie und führte mich in den rückwärtigen Teil des Hauses. Ich setzte mich auf einen Sessel, und ohne ihr die Zeit für Fragen zu lassen, erzählte ich ihr meine ganze Geschichte. Dann nahm ich das Geld und drückte es ihr in die Hand. Bevor sie es ablehnen konnte, stürzte ich mich in den Fluß. Als ich in die Fluten tauchte, hörte ich einen überraschten Schrei.
Ich bin eine gute Schwimmerin, und ich schwamm um mein Leben. Die Strömung trug mich schnell flußabwärts, immer wieder mußte ich nach Luft schnappen, doch die meiste Zeit blieb ich unter Wasser. Das Häuschen der alten Frau lag jedoch weit unterhalb des Palastes, und nirgendwo gab es Boote. Als meine Kräfte abnahmen, schwamm ich ans Ufer und trocknete meine Kleider im Wind, der mir vorkam wie vom Himmel geschickt. Die Gegend war unbewohnt, und ich war sicher, daß mich seit meinem Sprung ins Wasser niemand mehr gesehen hatte.
Die alte Frau mußte denken, daß ich ertrunken war, und die

Sklavinnen würden mit der Nachricht, daß ich den Tod in den Fluten gefunden hatte, zu Chao Chom zurückkehren. Ich hatte endlich erreicht, was seit zwei Jahren meine Gedanken beherrschte. Anfangs kam mir alles vor wie ein Traum, doch als mir schließlich klar wurde, daß dem nicht so war, sang und tanzte ich vor Freude.

Mit jedem Tag war meine Seele mehr verdorrt, doch nun blühte sie wieder auf, als hätte sie niemals einen Augenblick der Sorge gekannt. Niemals wieder, gnädige Frau, werde ich so glücklich sein wie an jenem Tag. Im Überschwang meiner Gefühle vergaß ich, daß die Nacht nahte. Ich weiß nicht mehr, wie viele Stunden ich dasaß, doch sie schienen mir wie Sekunden, und plötzlich ging die Sonne unter, und die Dunkelheit legte sich wie ein Mantel über die Erde. Der Wind wurde stärker, und ich hörte seltsame Laute, die aus dem Jenseits stammen mußten. Ich wußte, daß die Engel die Rufe menschlicher Verzweiflung hören. So betete ich zu ihnen, und dabei übermannte mich der Schlaf.

Als ich aufwachte, standen die Sterne noch am Himmel, und die seltsamen Laute beunruhigten mich. Ich fiel auf die Knie und rief: ›Lieber Gott, wo bist du? Bitte hilf mir!‹«

Sie hielt einen Augenblick inne. »Ich war von dem Gedanken an die Freiheit völlig geblendet. Doch auf einmal stand ich vor der Frage: Wohin werde ich gehen? Wer wird mich in seine Dienste nehmen?

Es gab niemanden in dieser riesigen Stadt, an den ich mich wenden konnte – mit Ausnahme des Kaufmanns und seiner Sklavin. Es war später Abend, als ich Damnis Hütte betrat. Sie war überglücklich, mich zu sehen, und gab mir etwas zu essen, ein Dach über dem Kopf und ihr bestes Kleid.

Nach ein paar Tagen kam der Kaufmann vorbei, um mich zu besuchen. Ich spürte, daß mein Glück vollkommen wäre, dennoch wagte ich nicht zu hoffen, daß ein reicher Kaufmann eine Sklavin wie mich heiraten wollte. Eines Morgens lag unvermit-

telt ein weißes Gewand in meiner schlichten Hütte. Nachdem ich mich mit Damnis Hilfe angekleidet hatte, führte sie mich in einen Raum, in dem bereits der Mullah, der Kaufmann und einige Freunde des Kaufmanns auf mich warteten.
Der Mullah erhob sich, hielt die Hände vors Gesicht und sprach ein kurzes Gebet. Dann nahm er das Ende meines weißen Gewandes und band es an das des Kaufmanns, reichte uns mit Myrte und Jasminblüten veredeltes Wasser und steckte einen goldenen Ring an meinen Finger. Anschließend segnete er uns und ging fort. Das war unsere Hochzeit.
Während der folgenden Tage war ich wie von neuem Wein berauscht. Ich dankte Allah für die Sonne, für die wunderschönen Sommertage und den strahlenden Himmel. Ich dankte ihm für die morgendliche Frische und den Abendtau. Der Allmächtige schien mir sehr wohlgesonnen, und nichts konnte mein vollkommenes Glück trüben.
Eines Tages, drei oder vier Monate nach meiner Heirat, als ich auf den Stufen unseres Hauses saß, hörte ich eine Stimme. Ich konnte mich kaum umwenden, da wurde ich auch schon gepackt, geknebelt, an Händen und Füßen gefesselt und zu diesem Platz hier gebracht. Irgendwann erschien meine Herrin und befahl, mich an diesen Pfahl zu ketten. Hier blieb ich, bis mein Kind geboren wurde. Einen Monat nach der Geburt wurde ich erneut hier angekettet, mein Kind durfte jedoch bei mir bleiben, damit ich es stillen konnte. Sie sind nicht unfreundlich zu mir, und wenn es sehr feucht ist, nimmt die Sklavin das Kind mit zu sich in ihre kleine Hütte.«
L'Ores Stimme wurde schwach. »Ich könnte mich von diesen Ketten befreien, wenn ich versprechen würde, den Palast nie wieder zu verlassen. Doch das werde ich niemals tun«, sagte sie erschöpft. Ihr Kopf sank auf die Brust, dann fiel sie auf die Steine. Anna kniete schnell neben ihr nieder, doch sie war nicht in Ohnmacht gefallen, sie war einfach nur wie betäubt.
Anna setzte sich wieder auf die kleine Mauer des Teichs und

blickte auf die Frau, die reglos vor ihr lag. Seit vier Jahren war sie ständiger Grausamkeit, der Sonne, dem Wind und dem Regen ausgesetzt, und all das hatte weder ihren Mut noch ihren Geist brechen können. Anna war tief ergriffen, als sie dachte, daß sie selbst die Antwort auf L'Ores leidenschaftliche Gebete war. War es nicht seltsam, daß sie auf ihrem ziellosen Weg durch das Labyrinth des Palastes ausgerechnet zu dem Haus mit dem Messingtor gekommen war?

Sanft berührte sie L'Ores Schultern, worauf die Sklavin sich ihr zuwandte und fragte, ob sie geträumt habe. Sie war ziemlich verwirrt, und ihr Leben kam ihr manchmal wie ein böser Traum vor. Anna blickte in das sonnenverbrannte Gesicht und hörte auf, die Sklavin mit leeren Versprechungen zu trösten. Nur Taten konnten ihr wirklich helfen. Sie ließ die Frau mit dem Gesicht auf dem heißen Pflaster liegen und trat wieder durch das Tor. Die lange dunkle Straße war ebenso menschenleer wie zuvor.

Nachdem sie zwanzig Minuten auf den Straßen des Harems ziellos umhergelaufen war, gelangte sie in eine Gasse, die ihr bekannt vorkam. Als sie endlich die Schule erreichte, war es zwölf Uhr, und ihre Schüler warteten bereits auf ihren Plätzen auf sie. In der gleichmäßigen Betriebsamkeit des Tempels erschien ihr das seltsame Erlebnis in dem fernen Winkel der Palaststadt plötzlich vollkommen unwirklich.

Eine Sklavin wird befreit

Nach Schulschluß machte Anna sich auf die Suche nach dem Laden von Naikodah Ibrahim. Das gelang ihr auf Anhieb, da er direkt am großen Platz im muslimischen Viertel lag, jenem Teil der Stadt, in dem die indischen Tuchhändler ihre Läden hatten. Es war ein gutgehendes Geschäft, angefüllt mit Seide, Parfümen und Altarkerzen, und Naikodah war ein großer, schlanker Inder mit freundlichen Augen. Anna bat darum, ihn unter vier Augen sprechen zu dürfen, und wurde von ihm in seine Wohnung im rückwärtigen Teil des Ladens gebeten. Als sie ihm berichtete, daß sie von seiner Frau und dem Kind, von dessen Existenz er nie gehört hatte, komme, war er zuerst überglücklich, daß sie sich noch am Leben befanden, aber als er von ihrem Elend hörte, fing er an zu weinen.
Am gleichen Abend erschien eine Abordnung von Mohamme-

danern unter Führung des Mullah Hadjee Baba bei Anna und entwarf mit ihrer Hilfe eine Bittschrift. Anna erklärte sich bereit, sie dem König am nächsten Morgen vorzulegen. Die unsichtbare Kraft, die sie zu L'Ore geführt hatte, schien immer noch zu wirken, denn sie wurde gleich am frühen Morgen zum König gerufen. Sie nahm die Bittschrift und ein Geschenk – ein kleines Buch mit dem Titel *Wissenschaftliche Kuriositäten* –, um ihn für sich einzunehmen.

Der König freute sich sehr über das Büchlein, und er zeigte sich äußerst gnädig, als sie ihm die Petition überreichte. Er las sie achtsam durch und gab sie ihr mit den Worten: »Ich werde die Untersuchung dieses Falles persönlich durchführen« zurück. Am nächsten Tag erhielt sie ein Schreiben von ihm:

Lady Leonowens: Ich führe eine Untersuchung wegen Ihrer Beschwerde durch und habe die Prinzessin Phra Ong Butri, die Tochter von Chao Chom Manda Ung, die zur Zeit verreist ist, befragt. Ich werde Chao Chom Manda Ung bald treffen und sie ebenfalls in dieser Angelegenheit befragen.
S. S. P. P. Maha Mongkut, Rx.

Seine Majestät hielt, was er versprach. Sobald Chao Chom Manda Ung zurückgekehrt war, befahl er der obersten Richterin des Palastes, Khun Thao Ap, mit der Untersuchung zu beginnen. Der Verlauf der Ereignisse beruhigte Anna, denn sie wußte, daß die Richterin, deren Freundschaft sie schätzte, stets sehr gerecht urteilte.

Auf Anweisung des Königs brachte Anna die von den Mohammedanern unterzeichnete Bittschrift zu Khun Thao Ap. Als sie damit vor der Richterin erschien, blickte diese vom Studium der Gesetzesrollen auf.

»Ah, Sie sind es, Mem«, sagte sie und nahm ihre Brille ab. »Ich würde gerne etwas mit Ihnen besprechen.«

»Und ich …«, sagte Anna mit mehr Kühnheit, als sie wirklich besaß, »möchte Ihnen gerne etwas vorlegen.«
»Ja, ich weiß. Sie haben eine Bittschrift, die Sie bereits Seiner Majestät vorgelegt haben. Ihr Anliegen ist gewährt.«
»Gewährt? Wieso?« fragte Anna verwundert. »Darf L'Ore etwa den Palast verlassen?«
»O nein! Doch die Erlaubnis Seiner Majestät gibt uns die Autorität, gegen Chao Chom Manda Ung vorzugehen.«
»Aber ich dachte, Ihre Autorität würde sich auf alle Frauen des Palastes erstrecken.«
»Ja, in gewissem Sinne schon. Wir haben, so heißt es, das Recht, jede Frau im Palast zu zwingen, vor uns zu erscheinen, doch die vornehmen Damen kommen meist nicht, es sei denn, sie werden durch einen königlichen Brief wie diesen vorgeladen«, erklärte sie. »Sie senden meist eine belanglose Entschuldigung und erscheinen einfach nicht.«
Als sie merkte, daß Anna ihr nicht ganz folgen konnte, erklärte sie ihr, was L'Ore bereits gesagt hatte, nämlich daß Chao Chom Manda Ung die Tochter einer der mächtigsten Familien Bangkoks und außerdem eine Gemahlin des verstorbenen Königs war. Der Einfluß ihrer Familie bei Hof und ihre eigene Stellung ermächtigten sie, nur den Befehlen des Königs nachkommen zu müssen, die natürlich für jedermann Gesetz waren. Außerdem war ihre einzige Tochter, Prinzessin Butri, eine Gemahlin des Königs und erfreute sich seiner Gunst. Sie war zudem auch die Lehrerin der verstorbenen Königin, der Mutter des Prinzen Chulalongkorn, gewesen. Sie besaß zahlreiche Vorrechte, galt als Autorität in Fragen der Hofetikette und war eine ausgezeichnete und vielbewunderte Dichterin.
Anna lächelte flüchtig, als sie die letzten Worte hörte. Ihre Vermutung, daß L'Ores Ausdrucksweise kein Zufall sei, hatte sich gerade bestätigt: Sie war das Ergebnis ihrer Erziehung.
Khun Thao Ap wandte sich an einen der weiblichen Sheriffs und schickte sie los, um Chao Chom Manda Ung, Prinzessin

Butri und L'Ore zu holen. Beinahe zwei Stunden vergingen, ehe die Königswitwe und die Prinzessin von einem großen Gefolge begleitet erschienen. Die Gerichtsbeamtin verbeugte sich sehr tief und folgte der Prozession in einer respektvollen Entfernung.

Die vornehmen Damen nahmen auf bestickten Samtpolstern Platz, während Anna sie neugierig musterte. Sie waren sehr zierlich und einander, vom Alter einmal abgesehen, wie aus dem Gesicht geschnitten. Für Siamesinnen hatten sie ungewöhnlich schön geformte Nasen, benahmen sich sehr selbstbewußt, und ihr Verhalten der Richterin gegenüber verriet eine gewisse Unverschämtheit.

Doch Khun Thao Ap ließ sich davon nicht beeindrucken. Sie blickte die vornehmen Damen kurz an und fragte: »Wo ist die Sklavin L'Ore?«

Die Königswitwe warf der Richterin einen gehässigen Blick zu, antwortete aber nicht. Sie schob sich eine Prise Tabak in den Mund, ehe sie den frischen Betel, der ihr von einer der vor ihr liegenden Sklavinnen gereicht worden war, kaute. Ihr schweigsamer Trotz klang in der Stille des Hofes lauter als Worte.

Eine Schar Sklavinnen mit ihren Kindern hockten, in alle Arten von Lumpen gehüllt, im offenen Gerichtshof. Anna war von ihren Gesichtern tief beeindruckt. Eine von ihnen hatte die vornehmen Damen des Hofes herausgefordert, und sie wollten kaum glauben, daß es ihrer Leidensgenossin tatsächlich gelingen könnte, die Freiheit zu erlangen. Sie alle kannten L'Ores Leidensgeschichte.

Sie sahen den Hochmut und die Verachtung auf den Gesichtern der Königswitwe und ihrer Tochter. Mit ängstlicher Gespanntheit lenkten sie ihre Blicke auf das strenge Antlitz der Richterin und versuchten, den rätselhaften Gesichtsausdruck der hohen Beamtin zu ergründen. Chao Chom hatte die Richterin offen herausgefordert. Würde Khun Thao Ap es wirklich wagen …?

Hoffnung schimmerte in den Augen der Sklavinnen. Sie alle

wußten, daß die strenge Frau eine große Achtung vor den Rechten der Ärmsten ebenso wie vor jenen der angesehenen Witwe hatte.

Langsam verlas die Richterin mit lauter, klarer Stimme den Brief des Königs. Nachdem sie geendet hatte, warfen sich die Königswitwe und ihre Tochter dreimal vor ihr nieder.

Dann fragte die Richterin die vornehmen Damen: »Können Sie mir einen Grund nennen, aus dem der Sklavin L'Ore ihre Freiheit nicht gewährt werden sollte, nachdem sie bereit war, den vollen Preis für ihre Freiheit zu bezahlen?«

Aller Augen waren nun auf das Gesicht Chao Choms gerichtet. Die Antwort fiel ihr schwer, denn sie versuchte den Zorn, der in ihr kochte, nicht zu zeigen. »Die Sklavin L'Ore wurde in der Knechtschaft geboren«, bemerkte sie höhnisch. »Wir ziehen es vor, ihr die Freiheit nicht zu gewähren, da sie unserer Tochter sehr nützlich ist.«

Khun Thao Aps Blick wurde noch strenger, sie überging die beabsichtigte Unhöflichkeit der mächtigen Frau und sagte mit langsamer Stimme: »Es ist Gesetz und Sitte dieses Landes, daß Sklaven das Recht haben, sich freizukaufen.« Und sie nahm eine Gesetzesrolle zur Hand und las:

Im eintausendfünfhundertundsiebenundfünfzigsten Jahre Buddhas (A. D. 1013), im sechsten Mondmonat, während des zunehmenden Mondes, an einem Sonntag, beauftragte Seine Majestät Baroma Bapit seine vier obersten Minister, einen Anhang zu dem Gesetz der Knechtschaft zu verfassen.

Die sechste Klausel dieses Anhangs lautet: ›Ein Sklave, der nicht bei seinem Gebieter verbleiben will und der den Preis seines Rückkaufs besitzt, ist hiermit ermächtigt, seinem Gebieter die entsprechende Summe anzubieten. Die Weigerung des Gebieters, dieses Geld anzunehmen und dem Sklaven die Freiheit zu geben, gilt als eine Handlung gegen das Gesetz und ist mit einer Geldbuße zu bestrafen.‹«

Die Königswitwe rief mit schriller Stimme: »Und was wäre, wenn jede meiner Sklavinnen mir den Preis ihres Rückkaufs bringen würde?«
Aller Augen blickten auf die Richterin, die ruhig auf ihrer kleinen Matte saß. »Dann«, antwortete sie und betonte jedes Wort, »wären Sie verpflichtet, jeder einzelnen die Freiheit zu schenken. So will es das Gesetz.«
»Und mich dann selbst bedienen?« rief die Königswitwe, die ihren Zorn nicht länger verbergen konnte.
Die Stimme der Richterin war kühl wie ein See: »Genau das, meine erlauchte Herrin«, sagte sie und verbeugte sich tief.
Chao Chom Manda Ung wurde bleich und fing an zu zittern.
»Die Sklavin L'Ore möchte frei sein«, fuhr Khun Thao Ap fort, ohne den Zorn der königlichen Damen weiter zu beachten. »Es ist der Wunsch der Kru Yai, sie freizukaufen, und nach dem Willen Seiner Majestät soll dies gemäß dem Gesetz der Knechtschaft geschehen. Ich erkläre und ordne daher hiermit an, daß die Sklavin L'Ore nicht mehr länger die Sklavin von Chao Chom Manda Ung, sondern ab sofort Eigentum von Kru Yai ist. Ich ordne weiter an, daß der Preis ihres Rückkaufs auf vierzig Ticals festgesetzt wird.«
Die Königswitwe sah Anna haßerfüllt an. »Laßt das Kaufgeld sofort auszahlen, und sie ist für immer frei.«
Anna war verzweifelt, soviel Geld hatte sei nicht bei sich. Doch die Richterin wandte sich direkt an sie, als wäre die Bedingung Chao Chom Manda Ungs eine unbedeutende Kleinigkeit, die man nicht weiter beachten mußte. »Sie sind nun die Herrin von L'Ore. Ich werde die Dokumente gleich ausfertigen lassen. Bringen Sie morgen das Geld zu mir, dann werden wir alles Weitere regeln.«
»Ich danke Ihnen! Ich danke Ihnen so sehr!« sagte Anna mit lei-

ser Stimme. Als sie sich erhob, zitterten ihre Knie. Sie verbeugte sich kühl vor den Damen, doch diese nahmen keine Notiz von ihr. Anna war es egal, ihr Herz hüpfte vor Freude, und sie kehrte mit strahlendem Lächeln nach Hause zurück.

Am nächsten Tag ging sie wieder zum Gericht. Khun Thao Ap überreichte ihr das Dokument, das L'Ores Freiheit garantierte, und schickte einen der weiblichen Sheriffs mit ihr, um zu überwachen, daß das Geld ausbezahlt und L'Ore befreit würde.

Noch einmal schritt Anna durch die düsteren Alleen und kam schließlich in die geheimnisvolle Straße, die zu dem Messingtor führte. Ihr Herz schlug vor Aufregung sehr schnell, als sie es öffnete und den Hof betrat. Die Sklavin L'Ore war immer noch an den Pfahl gekettet, doch der Vorplatz des Hauses war diesmal voller Menschen. Prinzessin Butri und Chao Chom Manda Ung saßen inmitten von mitfühlenden Frauen und schützten vor, Annas Anwesenheit nicht zu bemerken – immerhin hatten sie es nicht gewagt, dem feierlichen Akt fernzubleiben.

Die Gerichtsbeamtin war so verängstigt, wahrscheinlich fürchtete sie die Folgen ihrer Aufgabe, daß Anna allein vortrat. Sie öffnete ihre Tasche und nahm vierzig Ticals heraus. Sie hatte sie kaum niedergelegt, als die wütende Chao Chom sie zum Zeichen ihrer Verachtung mit dem Fuß fortstieß. Klirrend fielen die silbernen Münzen auf das Pflaster. Anna überging dieses kindische Benehmen und blickte der Königswitwe unentwegt ins Gesicht. Grollend gab sie den Befehl, L'Ore loszubinden und gehen zu lassen.

Die Schmiedin, eine plumpe Frau, ging zu der angeketteten Sklavin und feilte den Ring durch. L'Ore war endlich frei. Doch zu Annas Erstaunen bewegte sie sich nicht, statt dessen sank sie auf die Knie und lag mit gefalteten Händen vor ihren ehemaligen königlichen Gebieterinnen. Anna trat vor und redete auf sie ein, doch L'Ore schwieg. Es schien, als wären die Ketten von ihrem Körper, aber nicht von ihrem Geist gefallen.

Nach ihrer ersten Unterredung mit der Sklavin hatte Anna befürchtet, die schwere Prüfung habe sie so sehr belastet, daß sie trotz der ersehnten Freiheit nicht wieder die alte wurde. Anna konnte L'Ore nicht mit Gewalt fortschleppen, doch sie hierzulassen, wäre eine schreckliche Demütigung und außerdem eine schwere Niederlage der Justiz gewesen. Verzweifelt flüsterte Anna der Gerichtsbeamtin zu: »Was ist geschehen? Was geht hier vor sich?«, doch die ängstliche Frau blickte starr auf den Boden und antwortete nicht.

Anna war außerordentlich beunruhigt, was sollte sie jetzt tun? Die vornehmen Damen plauderten angeregt miteinander, ohne auf die vor ihnen liegende Sklavin oder auf Anna zu achten. L'Ore lag wie tot da, doch Anna war fest entschlossen, sich nicht überlisten zu lassen. Da trat plötzlich eine Frau mit einem Kind auf dem Arm hinter Anna und flüsterte ihr zu: »Sie haben ihr das Kind weggenommen.«

Das war es also! Diesen Schachzug hatte sie nicht vorausgesehen. Die vornehmen Damen hatten wirklich einen teuflischen Plan ausgeheckt! Sie mußten zwar der Sklavin auf Befehl des Königs die Freiheit geben, doch das Kind war mit keinem Wort erwähnt worden. Mitgefühl und Trauer spiegelten sich auf den Gesichtern der Menschen, die außerhalb des Hofes standen und zuweilen verstohlen hereinsahen. Sie dachten wohl, daß das Wunder von L'Ores Freilassung zu schön gewesen wäre, um wahr zu sein. Anna hörte halblaute Seufzer, dann raunte ihr die Frau neben ihr zu: »Geht zurück! Verlangt Geld, um auch das Kind zu kaufen!«

Anna blieb nichts anderes übrig. Traurig ging sie fort und konnte die Befürchtung nicht unterdrücken, daß die Sache verloren sei. L'Ore würde ihren Sohn nicht zurücklassen, und Anna wußte nicht, ob eine berechtigte Hoffnung auf die Freilassung des Kindes bestand.

Khun Thao Ap saß immer noch auf ihrer Matte im Gerichtshof, als Anna zurückkam und ihr die Sachlage schilderte. Sie antwortete nicht, nahm aber eine Gesetzesrolle zur Hand und

machte sich auf den Weg zu dem Haus mit dem Messingtor. Als sie im Hof des Gebäudes angelangt waren, sah Anna die Szene unverändert vor sich. L'Ore lag noch immer, das Gesicht auf den Boden gerichtet, auf dem Pflaster. Die Richterin verbeugte sich höflich vor den auf dem Vorplatz sitzenden Damen, öffnete die Gesetzesrolle und las: »Wenn eine Frau während ihrer Knechtschaft Kinder bekommt, werden auch sie zu Sklaven, und sie ist verpflichtet, auch für ihre Freiheit zu zahlen. Der Preis beträgt ein Tical für jedes Lebensjahr.«
Die Worte der Richterin machten einen starken Eindruck auf die außerhalb des Hofes wartende Menge, wirkte aber auf die königlichen Damen in keiner Weise. Zahlreiche Betelbüchsen wurden geöffnet, und Hände mit Silbermünzen streckten sich Anna entgegen. Sie nahm vier Ticals und legte sie vor den Damen auf dem Vorplatz nieder, die gelangweilt in ihre juwelenbesetzten Handspiegel blickten. Als die Richterin bemerkte, daß nichts geschah, beauftragte sie eine Gerichtsbeamtin, den Jungen zu holen.
Nach einer weiteren halben Stunde lag er endlich in den Armen seiner Mutter. L'Ore äußerte weder Überraschung noch Freude, sondern blickte nur mit vor Glück strahlendem Gesicht zum Himmel empor. Mutter und Kind verneigten sich sodann höflich vor den Damen auf dem Vorplatz, die ihnen noch immer kein Beachtung schenkten. Dann stand L'Ore schwerfällig auf und mußte über ihre Ungeschicklichkeit lachen. Hilfsbereite Hände streckten sich ihr entgegen, und sie humpelte fort, gefolgt von einer frohlockenden Menge, an deren Spitze die Richterin marschierte. Sie drückte ihr Gesicht an das ihres Kindes, als sie zu sich und zu ihm sprach: »Wie glücklich wir sein werden! Auch wir haben einen kleinen Garten in Vaters Haus. Mein kleiner Thuk wird jeden Tag im Garten spielen. Er wird im Gras nach Schmetterlingen jagen, und ich werde ihn den ganzen Tag beschützen.«
Die Torwächter reichten dem Kind Blumen, als L'Ore und

Anna hindurchtraten, und riefen: »Barmherziger Buddha, wir sind glücklich! Sehr, sehr glücklich!«

Irgendwie war die Nachricht ihres Kommens aus den Mauern des Palastes gedrungen. Kaum hatten Anna, L'Ore und Thuk die Tore durchschritten, als sie von einer fahnenschwenkenden Menschenmenge aus Malaien, Indern, Siamesen und einigen Chinesen umringt wurden. Mit fliegenden Bannern liefen die Männer, Frauen und Kinder am Ufer des Chow Phya entlang, während L'Ore und ihr Sohn ein Boot bestiegen, das sie zu ihrem Haus brachte.

Am nächsten Tag erschien Naikodah Ibrahim bei Anna, um ihr das Geld zurückzugeben, das sie für seine Frau und das Kind ausgelegt hatte, und ihr zu berichten, daß er den Namen seines Sohnes von »Thuk« oder »Sorge« in »Frei« geändert habe.

Der Tod der Fa-ying

L'Ores wunderbare Rückkehr zu ihrem Gatten hatte weitreichende Folgen: Anna war über Nacht berühmt geworden. Die Sklavinnen, die vom Palast in die Stadt kamen, erzählten den Kaufleuten die Geschichte, und diese teilten sie wiederum ihren Kunden mit. Manche der vornehmen Hofdamen beschwerten sich bei ihren außerhalb des Palastes lebenden Familien darüber. Was wäre, wenn wirklich jede Sklavin ihre Freiheit verlangen und ohne große Probleme auch erhalten konnte? Durch dieses Ereignis hatte Anna einflußreiche Feinde unter den Adeligen, die sie revolutionärer Ideen verdächtigten.

Und das sollte sie schon bald zu spüren bekommen. Doch im Frühling des Jahres 1863 hatte sie es noch mehr mit dem einfachen Volk zu tun. Die Leute fielen auf die Knie, wenn sie vorüberging, oder sie krochen mit Bittschriften zu ihr, wenn sie am Abend vor ihrem Haus saß. Betrat sie das Klassenzimmer im Tempel, lagen auf ihrem Platz Blumen, die einige Sklavinnen gepflückt und zu Kränzen geflochten hatten. Es war, als ob für die einfachen Menschen des Palastes und der Stadt, die fast Namenlosen – denn sie hatten nur Namen wie »Roter« oder »Schwarzer« oder »Dicker« oder »Lotos« –, ein neuer Tag eingeläutet worden wäre und sie ihre Köpfe in der Hoffnung auf bessere Zeiten hoben.

Annas neuer Ruhm sollte sich aber bald als lästig, sogar als gefährlich erweisen. Annas Herz war stets von Mitleid erfüllt, und immer wieder verwendete sie ihr kleines Gehalt, um die Leiden jener, die zu ihr kamen, zu mildern. »Weißer Engel« nannte man sie ehrfürchtig. Die Worte »Geh zum Haus des weißen Engels, sie wird dir helfen«, wurden zu einer Botschaft der Hoffnung, die sich die Verzweifelten zuflüsterten. Die hilfesuchenden Menschen kannten Annas Namen nicht, und als fünfzig Jahre später einer ihrer Enkel ihr Haus suchte und sich nach »Mem Leonowens' Haus« erkundigte, begegnete er nur verständnislosen Blicken. Doch als er nach dem »Haus des weißen Engels« fragte, führten ihn die Menschen frohen Herzens hin.

Erst eine Woche nach L'Ores Befreiung galt die Aufmerksamkeit der Menschen bei Hof wieder anderen Dingen, und Anna atmete erleichtert auf. Der König war mit der Einäscherung des Prinzen Witsanunat, des zweiten Sohnes Seiner Majestät, beschäftigt. Der verstorbene Prinz zählte nicht zu den möglichen Thronfolgern, da er geboren wurde, noch ehe der König in den Priesterstand getreten war. Der siebenunddreißigjährige Prinz war einer der beiden Söhne der ersten Frau des Königs gewesen, hatte elf Kinder hinterlassen, von denen manche älter waren als seine eigenen Stiefgeschwister. Er hatte seinem Vater sehr nahegestanden und seit Jahren den Privatbesitz des Königs verwaltet. Seine Einäscherung war daher eine sehr bedeutsame Zeremonie, und der Schulunterricht wurde für eine Woche unterbrochen, um den Königskindern Gelegenheit zu geben, der Kremation und den darauffolgenden Festlichkeiten beizuwohnen.

Anna war für die kleine Ruhepause sehr dankbar, endlich konnte sie einige private Briefe schreiben, Louis unterrichten und ihren Haushaltspflichten nachkommen. Am Nachmittag des

14. Mai saß sie mit Louis entspannt auf dem Balkon, als der Junge plötzlich ausrief: »Schau nur, Mama!« und aufgeregt auf den Fluß in der Nähe des Palastes zeigte. Eine der königlichen Barken schoß mit unglaublicher Schnelligkeit in die Mitte des Flusses, und die Boote der Kaufleute und die Barkassen der Adeligen konnten nur im letzten Augenblick ausweichen.
Die Barke hatte kaum am Kai angelegt, da sprang eine Sklavin heraus, rannte zu Anna und überreichte ihr einen Brief, der das Siegel des Königs trug. Sie öffnete das Schreiben und las:

Meine liebe Mem,
unsere geliebte Tochter, Ihre Lieblingsschülerin, ist an
Cholera erkrankt. Sie hat darum gebeten, Sie sehen zu
dürfen und wiederholt immer wieder Ihren Namen.
Bitte erfüllen Sie ihr diesen Wunsch. Ich fürchte, ihre
Krankheit ist tödlich, da wir seit dem Morgen bereits
drei Todesfälle hatten. Sie ist mein liebstes Kind.
Ihr betrübter Freund,
S. S. P. P. Maha Mongkut, Rx.

Und die Sklavin fügte die dringende Bitte hinzu: »Mem, drei Sklavinnen liegen bereits tot im Hof der Prinzessin. Und Fa-ying ist diesen Morgen erkrankt. Sie ruft unaufhörlich nach Ihnen. Bitte, kommen Sie schnell zu ihr!«
Anna sagte Louis, daß er nicht mit ihr kommen könne, sondern bei Beebe bleiben müsse und auch sonst nirgendwohin gehen dürfe. Dann eilte sie zu der Barke. Das Boot schien unsäglich langsam über den Fluß zu kriechen, und Anna trieb die Ruderer immer wieder an, doch sie taten bereits ihr Bestes: Sie mußten gegen die Strömung rudern. Anna hatte erfahren, daß die kleine Prinzessin mit einigen ihrer Geschwister am Vorabend auch bei dem Feuerwerk, das ein Teil der Einäscherungszeremonien war, gewesen und noch völlig gesund gewesen war. Die Cholera wütete wie in jedem Jahr seit einigen Wochen in der Stadt, doch

niemand hatte sich darüber Gedanken gemacht, da die Epidemie nicht besonders gefährlich war.

Endlich war die Barke am Ziel. Wie langsam sich die schweren Tore öffneten! Atemlos erreichte Anna das Zimmer der kleinen Prinzessin. Dr. Campbell vom britischen Konsulat stand vor der Tür. Als er Anna sah, schüttelte er den Kopf. Seine Lippen formten die lautlosen Worte: »Sie liegt im Sterben.«

Fa-ying lag auf einer Matratze in der Mitte eines Teppichs. Verwandte und Sklavinnen standen um ihr Lager und sangen voller Angst den heiligsten Namen Buddhas. »Phra Aharan! Phra Aharan!« Der Gesang sollte der Seele der Sterbenden den Weg in den Himmel weisen. Die alte Prinzessin Lamom, die Ziehmutter Fa-yings, hatte sich vom Schmerz überwältigt zu ihren Füßen niedergeworfen.

Anna näherte sich dem Lager. Ihr Herz pochte vor Schmerz, und Tränen liefen über ihre Wangen. Fa-ying öffnete die Augen. Sie erkannte Anna und streckte die Arme nach ihr aus. Anna drückte das kleine Mädchen an ihre Brust. Fa-ying schmiegte sich mit einem leichten Seufzer an sie und lag still in ihren Armen. Anna schloß in dem vergeblichen Versuch, ihre Tränen zurückzuhalten, die Augen. Als sie wieder aufblickte, war Fa-ying tot.

Anna küßte das Gesicht des Kindes und dachte schmerzerfüllt, daß der Gesang jetzt überflüssig war, da das kleine Wesen niemals wieder den Weg verlieren würde. Behutsam legte sie den kleinen Körper zurück auf die Matte, und die Anwesenden verstanden sofort und brachen in lautes Jammern aus. Die Menschen, die vor den Mauern des Harems auf dem Pflaster knieten, nahmen das Klagelied auf, und Anna konnte die schrillen Laute durch die Straßen des Palastes widerhallen hören.

»Dr. Bradley und ich haben alles menschenmögliche getan«, sagte Dr. Campbell bedrückt, als er seine Tasche aufhob. »Als wir gerufen wurden, war es bereits zu spät. Es ist sehr, sehr bedauerlich.«

Anna war wie betäubt. Vor wenigen Stunden noch war Fa-ying heiter und bei bester Gesundheit gewesen, und nun war das reizende und talentierte Kind tot.

Eine der Frauen beschwor Anna, zum König zu gehen und ihm zu berichten, was sich ereignet hatte. Keine von ihnen wagte es, dem Herrscher die schreckliche Nachricht vom Tode seines Lieblingskindes zu überbringen. Anna wollte es auch nicht tun, als sie aber die panische Angst in den Augen der anderen sah, willigte sie ein.

Der König saß allein in seinem Studierzimmer und war noch immer in die weißen Gewänder gekleidet, die er bei der Einäscherung seines Sohnes getragen hatte. Soeben war der Scheiterhaufen angezündet worden. Als Anna den Raum betrat, suchte sie verzweifelt nach Worten, mit denen sie ihm die Nachricht auf schonende Weise mitteilen konnte. Es gelang ihr nicht, doch das war auch nicht notwendig. Der König sah sie an, schlug die Hände vors Gesicht und weinte bitterlich.

Anna saß nur hilflos da und wollte nicht gehen und den König mit seinem Schmerz allein lassen. Niemand hatte es gewagt, mit ihr den Raum zu betreten. Es war inzwischen spät geworden, und die letzten Sonnenstrahlen fielen durch das Fenster. Die große Turmuhr schlug sechs. Der König saß da, den Kopf in die Hände gebeugt, trauerte um sein Kind und rief es immer wieder bei seinen Kosenamen, als säße es auf seinen Knien und könnte ihn hören. Als Anna aufblickte und ihn ansah, liefen Tränen über ihre Wangen.

Eine Stunde saßen sie stumm da. Während dieser Zeit waren sie nicht eine englische Lehrerin und ein asiatischer Monarch, sondern ein Mann und eine Frau, die um ein kleines Kind trauerten, das sie sehr geliebt hatten. Dann schlich sich Anna aus dem Raum.

Es wurde Morgen, bis der König die Halle betreten konnte, in der Fa-ying auf einem weißen, mit Gold umsäumten Satinkissen aufgebahrt lag.

Prinzessin Lamom lag immer noch zu Füßen des Kindes und wollte sich nicht trösten lassen. Als der König eintrat, kroch sie zu ihm, legte ihren Kopf auf seine Füße und stöhnte: »*Phutho! Phutho!*« Alle weinten. Mit bebenden Lippen nahm der König den kleinen Körper in seine Arme und badete ihn. Die anderen Mitglieder der königlichen Familie, Verwandte und die Damen des Harems folgten seinem Beispiel. Sie traten ihrem Rang gemäß nacheinander vor und gossen aus einer silbernen Schale Wasser über den schlanken Körper des toten Kindes. Zwei Schwestern des Königs hüllten ihn danach in lange Wachstücher, bestäubten ihn mit Parfüm, Weihrauch und Myrrhe und wickelten ihn in ein Grabtuch. All diese Vorbereitungen gingen nahezu geräuschlos vor sich.

Als die Zeremonie beendet war, kroch jeder Anwesende zu dem Körper und nahm mit den Worten: »Fahre nun in den Himmel, Chao-fa-ying« Abschied von dem Königskind. Dann erschienen drei junge, in Weiß gekleidete Mädchen mit zwei goldenen Schreinen. Der kleine Körper wurde vorsichtig in den ersten Schrein gebettet und dieser wieder in den zweiten, der aus feinerem Gold und mit kostbaren Steinen geschmückt war, gelegt.

Für Anna, die diese Zeremonien nie zuvor mitgemacht hatte, waren sie eine Qual, aber sie tröstete sich mit dem Gedanken, daß sie die Ruhe der kleinen Seele nicht mehr stören konnten.

Der Doppelschrein wurde in eine vergoldete Sänfte gestellt und zum Tempel des Maha Prasat gebracht, wo er auf einem sechs Fuß hohen, stufenförmigen Sockel, umgeben von brennenden Kerzen und duftenden, von der Decke hängenden Öllampen, aufgebahrt wurde. Diese Lichter würden sechs Monate lang, bis zur Einäscherung, Tag und Nacht brennen.

Der König war der Sänfte mit schmerzerfüllter Miene gefolgt, und während die Trompeter und Bläser ihrer traurigen Aufgabe nachkamen, saß er ein wenig abseits, das Gesicht in den Händen vergraben. Die Zeichen des Ranges der kleinen Prinzessin wurden am Fußende des Schreins angebracht, dann stimmten die Musikanten ein Klagelied an, das mit einem feierlichen Trauergesang endete. Nach dieser Zeremonie zogen sich der König und die Trauergemeinde zurück und überließen die sterblichen Überreste der lieblichen Fa-ying der friedlichen Schönheit des Maha Prasat.

Dreimal täglich, am frühen Morgen, am Mittag und zur Dämmerstunde, kamen die Musikanten, um ein Requiem für die Seele der Toten anzustimmen. Trauernde Frauen fielen in die Klagelieder ein, beweinten den frühen Tod des Kindes und priesen die Schönheit, die Anmut und die Tugenden Fa-yings. Zwischen den Totenämtern sangen vier Priester, die alle vier Stunden abgelöst wurden, das Loblied Buddhas. Drei Tage später sandte der König eine Proklamation an seine ausländischen Freunde, um ihnen vom Tod seiner kleinen Tochter zu berichten.

Einige Tage später kam die königliche Barke, die Anna schon zum Sterbelager Fa-yings geholt hatte, mit denselben Sklavinnen und in derselben Eile zu ihrem Haus. Seine Majestät wollte sie sofort sprechen.

»Ist wieder jemand an Cholera erkrankt?« fragte Anna. Doch die Sklavinnen konnten ihr keine Auskunft geben.

Anna wurde in den Schulpavillon geführt, der über und über mit Blumen geschmückt war. Die Bücher Fa-yings lagen vor ihrem Platz auf dem Tisch, darüber war ein Strauß von Rosen und Lilien drapiert. Sie fragte die geschäftig umherlaufenden Frauen des Harems, was all dies zu bedeuten hatte. Man flüsterte ihr zu, daß ihr eine außerordentliche Ehrung zuteil werden würde. Verwirrt und ängstlich ließ sie sich auf dem prunkvoll geschmückten Sessel nieder.

Sobald der König sicher war, daß Anna auf ihrem Platz saß, machte er sich gemeinsam mit den vornehmen Damen des Harems, seinen Schwestern, Cousinen und Tanten auf den Weg zum Pavillon.

Nachdem der König Anna und Louis begrüßt hatte, erklärte er, daß er Anna eine Auszeichnung verleihen wolle, die bisher noch kein Fremder erhalten habe. Sie erhalte sie vor allem für ihre Zuneigung zu seiner Tochter und wegen ihres mutigen Verhaltens am Sterbelager seines geliebten königlichen Kindes. Er bat Anna, sich nicht zu bewegen, nahm sorgfältig sieben Fäden ungesponnene Baumwolle, legte sie über ihren Kopf und die Bücher des toten Kindes und gab das Ende jedes einzelnen Fadens in die Hände seiner sieben älteren Schwestern. Dann schwenkte er mit ernster Miene und rhythmischen Bewegungen einige Goldmünzen und träufelte einundzwanzig Wassertropfen aus einer mit Juwelen besetzten Muschel darauf. Schließlich sang er mit leiser Stimme eine Stelle aus dem Sanskrit, drückte dann ein kleines seidenes Säckchen in Annas Hand und befahl ihr, sich als Chao Khun Kru Yai, als hervorragendste Lehrerin ihres Herrn, zu erheben.

In dem Säckchen befanden sich eine Adelsurkunde und die Besitzurkunde über mehrere Hektar Land in dem Gebiet Lopburi. Ihre Nachforschungen ergaben, daß Anna es nur erreichen konnte, wenn sie auf dem Rücken eines Elefanten durch den dichten Dschungel reiste. Sie entschloß sich daher, die Ländereien auch weiterhin den bisherigen Bewohnern – Tigern, Elefanten Rhinozerossen, Bären, Gürteltieren und Affen – ungestört und steuerfrei zu überlassen. Anna und Louis einigten sich, die Sache nicht weiter zu erwähnen. Sie war mehr an harte Arbeit und Widerstände als an Schmeicheleien gewöhnt, und sie hatte ich während der gesamten Zeremonie eher unbehaglich gefühlt und war sich beinahe lächerlich vorgekommen. Der feierliche Ernst der Zeremonie und die Bedeutung ihres Titels für die Siamesen, hatten ihr Unbehagen nur noch gesteigert.

»Wie habe ich denn ausgesehen«, fragte sie den Jungen auf dem Heimweg, »mit meinem eingeschnürten Kopf? Wie ein Paket aus dem Kräuterladen?«

»Ziemlich komisch, Mama!« lachte er.

Die Brille des Königs

Der Unterricht wurde im Juli erneut unterbrochen, als der König anordnete, daß seine Familie ihn nach Ayuthia begleiten solle. Auch Anna nahm an der Reise teil. Louis freute sich riesig darüber und schrieb seiner Schwester: »Wir hatten auf der schönen Jacht des König mit dem Namen *Royal Sovereign*, eine wunderbare Fahrt. Ich habe einige riesige Götzenbilder gesehen und durfte ein winziges mitnehmen.« Auch Anna machte die Reise Freude, doch als sie nach Bangkok zurückkehrten, war ihr Haus von Dieben geplündert worden. Anna zweifelte nicht daran, daß ihr alter Feind, der Halbbruder und Dolmetscher des Kralahome, dahintersteckte. Die Feindschaft, die seit ihrem ersten Zusammentreffen bestand, hatte sich niemals gelegt – und er war ihr Nachbar. Einige der Gegenstände konnte sie in den Leihhäusern zurückkaufen, doch die meisten blieben für immer verschwunden.

Die Zahl der Schüler wurde mit der Zeit immer größer, und die Klassen mußten geteilt werden. Einige Kinder machten größere Fortschritte als die anderen, und wieder mußten neue Gruppen gebildet werden. Anna hatte seit Monaten die älteren Schülerinnen beobachtet und gehofft, daß ein oder zwei besonders Begabte darunter wären, die ihr beim Unterricht helfen könnten. Lady Son Klin wäre durchaus eine geeignete Kandidatin, doch Anna zögerte wegen ihrer umstrittenen Stellung im Harem, ihre Hilfe in Anspruch zu nehmen. Außerdem war Lady Son Klin mit einem besonderen Vorhaben beschäftigt, bei dem ihr Anna zweimal pro Woche half. Sie hatte während ihrer Leseübungen *Onkel Toms Hütte* entdeckt und war von diesem Buch von Anfang an gefesselt. Immer wieder las sie es durch, bis sie über die einzelnen Figuren sprechen konnte, als wären sie ihr seit Jahren vertraut. Ihre Bestürzung über den frühen Tod der kleinen Eva war so echt, als wäre das Mädchen ihr eigenes Kind gewesen. Eines Tages faßte sie den Entschluß, das Buch zu übersetzen, und machte sich aufgeregt, glücklich und mit unermüdlichem Eifer an die Arbeit.
Ihre Bewunderung für die Autorin kannte keine Grenzen, und sie erzählte Anna, daß sie ab sofort den Namen der Amerikanerin als Zeichen ihrer Verehrung annehmen wollte. Seitdem unterschrieb sie ihre Briefe an Anna mit »Harriet Beecher Stowe Son Klin«.
Die andere vielversprechende Kandidatin für den Posten einer Hilfslehrerin war Prang, eine der Hofdamen des Königs. Sie war ein Mädchen von sechzehn Jahren, groß, schlank, mit

dunklem Teint, lockigem pechschwarzem Haar und strahlenden Augen. Die bunten Kleider entsprachen ihrem lebhaften Temperament. Ihr freundliches Lächeln, mit dem sie sich Anna am ersten Nachmittag genähert hatte, unterschied sich sehr von dem demütigen und ängstlichen Benehmen, das die anderen Mädchen an ihrem ersten Schultag zur Schau trugen.

Anna erkannte bald, daß Prang eine unglaublich schnelle Auffassungsgabe besaß, und schon nach wenigen Wochen war sie davon überzeugt, in ihr eine zuverlässige Hilfe gefunden zu haben.

Allerdings änderte sich Prangs Verhalten nach einigen Monaten. Obwohl sie so lebhaft war wie vorher, zeigte sie kaum mehr Interesse am Unterricht. Dieses Verhalten war an sich nicht ungewöhnlich – die meisten Haremsdamen fanden den Unterricht nach anfänglichem Interesse eher langweilig, ganz so, wie Mrs. Mattoon es vorausgesagt hatte. Geistige Disziplin war den Frauen unbekannt, und sobald der Reiz des Neuen verblaßt war, kehrten sie zu ihren weniger anstrengenden Beschäftigungen zurück. Prang dagegen war sehr begabt, und man sah ihr die Freude am Lernen regelrecht an. Anna versuchte immer wieder, Prangs Interesse zu erwecken, da sie ihr Verhalten für eine vorübergehende Lustlosigkeit hielt, die sich durch einige aufmunternde Worte wieder vertreiben ließ.

An einem Tag lernte Prang fleißig, buchstabierte die schwierigsten Wörter und arbeitete stundenlang an einer Übersetzung. Selbst wenn alle anderen bereits nach Hause gegangen waren, saß sie noch immer über ihre Bücher gebeugt und lächelte, wenn sie wieder eine Aufgabe gelöst hatte. Doch am nächsten Tag saß sie nur teilnahmslos auf ihrem Platz oder verbrachte die Zeit damit, die Kinder unter dem Tisch zu stoßen, ihre Bücher zu verstecken und Grimassen zu schneiden. Wenn Anna sie wegen ihres Verhaltens zur Rede stellte, kam Prang mehrere Tage oder gar Wochen nicht zum Unterricht. Wenn aber Anna ihre Streiche ungerügt ließ, störte sie immerzu den ordentlichen

Verlauf des Unterrichts. Doch sie wußte ganz genau, wie weit sie gehen durfte. Immer wenn Anna besonders streng zu ihr war, nahm sie ihre Lehrerin durch ihre fleißige Mitarbeit sofort wieder für sich ein.

Wäre Prang nicht so begabt gewesen, hätte Anna sie ohne Gewissensbisse mit der gebotenen Strenge behandelt, aber sie wollte die Hoffnung einfach nicht aufgeben, daß sie das Mädchen zu einer guten Lehrerin ausbilden konnte. Sie mußte nur Prangs schwankenden Ehrgeiz in die richtigen Bahnen lenken. Das Mädchen war wie ein junges Pferd, das in der Sonne herumsprang und sich nicht zähmen lassen wollte.

Eines Morgens erschien Prang wieder einmal viel zu spät zum Unterricht. Anna blickte ungehalten auf, aber als sie die zerknirschte Miene des Mädchens bemerkte, war sie sofort besänftigt. Prang hatte sich kaum auf ihren Platz gesetzt, als die Kinder anfingen zu kichern, doch Anna konnte Prang nicht als Schuldige ausmachen. Sie wies daher die Kinder nur kurz zurecht und wandte sich wieder dem Unterricht zu.

Als die Unruhe kein Ende nahm, schickte Anna fünf Kinder nach Hause, um sich Respekt zu verschaffen. Da entdeckte sie die Ursache der Heiterkeit: Ein kleiner schwarzer Affe saß auf Prangs Schulter! Er trug eine rote Hose, ein blaues Hemd und einen roten Fez.

Das drollige Tier war ebenso wie seine Herrin in ein Buch vertieft und hielt es sich konzentriert vor die Nase. Dieser Anblick war so komisch, daß sogar Anna lachen mußte, und die Kinder sahen darin ein Signal, ihrer Heiterkeit freien Lauf zu lassen.

Der Affe genoß die Aufmerksamkeit, ließ sein Buch fallen und kletterte auf Prangs Kopf. Grinsend und plappernd zog er die mit Juwelen besetzten Nadeln aus ihrem Haar. Prang beachtete ihn nicht und tat immer noch so, als wäre sie völlig in ihr Buch vertieft. Der Affe riß sie an den Haaren, bearbeitete ihren Kopf, als suchte er nach Flöhen, und kletterte wie wild auf ihr herum, doch sie blickte nicht auf. Dann sprang er, soweit es seine Leine erlaubte, auf die Kinder zu, die vor Freude aufschrien, und Prang saß da, als bemerkte sie den Tumult nicht.

Anna seufzte. Wenn das Mädchen die Autorität ihrer Lehrerin auf die Probe stellen wollte, hätte sie keinen besseren Weg wählen können. »Prang«, sagte Anna streng, »dein Affe stört die anderen Kinder. Bring ihn jetzt bitte wieder hinaus.«

Das Mädchen sah kurz auf. »O bitte, lassen Sie ihn doch hier, Mem cha«, bat sie. »Er wird auch ganz bestimmt lieb sein. Mentu, komm zurück, sonst schickt die Mem dich weg!«

Anna schüttelte entschlossen den Kopf. »Ich würde ihn wirklich gerne hierlassen, Prang. Er ist ein possierliches Kerlchen, aber er stört den Unterricht. Binde ihn jetzt bitte draußen an, bis die Schule vorüber ist – dann können wir nachher alle seine Kunststücke bewundern.«

Das Mädchen schmollte. »Wenn Mentu nicht hierbleiben darf, werde ich auch nicht mehr in die Schule kommen!« rief sie. Dann schenkte sie Anna ihr gewinnendstes Lächeln und sagte: »Versuchen Sie es doch bitte, Mem cha! Ich verspreche Ihnen auch, daß er vollkommen stillsitzen und niemanden stören wird.«

Prang befahl Mentu, das Buch zu nehmen und weiterzulesen. Sofort hörte er auf, an ihren Haaren zu reißen, sprang auf den Tisch und setzte sich mit dem Buch wieder auf ihre linke Schulter. Er tat so, als würde er lesen, und blickte über sein Buch auf die anderen Schüler. Dabei verdrehte er seine Augen, als wollte er sagen: »Die Lehrerin ist ein alter Stinkstiefel, nicht wahr?« Das war zuviel für die Kinder, sie brachen in schallendes Gelächter aus und hüpften auf ihren Sesseln herum. Anna bedauerte, daß Prang sie so sehr herausgefordert hatte, aber die Lehrerin konnte ihr dieses Verhalten nicht durchgehen lassen. »Prang!« rief Anna mit gebieterischer Stimme, »du bringst Mentu sofort hinaus!«

Die Kinder verstummten augenblicklich, und Prangs Augen funkelten zornig, als sie aufstand. Sie nahm ein Buch nach dem andern, warf sie zu Boden und schleuderte dann ihren Bleistift, ihr Notizbuch und die Schiefertafel hinterher. Erst als der letzte Gegenstand zu ihren Füßen lag, nahm sie den Affen in ihre Arme und stolzierte hinaus.

Die Tage und Wochen vergingen, ohne daß sie zurückgekommen wäre. Anna ging sogar zu ihr, um sie zur Rückkehr in die Schule zu bewegen, doch ihre Mühe war vergeblich. Endlich entschloß sich Anna, das Mädchen zu vergessen, und hielt nach einer anderen Schülerin Ausschau, die sie zu ihrer Gehilfin machen konnte.

Die leidige Geschichte um die aufmüpfige Prang hätte damit zu Ende sein können, wenn nicht irgendwann die Brille des Königs verschwunden wäre. Er besaß zwar mehrere Augengläser, doch eine Brille trug er besonders gerne. Der König hatte sie am Morgen in seinem Studierzimmer gelassen und sich schlafen gelegt. Als er wiederkam, war die Brille verschwunden, worauf er einen Wutanfall bekam, der nicht Stunden, sondern Tage andauerte. Alle Personen in seiner näheren Umgebung mußten darunter leiden, und was sie auch taten, es war falsch. Dutzende von Frauen wurden ins Gefängnis geworfen, andere wurden aus den geringsten Anlässen – oder auch ohne jeden Grund – ausgepeitscht.

Die Frauen, die den König bedienen mußten, suchten immer wieder jeden Winkel und jede Spalte in allen Gemächern des Palastes ohne Erfolg ab. Die Amazonen durchsuchten sogar die Häuser der Frauen, und als auch sie die Augengläser nicht fanden, schlich sich eine hilflose Panik im Harem ein.

Irgendwann hatte der König die Idee, eine hohe Belohnung auszusetzen, was schließlich zu einem Ergebnis führte. Innerhalb eines Tages wurde die Brille von einer alten Frau zurückgebracht. Sie sagte, ein Mädchen habe sie ihr in der vergangenen Nacht gegeben, und sie gestand auch schließlich den Namen der Betreffenden. Als Anna am nächsten Morgen in den Palast kam, wurden gerade fünfzehn der jüngeren Hofdamen ausgepeitscht. Sie waren angeblich an der Verschwörung zum Diebstahl der königlichen Brille beteiligt. Nach der Züchtigung wurden die weinenden jungen Mädchen in den Kerker geworfen, um ihre Strafen abzubüßen. Prang war auch unter den Schuldigen.

Gleich nach dem Unterricht eilte Anna ins Gefängnis, das ihr bereits zu einem vertrauten Ort geworden war, und hörte von den Amazonen, daß Prang die Anstifterin des verwegenen Streiches gewesen sei. War das Mädchen denn verrückt? Sie würde noch ihren Kopf verlieren, ehe sie zwanzig Jahre alt war! Sie konnte vielleicht mit ihrer Englischlehrerin, nicht aber mit dem König ungestraft solchen Unfug treiben!

Als Anna den Gefängnishof betrat, hatten die Mädchen ihre Tränen schon wieder getrocknet und spielten miteinander. Mentu saß auf einer nahen Bank und verspeiste in seiner drolligen Art einige Erdnüsse. Anna rief nach Prang, und das Mädchen kam lächelnd auf sie zu, als wäre nichts geschehen.

»Wie kommst du dazu, die Brille des Königs zu stehlen?« fragte Anna vorwurfsvoll.

»Wie ich dazu komme?« wiederholte das Mädchen leichtfertig und warf trotzig den Kopf zurück. »Ich hatte einfach Lust dazu, außerdem hat es Spaß gemacht und war eine lustige Sache. Uns war eben langweilig, und wir wollten etwas erleben. Da hatte ich die Idee, etwas ganz Besonderes zu tun, um endlich ein wenig Aufregung an diesen langweiligen alten Ort zu bringen. Schließlich einigten wir uns, daß es ein großer Spaß wäre, die Lieblingsbrille des Königs zu verstecken.

Und als ich mal wieder den König bedienen mußte, nahm ich die Brille vom Tisch und versteckte sie in meinem Kleid, während er im oberen Stock schlief. Die Sache war viel amüsanter, als wir erwartet hatten, und wir konnten uns kaum beherrschen. Sie hätten ihn einmal sehen sollen! Er brüllte und tanzte wie eine Marionette, stampfte mit den Füßen und schrie wie ein wildes Tier.«

Sie warf ihren Kopf zurück und lachte herzlich. »Sobald wir dienstfrei hatten, liefen wir auf mein Zimmer und schüttelten uns vor Lachen, weil unser Streich noch besser gelungen war, als wir gehofft hatten. Es war unglaublich lustig, daß der König sich von einer solchen Kleinigkeit für Tage aus der Fassung bringen ließ. Doch nach einer Weile wurde uns ein wenig mulmig, denn der König vergaß die Brille einfach nicht und war immer noch zornig. Wir wollten sie eigentlich wieder zurückbringen, und es so aussehen lassen, als hätte der König selbst sie verlegt und dann vergessen, wohin er sie getan hatte. Doch niemand traute sich, die Brille zurückzulegen, aus Angst, dabei ertappt zu werden. Da die Amazonen überall nach ihr suchten, wollte keines der Mädchen sie bei sich im Zimmer verstecken. Also nahm ich die Brille, obwohl ich wußte, daß die Amazonen sie bei der Durchsuchung meines Zimmers finden würden. Als der König eine Belohnung aussetzte, fürchtete ich, eines der Mädchen könnte mich verraten und die Prämie kassieren, also entschloß ich mich, die Brille dieser alten Frau zu verkaufen. Sie versprach mir, daß sie behaupten würde, sie hätte die Augengläser auf der Straße gefunden. Aber diese böse alte Person hat die Brille zum König gebracht, die Belohnung erhalten und mich dann verraten. Und jetzt sitzen wir alle im Gefängnis. Aber ich sage Ihnen, wenn wir erst wieder draußen sind, werden wir der Alten das Leben zur Hölle machen. Glauben Sie mir, sie wird ihre Tat noch bedauern!«

»Du solltest besser deinen Streich bedauern, Prang«, sagte Anna. »Er wäre nicht einmal lustig, wenn eine Sechsjährige ihn sich ausgedacht hätte. Denk doch nur mal an all die Frauen, die deswegen den Zorn des Königs über sich ergehen lassen mußten. Eine Sache, die anderen Menschen Leid zufügt, ist nicht lustig.« Ihre Stimme klang nun ein wenig weicher. Natürlich war das Leben hinter den Mauern des Harems für die Mädchen unerträglich, und Anna wünschte sich wie schon so oft, daß sie etwas dagegen tun könnte. Doch ihre Möglichkeiten waren be-

schränkt, immerhin bot ihr Unterricht den Mädchen die Gelegenheit, in eine neue Welt der Gedanken und der geistigen Tätigkeit zu entfliehen. »Ich weiß, daß euch langweilig ist, Prang«, sagte sie, »aber in der Schule würdest du dich bestimmt nicht langweilen. Ich würde mich sehr freuen, wenn du in die Schule zurückkommen und wirklich lernen würdest, sobald ihr aus dem Gefängnis entlassen werdet. Dann könnte ich dir auch verzeihen, daß du deine Bücher auf den Boden geworfen und dem König diesen kindischen Streich gespielt hast.«
Das Mädchen blickte Anna mit kecker Miene an. »Aber ich bedauere es doch gar nicht«, warf sie ein. »Ich bedauere es kein bißchen. Ich hatte noch nie in meinem Leben solchen Spaß. Wenn Sie den König doch nur gesehen hätten, wie er mit purpurrotem Gesicht umhersprang ...« Sie brach erneut in unbändiges Gelächter aus. »Und selbst das Auspeitschen ist endlich mal eine Abwechslung in diesem langweiligen alten Palast«, fügte sie trotzig hinzu.
Anna ging wortlos davon. Das Mädchen war wirklich wie ein wildes, junges Pferd, doch Anna wollte nicht eher nachgeben, bis sie den Wildfang gezähmt hatte. »Ich muß«, überlegte sie auf dem Heimweg in ihrem Boot, »ihr beibringen, sich selbst im Zaum zu halten, bevor sie ihr Leben zerstört.«
Anna dachte an ihre Jugend zurück und empfand tiefes Mitgefühl für Prangs machtlose Rebellion gegen ihr unerträgliches Leben.
Nachdem das Mädchen aus dem Gefängnis entlassen worden war, wartete Anna gespannt, ob sie in der Schule erscheinen würde. Als Prang nach mehreren Tagen immer noch nicht vorbeikam, ging Anna zu ihr. Wieder und wieder besuchte sie Prang und versuchte, das Mädchen zu beeinflussen. Sie erwähnte die Schule mit keinem Wort, sondern lauschte Prangs Geschichten vom Leben einer Hofdame, plauderte über Avis oder über Indien oder Singapur oder England. Anfangs wehrte sich Prang gegen jeden Annäherungsversuch, doch allmählich ließ

der Widerstand nach. Anna erwähnte die Schule auch jetzt nicht, aber sie besuchte Prang Woche für Woche, war immer freundlich und interessierte sich für ihre Probleme. Eines Tages brach Prang plötzlich in Tränen aus, schlang ihre Arme um Annas Hals und schüttete ihr mit einer wahren Sturzflut von Worten ihr Herz aus. Sie bedauerte zutiefst, daß sie Anna gegenüber so undankbar und selbstsüchtig gewesen war, bezeichnete die Lehrerin als den einzigen Menschen, der sich je um sie gesorgt hatte, und stammelte zahllose unzusammenhängende Versprechen – der Wildfang war gezähmt. Von diesem Tag an war Prang Annas ergebene Gehilfin in der Schule.

Der Geburtstag des Königs

An einem regnerischen Nachmittag im Oktober, der Unterricht war gerade in vollem Gang, erschien ein Page im Tempel und kam auf Anna zu: »Seine Majestät wünscht, daß Sie sofort in die Audienzhalle kommen. Es ist etwas geschehen.«
Anna war verärgert über die Unterbrechung mitten in einer Lektion, doch sie hatte keine Wahl. Sie nahm ihren Schirm und eilte zur Audienzhalle, trotzdem war sie bei ihrer Ankunft bis auf die Haut durchnäßt. Der König war sehr erregt und führte wirre Selbstgespräche. Er marschierte mit schnellen Schritten auf und ab und schrie mit schriller, verzweifelter Stimme: »Achtzehnter Oktober achtzehnhundertdreiundsechzig! Achtzehnhundertdreiundsechzig!«
Als er das Ende der Halle erreicht hatte, wandte er sich um und kam mit den gleichen Worten wieder auf die verwirrte Anna zu. Hatte er etwa den Verstand verloren? Er beachtete sie gar nicht, sondern setzte seinen seltsamen Marsch ungefähr eine hal-

be Stunde fort und schrie immerzu dieses Datum. Anna war bestürzt und bekam es langsam mit der Angst zu tun. Allerdings wußte sie nicht, ob sie davonlaufen oder bleiben sollte. Zu ihrer weiteren Verwirrung trat der König plötzlich ganz nahe an sie heran und schrie: »Mem, kennen Sie die Bedeutung des Wortes ›Behendigkeit‹?«
Sie antwortete kühl: »Eure Majestät haben mir die Erklärung gerade sehr lebendig vor Augen geführt.«
»Ja, ja«, lachte der König, »das ist wahr, sehr wahr. Sie kennen also die Bedeutung dieses Wortes?« Dann wurde er wieder wütend. »Am achtzehnten Oktober achtzehnhundertdreiundsechzig werde ich neunundfünfzig Jahre alt. Und Sie können bezeugen, daß ich jung und stark bin wie eh und je!« Er hielt ihr einen Zeitungsausschnitt unter die erstaunte Nase. »Aber gewisse amerikanische Missionare haben diesen Aufsatz über mich in einer englischen Zeitung veröffentlicht und geschrieben, ich sei überflüssig. Wie kann ich ein überflüssiger Mann sein? Ein König kann nicht überflüssig sein. Wie kann ich in meinem Königreich überflüssig sein? Wer sollte dann meinen Platz einnehmen? Ich frage Sie: Wer kann meinen Platz einnehmen?« Und er begann seinen wütenden Marsch von neuem.
Anna lächelte im stillen. »Aber, Eure Majestät«, protestierte sie, »Sie haben da etwas falsch ausgelegt. In dem Artikel steht gar nichts von einem überflüssigen Mann, die Missionare wollten nur ausdrücken, daß sie ein sehr schlanker Mann sind – dieses eine Wort hat eben mehrere Bedeutungen.« Doch sosehr sie sich auch bemühte, das Mißverständnis aufzuklären, der König wollte ihr einfach nicht zuhören.
»Ich werde beweisen, daß ich kein überflüssiger Mann bin«, schrie er über ihre Erklärungen hinweg. »Ich werde ihnen zeigen, wie jung und aktiv ich bin.«
Dann befahl er ihr, ein Schreiben aufzusetzen, das ein Galadiner anläßlich seines Geburtstages am achtzehnten Oktober ankündigte, und die Einladung an alle Europäer und Amerikaner in

ganz Bangkok zu verschicken. Außerdem sollte sie dafür sorgen, daß die Tafel in der Audienzhalle in bestem europäischen Stil und genau nach den Regeln der europäischen Etikette gedeckt wurde. Alles mußte bis in die kleinste Einzelheit perfekt sein! Die Sklavinnen würden die Speisen kochen und auftragen und ihr alles, was sie sonst noch benötigte, zur Verfügung stellen. Sie müßte die Vorbereitungen beaufsichtigen und wäre für alle Anordnungen verantwortlich.

»Aber, Eure Majestät« warf sie ein. »Ihr Geburtstag fällt in diesem Jahr auf einen Sonntag, und die Missionare werden ihre Einladung nicht annehmen können.«

»Gut, dann verlegen wir den Empfang eben auf Montag. Sie sollen alle kommen, und sie sollen sich mit eigenen Augen überzeugen, daß ich nicht überflüssig bin!«

Anna seufzte über diese erneute Ausdehnung ihrer Pflichten. Es war nutzlos, den König daran zu erinnern, daß sie in der Schule viel nötiger gebraucht wurde. Ihr blieb nichts anderes übrig, als die Schüler nach Hause zu schicken und mit dem Verschicken der Einladungen zu beginnen.

Bei strömendem Regen kehrte sie in ihre Wohnung zurück, nahm ein Exemplar von Dr. Bradleys Adreßbuch und ging die Liste der in Bangkok lebenden Ausländer durch. Da sie für das in vier Tagen stattfindende Diner mehr als fünfzig Einladungen schreiben mußte, war sie viele Stunden damit beschäftigt. Nachdem sie diese Arbeit beendet und die Einladungen dem ersten Kurier des Königs übergeben hatte, legte sie die Sitzordnung fest. Sie würde den britischen Konsul Sir Robert Schomburgk, der genauso alt wie der König und damit das älteste Mitglied des kleinen diplomatischen Kreises war, an die Spitze der Tafel und sich selbst an das untere Ende setzen.

Am Morgen des neunzehnten Oktober wurden die Tische für die zweiundachtzig erwarteten Gäste zusammengeschoben und die kunstvoll geschnitzten Stühle hereingebracht. Schwerer weißer Seidenbrokat diente als Tischtuch, doch die Servietten fehlten noch. Während Anna einige Frauen beauftragte, welche zu besorgen, kamen andere Sklavinnen herein und brachten herrliches Tafelgeschirr aus reinem Gold – jedes Stück für sich war ein echtes Kunstwerk.

Anna genoß es, den Tisch mit diesem wunderschönen Geschirr zu decken, allerdings hatte man ihr bisher weder Messer noch Gabeln oder anderes Silberbesteck gebracht. Als sie danach fragte, brachte man ihr einen Korb mit goldenen Stäbchen. »Nein! Nein!« rief sie der Sklavin aufgeregt zu, »das geht so nicht. Sie müssen mir Messer und Gabeln und Löffel bringen. Wir Europäer sind es nicht gewohnt, mit Stäbchen zu essen.«

Die Frauen schüttelten erstaunt ihre Köpfe und machten sich eilig auf die Suche. Doch sie konnten nur ein rostiges Besteck der billigsten Sorte finden – die Gäste würden sich wohl damit begnügen müssen.

Als Anna am Spätnachmittag nach Hause ging, um sich für das Diner anzukleiden, waren die Servietten noch immer nicht eingetroffen, doch alles andere stand für das große Festessen bereit. Die Audienzhalle war wunderschön mit Flaggen, blankpolierten Waffen, Blumengirlanden und unzähligen goldenen und silbernen Lampen geschmückt. Die Tafel bog sich förmlich unter dem Gewicht von Gold und Silber, und der ganze Raum duftete nach Weihrauch und Parfüm.

Der König empfing die Gäste in einem der Salons. Alle bewunderten den Blumenschmuck, den die Hofdamen mit großem Geschick arrangiert hatten. Bald war eine angeregte Konversation im Gange. Während Anna die Damen in ein für sie hergerichtetes Gemach geleitete, sorgte der König für die Unterhaltung der Männer, indem er anläßlich seines Geburtstages eigenhändig einundzwanzig Salutschüsse abfeuerte.

Unter den Gästen, von denen sich die meisten seit langer Zeit kannten, waren auch zwei Fremde – Sir Richard McCausland, der Stadtrichter von Singapur, und seine Schwester. Sie reisten gerade durch Siam und Birma und waren am 16. Oktober mit der *Chow Phya* eingetroffen. Sir Richard korrespondierte seit Jahren mit dem König und erfreute sich der besonderen Gunst des Herrschers, da er zu den Gegnern der radikalen Politik Colonel Cavenaghs, des Gouverneurs von Singapur, Malakka und Penang, gehörte. Da Sir Richard den König schon mehrmals in Staatsgeschäften beraten hatte, war der Herrscher hocherfreut, ihn und seine Schwester bei diesem Bankett begrüßen zu dürfen.

Miss McCausland trug ein Abendkleid mit tiefem Halsausschnitt und kurzen Ärmeln, eine Schöpfung der neuesten europäischen Mode. Die anderen Damen sahen neben ihr geradezu altmodisch und unelegant aus, auch weil Miss McCauslands schlanke Gestalt in dem Kleid hervorragend zur Geltung kam. Anna stellte sie einigen Gästen vor und ging anschließend in der innigen Hoffnung, daß die Servietten inzwischen eingetroffen seien, in den Speisesaal. Als die Gäste um den Tisch versammelt waren und gerade Platz nehmen wollten, erschien der König mit zwei Flaschen Rosenwasser, um die Gäste damit zu besprengen, wie es die siamesische Sitte verlangte. Er lächelte freundlich, als er mit den Flaschen in den Händen den Saal betrat.

Plötzlich blieb er stehen. Er hatte gewußt, daß Sir Richard in Begleitung seiner Schwester kommen würde, doch er hatte sie nie zuvor gesehen. Der unerwartete Anblick dieses bildschönen Mädchens machte ihn vor Erstaunen sprachlos. Die wenigen weißen Frauen, die in Bangkok lebten, hatten die Blüte ihrer Jugend bereits hinter sich, und Miss McCausland, die soeben aus England eingetroffen war, erschien ihm wie eine frischgepflückte Rose. Die Anwesenden genossen in stiller Bewunderung ihren Liebreiz, doch der König schien davon vollkommen überwältigt zu sein. Er blieb mit leicht geöffnetem Mund vor ihr stehen. Als er sich wieder gefangen hatte, sagte er zu ihr: »Weshalb haben Sie sich mit ihrem Aussehen mehr Mühe gemacht als alle anderen? Ist es vielleicht meinetwegen?«

Miss McCausland wurde puterrot und wußte nicht, was sie darauf antworten sollte. Doch der König, der nicht ahnte, daß er die Regeln der englischen Etikette verletzt hatte, lief noch immer um das verlegene Mädchen herum und rief kichernd: »Sie ist wunderschön! Fürwahr, sie ist wunderschön!« Abrupt blieb er stehen und fragte: »Sind Sie eine Anekdote?«

Anna, die gerade zu ihrem Platz am unteren Ende der Tafel gehen wollte, wandte sich um und eilte zurück, während Miss McCausland ihr einen flehenden Blick zuwarf. Anna fürchtete, daß sie nur zu gut wußte, was gerade im Kopf des Königs vorging. Wenn ihre Vermutung zutraf, mußte sie sofort eingreifen, und zwar nicht nur um Miss McCauslands, sondern auch um des Königs willen. Falls Sir Richard in die Verlegenheit kommen sollte, seinen alten Freund öffentlich abweisen zu müssen, konnte es große Schwierigkeiten geben, und das mußte sie unbedingt verhindern.

Nach dem Tod Fa-yings hatte er König Anna mit Aufmerksamkeiten überhäuft. Die stille Abneigung, die der Herrscher seit ihrer Weigerung, innerhalb des Harems zu leben, für sie empfunden hatte, war einer warmen Zuneigung gewichen. Erst kürzlich hatte der König ihr als Zeichen seiner Sympathie einen wertvollen Diamantring geschenkt. Anna war dabei nicht sehr wohl ums Herz gewesen, doch da der König alle Personen, mit denen er zufrieden war, mit großzügigen Geschenken überhäufte, wollte sie nicht unhöflich sein. Auch wollte sie die gerade erst zwischen ihnen entstandene angenehme Atmosphäre nicht wieder zerstören, und so hatte sie den Diamantring angenommen. Anna fand allerdings die Art, in der ihr der König den Ring gab, irgendwie seltsam, und sie konnte sich sein Verhalten beim besten Willen nicht erklären.

Eines Tages lag in der Post des Königs wieder ein Brief von einer Französin, die andeutete, daß sie sich glücklich schätzen würde, wenn sie in seinen Harem aufgenommen werden könnte. Während ihrer Zeit als Sekretärin des Königs hatte Anna nicht weniger als zwanzig ähnliche Angebote von französischen Damen beantworten müssen. Den Briefen lagen meist Bilder von sehr hübschen Mädchen bei, und sie waren kühner als alle anderen Anträge, die sie zu übersetzen hatte. Seine Majestät lehnte sie jedoch alle entschieden ab. Der Gedanke, Vater eines französisch-siamesischen Thronerben zu werden, erfüllte ihn mit Schrecken.

Anna überreichte dem König diesen Brief mit einem Lachen, doch er überflog ihn nur kurz und gab ihn ihr zurück.

»Nein, nein!« rief er entschieden. »Schreiben Sie ihr, und sagen Sie ab.« Dann sah er Anna eindringlich an, genau wie damals, als er ihr den Ring überreicht hatte. Es war ein langer, forschender Blick – und ein wenig mehr. »Wenn sie eine Engländerin wäre ... aber eine Französin, nein, nein ...« Er zögerte und blickte Anna noch immer bedeutungsvoll an. Dann schien er sich eines Besseren zu besinnen und wandte sich wortlos um. Anna erinnerte sich auf einmal wieder an das starke Interesse des Königs an einem englischen Mädchen aus gutem Hause für seinen Harem – sie war mit ihren achtundzwanzig Jahren zwar nicht mehr ganz so jung, aber ...

Am nächsten Tag hatte sie ihm den Diamantring zurückgebracht. »Eure Majestät«, erklärte sie ruhig, »ich zögerte von Anfang an, ein solch wertvolles Geschenk anzunehmen, jetzt habe ich eine Woche lang darüber nachgedacht und mich entschlossen, es zurückzugeben. Doch wenn Sie eine Gehaltserhöhung für angebracht halten sollten, wäre ich Ihnen dafür sehr dankbar.« Der König hatte den Ring wortlos zurückgenommen. Sie hatten sich angeblickt und sich verstanden. Von diesem Tag an war Annas Verhältnis zu ihrem Arbeitgeber wieder wie früher.

All dies kam ihr in den Sinn, während sie auf Miss McCausland zuging. Der König gab seine Absichten niemals leicht auf, schließlich stand gerade ein bildhübsches Mädchen aus England vor ihm, die außerdem noch die Schwester eines guten Freundes war! Anna mußte einfach eingreifen, da der König sich nicht vorstellen konnte, wie abwegig es für einen Mann wie Sir Richard sein mußte, seine Schwester in einen Harem zu geben. Die Gäste verfolgten das Drama amüsiert und mit großer Sensationslust, die Anna sehr mißfiel. Doch ehe sie etwas sagen konnte, hatte der König auch schon gefragt: »Ich meine, sind Sie eine unverheiratete Frau?«

»Majestät«, sagte Anna und nahm die Sache entschlossen in die Hand, »eine Anekdote und eine unverheiratete Frau bedeuten in der englischen Sprache nicht dasselbe.«

Der König blickte sie mißbilligend an. »Eine Anekdote«, entgegnete er, »ist etwas, das noch nicht erzählt wurde, und eine unverheiratete Frau ist etwas, das noch nicht herausgegeben worden ist, und das ist in meinen Augen das gleiche! Da ist kein Unterschied!« Er nickte Anna mit einer knappen Kopfbewegung zu, um sie wieder an ihren Platz zu schicken, doch sie ging darüber hinweg.

Dann, als wollte er das Gesagte bekräftigen, nahm er die beiden Flaschen und leerte sie mit einer schnellen Bewegung aus. Von Kopf bis Fuß – Haare, Schultern, Abendkleid – übergoß er das Mädchen mit dem gesamten Inhalt der beiden Flaschen. »So!« sagte er mit großer Befriedigung. »Sie kann sich jetzt setzen!« Und mit einem triumphierenden Lächeln wandte er sich dem nächsten Gast zu.

Miss McCausland war den Tränen nahe, und Sir Robert Schomburgk wies ihr galant einen Sitz zu seiner Rechten an. »Miss McCausland«, sagte er, »nun wissen Sie, was eine Anekdote ist. Und ich bin sicher, Ihre Freunde in England werden an dieser Anekdote ihren Spaß haben, auch wenn Ihnen im Augenblick nicht sonderlich nach Spaßen zumute ist.« Sie lächelte

leicht, und der ängstliche Ausdruck wich wieder aus ihren Augen.
Das Abendessen hatte für Anna wie ein böser Traum begonnen. Bangkok würde noch lange über Miss McCauslands unerwartete Dusche schmunzeln. Vielleicht würde sogar jemand einen Brief an eine Zeitung in Singapur oder ein Blatt in London schreiben, und der König würde darüber sehr wütend sein.
Während die Gäste noch so diskret wie möglich über den Zwischenfall lächelten, war der Hofnarr des Königs erschienen, um sie ein wenig abzulenken. Man hatte Anna nicht gesagt, daß er Nai Lek ausgewählt hatte, und sie hätte auch energisch dagegen protestiert, da sie befürchtete, daß die Gäste ihn abstoßend finden würden.

Anna hatte den Zwerg zum erstenmal vor einem Jahr während einer Prozession gesehen. Der merkwürdige Straußenvogel, der auf einem Pferd ritt, war ihr sofort aufgefallen. Er hatte einen langen Hals, einen seltsamen Kopf mit einem Schnabel, einen riesigen Schwanz und große Flügel, mit denen er dauernd flatterte.
Da auch sie und Louis auf einem Pferd saßen, war sie näher herangeritten, um sich den außergewöhnlichen Vogel anzusehen. Anna hatte niemals wildere Augen oder ein idiotischeres Grinsen gesehen, aber Hände und Füße der Kreatur waren so groß wie die eines Mannes. Doch ehe sie das wunderliche Wesen eingehender betrachten konnte, war es vorbeigezogen, und sein Geheimnis blieb ungelöst. Anna und Louis übergaben ihre Pferde den Stallburschen und nahmen ihre Plätze neben den königlichen Kindern im Pavillon des Herrschers ein.
Als die Menschenmenge schallend lachte, wurde ihre Aufmerksamkeit wieder auf das halb menschliche, halb vogelähnliche Monstrum gelenkt, das immerzu Purzelbäume schlug. Mal stand der Strauß auf seinem Schweif, dann wieder auf seinem

harten Schnabel und streckte seine Flügel und die kurzen, dicken Beine in die Luft.
Blut lief aus seiner Nase und seinem Mund, doch niemand störte sich daran – am allerwenigsten der Strauß. Anscheinend war die Freude, den König und seine Familie zum Lachen zu bringen, bis ihnen die Tränen über die Wangen liefen, mehr als eine Entschädigung für die Verletzungen. Als die Possen vorüber waren, warf der König dem Vogel einen Beutel voller Münzen zu. Dann kamen zwei Männer mit dem Pferd des Zwerges herbei und hoben ihn wieder auf das Tier. Der Strauß streckte seinen Schnabel dreimal in die Luft und flatterte heftig mit den Flügeln, wie zu einem Salut vor dem König und seiner Familie, und ritt, von den stürmischen Beifallsrufen der Menge begleitet, davon.
Am nächsten Tag erfuhr Anna, daß der Strauß ein Zwerg war, der aus Lao, dem Norden Siams, stammte. Seine Eltern hielten ihr Kind für ein Geschöpf des Teufels und hatten es von Anfang an als Mißgeburt betrachtet. Die Nachbarn schlugen vor, den Zwerg in den Wäldern auszusetzen und dort sterben zu lassen. Die Eltern schreckten davor zurück, einerseits weil es ihr Kind war, andererseits weil sie fürchteten, sein Geist würde eines Tages zurückkehren und sie in einer noch schrecklicheren Gestalt verfolgen. So zogen sie den Knaben auf, obwohl sie ihn nicht als Menschenkind, sondern als einen Kobold aus einer anderen Welt betrachteten.
Einer der Halbbrüder des Königs entdeckte ihn schließlich während eines Jagdausflugs und brachte ihn nach Bangkok, um ihn zum Hofnarren ausbilden zu lassen.
Anna wollte den Zwerg nur zu gern einmal ohne sein Kostüm sehen, doch er durfte den Harem nur bei besonderen Anlässen zu betreten, da sein Aussehen manche der Königskinder erschreckte. Er hatte völlig verfilztes Haar, seine wilden, rollenden Augen standen wie die eines Affen dicht beisammen, und zwei große Zähne ragten spitz aus seinem breiten Mund. Er

hatte riesige Ohren und ein scharfes, spitzes Kinn. Er war kaum einen Meter groß. Seine Hände reichten beinahe bis zu seinen Füßen, die kaum stark genug zu sein schienen, um seinen großen Kopf und die breiten Schultern tragen zu können. Sein bloßer Anblick konnte einem den größten Appetit verderben.

Dieser Zwerg trat nun an den wunderschön gedeckten Tisch und hob eine Suppenschüssel auf, die er zum grenzenlosen Erstaunen der Gäste kühn zu jonglieren begann. Die Gespräche verstummten, und alle Blicke ruhten auf ihm, als er die Schüssel auf die Spitze eines Zeigefingers hob und sie über seinem Kopf drehte, ohne einen Tropfen zu verschütten. Dann stellte er sie wieder auf den Tisch und verschwand. Nach einigen Minuten erschien er mit einer anderen Schüssel, um das Kunststück zum Ergötzen der Gäste und zu Annas Qual zu wiederholen.

In diesem Augenblick trat ein Page mit der Nachricht zu ihr, daß die Servietten eingetroffen seien. Sie eilte hinaus und fragte sich, wie sie diese am besten unauffällig verteilen könnte. Im Korridor traf sie Prinz Chulalongkorn und den König, der ihr die Servietten, die er trug, hektisch in die Arme warf und zu seinen Gästen zurückeilte. Er hatte sich wieder an den eigentlichen Anlaß des Galadiners erinnert, den er wegen der anmutigen Miss McCausland beinahe vergessen hätte. Anna hörte ihn dramatisch ausrufen: »Wer will hier behaupten, daß ich ein überflüssiger Mann bin?« Er warf den Missionaren, die am Ende der Tafel saßen, sich ihres Fehlers nicht bewußt waren und daher seine Bemerkung auch nicht verstanden, einen bösen Blick zu.

Anna konnte endlich die Servietten an die Gäste verteilen, und der restliche Abend verlief reibungslos. Die europäischen und siamesischen Gerichte waren köstlich und mundeten den Gästen hervorragend. Die Salate, die auf goldenen Schüsseln mit einer pikanten Marinade herumgereicht wurden, waren in der Form von Blumen ausgelegt. Dazu gab es gebratene Enten, köstliche kleine Kuchen und die verschiedensten Torten. Die

Bediensteten verhielten sich vorbildlich, und der Zwerg zog sich schon bald ermüdet zurück.

Die Gäste lachten und plauderten angeregt, sie schienen sich bestens zu amüsieren und hatten für den Nachmittag die endlosen Streitigkeiten, die sie sonst voneinander trennten, vergessen. Selbst Miss McCausland hatte ihre Fassung wiedergewonnen und ließ sich die Köstlichkeiten schmecken.

Gegen Ende des Diners erschien auch der König wieder. Die Gäste erhoben sich und brachten einen Trinkspruch auf seine Gesundheit aus. Der britische Konsul, der sich bei Anna über die seltsame Bemerkung des Königs erkundigt und so den Zweck und die Ursache des Banketts erfahren hatte, hob sein Glas und rief: »Seiner huldreichen Majestät, dem König von Siam, unserem Gastgeber! Es wäre ein trauriger Tag für das Land, wenn sein König jemals ein überflüssiger Mann werden sollte.«

Die Gäste sahen überrascht auf. Hatte Sir Robert, der als froher Zecher galt, etwa zu tief ins Glas geschaut?

Doch das Lächeln des Königs glich dem eines zufriedenen Kindes. Er blickte triumphierend auf die Missionare herab, die noch immer nichts von seinem Ärger über sie erfahren hatten.

Pah! Er hatte es ihnen gezeigt! Jawohl!

Ein Kind wird versteigert

Anna hatte zwar einige Monate lang in der besonderen Gunst des Königs gestanden, doch die friedliche Zeit nach dem Tod der kleinen Prinzessin war nur von kurzer Dauer. Und selbst während dieser Zeit war sie immer dem Rachedurst des Dolmetschers ausgesetzt.
Eines Morgens, nur wenige Tage nach dem Bankett, hörte sie laute Rufe aus der Gasse neben ihrem umzäunten Hof. Sie erkannte sofort, daß Moonshee in Bedrängnis war, und lief die Stiegen hinunter, um zu sehen, was sich ereignet hatte. Moonshee lag halb bewußtlos auf der Erde, seine Kleidung war zer-

rissen und blutbeschmiert, sein Turban lag neben ihm. Er hatte mehrere Kopfverletzungen, und eines seiner Augen war stark geschwollen. Da kam auch schon Beebe mit einigen Nachbarn herbeigelaufen, und gemeinsam trugen sie den alten Mann in sein Zimmer.
»Was ist denn los?« fragte Anna die Umstehenden. »Wer hat ihn geschlagen? Hat einer von euch etwas gesehen?«
Ein Nachbar berichtete, Moonshee habe beim Tor gestanden, als der Dolmetscher mit seinen Bediensteten vorbeigekommen war. Der Dolmetscher war stehengeblieben und hatte dem stolzen Perser befohlen, sich zu verbeugen. Moonshee hatte sich geweigert, woraufhin der Dolmetscher seine Bediensteten beauftragt hatte, den alten Mann so lange zu verprügeln, bis er sich vor ihm niederwarf, »wie es sich vor einem Mann meines Ranges geziemt«. Moonshee stöhnte in seinem Bett und fragte immer wieder: »Bin ich denn eine Bestie, daß ich vor diesen Ungläubigen auf dem Bauch kriechen muß? Bin ich denn ein räudiger Hund, daß ich den Staub schlucken soll, über den sie gehen? O Sohn des Jaffur Khan, wie tief bist du gesunken!«
Das war zuviel! Über die kleinen Sticheleien des Dolmetschers konnte sie hinwegsehen, aber nicht über dieses brutale Ereignis, dachte Anna verärgert. Der stolze alte Perser war schließlich kein Siamese. Sie durfte und wollte es niemandem gestatten, diese siamesische Sitte den Mitgliedern ihres Haushalts aufzuzwingen. Moonshee war, streng nach dem Brauch seiner Heimat, immer höflich, und das mußte reichen. Außerdem haßte sie diese Sitte, die sie als eine Form von Sklaverei betrachtete. Jeder Mann mußte sich vor einem Ranghöheren auf den Bauch legen. Ein Amerikaner, der einmal seinen siamesischen Freund fragte, warum die Alleen und Wege so eng seien, daß zwei Menschen nicht nebeneinander gehen könnten, erhielt die Antwort: »Aber Sie sind doch schon so lange hier! Sie kennen die Siamesen doch! Sind Sie jemals zwei Personen begegnet, die genau den gleichen Rang haben? Natürlich nicht. Warum sollten also

die Wege breit genug für zwei sein? Einer muß vorausgehen, und einer muß folgen. Und wenn sie sich begegnen, muß einer sich niederwerfen und so lange liegenbleiben, bis der andere vorbeigegangen ist.«

Sobald sie Moonshees Wunden gewaschen und verbunden hatten, ging Anna zum Palast des Kralahome, um ihre Beschwerde vorzubringen. Während der achtzehn Monate ihres Aufenthalts in Siam hatte sie ihn schon oft um Beistand gebeten, und sie achtete ihn nach wie vor wegen seines vorbildlichen Gerechtigkeitssinns. Sein Verhalten war zwar nicht so gewinnend, und er war auch nicht so liebenswürdig wie der Zweite König, doch er war sehr mächtig und außerordentlich klug. In einem Land wie Siam, in dem die Gerichtsurteile gewöhnlich zugunsten jener Personen gefällt wurden, die das höchste Bestechungsgeld bezahlen konnten, bedeutete dies viel. Jeder mächtige Adelige hatte seinen eigenen Gerichtshof mit von ihm bestellten Richtern, die ihre Urteile so fällten, wie es ihr Gebieter wünschte. Anna hatte die Wahl, Moonshees Fall dem Kralahome vorzutragen oder ihn dem britischen Konsul zu schildern. Bisher hatte sie es stets vorgezogen, den Konsul nicht zu bemühen.

»Exzellenz«, sagte sie, sobald sie das Studierzimmer des Kralahome betreten hatte, »die Diener Ihres Bruders haben Moonshee vor meinem Haus geschlagen, weil er sich nicht vor ihm niederwerfen wollte. Er ist ein Perser und nicht gewohnt, sich vor irgend jemandem niederzuwerfen. Ich protestiere hiermit schärfstens gegen diese Demütigung meines alten Dieners und damit auch meiner Person, und ich bin zu Ihnen gekommen, weil ich eine gerechte Entscheidung von Ihnen verlange.«

Der Kralahome sah sie wie gewöhnlich kühl an. Sie konnte diesen Blick nicht deuten, wartete aber mit Zuversicht auf seine Entscheidung. Seitdem er ihr geholfen hatte, Lady Son Klin aus dem Kerker zu befreien, hatte sie sein nach außen gleichgültiges Verhalten stets gelassen übersehen, da sie sicher war, daß sich

dahinter ein gerechter Geist verbarg. Heute allerdings interessierte er sich in keinster Weise für das zügellose Verhalten seines Bruders.
»Der alte Mann ist ein Narr«, sagte er bestimmt. »Und was ihm widerfahren ist, kümmert mich nicht. Sorgen Sie dafür, daß er meinem Bruder nicht mehr über den Weg läuft, wenn Sie nicht wollen, daß er wieder verprügelt wird. Oder befehlen Sie ihm, sich wie alle anderen vor Höhergestellten niederzuwerfen. Warum sollte ich ihn beschützen, wenn er sich weigert, die Landessitten zu befolgen? Außerdem kann ich meine Zeit nicht mit solch belanglosen Angelegenheiten verschwenden, also behelligen Sie mich in Zukunft nicht mehr mit solchen Lappalien. Sie mischen sich überhaupt in zu viele Dinge ein. Mich interessiert das alles nicht! Erinnern Sie sich bitte von nun an freundlichst daran! Sie können gehen.«
»Nein«, entgegnete Anna verärgert. »Ich gehe noch nicht. Nicht, bis ich Ihnen gesagt habe, was ich sagen will. Ich bin zu Ihnen gekommen, weil die Bevölkerung in diesem Stadtteil Ihrer Gerichtsbarkeit untersteht. Ihr Wort ist Gesetz, und es ist Ihre Pflicht, in solchen Fällen eine Entscheidung zu treffen. Man achtet sie in ganz Siam als Ehrenmann, und ich nehme gewiß nicht zuviel Ihrer kostbaren Zeit in Anspruch. Ich komme wirklich selten zu Ihnen und auch nur dann, wenn irgendein armer Mensch von Ihren bestechlichen Richtern ungerecht behandelt wurde. Glauben Sie mir, ich will Sie nicht belästigen, ich bin hier, weil ich an Ihre Redlichkeit glaube, und bis jetzt bin ich noch nie enttäuscht worden. Heute aber bin ich enttäuscht. Sie sagen, daß es sie nicht interessiert, was mit Moonshee geschehen ist. Aber es sollte Sie interessieren, weil Ihr Bruder den Befehl gegeben hat, ihn zu schlagen. Ihr Ansehen als gerechter Mann wird leiden, wenn Sie Mitgliedern Ihrer Familie erlauben, sich selbst zu Richtern zu machen. Sie behaupten, daß dieses Ereignis unbedeutend sei. Und ich sage Ihnen, daß es sehr wohl eine bedeutsame Sache ist, wenn ein Mann in ihrer Stellung das

brutale Verhalten seines Bruders übersieht und den Missetäter nicht zurechtweist.«

Sie wandte sich um und ging zur Tür. »Nur noch eins«, fügte sie hinzu. »Ich bin zu Ihnen gekommen, um die Regierung dieses Landes und deren Rechtsprechung zu achten. Doch wenn Sie mich nicht erhören wollen, werde ich dorthin gehen, wo Gerechtigkeit mehr als ein bloßes Wort ist. Ich kann mich auch direkt an Sir Robert Schomburgk wenden. Guten Morgen.«

Und sie verließ den Raum, ohne dem Kralahome die Gelegenheit zu einer Antwort zu geben. Als sie aus dem Palast trat, kam ihr der Dolmetscher entgegen, aber sie beachtete ihn nicht.

Am gleichen Abend saß sie auf ihrem Vorplatz und arbeitete an einem Anzug für Louis, ein Geschenk für den bevorstehenden Geburtstag des Jungen. Neben ihr auf dem Tisch stand eine massive Lampe. Sie hörte weder, daß jemand das Tor öffnete, noch Schritte, und plötzlich bekam sie einen heftigen Schlag auf den Kopf. Als sie seitwärts zu Boden sank, fielen auch der Tisch und die Lampe um.

Anna wußte nicht, wie lange sie bewußtlos dagelegen hatte, auch wenn es sich nur um wenige Sekunden gehandelt haben konnte. Doch als sie erwachte, war alles um sie herum schwarz. Die Lampe war verlöscht, hatte aber glücklicherweise nichts in Brand gesteckt. Louis stand neben ihr, versuchte, sie mit all seiner Kraft vom Boden aufzuheben, und weinte verzweifelt. »Beebe, komm! Beebe, komm her!« Anna wollte aufstehen, aber sie war zu schwach, um sich bewegen zu können. »Sei ruhig, Louis! Es geht mir ganz gut!« sagte sie leise und schlang ihre Arme um den Jungen, um ihn zu beruhigen.

Als Beebe mit einer Lampe kam, sahen sie die Blutlache auf dem Boden, die aus einer Kopfwunde kam. Neben Anna lag ein scharfkantiger, großer Stein. Beebe stellte die Lampe ab, begann zu weinen und jammerte: »Zuerst mein Gatte und jetzt auch noch meine Herrin! Als nächstes werde ich an die Reihe kommen – und was wird dann aus dem Chota baba sahib werden?«

»Beebe, sei still!« befahl Anna mit schwacher Stimme. »Bring mich zu meinem Bett und hol das Verbandszeug.«

Von Beebe und Louis gestützt, ging Anna ins Haus. Immer noch floß Blut aus ihrer Wunde. Beebe lief fort, um saubere Tücher und Wasser zu holen. Tränen liefen Louis über die Wangen, als er sich über seine Mutter beugte. Beebe war ebenso flink wie geschickt, und innerhalb weniger Minuten war die Wunde ausgewaschen und verbunden. Anna war so schwach, daß sie auf der Stelle in einen tiefen Erschöpfungsschlaf fiel.

Als sie am nächsten Morgen erwachte, saß Louis neben ihr, seinen Kopf hatte er auf ihr Kissen gelegt. Sie fühlte sich zwar besser, war aber durch den Blutverlust völlig kraftlos. Ihr Kopf war stark geschwollen, doch die Sache hätte auch schlimmer ausgehen können. Der Stein war aus geringer Entfernung und mit großer Kraft geschleudert worden und hätte sie, wenn er ihre Schläfe getroffen hätte, durchaus töten können.

Als Beebe ins Zimmer zurückkam, liefen Tränen über ihre Wangen. »Moonshee stirbt«, schluchzte sie. Sofort erhob Anna sich mühsam und stützte sich auf Beebes Arm und Louis' Schultern, um nach ihrem alten Lehrer zu sehen. Sie atmete erleichtert auf, als sie erkannte, daß er nicht im Sterben lag, obwohl er sehr krank war. Die erlittene Demütigung schmerzte ihn ebensosehr wie seine Wunden. »Mem sahib«, sagte er mit flüsternder Stimme, wir müssen mit dem nächsten Schiff nach Singapur zurückkehren. Sie werden uns sonst in diesem Land der Kaffern ermorden. Zuerst mich und dann Sie!«

Anna versuchte, den eingeschüchterten alten Mann zu überzeugen, daß sich eine derartige Katastrophe kaum ein zweites Mal ereignen würde, da sie den britischen Konsul um Schutz bitten würde, falls der Kralahome nicht eingreifen sollte. Doch Moonshee ließ sich nicht beirren. »Diese Barbaren! Diese Ungläubigen!« schimpfte er. »Sie werden sich in unser Haus schleichen und uns die Kehlen aufschlitzen, wenn wir in unseren Betten liegen, falls wir noch einen Tag länger hierbleiben. Wir müssen das erste Schiff nehmen, Mem sahib, bevor sie die Gelegenheit haben uns zu ermorden.«

Anna versicherte ihm, daß sie nicht sehr schwer verletzt sei und es zu keinen weiteren Zwischenfällen kommen werde. Allerdings konnte sie Moonshee nicht überzeugen. Der alte Perser glaubte nicht an die Macht des britischen Konsuls und behauptete, daß auch der nichts gegen solch moralisch verkommene Menschen wie diese Siamesen unternehmen könne. Schließlich erlaubte Anna Moonshee und Beebe resigniert, daß sie mit dem ersten Schiff nach Singapur zurückkehren dürften. Wie sie ohne die beiden auskommen sollte, wußte sie noch nicht, doch sie konnte Moonshee und Beebe nicht zum Bleiben in Bangkok zwingen. Sie selbst widerstand eisern den Beschwörungen der beiden, doch wenigstens wegen Louis mit zurückzukehren.

Ehe sie Sir Robert schrieb, schickte sie nach Mr. Hunter in seiner Eigenschaft als Sekretär des Kralahome. Als sie ihm berichtete, was sich ereignet hatte, betrachtete er lange und mit besorgter Miene ihren bandagierten Kopf und ihr bleiches Gesicht. Dann ging er sofort zum Palast des Premiers. Am nächsten Morgen erschien er mit mehreren Kopien einer Proklamation in siamesischer Sprache, die vom Kralahome persönlich unterzeichnet war und besagte, daß Personen, die in irgendeiner Weise Mitglieder des Haushalts von Mem Leonowens beleidigten oder verletzten, strengstens bestraft werden würden. Als Mr. Hunter sich auf den Weg machen wollte, um die Ankündigungen an weithin sichtbaren Stellen in der Nachbarschaft anzubringen, warf Anna ein: »Apropos, Mr. Hunter, würden Sie bitte auf alle Fälle ein oder zwei Exemplare im Hause meines Nachbarn zur Linken lassen?« Im Gesicht Mr. Hunters spiegelten sich Abscheu, Entrüstung und Verachtung, als ihm die Wahrheit langsam dämmerte.

»Dieser feige Schuft!« rief er aus, als er auf das Haus des Dolmetschers zuging.

Es dauerte einige Tage, bis Anna sich stark genug fühlte, um ihre Arbeit wiederaufzunehmen. Der König schickte zweimal nach ihr, weil er ihre Hilfe bei der Erledigung seiner französischen Korrespondenz brauchte, doch sie antwortete jedesmal, daß sie zu schwach und krank sei und nicht kommen könne.
Der König war sehr aufgebracht über die erste offenkundig feindliche Aktion der Franzosen gegen siamesisches Territorium. In Bangkok war bekannt geworden, daß Admiral de la Grandière, der Gouverneur von Kotschinchina, im August einen Vertrag mit König Norodom von Kambodscha unterzeichnet hatte. Norodom, der wie die anderen Fürsten von Kambodscha in Siam aufgewachsen war, galt als König Mongkuts persönlicher Freund und war von ihm gerade erst zum Vizekönig ernannt worden. Norodom, dessen Krönung durch siamesische Würdenträger unmittelbar bevorstand, erklärte König Mongkut kleinlaut, daß er den Vertrag unter Zwang unterzeichnet habe. Der Admiral hatte dem Fürsten mit dem Versprechen geschmeichelt, daß Frankreich bereit sei, Kambodschas Unabhängigkeit von Siam anzuerkennen, und daß es daher sinnlos sei, mit Kambodscha Verträge über Bangkok abzuschließen. Unter dem Samthandschuh der Schmeichelei verbarg sich allerdings der Stahl von sechzig, Schiffen und ihren Kanonen, die an der Mündung des Mekong vor Anker lagen. So hatte Norodom eingeschüchtert einen von den Franzosen diktierten Vertrag unterzeichnet, der die »Bedingungen« vorschrieb, »unter welchen Seine Majestät der Kaiser von Frankreich zustimmte, seine Rechte am Königreich Kambodscha in ein Protektorat zu verwandeln«.
In Bangkok jagte seitdem ein Gerücht das andere. Dr. Bradley schrieb darüber in seinem *Bangkok Calendar*:

»Die überraschende Nachricht traf ein, daß die französische Regierung einen Vertrag mit dem Rajah von Kambodscha (bekanntlich einem Vasallen von Siam) abge-

schlossen hat. Dies geschah ohne die geringste Einbeziehung der siamesischen Regierung und trotz der ausgesprochenen Mißbilligung des Königs. In diesem Vertrag gibt der Herrscher von Kambodscha, wie wir hören, Frankreich das ausschließliche Recht, ein Konsulat an der Mündung des Kambodscha-Flusses zu errichten. Damit verbunden wären die exklusiven Handelsvorrechte an diesem strategisch günstigen Ort. Wenn diese Nachricht tatsächlich wahr sein sollte, bleibt abzuwarten, ob Napoleon III. dieses Vorgehen seines Beamten gutheißen wird. Sich die Schwäche der siamesischen Regierung zunutze zu machen und von ihr Gebiete zu stehlen, während Frankreich soeben mit Siam einen Freundschaftsvertrag geschlossen hat, wäre ein ungeheuerliches Verbrechen. Wir hoffen auf bessere Nachrichten.«

Als Anna wieder zu ihrer Arbeit zurückkehrte, musterte der König sie kritisch. Sie war noch recht blaß, und sie trug noch immer einen Verband um den Kopf. Ehe sie mit der Aufarbeitung der französischen Korrespondenz beginnen konnte, bemerkte er: »Mem, es gibt da noch ein Haus gleich neben dem Palast. Wenn Sie gerne darin wohnen wollen, können Sie es haben, sobald es hergerichtet ist. Dann könnten Sie schneller in den Palast kommen, wenn ich Sie benötige. Sehen Sie es sich einfach mal an und überlegen Sie sich, ob es Ihnen gefällt.«
Das war eine gute Nachricht, die sie fast für die erlittene Verletzung entschädigte. Sie würde nicht nur in der Nähe des Palastes leben, sondern auch beim britischen Konsulat. Außerdem würde sie in dem Gebiet wohnen, das von Mr. Ames und seinen Polizisten überwacht wurde, und schließlich auch nahe der ersten modernen Straße Bangkoks, die der König bauen ließ. Über diese neue Straße, die parallel zum Fluß verlief, konnte sie das britische Konsulat von ihrer neuen Residenz aus auf dem

Landweg erreichen. Sie würde sich hier sicher viel geborgener fühlen. Im Falle einer Erkrankung wäre Dr. Campbell sehr nahe, und im Augenblick äußerster Gefahr befände sie sich unweit des besten Zufluchtsortes der Stadt.
Diese Nachricht tröstete Anna sogar beinahe über den bevorstehenden Verlust von Moonshee und Beebe hinweg. Da der alte Perser nach wie vor auf seiner Abreise bestand, reservierte Anna zwei Plätze auf der *Chow Phya*. Doch Beebe weigerte sich im letzten Moment mit Tränen in den Augen, ihren Gemahl nach Singapur zu begleiten. Sie packte ihre Sachen wieder aus und zog es vor, in Bangkok zu bleiben. Moonshee versuchte nicht, sie umzustimmen, als sie weinend ausrief: »Wie kann ich die Mem und den Chota baba sahib allein in diesem schrecklichen Land lassen, wo sie doch in all den Jahren so gut zu mir waren? Sie können ohne mich nicht auskommen.« Also reiste Moonshee allein ab, ohne über die Abtrünnigkeit seiner Frau sonderlich beunruhigt zu sein. Schließlich konnte ein guter Mohammedaner jederzeit Ersatz für eine Frau finden.

Doch noch ehe der Umzug in Angriff genommen werden konnte, bekam Anna hohes Fieber. Sie war an jenem Morgen zu spät zur Schule gekommen, weil einer ihrer Bediensteten plötzlich erkrankt war. Als sie das Palasttor erreichte, war es bereits zehn Uhr. Sie eilte durch die Straßen und kam atemlos zu dem langen Korridor, der zum Tempel führte. Hier mußte sie ihren Schritt verlangsamen, da eine große Menge von Frauen, Kindern und Sklavinnen in die gleiche Richtung eilte.
Da der Gottesdienst längst vorüber sein mußte und auch kein Festtag war, fragte sich Anna, während sie sich durch die Menge zwängte, was hier eigentlich vorging. Als sie endlich im Tempel ankam, begrüßte sie auch hier eine aufgeregte Menschenmenge aus vornehmen Hofdamen, ihren Dienerinnen und unzähligen Sklavinnen. Selbst vor einer Hinrichtung hätte die Erregung der Anwesenden nicht größer sein können.

Auf ihrem Pult entdeckte sie schließlich, was das Interesse hervorgerufen und die Menschen angelockt hatte: ein nacktes, außerordentlich schönes weißes Kind von ungefähr achtzehn Monaten mit goldblonden Locken und rosigen Wangen. Das kleine Mädchen lächelte die Frauen an. Mit Flügeln hätte es wie ein Cherub auf einem Gemälde Raffaels ausgesehen.
Eine dunkle, hübsche Frau saß neben dem Kind auf dem Tisch. »Meine Damen, das Kind ist bedeutend mehr als zehn Ticals wert!« rief sie. »Es ist mindestens sein Gewicht in Gold wert. Für weniger als zweihundert Ticals ist es nicht zu haben, und ich verkaufe es auch nur, weil ich sehr arm bin und es mir nicht leisten kann, das Baby zu behalten. Sehen Sie nur mal auf seine Haut! Schauen Sie sich das Haar an! Betrachten Sie die reizenden Hände und Füße!« Während sie sprach, berührte sie mit ihrem Zeigefinger die erwähnten Stellen. Sofort schrien ein Dutzend oder mehr Stimmen:
»Fünfzehn Ticals!«
»Siebzehn!«
»Zwanzig!«
»Fünfundzwanzig!«
»Dreißig!«
»Fünfunddreißig Ticals!«
Dann entstand wieder eine kurze Pause. Die Auktionatorin beschrieb nochmals die Reize des kleinen Mädchens und rief: »Sie können das Kind nicht für fünfunddreißig Ticals haben! Dann werde ich es eben behalten, selbst wenn ich verhungere.« Darauf folgte eine weitere Flut von Angeboten für das Kind, das noch immer vor sich hin lächelte. Die Angebote stiegen bis zu fünfundfünfzig Ticals.
»Niemand soll das Kind für diesen Preis haben!« schrie die Frau. »Sehen Sie doch nur auf sein Haar, das Sonnenstrahlen oder dem Gold, das Sie um den Hals tragen, gleicht. Sehen Sie seine Haut, sie ist weich wie Samt. Betrachten Sie, meine Damen, dieses gesunde Kind. Es ist glücklich und lächelt den gan-

zen Tag. Welch ein Juwel von einem Baby! Und Sie bieten mir nur fünfundfünfzig Ticals! Da ist beim besten Willen nichts zu machen!«
»Sechzig!«
»Fünfundsechzig!«
»Siebzig!«
»Fünfundsiebzig Ticals!«
Die letzte Bieterin war Lady Piam, eine der Gemahlinnen des Königs. Obwohl zwei ihrer Söhne Annas Schule besuchten, zählte sie nicht zu ihren Freundinnen. Lady Piam gehörte zu der Gruppe der einflußreichen Hofdamen, die im Palast das Sagen hatten. Sie war die einzige Frau im ganzen Harem, die den König beeinflussen konnte. Sie war nicht hübsch, hatte aber eine gute Figur, und obwohl sie vollkommen ungebildet und außerdem die Tochter eines Chinesen war, hatte sie sich mit viel Taktgefühl und großem Geschick ihre Stellung gesichert. Sie hatte im Laufe der Zeit gelernt, sich ihren Einfluß auf den König zunutze zu machen. Während ihrer acht Jahre im Palast hatte sie ein beträchtliches Vermögen angesammelt, für ihre Familienmitglieder gute Stellungen bei Hof gesichert und vielen Kaufleuten der chinesischen Kolonie Hoflieferungen verschafft. Solch einflußreiche Personen hatten in der Regel zahlreiche Feinde, doch Khun Chom Piam war eine hervorragende Diplomatin. Sie schien in ständiger Angst zu leben und bestach fast die ganze weibliche Obergewalt des Palastes. Ihren Rivalinnen gegenüber gab sie sich stets demütig und versöhnlich, weswegen man sie mehr bemitleidete als beneidete. Dieses Mitleid hätte wahrscheinlich ein jähes Ende genommen, wenn die anderen Frauen auch nur geahnt hätten, daß ihre drei kleinen Töchter eines Tages die Königinnen des Königs Chulalongkorn werden würden und daß Lady Piams geschickte Strategie die Stellung ihrer Familie sicherte und sie einmal zur Großmutter zweier Könige und einer Königin und zur Urgroßmutter eines dritten Königs machen würde.

Als die Auktionatorin innehielt, hörte sich Anna mit unsicherer Stimme ausrufen: »Hundert Ticals!«
Eine Lachsalve folgte ihrem Angebot. Es war wohlbekannt, daß Anna den Menschenhandel verabscheute.
»Was wollen Sie denn mit dem Baby?« fragte Lady Piam. »Sie haben doch selbst ein weißes Kind.«
Als Anna nicht antwortete, wandte sie sich um und bot hundertzehn Ticals.
Sogleich rief Anna laut: »Hundertzwanzig Ticals!«
Eine weitere Pause folgte. Die Auktionatorin versuchte, den Preis noch weiter in die Höhe zu treiben, doch es gelang ihr nicht. Die umstehenden Frauen murmelten, daß hundertzwanzig Ticals ein viel zu hoher Preis sei für ein Kind, das schließlich auch in jungen Jahren sterben konnte. Die Versteigerung war daher beendet, und die Menge eilte zum Mittagessen nach Hause. Manche der vornehmen Frauen scharten sich jedoch um Anna und fragten sie, was sie mit dem Kind vorhabe, doch sie wußte kaum, was sie antworten sollte, da sie selbst keine genaue Vorstellung hatte.
Lady Piam kam auf sie zu und sagte: »Mem, Sie haben für das kleine Mädchen wirklich zuviel bezahlt, doch ich habe es so liebgewonnen, daß ich Ihnen hundertdreißig Ticals geben werde, wenn Sie es mir überlassen.«
»Und was wollen Sie mit dem Kind tun?« forschte Anna.
»Ich würde das kleine Mädchen sorgsam erziehen und zu einer Tänzerin im Palast heranbilden.«
»Wissen Sie«, erklärte Anna, »ich habe das Kind gekauft, um es genau vor einem solchen Leben zu bewahren. Und für kein Geld der Welt würde ich das kleine Ding wieder hergeben.«
Diese Antwort machte die sonst so vorsichtige Lady Piam wütend, sie stürzte davon, ohne ihren Ärger zu verbergen. Anna wandte sich an die Mutter des kleinen Mädchens und bat sie zu warten, bis der Unterricht beendet sei. Das Kind, das von der Hitze und der Aufregung ermüdet war, schlummerte friedlich.

Nach der Schule nahm Anna die Frau und das Kind mit zu sich nach Hause. Während die Frau sich das vorgesetzte Essen schmecken ließ, erzählte sie Anna ihre Lebensgeschichte. Ihr Name war Monthani, was Schmuck bedeutet, und sie hatte einen Engländer, einen Matrosen eines chinesischen Schiffes, geheiratet. Da der Mann sie schlecht behandelte, war sie von ihm weggelaufen, und da er das Kind sehr liebte, hatte sie es mitgenommen, um ihn zu bestrafen. Sie nannte den englischen Matrosen nur Captain, doch Anna entlockte ihr schließlich seinen Namen: George Davis. Inzwischen war Monthani so verarmt, daß sie sich entschloß, ihr Kind zu verkaufen. Sie hatte Mae Khao in die Palaststadt gebracht, weil sie hier den besten Preis für sie erzielen konnte. Anna hörte ihr teilnahmsvoll zu und erhob sich dann, um ihr das Geld auszuzahlen. Da sie nur hundert Dollar im Monat verdiente, war es eine kostspielige Angelegenheit, doch sie bedauerte ihre Entscheidung nicht. Anna mußte aber feststellen, daß sie nicht genügend Geld im Haus hatte, und bat Monthani, mit ihr zum britischen Konsulat zu gehen, wo sie sich die restliche Summe ausleihen wollte. Dann würde sie die Dokumente über den Verkauf im Konsulat ausstellen lassen, so daß über Annas Recht an Mae Khao keine Zweifel entstehen konnten.

Monthani war zwar bereit, ihr zum Konsulat zu folgen, weigerte sich aber, Mae Khao bei Beebe zu lassen. Sie sagte, sie wolle ihr Kind so lange wie möglich in ihren Armen halten, und da sie mit Tränen in den Augen darum bat, gab Anna nach. Monthani stieg mit dem Kind in das Boot, und Louis folgte ihr. Die Steine am Landungsplatz waren sehr rutschig, Anna stolperte, versuchte ihr Gleichgewicht wiederzugewinnen, fiel aber mit dem Kopf voran in den Fluß. Vergeblich versuchte sie, an die Oberfläche zu schwimmen, dann wurde sie bewußtlos.

Als sie ihre Augen wieder öffnete, war sie in ihrem Zimmer und lag angekleidet, aber völlig durchnäßt, auf ihrem Bett. Eine Lampe brannte auf dem Nachttisch. Alle Bediensteten, Louis und die Ruderer standen vor ihrem Bett. Doch Monthani und Mae Khao waren verschwunden. Sie hatte die günstige Gelegenheit genutzt, während die Ruderer Anna aus dem Wasser gezogen hatten. Anna versprach den Ruderern eine Belohnung, und sie machten sich auf die Suche. Beebe wachte bei ihr während der langen Stunden des Fiebertraums, in den Anna fiel. Sie quälte sich wegen des kleinen weißen Kindes. Aber am nächsten Tag hatte sie zu hohes Fieber, um überhaupt noch denken zu können.

Als Beebe sah, wie krank ihre Herrin war, eilte sie zu den Mattoons und bat sie um Hilfe. Sie nahmen Anna in ihrem Haus auf und verbrachten Nacht um Nacht an ihrem Bett, bis das Schlimmste überstanden war.

Sie blieb dem Palast einen ganzen Monat lang fern, und Lady Son Klin schickte ihr fast jeden Tag einen Brief in englischer Sprache. In manchen Briefen drängte Son Klin ihre Lehrerin, stets ihre Medizin zu nehmen, und versicherte ihr, daß alles wieder gut werden würde und daß sie sich nicht sorgen solle, da sie für Anna bete. Außerdem habe sie ein Gelübde abgelegt, das Annas Genesung sicherstelle.

Sobald Anna wieder gesund war, ließ sie nach Monthani und Mae Khao forschen, doch sie konnte nichts in Erfahrung bringen. Sie hatte gehofft, daß die Mutter ihr Kind noch einmal in den Palast gebracht und dort zum Verkauf angeboten hatte. Dem war allerdings nicht so, und Anna sagte sich, daß so etwas auch nie wieder vorkommen dürfe.

Als Anna nach so langer Zeit wieder am Pult Platz nahm, bemerkte sie, daß die Frauen sie ansahen, als wäre sie von den Toten auferstanden. Viele waren verwundert, daß sie ihre Krankheit tatsächlich überlebt hatte. Lady Talap sagte: »Sie waren verhext, als Sie an der Versteigerung des Kindes teilnahmen. Der Teufel nimmt oft die Gestalt schöner Kinder, ganz besonders kleiner Mädchen an, um Menschen zu verderben. Das Kind war nichts anderes als der Teufel, der Sie ermorden wollte, weil Sie so viele gute Taten verrichten. Verstehen Sie denn nicht, daß sein Plan gelungen wäre, wenn die Ruderer Sie nicht gerettet hätten?«

Anna glaubte nicht, daß Mae Khao die Verkörperung des Teufels war, doch sie erkannte den Vorteil darin, es die Frauen im Palast glauben zu lassen. Nichts hätte die Wachtposten am Tor veranlassen können, das kleine Mädchen wieder in den Palast zu lassen. Was immer ihm auch bevorstehen mochte, vor einem Leben als Sklavin war es sicher.

Lady Son Klin behauptete, die Genesung ihrer Freundin sei allein ihr Verdienst. Sie umarmte Anna und rief immer wieder: »Ich habe Sie gesund gemacht! Ich habe Sie gesund gemacht!«

»Und wie ist Ihnen das gelungen?« fragte Anna, von der Zuneigung der jungen Frau ganz gerührt.

Lady Son Klin strahlte übers ganze Gesicht, als sie sich zu Anna beugte: »Ich habe in meinem Lieblingstempel das Gelübde abgelegt, siebentausend Leben zu retten, wenn das Ihre, dank meiner Gebete, gerettet würde.«

Anna lächelte über diesen kindlichen Glauben nicht, doch sie war neugierig. »Wie kann ein einzelner Mensch siebentausend Leben retten?« fragte sie.

Lady Son Klin freute sich, ihre Freundin verblüffen zu können. »Das ist gar nicht so schwierig« antwortete sie mit einer lebhaften Handbewegung. »Warten Sie mal kurz, und Sie werden es sehen!« Sie rief eine ihrer Sklavinnen zu sich und flüsterte ihr etwas zu.

Nach einer Stunde kam die junge Frau mit sieben Körben zurück, in denen je tausend kleine Fische schwammen. Damit gingen Lady Son Klin, Anna und die Sklavinnen zu einem offenen Graben, und unter Pomp, Musik und Gesang wurden die Fische in aller Förmlichkeit ins Wasser geworfen – und schon waren siebentausend Leben gerettet.

Königliche Heuschrecken

Annas neues Haus, ein zweistöckiger Ziegelbau, stand auf der Ostseite des Palastes. Von ihrem Fenster aus konnte Anna sogar den langen, von weißen Mauern umgebenen Pavillon erblicken, von dem aus der König mit seinem Hofstaat die Prozessionen verfolgte. Direkt vor Annas Haus war ein riesiger Platz, der Sanam Chai, Feld des Sieges, genannt wurde.
Die Bootsfahrt über den Fluß hatte jeden Tag einen großen Teil ihrer Zeit in Anspruch genommen. Nun trat sie am Morgen aus dem Haus und mußte nur den Sanam Chai überqueren und anschließend den Weg zu einem der hübschen Tore neben dem langen Pavillon entlanggehen. Meist betrat sie den Palast durch die nördliche Pforte, die das ›Tor des Schutzengels‹ ge-

nannt wurde, und war so in weniger als fünf Minuten in der Schule.
Doch die Lage des Hauses hatte auch einen Nachteil: Da sie jetzt nur noch wenige hundert Meter vom Palast entfernt wohnte, nahm der König ihre Hilfe auch immer häufiger am Abend in Anspruch. Da sie diese Zeit gerne mit Louis verbringen wollte, nahm sie es dem König übel, wenn sie mal wieder endlose Stunden mit der Abfassung seiner Korrespondenz beschäftigt war. Und ständig kam es vor, daß der König sie sogar mitten in der Nacht in den Palast bestellte.
Anfangs war sie während dieser nächtlichen Vorladungen noch ganz aufgeregt, da sie mit einer Schreckensnachricht aus dem Harem rechnete, doch die Erfahrung zeigte ihr, daß sie nie wissen konnte, was sie erwartete. Einmal wurde sie von den Sklavinnen des Königs aus tiefstem Schlaf geweckt und aufgefordert, so schnell wie möglich im Palast zu erscheinen. Sie kleidete sich rasch an und dachte, eines der königlichen Kinder sei an Cholera erkrankt. Sie küßte Louis, der friedlich in seinem Bett schlummerte, und trug Beebe auf, bei ihm zu bleiben.
Als sie in die hell erleuchtete Audienzhalle der Frauen hastete, lag der König ausgestreckt in der Mitte des Raumes auf dem Bauch und las in der englischen Bibel. Sie ging in die Knie, wie sie es tun mußte, wenn der König in seiner Lieblingsposition studierte.
Ungeduldig wandte er sich zu ihr: »Mem, Ihr Moses muß ein Narr gewesen sein!«
»Aber, Eure Majestät ...«
»Es ist so, Ihr Moses muß ein Narr gewesen sein«, unterbrach sie der König schroff, wies auf die Bibel und fuhr fort: »Hier steht geschrieben, daß Gott die Welt in sechs Tagen schuf und am siebenten Tag ruhte. Sie und ich und alle Gelehrten wissen, daß es vieler Jahrhunderte bedurfte, um die Welt zu erschaffen. Ihr Moses muß ein Narr gewesen sein, wenn er so etwas schreibt! Sie können gehen!«

Als sie ihm antworten wollte, schickte er sie mit einer arroganten Geste fort und erlaubte ihr nicht zu sprechen. Wieder und wieder wurde sie mitten in der Nacht von rufenden Sklavinnen aufgeweckt – nur um festzustellen, daß der König nicht in seinen letzten Zügen lag, sondern bloß versuchte, ein bestimmtes Wort im Lexikon zu finden, das leider nur in seiner ausschweifenden Phantasie existierte, oder er war auf der Suche nach dem richtigen Namen für ein wissenschaftliches Instrument, das er aus London bestellen wollte.

Vor Annas Ankunft in Siam hatte der König in solchen Fällen nach einem der Missionare gerufen. Der arme Mann wurde aus seinem Bett geholt und nach einer langen Bootsfahrt in den Palast gebracht, nur weil der König wissen wollte, ob er besser »unklar«, »schwerverständlich« oder »nicht ganz offenbar« schreiben sollte. Manchmal wurde der schläfrige Missionar dann mit einer beleidigenden Bemerkung wieder nach Hause geschickt, doch niemals entschuldigte sich der König für die nächtliche Ruhestörung oder bedankte sich für seinen Rat.

Selbst Sir Robert Schomburgk war vor solchen Störungen nicht sicher gewesen und eines Nachts besorgt in den Palast geeilt, weil er mit einer schweren politischen Krise rechnete, die sich zu seinem großen Ärger als Übersetzungsproblem des Königs entpuppte.

Doch Anna war mit ihrem neuen Zuhause alles andere als unzufrieden. Louis konnte endlich sein heißersehntes Pony bekommen, das ganz in der Nähe in einer Kavallerie-Kaserne untergebracht wurde. Die lange neue Straße, die der König im März mit großem Pomp einweihen wollte, machte das Reiten zu beinahe jeder Jahreszeit möglich. Louis nannte sein Pony »Pompey«, nach dem walisischen Pferd, das seine Mutter als junges Mädchen besessen hatte.

Anna hatte auch darum gebeten, den Unterricht durch neue Fächer ergänzen zu dürfen, was dem Wunsch des Königs, seine

Kinder in europäischen Manieren und Gebräuchen unterweisen zu lassen, entsprach. Sie wollte dazu immer mal wieder einige Kinder in ihr Haus einladen und sie dort mit der europäischen Etikette vertraut machen.

Die Landkarte und der Globus hatten die Anschauungen der Kinder auf den Gebieten der Geographie und Astronomie durchaus geändert, doch all das mußte jedem einzelnen Schüler mit unendlicher Geduld beigebracht werden. Erst neulich hatte eine neue Schülerin namens Wani Ratana Kanya die von ihrer Lehrerin vorgetragenen Ideen ganz entschieden abgelehnt.»Ich glaube«, hatte sie gesagt,»daß der Mond die schöne Tochter eines großen Königs, der vor vielen tausend Jahren lebte, und seiner Hauptfrau – der Sonne – ist, und nicht nur ein großer Ball aus Erde und Felsen, der ohne Zweck am Himmel umherrollt, nur damit ihn die Sonne anstrahlt.«

Die Liebe der Kinder zu Bildern hatte Anna die Arbeit oft erleichtert, immer wieder besorgte sie daher Abbildungen von anderen Ländern und Völkern für ihre Schüler. Sie brachte die verschiedensten Gegenstände mit in die Schule und erlaubte den Kindern, sie genau zu untersuchen. Einmal zeigte Anna ihnen ein Wollknäuel sowie Bilder von einem Wollkämmer, einem Spinnrad und einer modernen Spinnerei und vergaß auch Muster von Garn und Tuch nicht. Das Handweben begriffen die Kinder bald, da die Sklavinnen oft an Webstühlen arbeiteten.

Eines Tages hatte der Dampfer *Chow Phya* dem König aus Singapur eine Kiste Eis geliefert, und Anna hatte ein Stück davon für ihren Anschauungsunterricht erhalten. Die Kinder betrachteten das Eis mit großem Interesse, und als die Haremsdamen davon hörten, trieb die Neugier auch sie in den Tempel. Sie griffen es an und kicherten, weil es so kalt war, und sie sahen zu, wie es schmolz und sich in Wasser verwandelte. Jetzt fiel es ihnen nicht mehr so schwer zu glauben, daß das Wasser in Ländern mit kaltem Klima gefror, und daß man sogar darauf gehen

konnte. Anna zeigte den Kindern auch Bilder von Jungen und Mädchen, die in Holland auf Kanälen Schlittschuh liefen, und ihre Schüler waren begeistert. Doch als sie ihnen erzählte, daß der Regen in solchen Ländern gefror und als eine weiße Substanz, die Schnee hieß, vom Himmel fiel, war die ganze Schule über dieses lächerliche Märchen entrüstet.
Lady Son Klin legte ihre Hand sanft auf Annas Arm und sagte mit leiser Stimme: »Bitte, erzählen Sie so etwas nicht wieder. Ich glaube Ihnen wirklich alles, was Sie mich lehren, doch Sie klingen wie ein kleines Mädchen, das die Menschen mit ihrer wunderbaren Geschichte beeindrucken möchte.«
Die Lektion über den Schnee brachte den Unterricht für mehrere Tage durcheinander, und unglücklicherweise konnte Anna keine Abbildung mit einer verschneiten Landschaft finden. Dies hatte zur Folge, daß ihre Schüler sich fortan weigerten, ihr die einfachsten Dinge zu glauben, und der Widerstand wurde irgendwann so stark, daß Anna den König um Hilfe bat. Und so erschien er eines Morgens in der Schule und erklärte den verblüfften Kindern, daß sie Anna die Geschichte mit dem Schnee ruhig glauben konnten, da er in englischen Reisebüchern schon oft von einer solchen Erscheinung gelesen hatte.

Ungefähr zur selben Zeit begann Anna mit ihren Lektionen in europäischer Etikette, und sie wurde mit Louis von den königlichen Kindern zum Tee eingeladen. Die Feier fand in der Residenz der verstorbenen Königin statt, einem herrlichen alten Palast, der von einer hohen, verwitterten Mauer umgeben war.
Vor dem Gebäude stand ein von dichten Hecken umgebenes und mit kostbaren indischen Teppichen ausgelegtes Amphitheater. Zwei in Scharlach und Weiß gekleidete und mit Diamanten und kostbaren Edelsteinen geschmückte Sklavinnen saßen auf steinernen Bänken am Ende des Weges. Als Louis und Anna sich ihnen näherten, erhob sich eine Sklavin und kam auf sie zu, um sie zu begrüßen. Sie bat die beiden, auf einem Teppich

Platz zu nehmen und zu warten. Nach einer halben Stunde drangen Stimmen zu ihnen, und die Tore des Palastes wurden geöffnet. Anna erkannte ihre ältesten Schülerinnen, Prinzessin Ying Yaowalak und Prinzessin Somawadi, beide in Scharlach, Gold und Blau gekleidet, und ihre kostbaren Juwelen funkelten, wenn die Sonnenstrahlen darauffielen. Prinzessin Ying Yaowalak, die ältere der beiden, schritt lächelnd auf ihre Gäste zu, nahm Annas Hände in die ihren und verbeugte sich, bis ihre Stirn sie berührte. Als ihre Halbschwester, Prinzessin Somawadi, Anna auf die gleiche Weise begrüßt hatte, setzten sie sich zu ihrer Lehrerin und bemühten sich eifrig um ihren Gast.

Nach wenigen Minuten strömten mehr als dreißig Königskinder, von denen jedes mindestens von einem Dutzend Sklavinnen begleitet wurde, durch das Tor. Die Kinder begrüßten Anna auf feierliche Weise und ließen sich auf dem Teppich nieder, während ihre Sklavinnen sich hinter sie hockten. Es war wirklich ein ungewöhnlicher Rahmen für eine englische Teeparty. Ungefähr fünfhundert Personen hockten oder saßen ruhig und gesittet unter freiem Himmel und waren gespannt, was passieren würde.

Da traten einige Mädchen in leuchtend bunten, fließenden Gewändern mit den unterschiedlichsten Musikinstrumenten durch eine Öffnung in der Hecke. Ihre kostbare Kleidung und die rhythmischen Bewegungen ihrer Körper waren von einer eigenartigen Anmut. Sie warfen sich auf den Boden, verbargen ihre Gesichter und erhoben sich erst wieder, als Prinzessin Sornawadi ihnen ein Zeichen gab. Sie verteilten sich, und die Darbietung begann: Es gab einen Chor, ein Ballett und ein Orchester. Dann brachten die Sklavinnen goldene Teetöpfe auf goldenen und silbernen Tabletts herbei und schenkten verschiedene Arten von Tee in wunderschöne kostbare Schalen ein.

Anna war klar, daß sie aus Höflichkeit ein Schale von jeder Sorte trinken mußte, und das waren mehr als ein Dutzend – Tee mit Rosenduft, den Tee des Lebens, den Tee der Freundschaft, den

Tee des Frohsinns, jasminduftenden Tee, den Tee der Wachsamkeit und viele andere. Der Tee der Wachsamkeit war sehr anregend, da die Blätter dieser aromatischen Sorte frühzeitig gepflückt und in großen kupfernen Pfannen über dem Feuer getrocknet wurden.

Dazu wurden verschiedene andere kleine Leckereien gereicht, und Anna gefiel die ganze Zeremonie sehr gut – bis auf eine Sache: Prinzessin Ying Yaowalak wollte ihrer Lehrerin und Louis gegenüber besonders höflich sein und tauchte von Zeit zu Zeit einen ihrer langen Fingernägel in eine Schüssel, spießte ein Fruchtstück auf und hielt es ihnen wie auf einer Gabel vor den Mund. Anna und Louis blieb nichts anderes übrig, als ihren Mund zu öffnen und das dargebotene Obst zu schlucken. Obwohl Anna wußte, daß diese typisch siamesische Geste ein besonderer Freundschaftsakt war, konnte sie ihren Ekel kaum unterdrücken.

Endlich ging die Sonne unter und beendete die Feier. Anna und Louis luden die königlichen Kinder zu einer echt englischen Teeparty am kommenden Samstag ein, falls der König es erlauben würde. Die Kinder waren über die Aussicht, Anna in ihrem neuen Haus zu besuchen, begeistert, vor allem weil es außerhalb der Palastmauern lag.

Der König gab seine Zustimmung nur zu gern, also schmückte Anna einige Tage später ihr Speisezimmer mit englischen Flaggen und stellte Blumen auf die Tische, auf denen schon Tee, Kaffee, Kuchen, Eingemachtes, Brot und Butter standen. Anna hatte dreißig Schulkinder eingeladen, für mehr würde der Platz an den Tischen nicht reichen. Sie hatte allerdings nicht daran gedacht, die Zahl der Dienerinnen zu begrenzen, und so brachte jedes der Kinder mehrere Sklavinnen mit. Die Kinder freuten sich schon sehr auf die aufregende Teeparty in einem echten englischen Haus, und sie erschienen in ihren leuchtendsten Seidengewändern, mit schwerem Gold und Diamantenschmuck.

Zu Annas Verzweiflung wollten die Sklavinnen unbedingt mit ihren jungen Herren und Herrinnen ins Haus kommen. Die ganze Schar strömte durch die offene Haustür, und einige kletterten sogar durch die Fenster, bis kein einziger Fleck im Haus mehr frei war.

Vergeblich versuchte Anna für Ordnung zu sorgen, doch ihre Stimme ging unter im Lärm der Sklavinnen, die schrien, lachten und sich stießen, um sich in dem engen Haus Raum zu verschaffen, das für vierhundert Gäste nun wirklich zu klein war. Den Prinzen und Prinzessinnen war auch nicht klar, daß sie in den Sesseln um den Tisch Platz nehmen sollten. Sie gingen zu den Teetischen und betrachteten sie neugierig, einige steckten ihre Finger in die Schüsseln, um deren Inhalt zu untersuchen, andere nahmen die Kuchen in die Hände, befühlten sie und stellten sie wieder auf den Tisch zurück, wieder andere schauten in die Teetöpfe. Dann – ohne die Speisen oder den Tee auch nur angerührt zu haben – schwärmten sie wie die Heuschrecken mit ihren Sklavinnen durch das Haus und nahmen alles an sich, was ihnen irgendwie in die Augen stach.

Anna kam sich vor wie ein Stück Holz in einem reißenden Fluß: Hinauf und hinunter, um sie herum und über sie hinweg wirbelten sie schreiend und lachend durch das Haus. Die Sklavinnen beobachteten das Treiben ihrer Schutzbefohlenen mit grenzenlosem Entzücken. Anna hatte gehofft, daß sich ihre jungen Gäste in ihrem Haus ebenso gesittet benehmen würden wie bei ihrer eigenen Teeparty, und sie war außer sich, weil die Schubladen, ihr Toilettentisch und ihre Wäscheschränke regelrecht ausgeplündert wurden. Auf ihrem Bett lag eine gehäkelte Bettdecke aus rosa Seide, die eine der kleinsten Prinzessinnen gerade in ihren zierlichen Händen davonschleppte, als Anna herbeieilte. Es wäre bestimmt kaum eine Nadel, eine Vase, ein Bild oder ein Taschentuch in ihrem Haus geblieben, wenn nicht das Läuten der Turmglocke das Ende des Tages angekündigt hätte. Hastig hoben die Sklavinnen ihre mit Beute beladenen Schutzbefohlenen auf und verschwanden mit ihnen ebenso unzeremoniell, wie sie gekommen waren. Das Haus war völlig verwüstet, nur die wunderschön gedeckten Teetische, auf denen immer noch Schüsseln, Brot, Butter, Eingemachtes und Kuchen standen, waren unberührt geblieben.

Anna fiel müde auf einen Stuhl und machte sich ein erstes Bild von dem Schaden. Sie wußte, daß die Mitglieder des Königshauses das Recht hatten, alles an sich zu nehmen, was ihnen gefiel. Sie hatte auch von einem zügellosen Prinzen gehört, der immerzu durch die Straßen streifte und alle Getränke, die er in den Läden der Kaufleute finden konnte, mitnahm – und niemand wagte es, sich ihm entgegenzustellen. Doch Anna hätte niemals geglaubt, daß ihre im Unterricht stets so folgsamen Schüler sich in ihrem Haus derart benehmen würden. Sie besaß nicht einmal mehr eine Schere, eine Spule Garn, eine Nadel oder einen Fingerhut, offensichtlich hatten es diese Gegenstände den Kindern ganz besonders angetan.

Am nächsten Tag erschien eine ganze Prozession von Sklavinnen aus dem Palast vor ihrem Haus. Als die erste Dienerin kam, hatte Anna für einen Augenblick gehofft, daß sie ihr die gestohlenen Gegenstände zurückbrachte, doch die Sklavin sollte ihr von der Mutter eines der Kinder eine kleine Kiste mit Tee bringen. Andere kamen und schenkten ihr Tabak und Kampfer, alles Vergütungen für die Plünderung ihres Hauses. Die meisten Gaben hatten den zehnfachen Wert der mitgenommenen Gegenstände, nur leider konnte Anna beim besten Willen nichts damit anfangen.

Der Gottesdienst im Tempel

Anna stand nach wie vor mit den meisten Müttern ihrer Schüler in Kontakt. Sie kam zwar mit allen von ihnen gut aus, mit einigen wenigen aber war sie besonders gut befreundet, und mit Ausnahme Lady Son Klins zählten sie zu den einflußreichsten Frauen des Harems. Anna hatte sie nicht aus diesem Grund zu ihren Freundinnen gemacht, allerdings besaßen sie alle eine außergewöhnliche Eigenschaft: Sie kümmerten sich um ihre Umwelt, und das machte sie in Annas Augen so liebenswert. Sie waren persönlich sehr verschieden voneinander, und diese Verschiedenheit spiegelte sich auch in Annas Beziehungen zu ihnen.

Lady Son Klin lernte mit Anna Siamesisch und freute sich immer, Anna in ihrem Haus begrüßen zu können. Sie setzte ihr mit solcher Liebenswürdigkeit heißen Tee und Kuchen vor, daß es nach einem anstrengenden Schultag eine willkommene Freude war. Lady Son Klin war auch in die Geheimnisse der komplizierten Palastpolitik eingeweiht und beriet ihre Freundin mit diplomatischem Geschick. Ihre kleinen achtsamen Warnungen bewahrten Anna vor so manchem Fehler.

Annas Freundschaft mit Lady Thiang, der Mutter von Prinzessin Somawadi, war zwar ebenso innig, aber doch anderer Natur. Anna hatte die Großherzigkeit der Siamesin gleich erkannt. Für die meisten Haremsdamen war das Leben innerhalb der Palastmauern nur erträglich, weil die Hauptfrau so gütig und verständnisvoll war. Lady Thiangs Schwester Choi, einst die Favoritin des Königs, war vor fünf oder sechs Jahren beinahe zum Tode verurteilt worden. Während sie mit dem Hoftheater aufgetreten war, hatte ein junger Adeliger sich in sie verliebt. Seine Frau hatte sich daraufhin in der selbstlosen und aufopfernden Art einer Konkubine als Sklavin verkauft, um für ihn in der Sache vermitteln zu können. Doch bevor die beiden ihren Plan verwirklichen und Choi aus dem Palast entführen konnten, wurde einer ihrer Briefe an ihn abgefangen und das Komplott entdeckt. Der Adelige und seine Frau wurden auf die furchtbarste Weise gefoltert und hingerichtet, während Choi nur durch die Vermittlung Sir Robert Schomburgks am Leben blieb.

Dieses Erlebnis hatte mehr als alles andere dazu beigetragen, Lady Thiangs Anteilnahme an den Leiden anderer zu wecken. Anna hatte ihr schon oft von tragischen Schicksalen berichtet und war immer wieder erleichtert gewesen, wenn Lady Thiang rasch sagte: »Sorgen Sie sich nicht mehr darum, Mem cha, ich werde mich persönlich der Sache annehmen.«

Die Hauptfrau hatte sich ein eigenes kleines Hofdrama ausgedacht, in dem Anna die Hauptrolle spielte und das sie immer und immer wieder mit großem Erfolg anwandte. Sobald Lady Thiang bemerkte, daß der König unglaublich wütend war, rief sie nach Anna. Sie mußte dann mit einem Buch in der Hand zu Seiner Majestät gehen und ihn wegen einer Übersetzung aus dem Sanskrit oder dem Siamesischen um Rat fragen. Sie hielt eine ganze Liste solcher Fragen bereit. Obwohl dieser Trick so offensichtlich war, bewährte er sich – vielleicht gerade wegen seiner Einfachheit – so gut wie immer.

Der König sah Anna zögernd mit einem Buch in der Hand an der Tür stehen und winkte sie zu sich. Er hörte von einem Moment zum nächsten auf zu fluchen und beschäftigte sich interessiert mit ihrer Frage. Oft schickte er die Schuldige, die noch immer vor ihm kniete, mit einer zerstreuten Handbewegung aus dem Raum, um sich ganz dem fesselnden Problem, das Anna ihm vorgelegt hatte, widmen zu können. Jedesmal wenn sie sich seinem Studierzimmer näherte und seine zornige Stimme hörte, verließ sie der Mut, verlangsamte sie ihren Schritt: Dieses Mal würde er den Trick bestimmt durchschauen! Doch er durchschaute ihn nie.

Prinzessin Lamom war die dritte Frau, die Anna besonders gern mochte. Die Prinzessin fragte sie oft wegen Prinz Chulalongkorn und seinen Brüdern um Rat. Ohne Annas Hilfe wäre es kaum möglich gewesen, Prinz Chulalongkorn die Grundsätze der Menschlichkeit zu vermitteln. Sie erzählte ihm immer wieder von ihren Bemühungen, diesem oder jenem unglücklichen Menschen zu helfen, und er hörte ihr stets mit ernstem Interesse zu. Sie wußte, daß es eine Frucht ihrer Erziehung war, wenn er die Grausamkeit bedauerte, mit der die Sklavinnen im Palast behandelt wurden, und diese Tatsache erfüllte sie mit Stolz. Allerdings ahnte keine ihrer Freundinnen, wie einsam sie sich manchmal fühlte und wie unzulänglich ihr das Leben in Siam hin und wieder vorkam. Die Last der Pflichten, die ständigen Herausforderungen und ihre von Monat zu Monat größer werdende Angst schienen sie oft förmlich zu erdrücken. In Bangkok fiel es ihr schwerer, Freundschaften zu knüpfen, als in jedem anderen Ort. Nur selten trafen neue Gesichter in der engen Gesellschaft von Bangkok ein, es gab nur wenig Bücher, kein Theater, keine Konzerte. Singapur war als Knotenpunkt

des Welthandels lebendig und aufregend gewesen, Bangkok war dagegen ein Abstellgleis.
Ihre privaten Studien und ihre Arbeit entschädigten sie nur wenig für die vielen Dinge, die sie entbehrte. »Nonnen müssen ein ähnliches Gefühl haben, wenn sie in ein Kloster eintreten und den Zauber der Welt hinter sich lassen«, dachte sie oft. Manchmal war Anna rundherum zufrieden und glücklich – wenn es ihr mal wieder gelungen war, einem der vielen Menschen, die zu ihr kamen, zu helfen. Doch meist wurde das gute Gefühl schon am nächsten Tag wieder durch das Bewußtsein getrübt, daß, während sie eine Ungerechtigkeit aus dem Weg räumte, zehn neue entstanden. Obwohl es nicht in ihrer Macht lag, dieses System, das so viel Kummer bereitete, zu ändern, dachte sie doch an die aufregende Möglichkeit, daß Prinz Chulalongkorn genau dies eines Tages tun könnte. Und dieser Gedanke gab ihr mehr als einmal Kraft, wenn sie wieder entmutigt oder ungeduldig war.
Wenn der junge Prinz mit gutem Beispiel voranging und die Sklavinnen freundlich behandelte, so war ihr das eine größere Belohnung als das erbärmliche Gehalt, das der König ihr zahlte. Chulalongkorn sorgte dafür, daß seine Sklavinnen ordentlich gekleidet waren und genug zu essen bekamen, er behandelte sie rücksichtsvoll und bestand darauf, daß alle anderen sich ebenso verhielten. Eines Tages überraschte er Anna mit der Überlegung: »Ich glaube, man sollte sie nicht Sklavinnen nennen. Sie haben ein größeres Anrecht als wir, Adelige genannt zu werden, weil sie gelernt haben zu leiden. Wir Prinzen haben niemals gelernt, daß man seine Mitmenschen nicht unterdrücken darf.«
Khun Thao Ap und Lady Talap vervollständigten den Kreis von Annas Freundinnen im Palast. Zu Beginn des Jahres 1864 hatte sich Lady Talaps Ansehen durch die Rangerhöhung ihres Vaters wesentlich verbessert. Ihr älterer Halbbruder war lange Zeit oberster Richter im Palast gewesen, und einige andere Familienmitglieder bekleideten ebenfalls einflußreiche Ämter. Als

im Januar dieses Jahres der Minister des Nordens starb, hatte ihr Vater durch ihre Fürsprache diesen Posten erhalten, nachdem er vorher Bürgermeister von Bangkok gewesen war. Nun hatte er den gleichen Rang wie der Kralahome inne und war somit einer der beiden mächtigsten Adeligen des Königreichs.
Lady Talap war eine gläubige Buddhistin. Da sie darauf brannte, der englischen Freundin ihre Religion näherzubringen, lud sie Anna oft zu den Gottesdiensten im Harem ein. »Kommen Sie nur, Mem«, sagte sie mit einer Handbewegung, »heute sind wir an der Reihe, in den Tempel zu gehen. Sie müssen unbedingt mitkommen. Ich werde Ihnen alles erklären.«
Die Haremsdamen saßen bereits auf dem glänzenden Boden, als die beiden eintraten, die Sklavinnen, oft Halbschwestern ihrer Gebieterinnen, standen etwas abseits.
Die Haremsdamen bildeten einen Kreis, und jede hatte eine große Vase mit Blumen und eine brennende Kerze vor sich stehen. Einige gehörten zu Annas Schülerinnen und hatten ebenfalls einen Kreis gebildet, sie saßen abseits von ihren Müttern, da sie einen höheren Rang hatten. Der Priester Chao Khun Sa saß direkt neben dem Altar. Er hielt einen bestickten, mit Juwelen besetzten und mit hellgrüner Seide umsäumten vergoldeten Fächer in der Hand. Der Fächer galt als Zeichen seines hohen Ranges, und er hielt ihn, ganz nach der buddhistischen Sitte, vor sein Gesicht. Sein gelbes Gewand war vom Hals bis zum Gürtel offen, zwei schmale gelbe Streifen, die an das Skapulier der katholischen Ordensangehörigen erinnerten, hingen von seinen Schultern. Auf einer Seite baumelte eine goldene Uhr, ein Geschenk des Königs. Siebzehn Jünger saßen zu scinen Füßen und hielten nicht ganz so kostbar verzierte Fächer vor ihre Gesichter.
Anna mußte Louis noch nicht einmal zur Stille ermahnen, die eindrucksvolle Ehrfurcht der Betenden zog ihn völlig in ihren Bann.
Der Priester saß bewegungslos da und hielt die ganze Zeit über

sein Gesicht hinter dem Fächer versteckt. Anna musterte ihn neugierig und beugte sich zur Seite, um einen Blick auf sein Gesicht zu erhaschen. Der Priester bemerkte es, warf ihr einen mahnenden Blick zu und drehte seinen Fächer wieder vor sein Gesicht. Dann stimmte er den Eröffnungsgesang an.

Die Gemeinde erhob sich sofort auf die Knie, und alle warfen sich dreimal zu Boden. Mit gebeugten Köpfen, aneinandergelegten Handflächen und geschlossenen Augen stimmten sie in das Responsorium ein, ähnlich der christlichen Liturgie: zuerst der Priester, dann die Menge und schließlich alle zusammen. Es gab keinen Gesang, kein Aufstehen und Niedersetzen, keinen Wechsel der Plätze und kein Wenden der Gesichter zum Altar oder in nördlicher, südlicher, westlicher oder östlicher Richtung. Priester und Gläubige verharrten die ganze Zeit in knieender Haltung, die Hände vorm Gesicht gefaltet, die Augen geschlossen. Anna konnte der Zeremonie nicht immer ganz folgen, verstand aber, daß der Priester die Andächtigen aufforderte, die Lehren der Mildtätigkeit zu befolgen. Chao Khun Sa war ein gewandter und moderner Redner, der seine Predigten wirklich wichtigen Themen widmete und sich nicht damit zufriedengab, die alten Homilien herunterzubeten.

Während er sprach, vertrieben sich die Amazonen die Zeit in den Vorhallen des Tempels, die Andacht der Betenden interessierte sie nicht. Sie amüsierten sich lieber und spielten um hohe Einsätze oder flirteten mit den Hütern des Tempels. Das war auch einer der unzähligen Gegensätze des siamesischen Lebens, die Anna immer wieder verwirrten und beschäftigten. Ihre Gedanken wanderten von der Predigt zum Priester. Die Art, wie er sein Gesicht verbarg, erinnerte sie entfernt an einen jungen Priester namens Maha Rot. Während eines Gottesdienstes war ihr seine schöne Stimme aufgefallen, und sie hatte sie dem König gegenüber erwähnt. Seine Majestät hatte ihr Lob unverzüglich an den Priester weitergegeben, einen plumpen jungen Mann, der meist die Responsorien sang. Als der König sich um-

wandte, hatte der Priester ihr über seinen Fächer hinweg zugezwinkert. Anna hatte sich darüber gewundert, doch richtig überrascht war sie, als der junge Priester sie einige Tage später besuchte. Zufällig war an jenem Nachmittag gerade Annie Elliot bei ihr, die junge Schneiderin, die ihr bei den Kleidern für den Empfang von Lord John Hay geholfen hatte. Der Priester hatte sich auf den ersten Blick in die hübsche junge Engländerin verliebt und ihr am nächsten Tag eine blühende Rose in einer kostbaren chinesischen Vase überreicht. Als Anna ihn neckte und fragte, ob Miss Elliot seiner Meinung nach hübscher sei als die Siamesinnen, antwortete er prompt: »O ja! Unsere Frauen sind nur gelb, doch sie ist rot und weiß und blau und einfach schön!«
Obwohl seine offenkundige Bewunderung für eine Frau gegen die Regeln seines Ordens verstieß, war er völlig erschrocken, als Annie Elliot ihm zum Zeichen ihrer Dankbarkeit für das schöne Geschenk die Hand schüttelte, und er zog sich hastig zurück. Als er merkte, daß sie gekränkt war, versuchte er einen Ausweg zu finden, der sich mit seinen Skrupeln vereinbaren ließ. Zuerst reichte er ihr seinen alten chinesischen Regenschirm und deutete an, daß sie ihn schütteln solle. Als Miss Elliot dies ablehnte, legte er ein schmutziges Taschentuch über seine Hand und streckte sie ihr entgegen, doch die junge Engländerin wollte sie nicht ergreifen. Schließlich schlug er ihr mit verzweifelter Miene vor, hinter eine Säule zu gehen, damit sie niemand sah. Er konnte ihre diesmal noch entschiedenere Weigerung beim besten Willen nicht begreifen. Die köstliche Episode endete mit einem Heiratsantrag des Priesters, der für diese »blauäugige Lotosschönheit« sogar bereit war, den Priesterstand zu verlassen. Als Miss Elliot auch seinen Heiratsantrag ablehnte, bat er in aller Ruhe um die Rückgabe seines Geschenks und verließ Annas Haus.
Anna wußte, daß Chao Khun Sa ein völlig anderer Mensch war. Er war in jungen Jahren Priester geworden und hatte in recht

kurzer Zeit einen hohen Rang erreicht. Interessanterweise hatte er dann das Priesteramt für sechs Jahre aufgegeben. Die Haremsdamen hatten Anna zugeflüstert, er habe schließlich wegen einer bitteren Enttäuschung das Priestergewand wieder angelegt. Sie erzählten, Chao Khun Sa und ein junges Mädchen, das später eine Gemahlin des Königs wurde, hätten einander sehr geliebt, doch ihre Familie habe der Heirat nicht zugestimmt. Als das Mädchen dann dem König vorgestellt wurde, sei Chao Khun Sa wieder in den Priesterstand eingetreten. Anna blickte erneut auf den gelehrten Prediger. Er sprach mit ruhiger, kräftiger Stimme, und die Frauen lauschten seinen Worten mit gespannter Aufmerksamkeit. Der Priester wurde wegen seines rechtschaffenen Lebenswandels in der Stadt und im Palast hoch geachtet.

Anna fragte sich, als sie den Priester mit übereinandergeschlagenen Beinen und dem Fächer vor seinem Gesicht dasitzen sah, ob diese romantische Geschichte wirklich stimmte. Zumindest hatte sie seine Beziehung zum König nicht beeinträchtigt. Seine Majestät ließ zu jener Zeit sogar einen neuen Tempel bauen, der den Namen Wat Rachapradit Sathit Maha Simaram erhielt, was »der Tempel, der vom König errichtet wurde« hieß. Chao Khun Sa würde dorthin berufen werden, sobald das Gebäude fertiggestellt war, so daß er stets innerhalb kürzester Zeit vor dem König erscheinen konnte. Der Tempel wurde auf der östlichen Seite des Palastes, nicht weit von Annas Haus, in einem ehemaligen Kaffeegarten errichtet.

Anläßlich der Grundsteinlegung hatte der König ein riesiges Fest mit zahlreichen Attraktionen veranstaltet: Theatervorstellungen, Gaukler, Messen an jeder Straßenecke, Bankette für die Priester. Außerdem wurden an die Armen Kleidungsstücke, Nahrungsmittel und Geld verteilt. Morgens und abends hatte der König die Zeremonien unter einem seidenen Baldachin geleitet. Die Favoritinnen des Harems verfolgten das fröhliche Treiben in eigens für sie aufgestellten Zelten.

Nachdem die Grundsteine mit Öl und Wasser geweiht worden waren, wurden sieben grosse Lampen angezündet, die sieben Tage und Nächte über ihnen brannten. Siebzig Priester in Gruppen von je sieben Mann, bildeten einen Kreis und beteten, während sie in ihren Händen die mystischen sieben Fäden hielten. Hübsche Mädchen hatten in der Zwischenzeit die Opfergaben herbeigebracht und legten sie auf die geweihten Steine. Später wurden auch Vasen, Schalen, Kannen, Urnen und Töpferwaren aller Art gebracht, auf das Fundament geworfen und dann von den Mädchen in Stücke geschlagen, während die Menschen immer weitere Gaben brachten. Die Hofsänger begleiteten mit Gesang und Musik das Krachen der hölzernen Keulen. Der König warf zu guter Letzt einige Münzen und Barren von Gold und Silber auf das Fundament.
Während die Stimme des Priesters durch den Tempel hallte, mußte Anna an diese Szenen denken. Sie hatte sich dabei mit dem König über den neuen französischen Konsul, der am 8. April eingetroffen war, unterhalten. Monsieur G. Aubaret war temperamentvoll, herrisch, unverschämt und arrogant. Er war einst Kapitän in der französischen Flotte gewesen und hatte seine Seemannsmanieren im diplomatischen Leben beibehalten. An jenem Nachmittag hatte der König, dessen ängstlicher Haß gegenüber den Franzosen durch den neuen Konsul auf die Spitze getrieben wurde, über die Unhöflichkeit Monsieur Aubarets, die Habgier der Franzosen, die all seine nördlichen Territorien beanspruchten, über die Zurückhaltung der Engländer, die hätten eingreifen sollen, und die Albernheit aller Geographen, welche die Regierungsform Siams eine »absolute Monarchie« nannten, gewütet.
»Bin ich denn ein absoluter Monarch? Ich habe doch gar keine Macht über die Franzosen. Siam steht wie eine Maus vor einem Elefanten! Bin ich denn wirklich ein absoluter Monarch? Als was sehen Sie mich an?«
Da Anna ihn für einen besonders absoluten und despotischen

König hielt, sagte sie besser nichts, und zu ihrem Glück wartete der König ihre Antwort auch gar nicht erst ab. »Ich habe keine Macht!« rief er. »Und ich herrsche nicht absolut! Wenn ich mit der Spitze meines Spazierstocks auf einen Mann zeige, der mein Feind ist, und seinen Tod fordere, lebt er trotz meines gegenteiligen absoluten Willens weiter. Wie kann ich ein absoluter Monarch sein? Was meinen die Geographen überhaupt damit?« Und er verwünschte das Schicksal, das es ihm versagte, mit absoluter Macht die Spitze seines Spazierstocks auf Monsieur Aubaret zu richten, während er in Gedanken versunken Gold- und Silberstücke unter die Mädchen warf, die das Fundament des Tempels bearbeiteten.

Plötzlich erregte eines der Mädchen seine Aufmerksamkeit. Als die junge Frau den Blick des Königs bemerkte, kniete sie sich eilig hin und verbarg ihr Gesicht vor ihm. Der König ging auf sie zu, erkundigte sich nach ihrem Namen – sie hieß Tuptim – und dem ihrer Eltern und wandte sich zum Gehen. Anna lief ein Schauer über den Rücken.

Der Gottesdienst im Wat Phra Kaeo war vorüber. Anna konzentrierte ihre Gedanken wieder auf die Gegenwart und hielt nach Lady Talap Ausschau, um mit ihr in den Harem zurückzukehren.

»Haben Sie die Predigt des ehrwürdigen Abtes verstanden, Mem cha?« fragte ihre Begleiterin.

»Teilweise«, entgegnete Anna. »Zumindest, daß er alle Anwesenden aufgefordert hat, die Lehren der Mildtätigkeit zu befolgen.«

»Ja, stimmt«, bestätigte Lady Talap. »Und nächste Woche, Mem, werde ich genau das tun, was der gute Priester gesagt hat. Ich veranstalte in meinem Haus eine besondere Zeremonie anläßlich des Wisakha Bucha. Sie müssen unbedingt kommen und es sich ansehen! Vergessen Sie es also nicht.«

Am 21. Mai erschienen mehrere gutgekleidete Sklavinnen bei Anna, um sie abzuholen. Die Residenz ihrer Freundin lag im hocharistokratischen Teil des inneren Palastes. Anna trat als erster Gast zwischen den beiden Steinlöwen hindurch, die den Eingang bewachten.
Lady Talap, die wie sechzehn und nicht wie sechsundzwanzig aussah, erwartete sie, in weiße Seide gekleidet, in der Vorhalle. Ihre Söhne, der achtjährige Prinz Thawi Thawanya Lap und der sechsjährige Prinz Kap Kanaka Ratana, standen an ihrer Seite.
Nach der Begrüßung nahm Anna in der Vorhalle Platz. Lady Talap war zu dem kleinen Marmorbrunnen hinübergegangen, der von hohen chinesischen Vasen mit blütenübersäten Pflanzen umgeben war. Dazwischen standen silberne Wasserbehälter, in die gut zwei Menschen hineingepaßt hätten, mit großen silbernen Schöpfkellen. Dreißig Sklavinnen waren damit beschäftigt, die Behälter mit Wasser zu füllen.
Die Halle war mit Matten und mit gepolsterten Sitzen für hundert Gäste ausgelegt. Im Garten stand ein rundes, von einem Mast gestütztes Strohdach, das als Theater dienen sollte und eigens errichtet worden war.
Fünfzig oder mehr Sklavinnen traten nun aus einem inneren Hof. Sie trugen massive silberne Schüsseln auf dem Kopf, in denen sich Süßigkeiten und erlesene Speisen befanden, die sie in der Halle verteilten. Wieder andere, ganz in Weiß gekleidet, ordneten neben jedem Platz Blumen in goldenen Vasen an.
Anna beobachtete die Vorbereitungen mit wachsendem Interesse, und sie fragte sich, wer wohl die Gäste sein würden. Endlich wurde das Tor geöffnet, und die Gäste traten in den prachtvoll hergerichteten Hof: hundert altersschwache und häßliche Bettlerinnen! Lady Talap trat vor und begrüßte ihre Gäste mit einer Höflichkeit und feinen Anmut, die völlig frei von jeder Gönnerhaftigkeit war. Sie führte die verwahrlosten Frauen zu den niederen Stühlen neben dem Brunnen, zog ihnen mit Hilfe ihrer Sklavinnen die Lumpen aus und begann, sie mit duftender

Seife und dem Wasser aus den silbernen Krügen zu waschen. Die Haare wurden ihnen ebenfalls gewaschen, getrocknet und gekämmt, gescheitelt und mit Blumen geschmückt. Dann wurden die Frauen in neue weiße Gewänder gehüllt und gebeten, auf den Polstern vor den silbernen Schüsseln Platz zu nehmen. Lady Talap und ihre Sklavinnen knieten nieder und reichten ihnen die Speisen, die für sie zubereitet worden waren. Nach dem Frühstück ertönte Musik, und dann erschienen die Schauspielerinnen und die Marionetten auf der Bühne.
Nach mehreren Stunden fiel schließlich der Vorhang. Die Instrumente verstummten, und ein lautes, frohes Stimmengewirr drückte die große Freude der alten Frauen aus. Als sie sich zum Aufbruch bereit machten, überreichte Lady Talap jeder von ihnen ein paar Münzen.
Auch Anna wollte gehen, doch Lady Talap ergriff ihre Hände und sagte: »Das hier mache ich jedes Jahr als Symbol meiner Liebe und meines Gehorsams gegenüber meinem Lehrer Buddha.«

Dem Spielteufel verfallen

Die Schreie waren schrecklich, und sie klangen weder menschlich noch tierisch. Anna und Louis, die gerade in Richtung Fluß gingen, sahen sich erschrocken um. Hinter ihnen liefen zwei kräftige Männer, die den Hofnarren des Königs mit sich schleppten. Nai Leks Hände waren gefesselt, ein Seil hing um seinen Hals, und bei jedem Schritt brüllte er protestierend.
Anna blieb stehen, um auf die Männer zu warten. Der Zwerg war halbnackt, und sein Gesicht war zu einer scheußlichen Grimasse verzerrt. Anna rief ihnen zu: »Was hat Nai Lek denn getan?«

Die Männer blieben stehen, Nai Lek hörte auf zu schreien und zwinkerte Anna zu.

»Er tut ständig Dinge, die er nicht tun sollte«, antwortete einer der Männer. »Er wirft mit Steinen nach Hunden, erschreckt Kinder, jagt Kälber umher oder verängstigt Kätzchen. Wir haben ihn schon hundertmal von den Stallungen vertrieben, aber er kommt immer wieder zurück. Diesmal hat er den schönen Schweif der Lieblingsstute des Königs abgeschnitten. Wir werden ihn wohl aufhängen müssen, um uns endlich von seinen Streichen zu befreien.«

Als der Zwerg dies hörte, stieß er erst einen markerschütternden Schrei aus, dann warf er sich auf den Boden und zog so heftig an dem Seil um seinen Hals, daß es aussah, als wollte er sich selbst erdrosseln, um seinen Schergen die Aufgabe zu ersparen.

»Sie wissen, daß Sie das ohne die Erlaubnis des Königs nicht tun dürfen«, sagte Anna mit ruhiger Stimme. »Und wenn Sie nicht aufhören, ihn derart zu quälen, werde ich auf der Stelle zum König gehen und mich über Sie beschweren.«

Der Zwerg sprang bei Annas Worten vom Boden auf, grinste sie an und schüttelte seine großen, gefesselten Fäuste gegen seine Peiniger.

»Natürlich«, sagte einer der Männer verlegen, »werden wir ihn erst einmal ins Gefängnis bringen und beim Richter Anklage gegen ihn erheben.«

Anna und Louis ließen von ihren ursprünglichen Plänen ab und begleiteten die Männer und den Zwerg zum Gefängnis. Als sie auf den großen Platz kamen, liefen Menschen von nah und fern neugierig herbei, um den heulenden und schreienden Nai Lek zu begaffen.

Annas Gefühle für den Hofnarren schwankten zwischen Mitleid und Abneigung, als sein schmutziges Gesicht hinter einem vergitterten Fenster erschien. »Laßt mich raus! Laßt mich raus!« jammerte er. Einige kleine Jungen hoben Erdklumpen

auf und bewarfen ihn damit, während andere mit Stöcken höhnend und spottend versuchten, seinen häßlichen Kopf vom Fenster wegzustoßen. Doch der Zwerg fuhr fort zu jammern: »Laßt mich raus! Laßt mich raus!«
Anna eilte hilfesuchend zum Kerkermeister, und die spottende Menge wurde vertrieben. Selbst als die Nacht hereinbrach, stand Anna noch eine Weile neben dem Fenster, um den schreienden Zwerg, der unablässig an den Gitterstäben rüttelte, zu beruhigen. Sie ging auf ihn zu und sagte laut: »Hör auf zu schreien. Ich werde dem König von deinem Schicksal berichten, und er wird dich gewiß freilassen. Geh jetzt ruhig schlafen – morgen wirst du wieder frei sein!«
Der Zwerg schien den Sinn ihrer Worte zu begreifen, und die Schreie verstummten. Als Anna sich zum Gehen wandte, streckte er seine große Hand nach ihr aus – hilflos wie ein verstoßenes Kind. Er war auch tatsächlich noch ein Kind, noch keine vierzehn Jahre alt. Er preßte ihre Hand an sein Herz, hob sie dann zu seiner Nase und roch daran.
Als Anna am nächsten Morgen auf dem Weg zum König am Gefängnis vorbeikam, schrie Nai Lek schon wieder. Der Kerkermeister berichtete ihr, daß der Hofnarr die ganze Nacht über gejammert und alle Nahrung von sich gewiesen habe.
Anna war enttäuscht, als sie den König nicht sprechen konnte, da er anderweitig beschäftigt war und ihn niemand nur wegen Nai Leks Freilassung stören wollte. Auf dem Heimweg hatte sie nicht den Mut, beim Gefängnis vorbeizugehen, da sie nichts für Nai Lek hatte ausrichten können. Sie schickte statt dessen einen Diener zum Gefängnis und erfuhr, daß der Zwerg immer noch: »Laßt mich raus!« schrie, an den Gitterstäben rüttelte und nichts essen wollte.
Am Morgen danach wurde Anna endlich zum König vorgelassen. Sie schilderte ihm den Fall, und der König brach über den neuesten Streich seines Hofnarren in schallendes Gelächter aus. »Er hat seit seiner Verhaftung keinen Bissen zu sich genommen.

Ich fürchte, er verhungert, ehe er vor den Richter gebracht wird.«

Der König wurde wieder ernst und dachte, daß dieses seltsame halbwilde Wesen Recht und Unrecht ebensowenig unterscheiden konnte wie der Affe, dem er ähnelte. Und ohne daß Anna ihre Bitte vorbringen mußte, ordnete er die Freilassung Nai Leks an.

Als Anna dem Kerkermeister das vom König unterzeichnete Dokument überreichte, schloß er die Zelle auf, in der Nai Lek völlig erschöpft auf dem Boden lag. Als er sie erblickte, begann er wie ein Hund zu winseln, und nachdem sie ihm mitgeteilt hatte, daß er wieder frei sei, sprang er auf und lief aus dem Gefängnis. Anna sah ihn auf das Haus zujagen, in dem er mit einer alten Frau lebte, die sich um ihn kümmerte.

Zehn oder zwölf Tage später begegnete Anna ihm wieder, als er auf einer Mauer saß, sie peitschte und hin und her schaukelte, als säße er auf einem Pferd. Sobald Nai Lek Anna erblickte, sprang er auf die Erde und kam auf allen vieren auf sie zugelaufen. Er kroch neben ihr her, nahm ihre Hand in die seine und roch erneut daran.

Der König befahl, Nai Lek nie wieder zu behelligen, so daß der Zwerg von nun an vor den Bewohnern Bangkoks mit Ausnahme der spottenden Jungen sicher war. Solange Anna in Siam lebte, verehrte er sie als seine geliebte Wohltäterin. Von Zeit zu Zeit erschien er unter ihrem Fenster und schrie und kreischte. Wenn sie und Louis hinausblickten, schlug er zu ihrer Belustigung Purzelbäume und gab akrobatische Kunststücke zum besten. Jeden neuen Trick führte er ihnen vor, und Louis lachte und klatschte vor Freude in die Hände. Anna war von Nai Leks hartnäckiger Dankbarkeit aufrichtig gerührt.

Ende 1864, Anna lebte inzwischen drei Jahre in Siam, entschloß sie sich, den König um eine Gehaltserhöhung zu bitten. Er hatte sie ihr ausdrücklich zugesichert, falls sich ihr Aufgabengebiet

vergrößern sollte, und ihre Arbeit hatte sich im Laufe der Zeit zweifellos verdoppelt und verdreifacht. Sie war den ganzen Tag mit der Schule beschäftigt und mußte oft noch bis zehn Uhr abends übersetzen. Und dennoch wurde sie zuweilen sogar nachts in den Palast gerufen. Die Leistungen ihrer Schüler ließen nichts zu wünschen übrig, und Seine Majestät war sehr zufrieden mit ihr. Avis' Schule in England kostete sechzig Pfund im Jahr, und das Leben in Bangkok war auch nicht gerade billig, die Bediensteten mußten entlohnt und Nahrungsmittel mußten gekauft werden. Auch die Anschaffung von Kleidern riß jedesmal ein tiefes Loch in ihre Börse, und die Zahl der Bitten von in Not befindlichen Menschen nahm ebenfalls zu.
Doch als sie das Thema ansprach, wurde der König zu ihrem Erstaunen zornig. Er schimpfte sie ungenügsam und fügte noch hinzu, sie sei »eine schwierige Person, die sich mehr darum kümmert, was recht und unrecht ist, als mir gehorsam und ergeben zu dienen. Und was das Gehalt betrifft«, fuhr er fort, »Sie wollen arm sein? Sie kommen doch jeden Tag mit irgendeiner Bittschrift zu mir, berichten von Ungerechtigkeiten und verlangen Abhilfe. Ich habe mich oft bereit erklärt, weil Sie wegen der Übersetzungen für mich wichtig sind. Und nun wollen Sie, daß ich Ihr Gehalt erhöhe! Müssen Sie denn alles auf dieser Welt haben? Warum lassen Sie sich denn nicht von den anderen Menschen bezahlen? Ich erfülle alle Ihre Bitten für die Armen, Sie müßten eigentlich reich sein, oder Sie sind nicht sehr klug.«
Damit war die Sache erledigt, da der König sich weigerte, weiter zu diskutieren. Anna verschlug es beinahe die Sprache, als ihr klar wurde, daß der König tatsächlich dachte, sie wolle an den Armen, die zu ihr gekrochen kamen, auch noch verdienen. Sie ging wortlos nach Hause und fühlte sich, als hätte sie gerade eine ordentliche Tracht Prügel bekommen.
Dabei tröstete es sie nur wenig, daß ihr Einfluß inzwischen sehr groß geworden war und selbst die Frauen und Kinder des Harems sie um Hilfe baten. Da Anna sich nicht fürchtete, dem Kö-

nig entgegenzutreten, glaubten viele, sie besitze übermenschliche Kräfte.

So kamen nicht nur die Armen, sondern auch die vornehmen Damen des Harems heimlich mit ihren Beschwerden zu ihr. Tag für Tag wurde sie gebeten, der Grausamkeit der Richter Einhalt zu gebieten. Manchmal schickte sie Louis mit ihren »Kunden« zu den Richtern, doch oft ging sie selbst. Louis war zum Liebling des Königs geworden, und er schrieb seiner Schwester: »Ich mag den König sehr gern. Er hat mir dieses goldene Blatt für Dich gegeben, das ich Dir mit meiner ganzen Liebe sende.«

Als ihre siamesischen und europäischen Bekannten irgendwann behaupteten, sie häufe ein Vermögen an, war das mehr, als sie ertragen konnte. Doch sie war zu stolz, um sich zu verteidigen.

Anna hatte nicht genug Erfahrung, um zu wissen, daß die Verleumdungen nur die natürliche Reaktion der Selbstsüchtigen gegenüber jenen waren, die sich für ihre Mitmenschen einsetzten.

Auch unter ihren Schülern gab es einige, die besonderer Hilfe bedurften. Vor allem eine kleine Prinzessin, die so schön und anmutig war wie Fa-ying. Sie hatte die Schule nicht von Anfang an besucht, sondern war etwa ein Jahr später in Begleitung einer Sklavin erschienen und hatte die Schule so schüchtern betreten, als befürchtete sie, abgewiesen zu werden. Sie war damals ein zartes kleines Mädchen von ungefähr sechs Jahren gewesen, deren schöne große Augen bittend unter dichten Wimpern hervorblickten. Ihre leise Stimme und ihr unterwürfiges Verhalten wirkten völlig unnatürlich und erregten Annas Mitgefühl.

Ihr Name war sehr anmutig – Wani Ratana Kanya, was »Mädchen mit der juwelengeschmückten Rede« bedeutet. Anna versuchte alles, um ihr Vertrauen zu gewinnen, doch Wani lächelte ihre Lehrerin nur traurig und zurückhaltend an. Immer wieder ermunterte sie das Mädchen während des Unterrichts, bis eines Tages Lady Thiang zu ihr kam und sie bat, ihre Zuneigung für Wani weniger offen zu zeigen. »Sicher wollen Sie dem verwun-

deten Lamm nicht noch mehr Kummer bereiten«, sagte sie nachdrücklich.
»Natürlich nicht!« rief Anna beunruhigt aus. »Ich will ihr doch nur helfen. Sie sieht so unglücklich aus!«
Anna fragte Lady Thiang mehrmals nach dem Grund für ihre Warnung, die sie nicht verstand. Warum sollte es für Wani gefährlich sein, wenn die Lehrerin sich für sie interessierte? Doch Lady Thiang wiederholte nur ihre Warnung und war zu weiteren Erklärungen nicht bereit. Die anderen Frauen, mit denen Anna befreundet war, wollten auch nicht mit ihr über das reizende kleine Mädchen sprechen. Vermutlich war Wani eines von diesen armen geächteten Kindern, das vom ganzen Harem gemieden wurde. Ihr Gesichtsausdruck erinnerte Anna unwillkürlich an Lady Son Klins Miene, als sie ihr zum erstenmal begegnet war.
Anna nahm sich die Mahnung der Hauptfrau zu Herzen und vermied von nun an in der Schule jede Art der Bevorzugung. Doch sie wollte nicht aufgeben, die kleine Prinzessin zu ermutigen, und verlegte ihr Engagement in Wanis Haus, ein langes einstöckiges Gebäude mit einer geräumigen Veranda. Eine hohe Mauer umschloß den Garten, in dem seltene Bäume und Blumen wuchsen. Als Anna die kleine Prinzessin das erste Mal zu Hause besuchte, saß sie über ihre Bücher gebeugt auf einem Teppich unter einem Tamarindenbaum. Sie war überrascht und erfreut, Anna zu sehen, klopfte auf den Teppich und sagte: »Hier, Frau Lehrerin, setzen Sie sich neben mich!«
Anna blieb ungefähr eine Stunde. Wani verlor schon bald ihre Schüchternheit und plauderte munter drauflos wie jedes Kind. Sie erzählte, daß sie Tiere sehr gern möge und Katzen, Hasen und mehrere Eichhörnchen besitze. Einige Spatzen hatten Nester in die Dachrinnen ihres Hauses gebaut, und in den Bäumen des Gartens hausten Papageien und javanische Sperber. Sie flogen fast schon zahm überall im Haus und im Garten umher, da niemand sie verscheuchte. Wani zeigte ihr das Nest eines Bulbul

in einem schönen Akazienbaum in der Mitte des Gartens. Sie sagte, der Vogel fliege jedes Jahr zu diesem Baum und sei so zahm, daß er auf der Türschwelle um die Würmer bettle, die von den Maulbeerbäumen gefallen waren. Wani sammelte die Würmer ein, und der Vogel pickte sie ihr aus der Hand, flog damit zu den Jungen im Nest und kam sofort wieder zurück, um weiteren Proviant zu holen.
Von nun an besuchte Anna das kleine Mädchen regelmäßig. Sie hoffte, bei einem dieser Besuche die Mutter der Prinzessin zu treffen, um von ihr mehr über die Geschichte des reizenden Kindes zu hören, doch dazu kam es nie. Zwar waren immer einige Sklavinnen bei dem Kind, aber Wani erwähnte nie ihre Mutter, obwohl Anna wußte, daß Khun Chom Kaeo noch am Leben war. Wenn sie die Sklavinnen nach ihr fragte, antworteten sie meist ausweichend, Khun Chom Kaeo sei fort. Wani hatte offensichtlich mit Ausnahme der Tiere keine Freunde. Sie mußte eine Art geheimen Zauber auf sie ausüben, immerzu hüpften und sprangen einige um sie herum. Ihre Amme hatte dem Mädchen eine zahme Turteltaube gebracht, die auf ihrer Schulter saß und Samen aus ihrer offenen Hand pickte. Hin und wieder legte der Vogel seinen Schnabel liebkosend gegen Wanis Mund, als wollte er das Kind trösten.
Obwohl Wani an den Spielen der anderen Kinder im Palast nicht teilhaben konnte, war sie weder bleich noch mager, und sie schien in ihrem eigenen Haus sehr glücklich zu sein. Auch wenn ihre Mutter Wani vernachlässigte oder es ihr unmöglich war, sich um sie zu sorgen, war die kleine Prinzessin dennoch gesund und kräftig. Das lag wahrscheinlich an der liebevollen Art, mit der die wenigen Sklavinnen, die sie besaß, sich um sie kümmerten. Während die meisten Königskinder von einer Schar dienstbarer Geister umgeben waren, verfügte Wani über höchstens fünf oder sechs Sklavinnen. Eine von ihnen, Mae Noi, war etwa fünfundzwanzig Jahre alt und liebte das kleine Mädchen wie ein eigenes Kind. Anna, die sich immerzu um das

einsame Kind sorgte, nahm die Zuneigung zwischen Mae Noi und Wani beruhigt zur Kenntnis. Die junge Sklavin trug die kleine Prinzessin in ihren Armen zur Schule und holte sie auch wieder ab, sie sorgte für ihr Essen, fächelte ihr während des Schlafes kühle Luft zu, badete und parfümierte sie jede Nacht und wiegte sie in den Schlaf. Wanis Gesicht leuchtete auf, wenn sie Mae Nois Schritte hörte, ihre großen Augen strahlten, und die Wangen bekamen Farbe. In diesen Augenblicken war sie so lieblich, wie Fa-ying es jemals gewesen war.

Mae Noi lernte auch mit Wani und saß in der Schule zu ihren Füßen. An manchen Tagen konnte sie anscheinend nicht kommen, dann holte Wani mit ihr am Nachmittag die Lektionen nach. Anna war überrascht, wie gut die Sklavin mit Wani Schritt hielt und ebenso fehlerlos las und übersetzte wie ihre Gebieterin.

Ganz offensichtlich versuchten die Sklavinnen, die kleine Prinzessin vom König fernzuhalten. Wani stand ganz eindeutig nicht in der Gunst ihres königlichen Vaters, obwohl sie sich dessen gar nicht bewußt zu sein schien. Mit großer Freude faltete sie ihre Hände und verbeugte sich vor dem Gemach, in dem er schlief, und sie sprach über ihn wie von einem Gott. Manchmal sagte sie zu Anna: »Wie froh mein Vater sein wird, wenn ich erst einmal richtig englisch lesen kann!« Die anderen Kinder kicherten dann und stießen einander an, als wäre der Gedanke völlig unsinnig, daß der König an etwas Gefallen haben könnte, das mit Wani zu tun hatte. Anna sah die Hoffnung in den Augen der Prinzessin und staunte über den Glauben eines Kindes, der zwar getäuscht, aber nicht entmutigt werden konnte. Und sie wußte nicht, wie sie das kleine Mädchen vor einer Enttäuschung bewahren sollte.

Schließlich erfuhr Anna eines Tages Wanis Geschichte. Die kleine Prinzessin war die einzige Tochter von Khun Chom Kaeo, einst die Favoritin des Königs. Sie war aber wegen ihrer unbändigen Spielsucht in Ungnade gefallen. Als der König bemerkte, daß sie das gesamte Vermögen ihrer Tochter mit Ausnahme einiger Sklavinnen verspielt hatte, ließ er sie ins Gefängnis werfen, und die kleine Wani war im Netz der Entehrung ihrer Mutter gefangen. Der König schien ihr gegenüber kein Mitleid, sondern nur eine heftige Abneigung zu empfinden.

Als Wanis Mutter ihre Strafe verbüßt hatte und aus dem Gefängnis entlassen wurde, lernte Anna sie bei einem ihrer Besuche endlich kennen. Sie war eine mürrische, unzufriedene Frau, deren Gesichtszüge aber immer noch die Spuren ihrer früheren Schönheit verrieten. Am Tag nach der Entlassung ihrer Mutter erschien Wani nichtsahnend mit den anderen Kindern zur Audienz. Vielleicht hatte Mae Nois Wachsamkeit nachgelassen, vielleicht hatte aber auch Wanis Mutter ihr erlaubt hinzugehen. Als der König das kleine Mädchen, das sich mit den anderen Kindern vor ihm niedergeworfen hatte, entdeckte, wurde er unglaublich wütend. Er verspottete sie vor allen Anwesenden wegen der Missetat ihrer Mutter mit abstoßender Brutalität. Sein Verhalten war in doppelter Hinsicht grausam, weil die Kleine unschuldig war und dennoch den Spott erdulden mußte. Geschockt vom Verhalten ihres Vaters floh sie aus der Audienzhalle.

Wani war tagelang nachdenklich und bedrückt. Anna litt mit dem Kind und empfand plötzlich einen fast unüberwindlichen Haß gegen den König. Sein lächerliches Verhalten verwundete nicht nur sein unschuldiges Opfer, sondern es beraubte ihn auch der Liebe der einzigen kleinen Prinzessin, die an Schönheit und Intelligenz seiner geliebten Fa-ying ähnelte. Wani machte erstaunliche Fortschritte und hatte ein außerordentlich gutes Gedächtnis. Sie hatte buchstabieren, lesen und schreiben gelernt und konnte beinahe intuitiv übersetzen. Dies war einerseits auf ihren Scharfsinn und andererseits darauf zurückzuführen, daß sie sich in die unbekannte Welt der englischen Bücher flüchtete – wie schon Lady Son Klin. An Feiertagen war sie Annas einzige Schülerin, da sie nicht eine Unterrichtsstunde missen wollte. Außerdem war die Schule einer der wenigen Orte, an denen sie ihrem Vater nicht begegnen würde, und darauf achtete Mae Noi seit dem letzten Zwischenfall ganz besonders. Hin und wieder brachte Wani ihrer Lehrerin Geschenke aus ihrem bescheidenen Besitz mit. Manchmal kam sie mit Früchten, manchmal mit Blumen aus ihrem Garten, und in ihrer Geste lag so viel Liebe, daß es Anna ganz warm ums Herz wurde.

Ein kleiner Zwischenfall verriet Anna, daß Wani die Zurückweisung ihres Vaters durchaus nicht vergessen hatte. In einem Buch stießen sie auf einen Bibelvers: »Wen der Herr liebt, den züchtigt er.« Anna hatte dem König zwar versprochen, den Harem nicht zum Christentum zu bekehren, was allerdings nicht heißen sollte, daß sie gelegentlich in den Schulbüchern vorkommende Bibelverse nicht erklären oder den Kindern keine biblischen Geschichten erzählen durfte. Als der König ihr deswegen Vorhaltungen machte, fragte sie ihn, ob er etwa in siamesischer Sprache unterrichten könne, ohne den Buddhismus zu erwähnen. Als er zugab, daß dies nicht möglich sei, antwortete sie ihm: »Ebensowenig kann ich in Englisch unterrichten und dabei das Christentum nicht erwähnen.«

Wani las den Vers nachdenklich: »Wen der Herr liebt, den züchtigt er.« Als sie ihn übersetzt hatte, sah sie gequält zu Anna auf. »Tut Gott so was?« fragte sie. »Oh, Mem cha, ist jeder Gott so zornig und grausam? Hat er denn selbst mit den kleinen Kindern, die ihn verehren, kein Mitleid?« Und dann fügte sie mit einer frühreifen Traurigkeit hinzu: »Er muß wie mein Vater sein. Da er uns liebt, muß er grausam sein, damit wir lernen, das Böse zu fürchten.«

Dann geschah etwas, das Anna sich nicht erklären konnte. Die kleine Prinzessin kam zwar wie gewöhnlich jeden Morgen zur Schule, doch begleitete sie nicht mehr Mae Noi, sondern eine fremde Frau. Anna fiel schon nach wenigen Tagen auf, daß das Kind nicht mehr so gepflegt war wie vorher. Schließlich wurde

Wani so apathisch und mager, daß Anna ihre Zurückhaltung aufgab und das Mädchen besorgt fragte: »Wo ist Mae Noi?« Wani brach in Tränen aus, wollte aber nicht antworten. Als Anna ihre fremde Begleiterin fragte, zuckte sie nur die Achseln und antwortete: »Ich weiß es nicht.« Anna stand vor einem Rätsel. Beunruhigt verkniff sie sich weitere Fragen.

Doch sie mußte nicht lange auf eine Erklärung warten. Als Anna drei Wochen nach dem Verschwinden Mae Nois eines Morgens in die Schule kam, spürte sie sofort, daß etwas nicht stimmte. Alle weiblichen Richter des Palastes und fast alle Königskinder und ihre Mütter waren anwesend. Unzählige alte und junge Sklavinnen knieten auf den Tempelstufen und verbargen ihr Gesicht. Als Anna sich zu ihrem Pult durchgezwängt hatte, blieb sie mit angehaltenem Atem stehen. Vor ihr schritt der König mit wütender Miene auf und ab.

Die Mutter der kleinen Wani lag gefesselt auf dem Marmorboden, und die Prinzessin kniete zitternd neben ihr. Anna entnahm dem zornigen Wortschwall des Königs, daß Wanis Mutter wieder einmal um hohe Einsätze gespielt und sogar die letzten Sklavinnen ihrer Tochter verloren hatte. Anna verstand nun Wanis Tränen und ihr Schweigen, als sie das Kind nach Mae Noi gefragt hatte.

Irgendwie, wahrscheinlich durch Spione, hatte der König von der Sache erfahren.

Mit schriller Stimme befahl er, die Konkubine auszupeitschen, woraufhin zwei Amazonen vortraten, um die Strafe zu vollziehen. Der erste Peitschenhieb, mit wilder Kraft ausgeführt, hinterließ einen langen blutigen Striemen auf dem Rücken der am Boden liegenden Frau. Doch ehe die Peitsche ein zweites Mal niedersausen konnte, sprang Wani auf und warf sich über den nackten, bebenden Körper ihrer Mutter. Mit ihren dürren Ärmchen umklammerte sie ihren Hals und rief mit schmerzerfüllter Stimme: »Schlagen Sie mich, Vater! Schlagen Sie mich statt sie!«

Die qualvolle Stille wurde von einem lauten Aufschrei zerrissen, er stammte von Louis, der zum erstenmal in seinem kurzen Leben mit sinnloser Grausamkeit in Berührung kam. Sein wortloser Protest ließ die Herzen der Anwesenden erzittern. Voller Abscheu vergrub der Junge sein Gesicht in den Falten von Annas Rock.

Eine Sekunde lang dachte Anna, der König würde Milde walten lassen, denn er hatte die drohende Gefahr dieser Situation sofort erkannt. Er, der Ankläger, war durch den Protest zweier Kinder zum Angeklagten geworden. Doch sein Zorn loderte wieder auf, und er wies jegliche Vernunft und Gnade zurück. Mit heiserer Stimme schrie er: »Entfernt das Kind und fesselt es!«

Es bedurfte der vereinten Kraft von zwei Amazonen und einer dritten Frau, um Wanis Arme vom Hals ihrer Mutter zu lösen. Das kleine Mädchen gab keinen Laut mehr von sich, als die Frauen sie auf den Boden warfen und ihre Arme und Beine fesselten. Wani starrte nur auf das Monstrum, das ihr Vater war, und alle Liebe für ihn war mit einemmal verschwunden. Wanis Gott war tot. Anna dachte für einen Augenblick, daß sie tatsächlich gehört hatte, wie das Kinderherz zerbrochen war. Dann war nur noch das Aufklatschen der Peitschen zu hören.

Mehrere Wochen vergingen, ehe Anna das kleine Mädchen überreden konnte, wieder in die Schule zu kommen. Sie bemühte sich immer wieder, das Kind aus seiner Niedergeschlagenheit herauszureißen, doch Wani sah sie bloß abwesend an und reagierte auf keinen ihrer Versuche. Je mehr Anna über die Sache nachdachte, desto wichtiger schien es ihr, Mae Noi zu finden. Schließlich hatte Wani weder von ihrem Vater noch von ihrer Mutter, die wieder im Gefängnis saß, etwas zu erwarten. Eine Sache bereitete Anna nach wie vor Kopfzerbrechen: Wenn Wanis Mutter gespielt hatte, konnte sie es nicht allein getan haben. Sie hatte die Sklavinnen ihres Töchterchens verspielt, und zwar an eine Person, die ebenso schuldig war wie sie. Doch nur

Khun Chom Kaeo war öffentlich ausgepeitscht worden. Warum? Es gab nur eine einzige Erklärung dafür: Die andere, an diesem üblen Geschäft beteiligte Person mußte eine Frau sein, die sich der Gunst des Königs erfreute, da er über ihre kleinen Sünden großzügig hinwegsah. Aller Wahrscheinlichkeit nach war sie demnach keine Konkubine, sondern eher eine Schwester oder Nichte des Königs.

Niemand wollte Anna sagen, wer Mae Noi gewonnen hatte, und das bestätigte ihren Verdacht, daß die junge Sklavin jetzt einer vornehmen Dame gehörte. Man erfuhr nie, wer außer Wanis Mutter an dem Handel beteiligt war. Eine hochgestellte Persönlichkeit mußte unbedingt geschützt werden. Zufällig belauschte Anna einige Tage später ein Gespräch, bei dem der Name Mae Nois und der einer Prinzessin in einem Satz fielen. Anna war fest davon überzeugt, Mae Nois neue Gebieterin entdeckt zu haben, suchte die Prinzessin sofort auf und bat sie, Mae Noi wieder Wani zu überlassen. Nach einem langwierigen Hin und Her konnten sie sich einigen. Anna kaufte Mae Noi auf Raten und bezahlte monatlich zehn Ticals, so würde Ende des Jahres die ganze Schuld beglichen sein. Mae Noi war ab sofort ihr Eigentum. Der Gedanke, daß ausgerechnet sie, die sie die ganze Sklaverei verabscheute, jetzt eine Sklavin besaß, entbehrte nicht einer gewissen Komik. Aber Anna mußte Mae Noi als ihr Eigentum behalten, denn würden die Dokumente der Besitzübertragung auf den Namen Wanis ausgestellt, könnte ihre Mutter die Sklavin erneut verspielen.

Mae Noi wurde sogleich gerufen, und als die junge Sklavin Anna sah, warf sie ihre Arme in die Höhe und erflehte den Segen des Himmels für die Engländerin. Leidenschaftlich küßte sie Annas Hände und Füße und weinte vor Freude. Dann gingen sie gemeinsam zu Wanis Haus. Die Freude in den ungläubigen Augen des Kindes, die Leidenschaft, mit der sie sich in die Arme des einzigen Menschen warf, der sie wirklich liebte, vergaß Anna nicht, solange sie lebte.

Die Konkubine Tuptim

An einem Herbsttag des Jahres 1865 gegen Ende der Schulstunde hörte Anna, wie eine Prinzessin zu einer anderen sagte: »Komm, wir gehen Tuptim suchen.« Tuptim! Der Name rief bei Anna unheilvolle Erinnerungen hervor. Sie hatte seit Monaten, vielleicht seit einem Jahr, nicht mehr an das Mädchen gedacht. Als sie die junge Konkubine zum letztenmal sah, hatte sie sich vorgenommen, bei Gelegenheit einmal mit ihr zu sprechen und sie ein wenig näher kennenzulernen. Doch Tuptim war seither nicht wieder in der Schule erschienen, und Anna hatte ihr Vorhaben nicht ausgeführt.
»Warum willst du denn Tuptim suchen?« fragte Anna die kleine Prinzessin mit überraschter Miene. »Wohin ist sie denn gegangen?«
Ehe das Kind antworten konnte, hatte Prinzessin Ying Yaowalak, eine der älteren, ihre Schwester ärgerlich beim Arm gepackt und war mit ihr davongeeilt. Anna wollte die Sache nicht weiter verfolgen, da sie mehr als genug mit den Problemen des Palastes beschäftigt war, außerdem wollte sie nicht in neue stürmische

Angelegenheiten, die den König betrafen, verwickelt werden. Der König war zu sehr an Schmeichelei gewöhnt, um nicht wenigstens nach außen hin auf der Unterwürfigkeit seiner Untertanen zu bestehen. Anna dagegen war sich zu sehr ihrer Würde bewußt, die sie als ihr gutes Recht betrachtete, um sich ihm ständig unterzuordnen. Keine noch so große Vertrautheit und Anpassung konnten daher die ständigen Reibungen zwischen ihnen aufheben.

Sie war all der Ungerechtigkeiten, die sie nicht verhindern konnte, und der in ihren Augen unverantwortlichen Grausamkeit des Königs müde. Trotzdem machte sie sich an jenem Tag große Sorgen um Tuptim, an die sie das kleine Mädchen plötzlich erinnert hatte. Anna hatte noch oft an die Szene beim Wat Rachapradit denken müssen, als der König sich über Monsieur Aubaret und die Geographen geärgert hatte und Tuptim ihm zum erstenmal aufgefallen war. Monsieur Aubaret war inzwischen auf der Fahrt nach Frankreich, und die Wogen hatten sich wieder geglättet. Doch wie war es wohl Tuptim ergangen? Anna hätte den Zwischenfall schon längst vergessen, wenn die Sache nicht so tragische Ereignisse nach sich gezogen hätte. Eine Woche nach der Zeremonie beim Wat Rachapradit war sie auf dem Weg zur Schule durch einen der langen Korridore des Palastes gegangen, als sie unter den Gaben für den König, die er auf seinem Weg zur Frühstückshalle begutachten würde, ein Mädchen liegen sah. Es kniete inmitten von Seidenballen, Kerzen, Gewürzkisten und vielen anderen Dingen, die immer wieder abgegeben wurden. Zwei Frauen, die darauf warteten, das Mädchen dem König vorzustellen, hockten neben ihr.

Anna hatte sich an solche Anblicke bereits gewöhnt, doch sie war überrascht, welch ungewöhnlich großes Interesse dieses Mädchen unter den Haremsdamen hervorrief. Sie standen um die drei herum, flüsterten miteinander und konnten ihrer Bewunderung für die Schönheit des Mädchens, die wirklich bezaubernd war, nicht genug Ausdruck verleihen. Man hatte aber auch alles versucht, ihre natürliche Schönheit durch künstliche Mittel zu unterstreichen. Die Lippen waren scharlachrot gefärbt, die Wimpern mit Kohle geschwärzt, während die Hände und Finger mit Henna bemalt worden waren. Große goldene Ringe und Ketten schmückten Hals und Hände. Kein Wunder, daß die junge Frau damals von Furcht ergriffen wurde, als sie das Interesse des Königs wahrgenommen hatte. Anscheinend hatte sie vorausgesehen, was dieses Interesse bedeuten würde! Das Kind hatte damals so glücklich und sorgenfrei ausgesehen. Traurig hielt Anna einen Augenblick inne und ging dann weiter.

Unter den Hunderten von Haremsdamen, die dem König auf diese Weise geschenkt worden waren, wäre Anna dieses Mädchen kaum im Gedächtnis geblieben, wenn es sich nicht von den anderen so sehr unterschieden hätte. Ungefähr drei Monate später sah Anna es zum drittenmal. Es stand im Hof und zeigte einigen anderen einen Granatapfel. Da Anna noch nie ein so großes und glänzendes Exemplar gesehen hatte, blieb sie stehen, um es näher zu betrachten. Doch es war keine wirkliche Frucht, sondern eine wie ein Apfel geformte goldene Schatulle, die mit Glasur überzogen worden war. Rubine, die wie Granatapfelsamen aussahen, vervollständigten die täuschende Ähnlichkeit. Die Schatulle, die durch den Druck auf eine kleine Feder geöffnet und geschlossen werden konnte, war als Betelbüchse gedacht.

»Woher hast du denn die Schatulle?« fragte Anna neugierig.

Das Mädchen wandte sich mit kindlichem Lächeln zu ihr um und wies auf das Gemach des Königs. »Mein Name ist Tuptim«, erklärte sie. Nun verstand Anna den Sinn des Geschenks, denn Tuptim bedeutete »Granatapfel«. Der König hatte eine neue Favoritin!

Wieder einige Wochen später, als Anna zu Lady Thiang ging, um für die Schule neue Vorräte an Papier und Tinte zu besorgen, traf sie dort die bitterlich weinende Tuptim. Die Hauptfrau

tadelte sie gerade mit für sie unüblicher Schärfe und beachtete auch Annas Erscheinen nicht, was ebenfalls sehr ungewöhnlich war. Als sie ihre Gardinenpredigt beendet hatte, wandte sie sich mit verzweifelter Miene zu Anna um und fragte: »Was soll ich bloß mit dieser Tuptim machen? Soll ich sie auspeitschen oder gar aushungern, damit sie endlich auf mich hört?«
»Vergeben Sie ihr, was immer sie getan hat, und seien Sie ebenso gut zu ihr wie zu allen anderen«, flüsterte Anna.
»Warum sollte ich ihr vergeben?« fragte Lady Thiang scharf und dachte offensichtlich, Anna nehme die Situation nicht ernst. »Sie bereitet mir mehr Kummer als jedes andere Mädchen im Palast. Wissen Sie überhaupt, was sie angestellt hat? Als ihr aufgetragen wurde, im oberen Stock bei seiner Majestät zu bleiben, ist sie davongelaufen und hat sich in den Zimmern ihrer Freundinnen versteckt. Haben Sie das Kind vielleicht bei Maprang und Simla gesehen? Das sind ihre besten Freundinnen, und sie finden es recht unterhaltsam, Tuptim bei ihren Streichen zu helfen. Wir älteren Frauen müssen uns dann vom König anhören, daß wir eifersüchtig seien und sie schlecht behandelten. Und wir müssen alle Räume durchsuchen, bis wir sie irgendwo, meist fest schlafend, finden und zu ihm bringen. Und wenn sie dann wieder vor ihm steht, sieht sie so unschuldig aus, daß Seine Majestät völlig entzückt ist und erklärt, sie sei die vollkommenste und faszinierendste Frau des ganzen Harems. Doch sobald sie verschwinden kann, wiederholt sie ihren Streich und findet immer neue Verstecke.
Mem cha, ich bin verzweifelt. Ich weiß beim besten Willen nicht, was ich mit ihr tun soll. Warum benimmt sie sich wie ein kleines Kind? Sie sagt, es gehe ihr nicht gut und sie könne dem König nicht dienen, doch die Ärzte, die sie untersuchen, finden nichts. Ich weiß wirklich nicht mehr weiter. Ich kann ihm doch nicht die Wahrheit sagen. Doch sie will nicht auf mich oder andere Leute hören. Und ich befürchte, daß sie ihr Schicksal her-

ausfordert, wenn sich ihr Verhalten nicht bald ändert. Ich habe ihr schon gesagt, daß sie besser ihr Leben so nimmt, wie es ist, damit nicht alles noch schlimmer wird.« Lady Thiang rang verzweifelt ihre Hände, während Tuptim mit gesenktem Kopf vor ihr kniete.

»Wie alt ist sie denn?« forschte Anna.

»Oh, vielleicht fünfzehn«, antwortete Lady Thiang.

Anna sah voller Mitleid auf das Mädchen. Tuptim schien entweder krank oder sehr unglücklich zu sein, doch trotz ihres kindlichen Aussehens wirkte sie sehr stolz. Ihre Augen waren voll Tränen, und sie beteuerte immerzu, daß sie im Herzen krank sei und deshalb nicht mehr zum König hinaufgehen könne. Anna war davon überzeugt, daß Lady Thiang eher besorgt als verärgert war, daher legte sie ihr den Arm um die Schultern und konnte sie dazu überreden, Tuptim für einige Tage von ihren Pflichten zu befreien, bis sie sich wieder besser fühlte. Ein dankbares Lächeln erhellte das blasse Gesicht des Mädchens, und sie zog sich zurück.

»Sie versucht nicht einmal, sich an das Palastleben zu gewöhnen«, beschwerte sich Lady Thiang, als Tuptim verschwunden war. »Sie sagt, sie sei nicht freiwillig in den Harem gekommen, und sie fühle sich hier nicht wohl. Sie tut mir sehr leid, Mem cha, aber ich darf sie das nicht wissen lassen. Sie würde es nur ausnutzen und sich ständig von Seiner Majestät fernhalten. Und Sie wissen, was dann geschehen würde. Sie ist nicht die einzige, die gegen ihren Willen hergebracht wurde. Sie versucht nicht einmal, sich hier einzuleben. Schauen Sie sich doch nur mal die Geschenke an, mit denen sie überhäuft wurde! Aber Tuptim beachtet sie kaum, sitzt immerzu niedergeschlagen in ihrem Zimmer und weint.« Lady Thiang seufzte tief. »Und wir Hauptfrauen müssen es ausbaden – nicht sie! Er denkt, wir würden sie mit der einen oder andern Entschuldigung von ihm fernhalten, damit wir seine Zuneigung nicht mit ihr teilen müssen. Dabei weiß sogar der heilige Buddha im Himmel, daß wir in unseren

Herzen nichts als Freundlichkeit und Zuneigung für sie hegen. Schauen Sie doch nur, wie wir sie vor Ihm beschützen!«

Nicht lange nach dieser Begegnung kam Tuptim regelmäßig zur Schule. Sie wollte lernen, ihren Namen auf englisch zu schreiben, und ein- oder zweimal wöchentlich am Unterricht teilnehmen. Meistens kamen Maprang und Simla mit ihr, und sie waren unaufmerksam und faul, doch Tuptim nahm ihr Studium ernst. Stundenlang saß sie auf dem Marmorboden und folgte den Übersetzungsübungen mit angespanntem Interesse. Anna hoffte, daß Tuptim darin ebenso einen Ausgleich für ihre Gefühle finden würde wie die einst so wilde und ruhelose Prang, die nun besonnen, ruhig und glücklich war.

Eines Tages, als Anna allein in der Schule war, bat Tuptim sie, den Namen »Khun Phra Palat« auf englisch aufzuschreiben. Anna schrieb ihr den Namen auf, ohne weitere Fragen zu stellen, und Tuptim zeichnete die Buchstaben nach. Eine ungewohnte Zärtlichkeit spiegelte sich auf den Zügen des Mädchens, und Anna dachte, der Träger dieses Namens müsse ihr viel bedeuten.

Anna hatte niemals versucht, Näheres über sie zu erfahren, und auch Lady Thiang erwähnte sie nicht mehr in ihren Gesprächen. Daher nahm Anna an, daß Tuptim sich langsam an das neue Leben, das man ihr aufgezwungen hatte, gewöhnte. Eines Tages nach dem Unterricht kam Tuptim im Laufschritt zu ihr, zog ein Stück Papier aus ihrem Gewand und hielt es Anna wortlos hin. Der Name »Khun Phra Palat« stand in ordentlichen Buchstaben darauf. Anna lobte ihre Schülerin und fragte sie dann zum erstenmal: »Wessen Name ist das eigentlich?«

Das Mädchen wich ihrem Blick aus, zögerte und sagte schließlich: »Es ist der Name des Lieblingsschülers des Abtes Chao Khun Sa. Er lebt im Tempel des Rachapradit und kommt manchmal in den Palast, um zu uns zu predigen.«

Tiefe Ehrfurcht spiegelte sich auf Tuptims Gesicht, als sie den

Namen des bekannten und verehrten Priesters erwähnte. Anna sah sie scharf an, doch als das Mädchen keine Reaktion zeigte, forschte sie auch nicht weiter. Sie vermutete, daß Tuptim in der Religion nach Erleichterung von ihrem Leben suchte. Das war im Harem durchaus nicht ungewöhnlich, obwohl Anna sie für viel zu rebellisch und freiheitsliebend gehalten hatte. Damals hatte sie sich halbherzig vorgenommen, mit Tuptim zu sprechen und ihr zu helfen. Doch Tuptim war seit dieser Begebenheit nicht mehr in die Schule gekommen, und Anna war mit anderen Dingen so beschäftigt, daß sie den Gedanken wieder vergaß.

Als die kleine Prinzessin nun sagte, daß sie Tuptim suchen wolle, beunruhigte das Anna sehr, und sie dachte während des nächsten Tages oft an die junge Konkubine.
Wie als Antwort auf Annas Besorgnis berichtete ihr eine siamesische Magd am Abend, daß eine Sklavin aus dem Palast heimlich mit ihr sprechen wolle. Irgendwie kam Anna diese Sklavin bekannt vor, doch sie konnte sich nicht erinnern, woher sie die Frau kannte. Sie kroch zu Annas Sessel und flüsterte: »Ich bin Phim. Meine Herrin, Khun Chao Tuptim, hat mich zu Ihnen gesandt.« Ängstlich blickte sie sich um. »Wissen Sie, daß meine Herrin gefunden wurde?«
»Gefunden?« rief Anna beunruhigt. Tuptim war schon oft in irgendeiner Ecke des Palastes gefunden worden, ohne daß ihr deswegen etwas widerfahren war. »Was willst du mir damit sagen? Wo wurde Tuptim gefunden? Wie lange ist sie dieses Mal verschwunden gewesen?«
Die Sklavin war sichtlich erstaunt. »Mem cha«, sagte sie, »wußten Sie denn nicht, daß meine Herrin aus dem Palast verschwunden war und daß Seine Majestät eine Belohnung von zwanzig Catties für sie ausgesetzt hat? Und wußten Sie auch nicht, daß niemand eine Spur von ihr entdecken konnte, obwohl jeder sie suchte?«

»Nein«, antwortete Anna, »ich habe kein Wort davon gehört.«
»Meine Herrin wurde seit vielen, vielen Monaten vermißt«, berichtete die Sklavin. »Man dachte bereits, sie habe sich ertränkt.«
»Wie konnte sie denn nur durch die verriegelten und bewachten Tore des Palastes schlüpfen? Die Amazonen hätten sie doch sehen müssen. Und ich glaube kaum, daß sie die Wachtposten bestechen konnte.«
»Ich weiß, Mem cha, Sie haben recht. Es ist so gut wie unmöglich hinauszukommen. Und doch ist es ihr gelungen, irgendwie.« Die Sklavin schien lange geweint zu haben und war der Hysterie nahe. Anna war davon überzeugt, daß Phim an der Flucht ihrer Herrin beteiligt war.

Anna wurde plötzlich klar, daß sie im Unterbewußtsein bereits geahnt hatte, wie wenig Tuptim willig oder fähig war, sich dem Palastleben anzupassen. Wenn sie über die Lage des Mädchens nachdachte, konnte sie ihre Tat durchaus verstehen. Sie war vor ihrer verhaßten Umwelt davongelaufen – kopflos und ohne die Folgen zu bedenken. Jeder, der ihr dabei geholfen hatte, würde furchtbar dafür büßen müssen! Anna dachte an den wütenden König, der von jemandem, den er mit seiner Gunst überhäuft hatte, verschmäht worden war. Arme Lady Thiang! Ihre schlimmsten Befürchtungen waren eingetroffen.

»Wo hat man sie denn gefunden?« fragte Anna kummervoll. Phims Geflüster war kaum hörbar. »Zwei Priester entdeckten sie heute morgen bei den Mönchen des Wat Rachapradit. Sie verständigten umgehend den König, und er ließ sie sofort verhaften und in den Kerker werfen.« Die Sklavin hob die gefalteten Hände hoch über ihren Kopf und warf sich vor Anna nieder. »Nun bitte ich Sie um Hilfe, Mem cha«, sagte sie demütig. Anna war zutiefst erschrocken, die Lage war viel schlimmer, als sie gedacht hatte. Keine Frau durfte ein Mönchskloster durch ihre Anwesenheit entweihen. »Das bedeutet den Tod«, dachte sie entmutigt.

»Oh, gnädige Frau, wenn Sie ihr nicht helfen, ist sie verloren«, weinte die Sklavin, die vor Aufregung zu flüstern vergaß. »Sie wird hingerichtet werden.« Phim umklammerte Annas Füße und legte demütig ihr Gesicht darauf. »Mem chao kha, ich flehe Sie an, gehen Sie zum König und bitten Sie um Gnade. Er wird meiner Herrin um Ihretwillen vergeben. Jeder weiß, daß er Ihnen nichts abschlagen kann. Tun Sie es, Mem chao kha, oder er wird meine kleine Gebieterin töten lassen!« Sie stammelte verzweifelt vor sich hin. »Was soll ich nur tun? Wohin kann ich gehen? Wenn Sie ihr nicht helfen, wird es niemand tun. Niemand außer Ihnen kann ihr helfen, gnädige Frau. Sie müssen zu ihm gehen! Sie müssen den König für sie um Gnade bitten!«
Ihre Angst verfehlte die Wirkung auf Anna nicht, obwohl sie überzeugt war, daß sie diesmal nicht helfen konnte. Sie beugte sich zu der Sklavin und versuchte sie zu beruhigen. »Sag mal, Phim«, forschte Anna, »warum hat deine Herrin eigentlich den Palast verlassen, und wer hat ihr bei der Flucht geholfen? Ich weiß, daß sie nicht ohne Hilfe entfliehen konnte.«
Doch die Sklavin wollte nicht antworten. »Bitte, kommen Sie und sehen Sie selbst«, wiederholte sie. »Kommen Sie und sprechen Sie mit ihr! Wenn Sie jetzt in der Dunkelheit zum Palast gehen, werden die Wächter Sie einlassen. Niemand wird ahnen, daß Sie wegen meiner Herrin gekommen sind. Sie müssen hingehen! Niemand außer Ihnen kann ihr helfen! Bitte, gnädige Frau, sagen Sie, daß Sie hingehen werden!«
Je öfter Anna erklärte, daß sie Tuptim unmöglich helfen konnte, desto hysterischer wurde die Sklavin. Schließlich versprach Anna ihr, in den Palast zu gehen und mit Tuptim zu sprechen. Nachdem die Sklavin gegangen war, saß Anna an ihrem Fenster und starrte gedankenverloren in den Sternenhimmel. Als kleines Mädchen hatte sie immer gedacht, der Sonntag sei anders als die restlichen Tage der Woche. Die Sonne scheine heller, es regne weniger oft, und es liege etwas ganz Besonderes in der Luft. Jetzt, so fern von ihrer walisischen Heimat, fühlte sie, wie der

Sonntagsfriede ihr Herz erfüllte. Sie hätte so gerne noch ein wenig ruhig von ihrem Sessel aus die Sterne betrachtet und von Avis geträumt. Bestimmt konnte sie morgen ebensogut in den Palast gehen. Doch der Gedanke, daß Tuptim allein in einem der finsteren unterirdischen Verliese schmachtete, quälte ihr Gewissen. Der Palast! Sie blickte zu den weißen, im Sternenlicht schimmernden Mauern und dachte voller Abscheu an das nie endende Leid, das sie umschlossen. Konnte man sie denn nicht einmal am Sonntag, ihrem einzigen freien Tag, in Ruhe lassen? Sie schauerte bei dem Gedanken, die entsetzliche Gefängniswelt nach Einbruch der Dunkelheit betreten zu müssen, und wies ihn weit von sich. Was konnte sie denn schon erreichen? Eine ganze Weile saß sie in stumpfer Ungewißheit da, als sich eine warme Hand auf ihre Schulter legte. Sie wandte ihren Blick vom Himmel ab und sah in Phims bekümmertes Gesicht.

»Mem cha, soeben wurden die Tore für den Kralahome geöffnet«, sagte sie mit leiser, bitterer Stimme. »Sie könnten nun ohne Schwierigkeiten in den Palast gelangen.« Dann verschwand sie in der Nacht.

Anna seufzte. Sie konnte diese einfachen Menschen, die mit ihren Problemen zu ihr kamen wie zu einer Gottheit, einfach nicht überzeugen, daß sie keine übernatürlichen Kräfte besaß und den König nicht immerzu beeinflussen konnte. Wenn Anna an die vielen Kämpfe dachte, die sie mit ihm ausfocht, erschienen ihr die Vorstellungen der Menschen sehr komisch. Doch die Sache hatte auch sehr ernste und unangenehme Seiten: Mehr als einmal hatte sie in den traurigen Augen der enttäuschten Bittsteller die feste Überzeugung gelesen, daß sie nur deshalb nichts erreicht hatte, weil sie nicht wirklich wollte. Die Legende von ihrer Allmacht bedrückte sie manchmal sehr.

Mit einem tiefen Seufzer erhob sie sich aus ihrem Sessel beim Fenster, sagte Louis Bescheid, steckte zwanzig Ticals in ihre Börse, hüllte sich in einen schwarzen Mantel und verließ das Haus. Sie ging ziemlich schnell, um die Sache so bald wie mög-

lich hinter sich zu bringen. Die Wachen kannten sie, und Anna durfte problemlos eintreten. Sie drückte der Amazone zwei Ticals in die Hand und bat sie, die Pforte ein oder zwei Stunden offenzulassen, da sie verschiedene Dinge zu erledigen habe.
»Sie müssen zurück sein, ehe die Uhr elf schlägt«, warnte die gutmütige Amazone sie, stellte aber keine weiteren Fragen.
Auf der Hauptstraße der Palaststadt wartete Phim auf sie und lief und kroch neben ihr im dunklen Schatten der Häuser bis zum Gefängnis. Dann war sie plötzlich verschwunden.
Anna klopfte an das Tor und wurde in die Haupthalle eingelassen, in deren Boden die vielen doppelt versperrten Falltüren eingelassen waren, die zu den Verliesen führten. Die wenigen Laternen hingen so hoch, daß sie wie Sterne aussahen und bloß ein fahles Licht verbreiteten. Ungefähr ein Dutzend Amazonen hielt sich hier auf. Einige schliefen bereits auf ihren Matten und Lederkissen, die Waffen neben sich. Die Augen der anderen aber richteten sich auf Anna. Höflich erwiderten sie ihren Gruß, und Mae Ying Thahan, die Kommandantin der Garde, erkundigte sich freundlich, warum sie zu so später Stunde gekommen sei.
»Ich habe gerade erfahren, daß eine meiner früheren Schülerinnen, Lady Tuptim, in Bedrängnis ist, und wollte nachsehen, ob ich ihr irgendwie helfen kann.«
»Das gute Kind ist wirklich in Bedrängnis«, antwortete Mae Ying Thahan ernst. »Auch ihre beiden Freundinnen, Maprang und Simla, sind hier.«
»Kann ich den dreien irgendwie helfen?«
»Nein, Mem«, erwiderte die Amazone. »Selbst Sie können ihnen nicht helfen. Niemand kann es. Diesmal ist ihre Schuld zu groß.«
»Können Sie mir denn sagen, was sie getan haben?«
Anna erhielt keine Antwort auf ihre Frage. Als die Amazone sich beharrlich weigerte, ihr etwas über die Mädchen zu sagen, wurde ihre Sorge immer größer. Schließlich versuchte sie die

Amazone zu bewegen, sie doch wenigstens zu Tuptim zu lassen.

»Unmöglich!« war die beharrliche Entgegnung. »Wir dürfen Sie nicht ohne Befehl des Königs zu Tuptim lassen. Unmöglich!« war die einzige Antwort, die Anna auf ihre dringlichen Bitten erhielt. Hoffnungslos blickte sie auf die Amazonen, die sich in dem fahlen Schein der Laternen von gutherzigen Frauen in erbarmungslose Scharfrichterinnen verwandelt hatten. Nachdenklich musterte Anna die Falltüren zu ihren Füßen. Unter ihr waren die drei Kinder – wie die Amazonen sie treffend bezeichneten – eingekerkert. Müde und verzagt erhob sich Anna und verließ wortlos das Gefängnis.

Auf dem Weg zum Tor entdeckte sie Phim, die im Schatten der gegenüberliegenden engen Straße mit ihr Schritt hielt. Als Anna in eine kleine Gasse einbog, kam Phim auf sie zu. Die Sklavin hatte sich unter der Säulenhalle des Gefängnisses versteckt und die Unterredung mit den Amazonen belauscht. Anna brauchte ihr nichts zu erzählen. Sie wäre weitergeeilt, doch Phim warf sich vor ihr zu Boden und flehte sie an, Tuptim nicht ihrem Schicksal zu überlassen.

»Aber, Phim, ich kann wirklich nichts tun!«

Die Sklavin gab ihre Bemühungen nicht auf. »Sie wird gleich morgen früh verurteilt werden«, sagte sie. »Bitte, Mem cha, kommen Sie! Vielleicht können Sie Khun Thao Ap überreden, ein mildes Urteil zu fällen.« Schmerzlich wurde Anna ihre Machtlosigkeit bewußt, und sie versprach, zur Gerichtsverhandlung zu kommen.

Die Rache des Königs

Am nächsten Morgen gegen sieben Uhr fand sich Anna im San Shuang, dem Gerichtshof in der zweiten Einfriedung des Palastes, ein. Der Haupteingang führte durch einen langen Korridor, zu dessen beiden Seiten baufällige Wohnungen lagen. Wurmstichige, achtlos zusammengenagelte Bretter bildeten den Boden der Haupthalle. Die Fenster waren hoch, wie jene der königlichen Residenzen, doch die Tore waren eng und niedrig. Und überall hingen große schwarze Spinnen, die sicher seit hundert Jahren ungestört an den Wänden und der Decke hausten.

Mehrere der Männer und Frauen, die als Richter amtierten, waren bereits anwesend, sie begrüßten sich wortreich und boten sich den Inhalt ihrer Betelbüchsen an. Phya Phrom Borirak, der Halbbruder Lady Talaps und oberster Richter, saß ebenso wie Khun Thao Ap, die oberste Richterin, ein wenig abseits. Vor ihnen standen niedrige Tische, auf denen sich Gesetzesrollen, Papier, Feder und Tinte zur Niederschrift der Zeugenaussagen befanden. Der siamesischen Sitte entsprechend gab es weder einen Staatsanwalt noch einen Verteidiger oder Geschworene. Alle Funktionen wurden von den Richtern ausgeübt. Als Anna auf einem Sitz in der Nähe des Ausgangs Platz nahm, betrachtete sie die ganze Gruppe mit Spannung, doch niemand protestierte gegen ihre Anwesenheit. Zwei Priester, anscheinend die Männer, die Tuptim bei den Mönchen gefunden hatten, saßen gleich neben Anna.

Dann wurden Tuptim und ihre Freundinnen Maprang und Simla von einer Schar Amazonen hereingeführt. Anna war über das Aussehen des hübschen Mädchens bestürzt: Das Haar war kurz geschoren, und die Augenbrauen waren abrasiert worden. Ihre Wangen waren hohl und eingefallen, die Augen auf den Boden gerichtet. Ihre Hände waren gefesselt, und die kleinen nackten Füße konnten kaum die schweren Ketten bewegen, die an den Knöcheln befestigt waren. Das enganliegende Gewand war bis zum Hals zugeknöpft. Tuptim wirkte immer noch sehr kindlich, und dennoch war sie sehr ruhig und gefaßt.

Die Amazonen legten mehrere Priesterroben und ein kleines Amulett mit einer gelben Schnur, die man bei Tuptim gefunden hatte, vor den Richtern nieder. Anna blickte auf Tuptims kurzgeschorenes Haar und die abrasierten Augenbrauen und verstand sofort, wieso es ihr gelungen war, unbemerkt aus dem Palast zu entfliehen. O Tuptim! dachte sie entsetzt.

Das Verhör begann. Im Innern des Amuletts fand man ein darin eingenähtes, mit englischen Buchstaben beschriebenes Stück Papier. Es wurde Khun Thao Ap gereicht, die mit lauter Stimme den Namen »Khun Phra Palat« vorlas. Annas Herz pochte erregt, sie selbst hatte Tuptim gelehrt, diese Worte zu schreiben! Wenn sie doch damals nur nachgefragt und versucht hätte, das Vertrauen des Mädchens zu gewinnen ...

Tuptim wurde aufgefordert, nach vorne zu treten. Sie tat dies, so gut sie es konnte, und nahm ihren Platz in der Mitte der Halle ein. Sie machte weder eine Verbeugung noch einen demütigen Kniefall, doch ihr Verhalten verriet keine Unhöflichkeit. Anna fing ihren Blick auf und lächelte ihr ermutigend zu. Tuptims Augen waren dunkel und traurig, doch ein fast unmerkliches Lächeln huschte über ihr Gesicht, als sie den Gruß erwiderte. Sie wirkte plötzlich auf Anna überhaupt nicht mehr kindlich, sie trat vor ihre Richter wie eine Frau. Was immer sie auch getan haben mochte, es hatte einen anderen Menschen aus ihr gemacht. Die Ruhe und Reinheit ihres Gesichts sahen aus wie von einem Bildhauer gemeißelt.

Simla und Maprang wurden als erste verhört und erzählten dem Gericht ohne jede Zerknirschung oder Zurückhaltung alles, was Tuptim ihnen jemals anvertraut hatte, und viele belanglose Dinge, die mit der Anklage so gut wie nichts zu tun hatten. Sie berichteten von Tuptims Widerwillen, in den Palast zu kommen, von ihrer Unzufriedenheit mit dem Leben im Harem, von ihrer Zuneigung zu dem jungen Priester namens Phra Palat und ihrem ausweichenden Verhalten dem König gegenüber. Doch als Simla auf Tuptims Flucht aus dem Palast zu sprechen kam und erwähnte, daß Phra Palat an jenem Morgen im Palast gewesen war, unterbrach Tuptim sie und befahl ihr zu schweigen. »Das ist alles gar nicht wahr!« rief sie. »Du bist im Unrecht, das sind alles nur Vermutungen, das weißt du ganz genau, Simla. Er hatte nichts damit zu tun!« Dann, als erinnerte sie sich plötzlich, wo sie war, fügte sie stolz hinzu: »Eigentlich ist es jetzt auch egal. Red ruhig weiter und sag doch, was du willst.«

»Gut, gut, wie interessant!« rief Phya Phrom Borirak und beugte sich mit hämischer Miene vor. »Wenn deine Freundinnen

nichts über deine Flucht wissen, erzählst Du uns vielleicht selbst, was eigentlich geschehen ist.«
Tuptim sah ihn offen und ehrlich an, sein bissiger Ton berührte sie nicht. »Und wenn ich Ihnen die Wahrheit sage, werden Sie mir dann glauben und ein gerechtes Urteil fällen?«
Der Richter blickte sie finster an. »Ich werde dich auf der Stelle auspeitschen lassen, wenn du deine Verbrechen nicht sofort gestehst«, antwortete er rücksichtslos. Tuptim schwieg, doch ihre Augen und das abwechselnde Erröten und Erbleichen ihres Gesichts verrieten Anna, daß sie mit sich kämpfte, ob sie ein umfassendes Geständnis ablegen sollte oder nicht. Würde es ihr nützen? Anna konnte ihre Gedanken förmlich lesen. Phya Phrom schien sich nicht von der Wahrheit überzeugen lassen zu wollen. Warum sollte sie es dann versuchen? Was hatte sie schon davon? Endlich wandte sie sich entschlossen an Khun Thao Ap: »Verehrte Richterin, Khun Phra Palat hatte nichts mit meiner Flucht aus dem Palast zu tun. Es ist wahr, daß ich ihn sehr bewunderte, doch es ist auch wahr, daß er nichts davon wußte. Ich habe ihn niemals angesprochen oder sonstwie versucht, mit ihm in Kontakt zu treten, solange ich im Palast lebte. Er wußte bis gestern morgen, als die Priester mich entdeckt hatten, nichts von meiner Flucht. Was immer ich auch getan habe, er hat in keinster Weise gegen sein Gelübde gesündigt, gnädige Frau. Er ist vollkommen unschuldig. Ich habe meine Flucht allein, ohne irgendwelche Hilfe von außen geplant, weil ich im Palast unglücklich war und endlich wieder frei sein wollte. Das war alles.
Ich habe die Freiheit schon immer geliebt. Ich habe es gehaßt, hinter diesen hohen Mauern eingesperrt zu sein und Befehle auszuführen. Manchmal konnte ich nachts wegen meiner Not nicht schlafen. Wenn ich mich dann in der Stille der Nacht vor dem Ebenbild des Somdet Phra Buddha niederwarf, kamen mir immer wieder Gedanken an eine Flucht aus dem Palast in den Sinn und lenkten mich von meinen Gebeten ab. Am Ende hörte

ich die Stimme des heiligen Buddha. Ich glaubte, daß ich dieser Stimme gehorchen müßte und begann Fluchtpläne zu schmieden. Ich sprach mit niemandem, nicht einmal mit Maprang und Simla darüber. Und eines Nachts, so glaubte ich, zeigte mir der heilige Buddha selbst, wie ich entkommen könnte. Wenige Tage später verkleidete ich mich als Novize, schor mein Haar und rasierte mir die Augenbrauen.«

»Jetzt kommen wir der Sache ja langsam näher!« unterbrach Phya Phrom sie zufrieden. »Genau das wollen wir hören. Sag uns, wer dir die Priestergewänder gekauft und sie in den Palast geschmuggelt hat. War es deine Mutter, eine deiner Dienerinnen oder deine Schwester? Und wer hat dir die Haare geschoren und die Augenbrauen abrasiert? Sprich gefälligst auch etwas lauter!«

Tuptim wandte sich um und sah den Richter an. »Ich gestehe hier nur, was ich selbst getan habe, und nicht, was ein anderer getan hat. Ich sage Ihnen hier die Wahrheit, soweit sie sich auf mich bezieht. Darüber hinaus kann und will ich keine Aussage machen!« Eine plötzliche Röte schoß ihr ins Gesicht und ließ es sehr hübsch erscheinen.

Der Richter zuckte die Achseln. »Weiter, weiter«, drängte er. »Erzähl uns deine Geschichte. Wir werden schon noch einen Weg finden, alles zu erfahren, was wir hören wollen, und wir haben jede Menge Zeit dazu.«

»Sie ist noch so jung!« bemerkte Khun Thao Ap. Ihre Stimme war sanft, doch der Tadel klang deutlich aus ihren Worten. Es war offenkundig, daß der andere Richter über Tuptim bereits entschieden hatte und sie ohne Beweise für schuldig erklärte. Er wollte nur noch die Mitschuldigen ausfindig machen.

Nachdenklicher als vorher setzte Tuptim ihren Bericht fort. »Um fünf Uhr morgens, nachdem die Priester den Palast betreten hatten, bin ich aus meinem Zimmer geschlüpft und habe mich der Prozession angeschlossen, während sie vorbeizog, um die königlichen Almosen zu empfangen. Niemand außer Simla hat mich gesehen, und selbst sie hat mich nicht erkannt. Sie machte eher den Eindruck, als würde sie sich fragen, wieso ein Priester dem Harem so nahe komme.«

»Das stimmt«, fiel Simla ein. »Ich wußte zu der Zeit nicht, daß Tuptim fortgelaufen war. Erst als Khun Yai wissen wollte, warum sie ihren Pflichten nicht nachkam, habe ich über den jungen Priester, den ich am Morgen so nahe beim Haus gesehen hatte, nachgedacht und mich gefragt, ob er etwas mit ihrem Verschwinden zu tun hatte. Ich wäre allerdings im Traum nicht darauf gekommen, daß sie es selbst war, und ohne die langen Haare habe ich sie nicht erkannt. Sie können mich also nicht dafür tadeln, daß ich nichts bemerkt hatte. Ich glaube nicht, daß irgend jemand sie erkannt hätte. Als die Frauen unsere Räume nach Tuptim durchsuchten, hatte ich Angst, den Priester, den ich in der Nähe des Hauses gesehen hatte, zu erwähnen, da ich fürchtete, wir würden der Mitwisserschaft an ihrer Flucht oder vielleicht sogar der Beihilfe beschuldigt werden.«

Tuptim wartete geduldig, bis Simla geendet hatte und fuhr dann fort: »In wenigen Minuten war ich vor den Palasttoren angelangt. Es war unglaublich einfach gewesen, und ich dachte um so mehr, der heilige Buddha hätte mich geleitet. Ich war zwar in Freiheit, doch ich wußte nicht, was ich tun sollte. Nach Hause konnte ich nicht gehen, da meine Mutter sicher beobachtet werden würde. Ich hatte nichts geplant, als den Palast zu verlassen. Ich stand einige Minuten in Gedanken versunken da, bis ich mir einbildete, daß die Leute mich anstarren und Verdacht schöpfen würden. Ich eilte daher sogleich zum Wat Rachapradit und setzte mich vor das Tor. Den ganzen Tag habe ich dort gesessen und versucht zu entscheiden, was ich als nächstes tun sollte. Menschen kamen und gingen, doch niemand beachtete mich. Gegen Abend kam der große Chao Khun Sa an dem Tor vorbei, er sah mich und fragte, wer ich sei und was ich hier tue. Ich wußte nicht, was ich antworten sollte, und bat ihn daher, mich einzulassen, damit ich sein Schüler werden und im Kloster le-

ben konnte. ›Wessen Jünger bist du, mein Kind?‹ fragte er freundlich. Ich begann vor Verzweiflung zu weinen. Ich wollte den heiligen Mann nicht irreführen und konnte ihm natürlich auch nicht die Wahrheit sagen. Chao Khun Sa wandte sich an die Priester, die ihm gefolgt waren, und trug Phra Palat auf, mich unter seine Obhut zu nehmen und mich in den Lehren Buddhas zu unterweisen. Das hatte ich nicht geplant. Ich hatte überhaupt nichts geplant.«
Ihr flehender Blick sollte Khun Thao Ap bitten, diesen unfaßbaren Zufall zu glauben. »Wenn Sie Seine Gnaden Chao Khun Sa fragen«, fuhr sie fort, »wird er Ihnen bestätigen, daß ich nicht darum gebeten habe, ein Schüler von Khun Phra Palat zu werden. Ich weiß nicht, warum er mich ausgerechnet ihm zuwies, vielleicht weil er zu seinen Lieblingsschülern gehört. Es war wirklich seltsam. Doch ich dachte nur, daß die Stimme des heiligen Buddha den großen Abt ebenso wie mich dabei geleitet haben mußte, und ich war felsenfest davon überzeugt, das richtige getan zu haben.«
Ihre Stimme war sehr leise geworden. »Phra Palat hat mich dann in die Zelle des Klosters geführt, in der er mit mehreren anderen Novizen, die er unterrichtete, lebte. Auch er hat mich nicht erkannt ...« sagte sie ein wenig zögernd, »obwohl wir uns nicht zum erstenmal begegnet sind. Sein Name war einst Daeng gewesen, und meine Familie hatte mich mit ihm verlobt, ehe ich in den Palast gebracht wurde. Er hatte mich in der Zwischenzeit wohl vollkommen vergessen, wahrscheinlich dachte er, daß ich für immer hinter den Mauern des Harems verschwunden sei. Kurz nach meiner Aufnahme in den königlichen Harem war er in den Priesterstand eingetreten und lernte mit solchem Eifer, daß er schon bald zum Lieblingsschüler des Chao Khun Sa wurde.«
Die unerwartete Enthüllung von Tuptims einstiger Verlobung mit dem Priester rief unter den Richterinnen Erstaunen hervor, während ihre männlichen Kollegen nur boshaft grinsten. Anna

fragte sich, ob Tuptim mit ihrer Aufrichtigkeit nicht einen taktischen Fehler begangen hatte. Ihr kam die Geschichte durchaus glaubwürdig vor, doch offensichtlich teilten die Männer und Frauen, die über das Mädchen zu Gericht saßen, diese Meinung nicht.
Tuptim erriet ihre Gedanken sofort und redete hastig weiter. »Phra Palat, den Sie zur Folter und zum Tode verurteilt haben, hat nicht gesündigt. Er hat weder die Tat begangen, wegen der Sie ihn anklagen, noch war er mir bei der Flucht behilflich. Ich habe es bereits gesagt, und ich wiederhole hiermit, daß ich – nur ich allein – gesündigt habe! Wenn ich schon früher all das gewußt hätte, was Phra Palat mich lehrte, hätte ich diese Tat niemals begangen. Ich wäre bestimmt nicht aus dem Palast geflohen. Ich weiß nun, daß es unrecht war und daß mein eigenes Herz und nicht die Stimme Buddhas mir all diese Dinge zugeflüstert hat. Ich hätte sicher versucht – o gnädige Frau, glauben Sie mir –, ich hätte wirklich versucht, mein Leben ertragen zu lernen. Er unterrichtete uns jeden Tag, und ich kann das ganze Göttliche Gesetz auswendig aufsagen. Fragen Sie ruhig seine anderen Schüler, und sie werden bezeugen, daß ich immer bescheiden und demütig war und daß er mir nicht mehr Beachtung schenkte als ihnen. Nachts schliefen wir zu seinen Füßen, und sie wußten nicht, daß ich eine Frau bin. Glauben Sie denn wirklich, ich hätte die anderen täuschen können, wenn ich nicht auch ihn getäuscht hätte? Rufen Sie die Zeugen vor, und die Novizen werden seine Unschuld an dem Verbrechen, dessen er angeklagt wird, beweisen. Glauben Sie mir, gnädige Frau, ich wollte gar nicht mehr seine Frau werden, ich wollte nur bei ihm sein und von ihm lernen.
An einem Sonntagmorgen kamen dann diese Männer …«, sie wies auf die beiden Priester, »und wollten Phra Palat sprechen. Ich hatte an dem Morgen verschlafen, die anderen Novizen waren schon längst unterwegs, als ich erwachte. Ich stand auf und glaubte, ich sei allein, als ich plötzlich ein leises Kichern hörte.

Ich wandte mich um, sah die beiden Männer und wußte, daß ich für immer entehrt war. Glauben Sie mir, verehrteste Richterin«, fuhr Tuptim mit immer ernsterer Miene fort, »ich habe mich schuldig gemacht, weil ich vor dem König geflohen bin. Das ist wahr, und ich gestehe es freimütig. Ich bin auch bereit, dafür zu büßen. Doch ich habe niemals begangen, was mir diese Männer vorwerfen. Ich bat die beiden, mich gehen zu lassen und mein Geheimnis nicht zu verraten. Ich versicherte ihnen, daß Khun Phra Palat keine Ahnung habe, wer ich sei oder daß ich eine Frau sei, und daß auch die anderen Novizen es nicht wüßten. Doch sie lachten nur und verspotteten mich. Ich fiel vor ihnen auf die Knie und beschwor sie, mich ziehen zu lassen, ehe der Priester und die Novizen zurückkämen, damit keiner von ihnen in Schwierigkeiten geriete. Doch sie lachten nur noch lauter als vorher und hielten mich fest. Sie nennen sich zwar die Jünger des Barmherzigen, doch sie sind alles andere als das, selbst wenn es um einen Freund geht.«

Die beiden Priester sahen sie unbeteiligt an und kauten nur weiter ihren Betel. Die Richter lauschten schweigend und schienen über die Geschichte, von der sie kein Wort glaubten, sehr amüsiert, einzig Khun Thao Ap sah mitfühlend aus. Sie schien Tuptim ohne Spott oder Vorurteile zuzuhören, als würde sie die Worte der Angeklagten auf der Waage ihres Geistes abwiegen. Die Gerichtsschreiber mußten sich sehr anstrengen, um der Flut der Worte überhaupt folgen zu können.

Tuptim war bleich, als sie mit leiser Stimme fortfuhr: »In diesem Augenblick kam Phra Palat mit seinen anderen Schülern von den morgendlichen Waschungen zurück. Ich warf mich zu seinen Füßen und gestand ihm, daß ich Tuptim sei. Er wich vor mir bis in die hinterste Ecke der Zelle zurück, als hätte sich die Erde unter ihm aufgetan, und jeder konnte seine grenzenlose Überraschung deutlich sehen. Ich war bei dem Gedanken, in welche Lage ich ihn durch meine Tat gebracht hatte, wie gelähmt. Er versuchte, mich zu beruhigen, als ich weinend auf dem Boden lag, und sagte: ›Tuptim, was du getan hast, war falsch, doch du mußt jetzt keine Angst mehr haben. Wir sind unschuldig. Und deiner Liebe wegen bin ich bereit, für dich zu sterben.‹« Es war totenstill, als sie mit den Worten schloß: »Das ist die Wahrheit.«

Phya Phrom spuckte seinen blutroten Betel aus und sagte höhnisch: »Gut, gut, gut. Eine sehr beeindruckende Geschichte, und du hast sie auch wunderschön erzählt! Nur glaubt sie dir leider niemand.« Er spuckte wieder aus. »Kehren wir doch noch mal zum Anfang zurück. Wie wäre es, wenn du uns jetzt endlich einmal sagen würdest, wer dir die Haare geschoren, die Augenbrauen abrasiert und die Priestergewänder in den Palast gebracht hat?«

Anna war zutiefst beeindruckt von der Würde der zarten, kindlichen Frau, als sie ihre gefesselten Hände über ihrer Brust faltete und antwortete: »Das werde ich nicht tun!« Sie war während Tuptims Aussage näher zu ihr herangetreten, um ja nichts zu überhören. Die Erzählung hatte sie völlig gefangengenommen, und ihre Bewunderung für Tuptims Mut war so groß, daß sie wie angewurzelt dastand. Doch Tuptims Worte hallten wie ein Trompetensignal durch den Raum und holten Anna plötzlich wieder auf den Boden der Tatsachen zurück.

Vor ihnen stand ein junges Mädchen von sechzehn Jahren und verteidigte den Richtern gegenüber den Mann, den sie liebte, und wollte auch die Sklavin Phim vor ihnen schützen, obwohl sie sich selbst dadurch in Gefahr begab. Nie wieder würde Anna die Worte Christi »Größere Liebe hat niemand, denn wer sein Leben gibt für seine Freunde!« lesen können, ohne dabei an Tuptim zu denken. Mit ihrer Antwort stellte sie sich ihr eigenes Todesurteil aus. Doch auf sie wartete nicht nur der Tod, sondern auch die Qualen der raffinierten und unbarmherzigen Folter. Tuptim wußte dies, und ihre Weigerung überraschte die Anwesenden. Wieder herrschte vollkommene Stille.

Die Zornesröte schoß Phya Phrom ins Gesicht. »Entblößt sie und gebt ihr dreißig Peitschenhiebe!« brüllte er mit heiserer Stimme. Anna war überrascht, daß Khun Thao Ap keinen Einspruch erhob. War sie etwa doch von Tuptims Schuld überzeugt, oder schwieg sie aus Rücksichtnahme auf Phya Phrom? Würde sie nicht darauf bestehen, daß die Novizen, die mit Tuptim in einer Zelle gelebt hatten, Chao Khun Sa und die Priester der angrenzenden Zellen vernommen wurden? Sie durfte doch die Möglichkeit, daß Tuptim die Wahrheit sprach, nicht ausschließen?

Ehe die Amazonen den Befehl ausführen konnten, wurde die Verhandlung unterbrochen. Die Menge, die bei den Fenstern und Toren gestanden hatte, wich zurück, und eine von zwei Männern getragene Bahre lenkte die allgemeine Aufmerksamkeit auf sich. Auf ihr lag der von der Folter gezeichnete Priester Palat, den man zu einem Schuldgeständnis hatte zwingen wollen. Doch die Aufzeichnungen des Gerichtsschreibers lauteten: »Es war nicht möglich, ihm auch nur eine Andeutung zu entlocken.« Man hatte ihm seine priesterlichen Gewänder weggenommen, legte ihn jetzt neben Tuptim und hoffte, daß der Anblick ihrer Leiden ihn zu einem Geständnis zwingen würde.

Im nächsten Augenblick wurde Tuptim ohne Schal und Gewand an einen Pfahl gebunden. Die Amazonen hoben ihre biegsamen Bambuspeitschen, und schon sauste der erste Hieb auf den schmächtigen Rücken nieder und hinterließ eine klaffende Wunde. Anna hatte sich wiederholt gesagt, daß sie diesmal nicht eingreifen könne, und wenn sie an jenen Tag zurückdachte, mußte sie gestehen, daß sie jegliche Kontrolle über sich verloren hatte. Sie hatte völlig vergessen, daß sie nur eine Fremde und deshalb ebenso machtlos war wie die schwächsten der Unterdrückten um sie herum. Sie hatte nur gemerkt, daß sie handeln mußte. Sie eilte nach vorne und hörte ihre eigene Stimme wie aus weiter Ferne den Amazonen befehlen, auf der Stelle von ihrem Vorhaben abzulassen, wenn sie ihr Leben liebten.

Die Amazonen senkten sofort die erhobenen Peitschen. »Warum sollten sie?« fragte der Richter, der sie von früheren Begegnungen her kannte. »Wenigstens bis ich bei Seiner Majestät für Tuptim Fürbitte einlegen kann«, antwortete Anna. »So sei es«, sagte der Richter, lehnte sich zurück und schob sich ein frisches Stück Betel in den Mund. »Gehen Sie jetzt. Wir werden auf Ihre Rückkehr warten und erst dann das Verfahren fortsetzen.«

Anna zwängte sich durch die neugierige Menge, die sich bemühte, einen Blick auf die Angeklagten zu erhaschen. Als sie den Gerichtssaal verlassen hatte, traf sie die Sklavin Phim, die ihr händeringend und bitterlich weinend in den Palast folgte.

Der König frühstückte gerade, und vom Geruch der Speisen wurde Anna ganz übel, sie hatte nämlich an jenem Morgen noch nichts gegessen. Trotz ihrer Übelkeit ging sie sofort zum König, da sie fürchtete, sie würde sonst den Mut verlieren.

»Eure Majestät!« begann sie, und ihre Stimme erschien ihr schon wieder völlig fremd. »Ich komme gerade von Tuptims Gerichtsverhandlung, und ich bin überzeugt, daß sie unschuldig ist. Sie hat gestanden, daß es falsch war, aus dem Palast wegzulaufen, doch selbst diese Tat ist durchaus nachvollziehbar. Sie hat den Richtern erzählt, daß sie bereits verlobt war, als sie in den Palast gebracht wurde. Ich bin sicher, Eure Majestät hätten sie niemals in seinen Harem aufgenommen, wenn diese Tatsache bekannt gewesen wäre. Tuptim beharrt darauf, daß ihr ehemaliger Verlobter Khun Phra Palat, in dessen Zelle sie gestern gefunden wurde, nichts von ihrer Flucht wußte und auch nicht ahnte, wer sie war. Ich weiß, dies klingt unglaubhaft, doch diese Behauptung kann überprüft werden. Wollen Eure Majestät nicht dem Gerichtshof befehlen, von der Folter abzusehen, bis weitere Zeugen ausgesagt haben? Ich bin so sehr von ihrer Unschuld überzeugt und fühle mich daher berechtigt, Eure Majestät um Ihr Eingreifen zu bitten.« Die Anstrengung überstieg

ihre Kräfte. Sie sank halb bewußtlos neben dem Sessel des Königs zu Boden. »Ich bitte Eure Majestät um Gnade ...«
Der König musterte sie mit seinen kleinen, funkelnden Augen und sagte: »Sie sind wahnwitzig!« Argwöhnisch beugte er sich über sie und lachte ihr ins Gesicht. Sie erhob sich mit einem Ruck, als hätte er sie geohrfeigt. Dann nahm sie alle ihre Kräfte zusammen, lehnte sich gegen eine Säule und blickte ihn an. Doch sein Gesichtsausdruck ließ sie vor Entsetzen zusammenzucken, so hatte sie ihn noch nie zuvor gesehen. Jeglicher Gerechtigkeitssinn war plötzlich verschwunden, und sie erkannte nur noch das tierische Verlangen, seinen verletzten Mannesstolz mit Blut zu rächen. Anna konnte weder denken noch sprechen. Wortlos wandte sie sich zum Gehen.
Doch der König hatte den Abscheu in ihrem Gesicht gelesen, und das brachte ihn wieder zur Besinnung. »Madam«, befahl er, »kommen Sie sofort zurück! Ich werde Ihre Bitte bewilligen! Die Frau wird zu lebenslänglicher Arbeit in den Reismühlen verurteilt, der Mann wird freigelassen. Ich werde den Richtern in wenigen Minuten meinen Bescheid senden. Sie brauchen nicht mehr dorthin zurückzukehren. Sie gehen jetzt besser in die Schule.«
Anna konnte ihm nicht danken, ihr Abscheu war zu groß. Als sie bei der Treppe angelangt war, kam ihr eine der Richterinnen entgegen, die dem König die Protokolle der Gerichtsverhandlung brachte. Anstatt in die Schule zu gehen, eilte Anna nach Hause. Sie fühlte sich unwohl und ging zu Bett.
Um zwei Uhr erwachte sie völlig müde und abgespannt. Im ganzen Haus war es still. Beebe war mit Louis zu Bradleys Kindern gefahren, sie würden kaum vor Einbruch der Dunkelheit zurück sein. Ihre Magd brachte Anna auf einem Tablett etwas zu essen, doch sie konnte kaum etwas anrühren.
Vom Lärm auf der Straße neugierig geworden, sah Anna aus dem Fenster und registrierte erstaunt, daß auf dem Platz vor ihrem Haus zwei Schafotte aufgestellt wurden. Eine erregte Men-

schenmenge hatte sich versammelt, um das Schauspiel, was immer es sein mochte, nicht zu verpassen.

Annas Magd berichtete ihr, daß ein Priester und eine Konkubine am Nachmittag gefoltert werden sollten. Der König hatte also seine Entscheidung rückgängig gemacht! Fieberhaft überlegte Anna, was sie nun tun könnte, doch sie hatte bereits alle Möglichkeiten ausgeschöpft. Mr. Knox, der britische Konsul, hätte ihr vielleicht helfen können, doch er befand sich im Augenblick in Moulmein. Der amerikanische Vizekonsul, ein Kaufmann aus Bangkok, hatte keinen nennenswerten Einfluß, und der französische Konsul, der verhaßte Aubaret, war zur Zeit auf hoher See.

Als Anna zum Pavillon des Königs hinüberblickte, konnte sie durch die geöffneten Fensterläden die Vorbereitungen verfolgen: Sklavinnen eilten durch das Gebäude, um den Pavillon für den König, die Prinzen, Prinzessinnen und die vornehmen Hofdamen herzurichten.

Anna betrachtete die Szene mit hilfloser Verzweiflung. Was war nur geschehen? Erst Monate später erfuhr sie, daß der König, nachdem er die Gerichtsprotokolle gelesen hatte, von einem grenzenlosen Jähzorn auf Anna und die beiden Angeklagten erfaßt wurde. Er ordnete sofort die öffentliche Hinrichtung an, und um Anna nicht ungeschoren davonkommen zu lassen, wurden die Schafotte für das grausame Schauspiel direkt unter ihren Fenstern errichtet. Außerdem schwor er jeder Person Rache, die es in Zukunft wagen sollte, sich seinem königlichen Willen zu widersetzen. Anna wäre am liebsten davongelaufen, doch sie brachte es nicht übers Herz, Tuptim in diesem Augenblick allein zu lassen. Sie konnte jetzt nur noch für das Mädchen beten.

Kurz vor drei Uhr kündigten Trompetensignale das Erscheinen der königlichen Gesellschaft an, und der Herrscher und sein Gefolge traten an die offenen Fenster des Pavillons. In Scharlach und Gold gekleidete Amazonen nahmen ihre Posten in den kleinen Türmen ein, um die Haremsdamen zu bewachen. Plötzlich schrie die Menge auf, die beiden Gefangenen wurden von mehreren Wachen herbeigeschleift. Der Priester war zu schwach und mußte auf das rechte Schafott gehoben werden, während Tuptim gelassen auf das linke stieg. Anna sah die Liebe und den Kummer im Blick des Priesters, der sich Tuptim zuwandte.

Das Mädchen hielt die Hände, die nicht mehr gefesselt waren, gefaltet vor der Brust. Ruhig blickte Tuptim auf die Menge, die herbeigeströmt war, um sich an dem Schauspiel zu ergötzen. Sie würde die Schreie der Opfer mit tierischem Gebrüll begrüßen. Doch etwas an der Haltung des Mädchens ließ sie verstummen, und einige wenige, die an ihre Unschuld glaubten, warfen sich vor Tuptim wie vor einer Märtyrerin nieder. Anna konnte ihre Augen nicht von der schmächtigen Gestalt wenden, deren Schal wie eine tapfere rote Fahne in der Luft wehte.

Trompetengeschmetter ertönte, und das Urteil wurde verkündet. Der Bann war gebrochen, und die Menge begann zu lärmen. Beschimpfungen regneten auf das verurteilte Mädchen nieder, das ruhig auf dem wankenden Schafott stand und das Ganze mit einer unübertrefflichen Würde ertrug. Anna sah, wie sie abwechselnd rot und blaß wurde und der Ärger aus ihren Augen blitzte, doch das war alles.

Wieder bliesen die Trompeter. Der Pöbel verstummte, als der Scharfrichter ein Podium bestieg, um Tuptim zu foltern. Die Schläge sausten nur so auf sie nieder, und im Nu war ihre Haut scharlachrot. In den ersten Sekunden schien es, als könnte sie die Schmerzen nicht ertragen. Ihr Körper krümmte sich, und sie versuchte, ihr Gesicht mit den Händen zu bedecken. Doch dann stand sie wieder aufrecht da, und ihre Stimme klang glockenhell über den Platz: »Ich habe nicht gesündigt! Khun Phra Palat hat nicht gesündigt! Wir sind unschuldig! Der heilige Buddha im Himmel kann es bezeugen!«

Sie konnte gerade noch zu Ende sprechen, ehe sie zusammen-

brach und mit einem markerschütternden Schrei auf dem Schafott aufschlug. Als die Ärzte Tuptim wieder zu Bewußtsein gebracht hatten, wurde die Folter fortgesetzt. Wieder rief sie: »Ich habe nicht gesündigt! Khun Phra Palat hat nicht gesündigt! Der heilige Buddha kann es bezeugen!«
Jede Foltermethode, die sie martern, doch nicht töten konnte, wurde angewendet, um Tuptim ein Geständnis abzuzwingen, doch sie gestand nichts, und sie bat auch nicht um Gnade. Die Ehre des jungen Priesters schien ihr kostbarer als das eigene Leben. Die letzten Worte, die Anna sie rufen hörte, waren: »Es ist allein meine Schuld. Er hat nicht gewußt, wer ich bin!«
Danach sah oder hörte Anna nichts mehr. Sie war sich ihrer eigenen Erschöpfung nicht bewußt und hatte gar nicht bemerkt, daß sie nicht mehr die Kraft besaß, um den Anblick unter ihrem Fenster weiter zu ertragen. Sie verlor das Bewußtsein.

Als sie wieder erwachte, war es im ganzen Haus still. Schwach und elend lag sie am Boden, der Raum war schon voller Abendschatten, draußen war es ruhig geworden. Minuten vergingen, ehe sie sich erinnerte, wo sie war und was passiert war. Dann stand sie ängstlich auf und warf einen Blick aus dem Fenster: Die Schafotte waren verschwunden, der Platz menschenleer. Dichter, rauchgeschwängerter Dunst lag darüber und eine beängstigende Stille, die Totenstille eines Grabes.
Schließlich sah sie in der Dunkelheit eine Gestalt auf sich zukommen. Da sie nicht wußte, wo ihre Magd war, wankte sie über die Stufen und öffnete das Tor, um Phim einzulassen. Die Sklavin war heimlich gekommen, um Anna über Tuptims und Palats Schicksal zu berichten. Sie waren auf Befehl des Königs zum Tod auf dem Scheiterhaufen verurteilt worden, und trotz der Qualen hatten sie kein Geständnis abgelegt. Die schlimmsten Foltermethoden waren ihnen erspart geblieben, damit sie nicht starben, ehe man sie den Flammen aussetzte. Man hatte sie schließlich durch die Straßen zum Wat Saket gezerrt und sie

dort in aller Öffentlichkeit außerhalb der Friedhofsmauern verbrannt. Der Pöbel, berichtete Phim, war durch den unbesiegbaren Mut des Priesters und Tuptims Tapferkeit tief beeindruckt gewesen. Phims ganze Trauer spiegelte sich in ihren Augen, als sie erzählte, wie die Stimmung im Volk auf einmal umgeschlagen war und die Leute sogar über die beiden Priester schimpften, die sich nur hatten hervortun wollen. Die Augen der Sklavin funkelten wild, als sie die letzten Augenblicke ihrer Herrin beschrieb. Bereits von den Flammen umgeben, habe sie ihre verstümmelten Hände ausgestreckt und mit schwacher, aber doch klarer Stimme, so daß alle sie hören konnten, gerufen: »Meine Seele ist rein! Und die des Priesters Palat ebenfalls! Seht! Diese Finger haben meine Lippen nicht lügen lassen. Der heilige Buddha im Himmel richte über mich und meine Ankläger!«
Die Menge war von ihren Worten so überwältigt und von der Unschuld der beiden Angeklagten so fest überzeugt, daß sie die beiden Priester gelyncht hätte, wenn sie nicht noch am selben Tag in eine andere Stadt geflohen wären.

Phim kam nur schwer über dieses tragische Ereignis hinweg. Sie wußte, daß sie ihr Leben nur der Tapferkeit ihrer Herrin verdankte. Bis zu ihrem qualvollen Tod hatte Tuptim ihre Komplizin nicht verraten. Jeden siebten Tag trug die Sklavin frische Blumen und duftende Wachskerzen an die Stelle, wo Tuptim und der Priester gelitten hatten, da sie glaubte, daß ihre Seelen noch immer im Zwielicht umherschwebten. Immer wenn sie Anna begegnete, versicherte sie ihr, sie höre die Stimmen der beiden in der linden Abendluft.
Anna sah den König erst einen Monat nach Tuptims Tod wieder. Er war unmittelbar nach der Hinrichtung nach Ayuthia gereist und hatte die Errichtung eines Tempels beaufsichtigt. Als er wieder zurückkehrte, war sein Bruder schwer krank, und er verbrachte die meiste Zeit im Palast des Zweiten Königs eine

Meile stromaufwärts. Außerdem war er mit den Vorbereitungen für die Tonsur seines Sohnes Chulalongkorn beschäftigt, die in großem Stil gefeiert werden sollte.

Eines Tages wurde Anna wieder zu ihm gerufen. Sie hatte sich niemals so kalt und unversöhnlich gefühlt wie an jenem Dezembertag, als sie die Frühstückshalle betrat. Der König beachtete ihre Zurückhaltung nicht und setzte ihre frühere Unterredung fort, als wäre sie nie unterbrochen worden.

»Ich bin sehr traurig wegen Tuptim«, sagte er, und sein Gesicht verriet ehrliche Trauer. »Ich glaube inzwischen, daß sie unschuldig war. Ich hatte einen Traum, und sie ist mit Palat durch einen weiten Raum geschwebt. Dann hat sie sich zu mir gebeugt, meine Schulter berührt und gesagt: ›Wir sind unschuldig. Wir waren immer rein und unschuldig auf Erden, und nun sind wir glücklich.‹ Dann ist sie wieder verschwunden. Ich bin sehr betrübt, Mem, und ich habe große Achtung vor Ihrem Urteilsvermögen; doch unsere Gesetze für solche Verbrechen sind sehr streng. Nun aber werde ich zur Erinnerung an Palat und Tuptim ein Denkmal errichten lassen.«

Er hielt Wort. Beim Wat Saket, wo die beiden gestorben waren, wurden auf Befehl des Königs zwei hohe Säulen mit einer Inschrift errichtet: »Sonnen mögen untergehen und wieder aufgehen, doch Palat und Tuptim, die Reinen und Tapferen, werden niemals wieder zur Erde zurückkehren.« Da er an den endlosen Zyklus von Geburt und Wiedergeburt, der nur im Nirwana endet, glaubte, waren diese Worte ein Beweis für seine Überzeugung, daß Tuptim und Palat infolge ihrer Reinheit dem Rad der Wiedergeburt entkommen waren.

Der Tod des Hohenpriesters

Eines Abends kurz vor Sonnenuntergang, Anna war längst allein in der kühlen Schule, kamen einige Pagen auf sie zugeeilt und richteten ihr aus, der König wünsche sie sofort zu sehen. Die Erfahrung hatte sie gelehrt, bei solchen Anlässen keine Zeit mit dem Einsammeln ihrer Hefte und Bücher zu verlieren. Widerwillig nahm sie Mantel und Hut und dachte daran, wie viele dieser Unterredungen schon unerfreulich verlaufen waren. Sie folgte den Pagen zum Wat Rachapradit, der kaum vierzig Meter von der östlichen Palastmauer entfernt lag.
Anna hatte den Tempel bereits im Bau gesehen, sie hatte schon

immer ein besonderes Interesse für das Gebäude empfunden. Hier hatte Tuptim schließlich gelebt und gelernt, und von hier waren sie und Khun Phra Palat zum Schafott geführt worden. Abends konnte man hier die Priester in safrangelben Gewändern auf Wegen zwischen den Bäumen und Büschen wandeln sehen, doch heute waren die kiesbedeckten Wege menschenleer.
Die Pagen führten Anna mit großer Eile in das Kloster, das – wie der Tempel – in mittelalterlichem Stil erbaut worden war. Die Sonne verschwand gerade hinter dem roten Horizont, als sie das Gebäude erreichten. Große Kornfelder und Alleen von Oleander verdeckten die Aussicht auf die ferne Stadt mit ihren Pagoden und Palästen.
Die Pagen brachten Anna zu den Stufen des Hauptgebäudes und baten sie zu warten, bis ihr Kommen dem König gemeldet worden sei.
»Was ist denn geschehen?« fragte sie, erstaunt darüber, daß man sie zu diesem Teil des Tempels, zu dem Frauen im allgemeinen keinen Zutritt hatten, gebracht hatte. »Wieso will der König mich denn hier sprechen?«
Die Pagen erhoben ihre zusammengelegten Hände grüßend gegen das Gebäude, und einer von ihnen antwortete: »Der Hohepriester liegt im Sterben.«
Anna setzte sich auf die steinernen Stufen und wartete. Friedlich lag der sandige Klosterhof vor ihr, und aus dem Gebäude hinter ihr ertönte der Abendgesang der Mönche.
Während Anna ruhig den feierlichen Gesängen lauschte, verdrängte sie den Gedanken an die Sorgen des Tages. Noch lange nachdem der Mond klar und kühl aufgegangen war, saß sie da und träumte von Mondnächten in glücklicheren Tagen – von den schönen Jahren in Indien, von ihrer kleinen Avis im entfernten Fulham – und dachte an den Priester, der nun sterbend im Kloster lag.

Der König hatte schon oft von ihm gesprochen. Vor ungefähr einem Jahr hatte er sie aus heiterem Himmel, als sie gerade in seiner Bücherei mit der Abfassung der französischen Korrespondenz beschäftigt war, gefragt, ob sie das Wort »Liebe« verstehe. Er hatte an seinem Schreibtisch gesessen und den ersten Korintherbrief gelesen. »Ich hasse die Bibel eigentlich«, hatte er einmal vor Jahren zu seinem einstigen Freund und Lehrer, dem amerikanischen Missionar Jesse Caswell, gesagt. Doch sie fesselte ihn, wie ihn auch Luther und selbst die Missionare begeisterten.

»Ob ich das Wort ›Liebe‹ verstehe?« fragte Anna erstaunt zurück und blickte auf. »Ist es das, was Eure Majestät mich fragt?«

»Ja. Sagen Sie mir bitte, ob Sie verstehen, was mit ›Liebe‹, wie Ihr Apostel Paulus es im dreizehnten Kapitel des ersten Korintherbriefs ausdrückt, gemeint ist!«

»Ich glaube, ich verstehe es«, antwortete sie langsam. Sie war verblüfft, denn am Vormittag hatten sie erst über den Buddhismus diskutiert.

»Dann sagen Sie mir doch bitte, was Paulus wirklich meint und auf welchen Brauch er anspielt, wenn er sagt ›… und wenn ich meinen Leib brennen ließe und hätte der Liebe nicht, so wäre es mir nichts nütze‹?«

»Brauch?« fragte sie. »Ich kenne keinen solchen Brauch. Er betrachtete es wohl als die höchste Form der Hingabe und das reinste Opfer, das ein Mensch bringen kann, wenn er sich für einen andern Menschen verbrennen läßt.«

»Genau!« rief der König und begann auf und ab zu gehen. »Das haben Sie sehr gut ausgedrückt! Es ist die höchste Form der Hingabe, wenn ein Mensch für einen anderen Menschen seinen Körper gibt, um ihn verbrennen zu lassen. Aber sagen Sie mir bitte, wenn es mit der Absicht getan wird, die anderen zu übertreffen oder berühmt zu werden, betrachtet es der Apostel dann immer noch als höchstes Opfer?«

»Natürlich nicht. Das ist es ja gerade, was Paulus sagen will ... der Beweggrund heiligt die Tat.«

»Aber nicht alle Menschen stehen sich selbstkritisch gegenüber, und manche, die edelmütig und charakterstark wirken, würden einer genauen Untersuchung nicht standhalten. Ihre Tugenden hätten am Ende ganz gewöhnliche oder gar egoistische Ursachen, etwa Trägheit, Ruhelosigkeit oder vielleicht sogar pure Eitelkeit.«

Nachdenklich schritt er auf und ab. »Ich kenne einen Mann königlicher Abstammung, der früher unendliche Reichtümer besaß. Schon in jungen Jahren fühlte er solches Mitleid mit den Armen, Alten und Kranken, mit den Bekümmerten und den Bedrückten, daß er ganz schwermütig wurde. Nachdem er mehrere Jahre hindurch immer wieder Notleidende und Hilfsbedürftige unterstützt hatte, spendete er eines Tages sein gesamtes Hab und Gut den Armen.

Mit dreißig Jahren wurde er dann Priester, vorher hatte er fünf Jahre als Gärtner gearbeitet. Das war schon immer seine Leidenschaft gewesen, und er nutzte seine Kenntnisse über die heilende Wirkung der Pflanzen und behandelte all jene, die sich keinen Arzt leisten konnten. Er trat das Priesteramt an, noch lange bevor ich geboren wurde, vor gut fünfundsechzig Jahren. Inzwischen ist er fünfundneunzig, und ich fürchte, er hat noch immer nicht jene Wahrheit und Vortrefflichkeit gefunden, nach der er so lange gesucht hat.«

Das Gesicht des Königs drückte unendliche Trauer aus. »Ich kenne keinen edleren Menschen als ihn«, fuhr er fort. »Er ist liebevoll, barmherzig, geduldig und rein. Als er noch ein Gärtner war, stahl ihm ein Mann, dem er schon viel Gutes getan hatte, seine wenigen Geräte. Der König ersetzte ihm diesen großen Verlust durch neue Geräte, doch er teilte sie sogleich mit seinen Nachbarn und vergaß nicht, die meisten und besten jenem Mann zu schenken, der ihn bestohlen hatte.

Das wenige, das ihm blieb, gab er mit offenen Händen den Bedürftigen. Wenn er um etwas bat, tat er es meist nicht für sich, sondern für andere. Er liebte weder das Leben, noch fürchtete er den Tod und wünschte sich nichts als den Frieden. Dieser Mann ist heute ein Hohepriester. Er würde ohne Zögern lebend oder tot seinen Körper den Flammen opfern, wenn er dafür einen Augenblick lang die ewige Wahrheit sehen oder nur eine einzige Seele vom Tod oder Kummer retten könnte.«

An dieses Gespräch erinnerte Anna sich, als sie im Hof des Tempels saß. Dieser barmherzige Mann lag nun im Sterben. Sein Leben hatte sich beinahe über ein ganzes Jahrhundert erstreckt. Drei Jahre vor seiner Geburt hatte Birma die Herrschaft über Siam an sich gerissen. Er hatte miterlebt, wie Chao Tak wahnsinnig wurde und starb, wie die Chakri-Könige die neue Hauptstadt Bangkok erbauten, wie vier Könige jener Dynastie herrschten, und er hatte die Ankunft der Europäer erlebt, deren Einfluß immer stärker und mächtiger wurde. Woran dachte er wohl während der letzten Tage seines Lebens?
Endlich erschien ein junger Mann in der Tür über Anna und winkte ihr zu. Er war ganz in Weiß gekleidet und trug in einer Hand eine brennende Kerze und in der anderen eine Lilie. Anna folgte ihm durch die langen niederen Gänge zu den Zellen der Priester. Die Klänge einer buddhistischen Liturgie drangen an ihr Ohr. Die Dunkelheit, die Einsamkeit und die abgemessene Eintönigkeit erweckten in ihr – die sie sich stets als nüchterne Natur betrachtet hatte – eine seltsame Erregung, die einem Gefühl der Ehrfurcht glich.
Der Page blieb vor der Schwelle einer Zelle stehen und bat sie mit eindringlichem Flüstern, die Schuhe auszuziehen. Dann warf er sich in unterwürfiger Demut vor einem niederen Eingang zu Boden. Anna schlüpfte an ihm vorbei und bückte sich, um die Szene in der Zelle beobachten zu können. Der König saß mit übereinandergeschlagenen Beinen auf dem Boden, und auf sein Zeichen setzte sie sich neben ihn.

Auf einem schlichten Strohbett, mit einem Holzklotz als Kopfkissen, lag der sterbende Priester, der nur mit einem einfachen Gewand aus verblaßtem gelbem Tuch bedeckt war. Er hatte die Hände vor der Brust gefaltet. Sein Kopf war kahl, und die wenigen weißen Haare, die seine bleichen Schläfen verdeckt haben mochten, waren achtsam geschoren worden. Auch die Augenbrauen waren abrasiert, die Füße waren unbedeckt, und er starrte mit feierlichem Blick ins Leere. Kein Zeichen der Unruhe, des Schmerzes oder der Sorge war erkennbar. Anna war überrascht und verwirrt. Lag er wirklich im Sterben?

Er beachtete die Menschen um ihn herum nicht weiter, und in seiner Haltung, seinem Gesichtsausdruck las Anna nur göttliche Verehrung, Ruhe und völlige Entspannung. Er schien mit seinen Gedanken schon nicht mehr auf dieser Welt zu sein. Rechts neben seinem Lager brannte eine kleine Kerze in einem goldenen Leuchter, links dufteten frisch gepflückte weiße Lilien in einer goldenen Vase – beides Geschenke des Königs. Auf der Brust des Hohenpriesters lag eine Lilie und auf seinem Herzen eine Rolle ungesponnener Baumwolle. Die Schnur war in siebenundsiebzig Teile geteilt, deren Enden von Priestern gehalten wurden. Sie saßen so eng nebeneinander, daß man sich kaum in der Zelle bewegen konnte. Von Zeit zu Zeit stimmten sie eine Hymne an, um den Priester zu ehren.

Als der Priester die vertrauten Strophen hörte, erhellte ein flüchtiges Lächeln das gelbliche Antlitz des Sterbenden. Anna schloß ehrfurchtsvoll die Augen. In seiner grenzenlosen Liebe zu den Armen und seiner Sehnsucht nach der Wahrheit hatte er vor mehr als einem halben Jahrhundert auf jeglichen Reichtum, alle Würden und Ehrungen verzichtet. Und jetzt ging er zu seiner klaren, ewigen Ruhe. Mit einem Lächeln des vollkommenen Friedens sagte er: »Eurer Majestät empfehle ich die Armen, und meine sterblichen Überreste übergebe ich den Flammen.« Diese seine letzte Gabe war sein ganzes Gut.

Das Atmen fiel ihm immer schwerer, und er wandte sich

mit unendlicher Mühe zum König und sagte ruhig: »Ich gehe jetzt.«

Sogleich stimmten die Priester einen lauten Gesang an, und wenige Minuten später hatte der Hohepriester seine Seele ausgehaucht. Anna kämpfte mit den Tränen, doch sie war plötzlich von einem tröstenden, wundersamen Frieden erfüllt, wie sie ihn im Getümmel des Palastes seit Monaten nicht mehr empfunden hatte.

Am nächsten Nachmittag ging sie auf Befehl des Königs zum Tempel des Wat Saket, wo der letzte Wille des Hohenpriesters erfüllt werden sollte. Anna folgte dem Befehl des Königs nur sehr ungern, schließlich waren dort Tuptim und Phra Palat zum Feuertod verurteilt worden. An diesem mystischen Ort wurden die buddhistischen Riten der Kremation unter – für europäisches Empfinden – schrecklichen Umständen durchgeführt. Nicht nur die Toten, sondern auch Lebende waren hier schon häufig verbrannt worden.

Niemand außer den Eingeführten wagte es, sich diesem Ort nach Sonnenuntergang zu nähern, so tief verwurzelt war der Schrecken, der diese Stätte umgab. Anna konnte den grauenvollen Anblick kaum ertragen, als sie eintrat, denn hier wurden die Gelübde der Toten vollzogen, wie dämonisch und gräßlich sie auch sein mochten. An den Wänden hingen überall menschliche Skelette, der Boden war über und über mit Schädeln bedeckt. Hier lagen die Überreste jener, die ihren Leichnam den hungrigen Kötern und Geiern vermacht hatten, die nun knurrend und kreischend an dem faulenden menschlichen Fleisch rissen. Die abgenagten Knochen wurden von den kastenlosen Tempelhütern zusammengelesen und anschließend verbrannt. Sie wurden lange nicht so gut entlohnt wie die Priester und erhielten für ihre Aufgabe von den Angehörigen der Toten meist nur ein bescheidenes Trinkgeld.

Anna trug entsprechend der siamesischen Sitte ein weißes Trauergewand und hatte vorsorglich Riechsalz und mehrere Taschentücher eingesteckt. Die sterblichen Überreste des Priesters standen in einem Schrein auf dem Scheiterhaufen einer breiten Plattform mit einem Baldachin. Die Trauernden zündeten nun die Kerzen oder die Räucherrohre an und steckten sie einer nach dem anderen an den Scheiterhaufen. Als das große Feuer entfacht war, besprengten die Priester die lodernden Flammen mit Wasser. Die Einäscherung dauerte volle drei Stunden. Zuletzt wurde die Asche in einem irdenen Topf gesammelt und an die Bauern verteilt, die sich keinen Dünger leisten konnten. Anna wurde von dem widerlichen Geruch und dem scheußlichen Anblick rundum ganz übel. Alles, was nun von dem großen Mann geblieben war, war die Erinnerung an seinen Blick.

Die Tonsur des Prinzen

Anna fiel in den letzten Monaten des Jahres 1865 verstärkt auf, daß Prinz Chulalongkorn zum jungen Mann heranreifte. Die Handgelenke sahen aus seinem Rock hervor, und seine Gesichtszüge waren markanter geworden. Der kleine Junge, den sie im Jahre 1862 zu unterrichten begonnen hatte, wurde langsam erwachsen.
Der ganze Palast war mittlerweile mit den Vorbereitungen für

seine Tonsur beschäftigt. Der Prinz hatte sein dreizehntes Lebensjahr erreicht und würde bald in den Priesterstand eintreten, da dies nur bis zum Alter von vierzehn Jahren möglich war. Vom Tag der Geburt des Prinzen an war König Mongkut stets darauf bedacht gewesen, dessen Thronfolge sicherzustellen. Nach den Gesetzen des Landes blieb die endgültige Wahl jedes neuen Monarchen allerdings dem Senabodi vorbehalten, und König Mongkut hatte immer befürchtet, daß dieser Rat einmal den Zweiten König zu seinem Nachfolger bestimmen würde. Knaben wurden auf dem Königsthron nicht sehr gerne gesehen, weil nur wenige die Palastintrigen überlebten. König Mongkut konnte daher sein Ziel nur auf indirekte Weise erreichen. Er wußte ganz genau, daß seine Thronbesteigung die Pläne des Rivalen vereitelt hatte. Auch der hatte schließlich einen Lieblingssohn, den er für die Nachfolge auserkoren hatte. Der König befürchtete nun, daß seine Pläne für Prinz Chulalongkorn auf die gleiche Weise durchkreuzt werden könnten. Er tat daher alles in seiner Macht stehende, um das Ansehen des Prinzen bei den Adeligen und dem Volk zu erhöhen, und überlegte sogar, in einigen Jahren zugunsten Chulalongkorns abzudanken.

Auch die Feier der Tonsur sollte an Prunk und Aufwand alle bisherigen Zeremonien in den Schatten stellen. Zum erstenmal in der Geschichte Siams bereitete sich ein Herrscher darauf vor, die Rolle des Siwa zu übernehmen. Dies allein würde die Bedeutung der Zeremonie steigern und den König seinem Ziel ein großes Stück näherbringen.

Der König hatte dafür sogar in alten Chroniken von Siam und Kambodscha nachgelesen und die genaue Beschreibung einer seltsamen Prozession zusammengetragen, wie sie vor Jahrhunderten einen siamesischen Prinzen bei seiner Tonsur ehrte. Seine Majestät hatte beschlossen, Chulalongkorns Tonsur auf die gleiche Weise, doch mit noch größerem Pomp zu feiern. Der historische Festzug würde nach den Vorbildern des Ramayana und nach dem Ritual der Könige von Kambodscha ablaufen.

Im gesamten königlichen Haushalt herrschte deshalb hektische Betriebsamkeit. Ungefähr neuntausend Frauen, darunter die schönsten Konkubinen, wurden ausgewählt, und aus allen Teilen des Königreichs wurden Knaben und Mädchen guter Familien herbeigebracht, um bei dem Riesenschauspiel mitzuwirken. Die Vorbereitungen waren so umfangreich und aufwendig, daß sogar der Unterricht darunter litt. Auf dem Stundenplan stand plötzlich das Einüben von Gesängen, Tänzen, Rezitationen und Pantomimen.

Ein Hügel, Berg Kailasa genannt, fünfzig Fuß hoch, mit Gipfeln, Tälern, Schluchten und Höhlen, wurde in der Mitte des Palastgartens künstlich angelegt. Leitende Beamte aus allen Provinzen und Vasallenstaaten sowie Priester aus allen Teilen des Königreichs wurden zu der Zeremonie eingeladen, damit möglichst jede Nation vertreten war.

Am 31. Dezember 1865 versammelten sich auserwählte Mönche im Tempel des Dusit Maha Prasat, um die feierlichen Gesänge anzustimmen, während die Brahmanen ihre eigenen Riten in einer besonders für sie erbauten Kapelle ausführten. Die letzten Tage waren alle gleich verlaufen. Vormittags fanden die Gottesdienste, bei denen stets beide Priestergruppen anwesend waren, statt. Am Nachmittag wurde der Prinz auf einer Sänfte über die Palastgründe zum Dusit Maha Prasat getragen. Hier erwartete ihn der König und opferte mit ihm Kerzen und Räucherwerk vor den Ebenbildern der Götter. Dann kehrten die beiden in der Sänfte auf dem gleichen Weg in den Palast zurück.

Der ganze Prozessionszug war nach den strengen Anordnungen des Königs zusammengestellt worden. Vorneweg liefen die Träger der goldenen Schirme und der Fächer, dann kamen vierhundert in Grün und Gold gekleidete Amazonen. Hinter ihnen schritten zwölf Mädchen in goldenen Gewändern, die einen traumhaften, mit kostbaren Steinen besetzten Kopfschmuck trugen und zu den rhythmischen Klängen der Handtrommeln tanzten. In der Mitte dieser Gruppe liefen die drei bezauberndsten Mädchen, von denen eines einen Pfauenschweif hielt, während die anderen zwei goldene und silberne Zweige trugen, deren Blätter und Blumen funkelten. Ihnen folgte eine Gruppe würdiger Brahmanen, die goldene, mit geröstetem Reis gefüllte Schalen trugen. Sie verstreuten den Reis als Symbol der Fülle zu beiden Seiten. Eine andere Gruppe Brahmanen schlug die Handtrommeln, als sie vorbeizog. Dann kamen zwei junge Adelige in kostbaren Gewändern, die lotosförmige goldene Käfige mit Paradiesvögeln trugen. Nach ihnen marschierten die Söhne der Würdenträger vorüber, anschließend die japanische Leibgarde des Königs, mit schreckenerregenden Masken, bemalten Rüstungen und gestreiften Beinkleidern. Dahinter schritt eine andere Gruppe von Knaben, die – in entsprechender Kostümierung – die Eingeborenen Indiens darstellten, malaiische Jungen in ihrer typischen Tracht, chinesische und siamesische Buben in englischer Kleidung, und schließlich die Infanterie des Königs, an deren Spitze eine Kompanie in europäischen Uniformen marschierte.

Nun wurde der Prinz in einer goldenen Sänfte vorbeigetragen. Er machte ein ernstes Gesicht und sah in seinem weißen, mit Gold bestickten Gewand sehr würdevoll aus. Auf seinem Kopf ruhte ein kleines, mit Juwelen besetztes Krönchen, eine Miniatur der Krone, die sein Vater bei Staatsakten trug, und an Armen und Beinen glänzten schwere goldene Ringe. Hinter ihm schritten vier junge Mädchen aus bestem Hause, die Betelbüchse, Spucknapf, Fächer und Schwert, die Zeichen seines Ranges, trugen. Ihnen folgten siebzig weitere Mädchen mit goldenen Gefäßen und allen anderen Insignien eines königlichen Prinzen. Nach ihnen kamen Mädchen mit goldenen Fächern über der rechten Schulter und zum Abschluß eine wilde Menge aus Kindern adeliger Familien, Hofdamen, Konkubinen, Sklaven und Bediensteten des Prinzen.

Am 4. Januar, dem Tag der Tonsur, erreichte die erregte Stimmung ihren Höhepunkt. Die Prozession begann früher und kürzte den Weg zum Maha Prasat ab. Vor dem Tempel wurde der Prinz von einer Gruppe junger Mädchen empfangen, die ihm Palmenzweige aus Gold und Silber entgegentrugen. Sodann geleiteten sie ihn in das innere Gemach des Tempels, wo er sich auf einen kostbaren, mit goldenen Fransen umsäumten Teppich vor den Altar setzte, auf dem brennende Kerzen und vielerlei Opfergaben standen.

Alle Prinzen, Adeligen und leitenden Regierungsbeamten waren mit den Brahmanenpriestern, einer Gruppe buddhistischer Priester und den Musikanten im Tempel versammelt. Als die Priester ihren Gesang anstimmten, legte ein Brahmane ein Knäuel ungesponnenen Garns in die Hände des Prinzen. Die Enden wurden um den heiligen Berg, dann um den Tempel und schließlich wieder in das innere Gemach gezogen und zu guter Letzt um den Kopf des Prinzen gewickelt. Von hier aus wurden neun Strähnen um den Altar und in die Hände des amtierenden Priesters gelegt.

Der König träufelte nun einige Tropfen geweihten Wassers aus einer Muschel auf den Kopf des Prinzen, und dieser große Augenblick, der von den Trompetern durch lautes Geschmetter verkündet wurde, stellte den Höhepunkt der Zeremonie dar. Der königliche Vater überreichte dem Brahmanenpriester zuerst die goldene Schere und dann ein vergoldetes Rasiermesser. Die lange Locke des Prinzen, die seit seiner Geburt unberührt geblieben war, wurde abgeschnitten und sein Haupt rasiert.

Der König verließ den Tempel als erster und wurde in seiner goldenen Sänfte, die auf den Schultern von acht Männern ruhte, fortgetragen. Ein riesiger goldener Schirm wurde auf dem ganzen Weg bis zum Berg Kailasa über ihn gehalten, wo er den jungen Prinzen erwarten würde. Dort sollte das sonderbare und sorgfältig vorbereitete Schauspiel stattfinden, bei dem Seine Majestät, der Kralahome und der Phra Klang, der Minister für Auswärtige Angelegenheiten, die Hauptrollen bekleideten.

Als die königliche Gruppe den Berg erreicht hatte, tauchten im Osten plötzlich scheußliche Ungeheuer auf, die auf riesigen Adlern ritten. Ihre Köpfe reichten ihnen beinahe bis zu den Knien, und sie hielten seltsame Wagen in den Händen. Es waren die mythologischen Riesen des Ramayana, die den heiligen Berg bewachen sollten. Unweit von ihnen standen einige als Krieger verkleidete junge Männer um ein paar ausgestopfte Pfauen, die die Vizekönige, Gouverneure und Rajahs der verschiedenen Kolonien Siams darstellten.
Die mythologischen Ungeheuer richteten ihre Wagen gegen die Eindringlinge, tanzten und sangen in feierlichem Rhythmus. Daraufhin begannen die riesigen Geschöpfe, ungestüm auf die Eindringlinge loszuschlagen, bis die Prinzen, Rajahs und Gouverneure niederfielen, als wären sie verwundet oder getötet worden.
Als der Prinz in seiner Sänfte erschien, wurde das Spiel unterbrochen. Er wurde zu einer Höhle am Fuß des Berges geführt, in der ein Teich angelegt worden war. Der Prinz nahm auf einem Felsen neben dem König Platz, der den Inhalt einer großen Muschel über den Prinzen schüttete, und die königlichen Onkel, die Ministerpräsidenten des Nordens und des Südens und der oberste der Brahmanen folgten seinem Beispiel.
Daraufhin wurde der Prinz zu einem Pavillon geführt, wo Frauen von höchstem Rang seine weißen Badekleider mit weißen, aus schwerster Seide genähten Gewändern vertauschten und ihm eine juwelenbesetzte Krone überreichten.
Unterdessen zog sich der König in den Pavillon auf der Spitze des Berges, der den Palast Siwas darstellte, zurück. Als der Prinz bereit war, schickte der König zwei seiner himmlischen Bediensteten hinab, um ihn zur Spitze des Berges zu geleiten. Der Prinz wurde durch den westlichen Aufgang zum König geführt, der seinen Erben erwartete, um ihn zu segnen. Dann präsentierte der Monarch den Prinzen dem versammelten Volk, und alle huldigten ihm, indem sie sich dreimal zu Boden warfen.

Nun betraten König und Prinz die Pagode, und der Herrscher erteilte ihm in feierlicher Weise den königlichen Segen. Anschließend überreichte auch er dem jungen Prinzen eine kostbare Krone und andere Insignien seines hohen Ranges. Seine Majestät zog sich zurück, und der Prinz wurde zu seiner Sänfte geführt. Die Sänfte des Prinzen und jener Teil der Prozession, der ihn ursprünglich begleitet hatte, bewegten sich in feierlicher Andacht einige Male um den Berg. Nach Abschluß der Riten nahmen die Priester an einem Bankett teil, und auch die Adeligen und das Volk wurden fürstlich bewirtet.

Die Hauptzeremonien, auf die sich der ganze Haushalt des Palastes seit vielen Monaten vorbereitet hatte, waren vorüber. Nun wurden dem Knaben die Geschenke aus Gold und Silber zu Füßen gelegt. Von jedem Prinzen, der nicht der unmittelbaren Familie angehörte, und von allen Adeligen und den hohen Beamten des Königreichs wurden entsprechende Gaben erwartet.

An den folgenden Tagen wurden die feierlichen Zeremonien fortgesetzt, und am letzten Tag der Riten wurde das Haar des Prinzen in einer Staatsprozession zum Fluß getragen und feierlich ins Wasser geworfen.

Der Tod des Zweiten Königs

Am folgenden Sonntagmorgen – am 7. Januar 1866 – konnte Anna seit langem mal wieder ausschlafen. Die sechs Tage währenden Feiern hatten sie erschöpft, obwohl sie keine aktiven Pflichten hatte übernehmen müssen. Gegen zehn Uhr kam Louis zu ihr gelaufen und berichtete, der Zweite König sei gestorben. Die Nachricht kam nicht unerwartet, da er schon seit Monaten schwerkrank war. In den ersten Dezembertagen hatte man ihn aus Saraburi, wohin er sich zurückgezogen hatte, nach

Bangkok gebracht, weil man mit seinem baldigen Ableben rechnen mußte. Sein Tod vor oder während der Tonsur des Prinzen hätte die Nation in tiefe Trauer versetzt, was das Ende der Festlichkeiten bedeutet hätte.

Anna fiel erschöpft in ihre Kissen zurück und dachte voller Mitleid: »Endlich muß er nicht mehr leiden!« Der Prinz, den die Europäer stets als das aufgeklärteste Mitglied der königlichen Familie betrachtet hatten, war in der Tat während der Herrschaft von zwei Königen ein Staatsgefangener gewesen. In mancher Beziehung war sein Dasein in der Zeit von 1824 bis 1851, als sein Halbbruder Phra Nang Klao König war, leichter zu ertragen gewesen. Prinz Mongkut hatte damals im Priesterstand Zuflucht genommen, doch Prinz Chuthamani wollte sein bisheriges Leben weiterführen. Obwohl er ständig von Spionen beobachtet wurde, gab er sich heiter und unbekümmert, und er führte ein sehr aktives Leben. Er hatte bei Mr. Hunter Englisch gelernt und entwickelte ein Sprachtalent, das Mongkut niemals erreichte. Der König hatte ihn daraufhin zum Inspektor der Artillerie, der Malaiischen Infanterie und überdies zu seinem Sekretär für die englische Korrespondenz ernannt und ihm außerdem den Titel eines Krom Khun Isaret Rangsan verliehen.

Zu Beginn von Mongkuts Regentschaft war er mit der Oberaufsicht bei der Errichtung wichtiger Befestigungsanlagen nahe der Mündung des Mekong betraut worden. Im Jahre 1842 hatte er einen erfolgreichen Feldzug gegen Kotschinchina geführt. Später sollte er im Auftrag des Königs die alten Befestigungsanlagen bei Paknam nach westlichen Vorbildern rekonstruieren. Er hatte ein Korps europäischer Ingenieure und Handwerker verpflichtet und diese Gelegenheit benutzt, seine Kenntnisse in Navigation, Schiffbau, Kriegsausrüstung, Küsten- und Landesverteidigung und Technik zu vertiefen.

Die Europäer bewunderten Chuthamanis liberale Anschauungen, sein Verständnis der weltpolitischen Geschehnisse, und die ganze Nation setzte all ihre Hoffnungen in ihn. Seine Fähigkeiten als Staatsmann hatten ihm auch die Achtung der Gesandtschaften, die während der Herrschaft Mongkuts Vertragsverhandlungen führten, eingebracht. Der Amerikaner George Bacon, der beim Austausch der Bestätigungen des Vertrages mit den Vereinigten Staaten 1857 zugegen war, bezeichnete ihn als einen der bemerkenswertesten Männer der Welt.

Er war edelmütig, sehr attraktiv, in allen Sportarten bewandert und erfreute sich bei der Bevölkerung einer solchen Beliebtheit, daß alle nach dem Tode des Usurpators im Jahre 1851 hofften, er würde zum König erwählt. Wenn Mongkut damals Priester geblieben wäre, hätte er dadurch Prinz Chuthamanis Thronfolge gesichert. Doch Mongkut wählte den Thron und verbannte damit seinen wesentlich fähigeren Bruder in die machtlose Stellung des Zweiten Königs.

Mongkut hatte nahezu dreißig Jahre dem Priesterstand angehört, und sein überraschender Entschluß mußte für den jüngeren Prinzen eine große Enttäuschung gewesen sein, da er sich in jeder Hinsicht auf die Thronfolge vorbereitet hatte. Seine hervorragenden Fähigkeiten waren nun auf Konstruktionsarbeiten innerhalb der Palastmauern beschränkt.

Als Mongkut den Thron bestieg, bestand er darauf, daß sein Bruder einen höheren Titel als den des Phrabat Somdet Phra Pin Klao Chao Yu Hua, den die früheren Zweiten Könige stets geführt hatten, und weitere Auszeichnungen erhalte, um die Bedeutung seiner machtlosen Stellung zu erhöhen. Doch schon bald wurde die zwischen den beiden Brüdern bestehende Eifersucht offenkundig, obwohl niemand wußte, wie es genau begann. Manche flüsterten, der Zweite König leide darunter, daß er seine große Liebe nicht heiraten konnte, da sie eine Prinzessin höchsten Ranges war und nur mit dem Herrscher vermählt werden durfte. Andere sagten, die beiden Könige würden von den scharfen Zungen der Höflinge nur verleumdet. Das Gefolge des Herrschers behauptete, die Beliebtheit des Zweiten Kö-

nigs stelle eine ständige Bedrohung für den Thron dar, und die Höflinge des Zweiten Königs wiesen darauf hin, wie unwürdig es von Mongkut sei, den eigenen Bruder rebellischer Absichten zu verdächtigen. Vielleicht stammten diese Gefühle noch aus ihrer Kindheit. Ein alter Priester namens Phra Net, einer der früheren Lehrer des Prinzen Chuthamani, hatte Anna immer wieder Geschichten aus dessen Jugend erzählt. Er berichtete ihr auch mit trauriger Miene, daß der Astrologe, der das Horoskop des Prinzen bei dessen Geburt berechnet hatte, ihm einen unnatürlichen Tod prophezeite. Seine Mutter habe seitdem aus Angst mit einer derartigen Hingabe über ihn gewacht, daß sich ihr älterer Sohn einfach vernachlässigt fühlen mußte. Während der Jahre des Exils kam die Eifersucht nicht zum Vorschein, da keiner der beiden Macht hatte und sie sich einander verbunden fühlten. Doch später war der Konkurrenzkampf zwischen den beiden aufs neue entbrannt. Anstatt die Fähigkeiten seines Bruders zu nutzen, schloß Monkgut ihn immer mehr von der aktiven Teilnahme an den Regierungsgeschäften aus, bis der Zweite König schließlich nichts als ein Gefangener seiner wenigen Aufgaben wurde. Mehr als einmal hätte er seinen Bruder stürzen und sich des Thrones bemächtigen können, doch er versuchte es niemals. Und sicher hätte es eines Tages eine der feindseligen Gruppen auch ohne seine Zustimmung getan, wenn der Kralahome nicht immer wieder vermittelt hätte. Doch Mongkut, der niemandem vertraute, beobachtete das Verhalten seines Bruders nach wie vor mit Argwohn.
Rund um die Uhr mußte der Zweite König die Anwesenheit eines Arztes erdulden, obwohl er genau wußte, daß der Mann eigentlich ein Spion seines Bruders war. Dieser Arzt würde ihn sofort vergiften, wann immer es der Herrscher anordnen würde. Doch trotz des zwischen den beiden Brüdern bestehenden Zwiespalts kam es über viele Jahre zu keinem offenen Streit. Eines Tages aber bat der Zweite König beim königlichen Schatz-

amt um eine große Geldsumme, und seine Anfrage wurde auf ausdrücklichen Befehl des Herrschers abgelehnt. Am nächsten Tag verließ der Zweite König mit seinen engsten Vertrauten Bangkok. Er reiste direkt nach Chiengmai, der bedeutendsten tributpflichtigen Laos-Provinz. Der Fürst von Chiengmai, ein stolzer und furchtloser Mann, war den Forderungen des Königs von Siam mehr als einmal nicht nachgekommen. König Mongkut hatte den Konflikt aber nie ausgetragen, da er eine offene Revolte befürchtete, welche die Laos-Provinzen den Briten in die Hände spielen könnte.

Sobald der Fürst von der Demütigung des Zweiten Königs erfuhr, ließ er das Geld, um das dieser in Bangkok gebeten hatte, umgehend herbeibringen und bot es ihm ohne viel Aufsehens an. Der Zweite König nahm zwar nur einen Teil der Summe an, doch dieser Akt der Sympathie war der Beginn einer langen Freundschaft. Anstatt nach Bangkok zurückzukehren, reiste der Zweite König nach Saraburi, etwa hundert Meilen nordwestlich von Bangkok, und errichtete dort einen befestigten Palast, den er Ban Sita nannte. Seitdem besuchte er die Hauptstadt nur, wenn er geschäftlich dort zu tun hatte oder seinen halbjährlichen Treueid leistete.

König Mongkut, der die Freundschaft zwischen dem Fürsten von Chiengmai und seinem Bruder gar nicht gerne sah, befahl dem Fürsten aufgebracht, seinen Sohn als Geisel nach Bangkok zu senden. Doch der erschien nie im Großen Palast, sondern floh für einige Zeit nach Ban Sita. Sein stolzer Vater kam mit großem Pomp flußabwärts gereist und brachte eine von ihm selbst bestimmte Geisel nach Bangkok. Obgleich König Mongkut über diese Verspottung seiner Autorität sehr wütend war, nahm er die Geisel mit einer huldvollen Geste an. Jede andere Reaktion hätte eine zu große Gefahr bedeutet.

Die Freundschaft der beiden Männer führte schließlich dazu, daß die bildschöne Nichte des Fürsten, Prinzessin Sunatda Wismita, den Zweiten König heiratete. Sie war eine berühmte und begehrte Schönheit, die König Mongkut gerne in seinen eigenen Harem aufgenommen hätte, aber er hatte es nicht durchsetzen können. Die Etikette verbot den königlichen Brüdern, in den Serails des anderen zu spionieren, doch der Herrscher erfuhr trotzdem sehr bald von der Heirat seines Bruders und war darüber alles andere als begeistert.

Als der Zweite König erkrankte, lebte er noch immer in Ban Sita, doch da der Arzt des Herrschers befürchtete, er könnte sterben, sollte er so schnell wie möglich in die Hauptstadt zurückgebracht werden. Prinz Wongsa, der Leibarzt des Herrschers, beider Könige Halbbruder und Mitglied der Medizinischen Akademie in New York, untersuchte ihn, und er sah sofort, daß der Tod nur noch eine Frage der Zeit war und er nichts mehr für den Zweiten König tun konnte.

Der Kranke wurde umgehend in seinen eigenen Palast gebracht und in ein nach Osten gerichtetes Gemach gebettet. Das war am 6. Dezember 1865, und in der gleichen Nacht bat er, man möge seinen Bruder holen. König Mongkut und der Kralahome eilten sofort zu ihm. Die beiden Brüder sprachen kein Wort, sie umarmten sich nur, und der ältere weinte bitterlich. Der Zweite König hatte mal wieder seinen größeren Edelmut unter Beweis gestellt: Er hatte seinen Bruder rufen lassen, um dem Volk zu sagen, daß er ihm alles, was sie je getrennt haben mochte, vergeben hatte.

Als Anna nach dem Tod des Zweiten Königs in den Palast kam, war die Tonsur über all den Aufregungen um die eilig ausgerufene Nationaltrauer schon beinahe wieder vergessen. Der König hatte bereits befohlen, die Arbeit am Nantha-Uthayan-Palast einzustellen. Als seine ältesten Kinder ungefähr fünf Jahre alt waren, hatte er den Bau eines großen Palastes und einer Anzahl prunkvoller Häuser auf der anderen Seite des Flusses angeordnet. Seine Frauen und Kinder sollten hier Unterkunft finden, falls er vor seinem jüngeren Bruder sterben würde. Nun konnte der Palast, an dem seit neun Jahren gearbeitet wurde, seinen Zweck nicht mehr erfüllen. Alle im königlichen Dienst stehenden Handwerker wurden nun zum Palast des Zweiten Königs gesandt, um schnellstmöglich ein Gebäude zu errichten, in dem der Herrscher vorübergehend leben konnte, da er nicht in einem Haus wohnen durfte, das bereits einen anderen Bewohner gehabt hatte. Nach nur einer Woche konnte der Herrscher in den hübschen, in chinesischem Stil gehaltenen Bau nördlich vom Palast einziehen.

Er würde dort der Bitte seines Bruders nachkommen und das Amt des Testamentsvollstreckers ausüben. Im Harem des Zweiten Königs lebten die Töchter seiner vier Vorgänger, und Mongkut hatte seinem Bruder einst feierlich versprochen, für sie zu sorgen. Und diese Tatsache gab der König persönlich in einem Erlaß bekannt.

Als der König nach einigen Tagen noch nicht zurückgekehrt war, entstand im Harem langsam eine gewisse Unruhe. Manche freuten sich darüber, doch die meisten Frauen schickten ihre verläßlichsten Sklavinnen los, um bei den Astrologen und Wahrsagern Rat zu holen. Die Gerüchteküche brodelte, und immer wieder standen kleine Gruppen flüsternd beisammen, sogar der weibliche Geheimdienst machte Überstunden. Man glaubte, der König sei von irgendeiner Zauberin im Palast seines Bruders verhext worden und nicht mehr Herr seines Willens.

In Bangkok hatte man bereits seit längerem gemunkelt, daß die schönsten Frauen von Laos, Pegu, Birma und Kambodscha im Harem des Zweiten Königs lebten und daß sich die Frauen des Herrschers nicht mit ihnen messen könnten. Die berühmte Prinzessin von Chiengmai war angeblich die schönste aller Frauen, und unzählige Gerüchte besagten, daß sie auch sehr musikalisch, anmutig und charmant sei.

Eines Tages flüsterte Lady Son Klin Anna zu, die hübschesten und gebildetsten Frauen aus dem Harem des Zweiten Königs seien in der letzten Nacht heimlich in das Serail des Herrschers gebracht worden. Die Frauen des Palastes waren über diese beispiellose Tat empört, und Anna hörte mehr offenes Murren gegen den König als je zuvor. Am nächsten Tag hatte sie Gelegenheit, einige dieser neuen Frauen zu sehen, besonders die Schönheit der Laotinnen beeindruckte sie. Ihr langes schwarzes Haar war im Nacken geknotet, und auch ihre Kleidung unterschied sie von den anderen Frauen. Sie waren meist größer und hübscher als die Siamesinnen und trugen statt des Panung anmutige Röcke, die bis zu ihren Füßen reichten. Manche dieser Röcke waren aus schwerer, mit Gold durchwirkter Seide.

Die Eifersucht und der Zorn der Haremsdamen gegen die Eindringlinge machte sie zu einer eingeschworenen Gemeinschaft. Da sie ihren Groll dem König gegenüber nicht offen zeigen durften, richtete sich ihre ganze Wut gegen die Frauen. Sie behandelten die Neuankömmlinge wie Luft und fanden tausend Wege, um ihnen ihre Verachtung zu zeigen.

»Ist die Prinzessin von Chiengmai denn unter ihnen?« fragte Anna ihre Freundin.

Lady Son Klin schüttelte den Kopf. »Nein«, sagte sie und bewegte ihre Lippen kaum. »Nein, sie ist nicht hier – zumindest noch nicht.«

»Ist der König denn inzwischen zurückgekommen?«

Wieder schüttelte Lady Son Klin den Kopf.

Selbst die königlichen Kinder wurden irgendwann von der allgemeinen Unruhe erfaßt. Sie flüsterten und kicherten während des Unterrichts, und Anna konnte sie kaum im Zaum halten. Sie gab schließlich auf, schickte die Schüler eine Stunde früher nach Hause und machte sich mit Prinzessin Somawadi auf den Heimweg, um Lady Thiang zu besuchen. Die Abwesenheit des Königs hatte sie der Verantwortlichkeit um die königliche Küche enthoben, und sie spielte mit ihrem jüngsten Kind, einem kleinen, ungefähr zwei Jahre alten Mädchen namens Khae. Ein

Sohn – Lady Thiangs neuntes Kind – war im vergangenen Jahr, wenige Tage nach seiner Geburt, gestorben.
»Mem«, sagte sie erfreut, als sie Anna erblickte. »Kommen Sie doch bitte herein! Wie Sie sehen, habe ich nichts zu tun.«
»Ja, Sie haben richtig Urlaub.«
Sie plauderten erst ein wenig über die Kinder und die Schule, doch schließlich kamen sie zu dem Thema, das alle bewegte. Hatte Anna die Lao-Frauen schon gesehen? Wirklich! Lady Thiang rümpfte verächtlich die Nase.
»Wenn er nicht aufpaßt«, sagte sie mit einem düsteren Kopfschütteln, »wird Seine Majestät vergiftet werden.«
Anna blickte schnell auf, da sie die tiefere Bedeutung in Lady Thiangs Worten erahnte. »Warum sagen Sie so etwas?« fragte sie und rechnete schon mit einer ausweichenden Antwort.
Lady Thiang sah Anna mit ihren klaren, klugen Augen vielsagend an, preßte ihre Lippen zusammen, dachte kurz nach und sagte dann: »Ich meine, daß der König einmal das gleiche Ende nehmen wird wie sein Bruder, irgend jemand da oben wird seine Speisen vergiften. Er sollte während seiner Mahlzeiten besser bei mir bleiben, schließlich bewahre ich ihn schon seit Jahren vor einem solchen Schicksal.«
»Glauben Sie, daß der Zweite König vergiftet worden ist?« fragte Anna vorsichtig.
Lady Thiang nickte. »Aber er wußte es nicht«, flüsterte sie. »Sie haben es gerade ausfindig gemacht, Seine Majestät und der Kralahome. Er schöpfte Verdacht, als er seinen Bruder sah, nachdem er aus Ban Sita gebracht wurde.« Sie begann Anna die ganze Geschichte zu erzählen.
Unter den Konkubinen des Zweiten Königs war auch eine Frau namens Klip. Sie war die Mutter vieler seiner Kinder und – wie Lady Thiang im Palast Mongkuts – für die Qualität der Speisen ihres königlichen Gebieters verantwortlich. Doch sie mißtraute den anderen Frauen immerzu und glaubte, sie strebten nach ihrer Stellung. Als sie vor einigen Jahren herausgefunden hatte,

daß ihr Einfluß auf den Zweiten König doch nicht so groß war, hatte sie einen verrufenen alten Zauberer namens Khun Het Na aufgesucht. Er beherrschte die Schwarze Magie und wurde von den wichtigsten Frauen des ganzen Landes um Rat gefragt. Für horrende Honorare erhielten sie dann von ihm Zaubermittel, Liebestränke und Beschwörungsformeln. Klip mischte die Mittelchen immer wieder in die Speisen des Zweiten Königs. Das Gift wirkte sehr langsam und schwächte die Gesundheit des Opfers kaum merklich. Doch irgendwann begann sein Verstand darunter zu leiden, kurz vor seinem Tod war der Zweite König sehr reizbar und wurde immer wieder von unbestimmten Ängsten heimgesucht. Er holte den Rat vieler Ärzte ein, doch keiner von ihnen konnte eine Krankheit diagnostizieren. Als er zum Sterben in seinen Palast gebracht wurde, wußte er nicht, daß er von seiner eigenen Frau vergiftet worden war. Anna erinnerte sich an die Geschichte mit dem Horoskop, die ihr der alte Priester erzählt hatte. Die Voraussage war schließlich eingetroffen!

»Und ich glaube«, bemerkte Lady Thiang abschließend, »daß der König Klip und Khun Het Na öffentlich bestrafen lassen wird.«

»Sie denken, daß er ihr Verbrechen bekanntmachen und ihre Folterung und Hinrichtung verfügen wird?«

»Nein, nein, nein!« rief Lady Thiang entsetzt. »Natürlich wird seine Majestät das niemals tun! Niemand weiß, daß der Zweite König vergiftet wurde, und wenn es bekannt wäre, würden böse Zungen nur behaupten, Seine Majestät sei dafür verantwortlich und Klip sei nur eine Mitschuldige gewesen oder habe überhaupt nichts damit zu tun gehabt.«

Anna konnte ihre Befürchtung gut verstehen. Der Zweite König war so beliebt, daß die Situation schnell aus den Fugen geraten konnte. Wenn es durchsickerte, daß er vergiftet worden war, könnte das auf den eifersüchtigen Herrscher zurückfallen und ihn in Bedrängnis bringen. Die Leute würden vielleicht behaupten, der Arzt und nicht Lady Klip habe ihn vergiftet. Diese Unterstellungen konnten verheerende Folgen haben, wenn sich etwa der Fürst von Chiengmai an die Spitze einer Truppe von Aufrührern stellte oder die nur zu bereiten Franzosen ersuchen würde, ihn mit ihrer großen, in Saigon stationierten Streitmacht zu unterstützen.

»Ist denn schon irgend etwas beschlossen worden?« warf Anna ein, da Lady Thiang wirkte, als wüßte sie noch mehr.

»Ja«, antwortete die Gefragte mit leiser Stimme. »Die königlichen Ärzte und die Mitglieder des San Luang wurden zur absoluten Geheimhaltung des Tatbestandes verpflichtet, und die Strafe soll morgen vollstreckt werden. Wenn Sie aus Ihrem Fenster blicken, werden Sie die Prozession vorbeiziehen sehen.«

Am nächsten Tag wurden die Konkubine Lady Klip, der Wahrsager Khun Het Na und neun Sklavinnen gefoltert und durch die Straßen Bangkoks geführt. Der Grund für ihre Verhaftung wurde der neugierigen Menge, die dem Schauspiel beiwohnte, allerdings nicht mitgeteilt. Nach dem grausamen Schauspiel wurden die Verurteilten in ein Boot gestoßen und im Golf von Siam ausgesetzt. Die Frauen des Palastes berichteten flüsternd, himmlische Rächer hätten sie mit Blitzpfeilen und Feuerspeeren getötet.

Zwei Wochen nachdem der König von seinem Palast in die Residenz seines Bruders umgezogen war, kehrte er plötzlich zurück. Er hatte denkbar schlechte Laune, selbst die taktvollsten Maßnahmen konnten ihn nicht versöhnlicher stimmen. Eines Tages rief Lady Thiang Anna zu sich und bat sie, wieder ihre gewohnte Rolle in der kleinen Komödie zu spielen, und Anna ging wie immer schüchtern mit ihrem Sanskritbuch zum König. Er schickte sie aber nur unwirsch weg und sagte, sie möge erst dann zurückkommen, wenn er nach ihr rufen würde. Täglich litten nun die Frauen und Kinder unter der Grausamkeit und der Tyrannei des Königs. Aus jedem Haus innerhalb der Palastmauern konnte man ihr Weinen hören, alle waren davon überzeugt, daß der König ein Opfer der Zauberei geworden sei. Nur Anna hatte ihre eigene Theorie: Die Prinzessin von Chiengmai war niemals im Harem aufgetaucht. Da sie ebenso willensstark wie ihr Onkel war, konnte es gut sein, daß sie sich Seiner Majestät widersetzt hatte. Es war allgemein bekannt, daß sie den Zweiten König innig geliebt hatte, doch der Herrscher gab nicht auf. Er hatte seinen Bruder damals sehr beneidet, als er die gefeierte Schönheit zur Frau nahm. Da alle Frauen sich einig waren, daß die Ordnung der Finanzen seines toten Bruders nicht für die lange Abwesenheit Seiner Majestät verantwortlich sein konnte, waren sie felsenfest davon überzeugt, daß er ein zweites Mal um die schöne Prinzessin geworben hatte. Sollte sie ihn verschmäht haben, war seine schlechte Laune mehr als verständlich.

Die geheimnisvolle Prinzessin

Anna war zu müde, um sich wegen der schlechten Laune des Königs viele Gedanken zu machen. Sie war sogar froh, daß sie sich eine Zeitlang nicht mit seiner Korrespondenz befassen mußte, obwohl sie die Frauen bemitleidete, deren Leben nun fast unerträglich wurde. Ihre Gedanken beschäftigten sich mehr mit dem jungen Prinzen, der im Juli für drei Monate in den Priesterstand eintreten würde. Annas Einfluß auf ihn würde damit vorübergehend oder vielleicht sogar für immer enden. Prinz Chulalongkorn war in den letzten Wochen sehr verträumt und nachdenklich, die Zeremonie der Tonsur hatte ihn tief beeindruckt. Anna hätte ihm liebend gerne die bösen Erfahrungen bei seinem ersten Kontakt mit der Außenwelt erspart, doch das war unmöglich. Sie konnte nur hoffen, daß er nicht alle seine Ideale über Bord werfen würde, wenn er mit der harten Realität in Berührung kam.

Anna hatte sich gefragt, ob er sich durch die in jeder Hinsicht unvergleichliche Zeremonie in Zukunft etwa zu wichtig nehmen würde. Doch obwohl er die Hauptrolle in diesem einzigartigen Schauspiel innegehabt hatte, schien dies nicht der Fall zu sein. Er hatte erst vor kurzem gesagt, daß er den verstorbenen ehrwürdigen Priester, seinen Onkel, um den Tod beneide. Er wäre lieber arm und würde seinen Lebensunterhalt selbst verdienen, anstatt eines Tages König zu werden. »Ist es wahr«, fragte er Anna nachdenklich, »daß ein Armer hart arbeiten muß, um sein tägliches Brot zu verdienen, aber daß er dann frei ist? Und ist seine Nahrung alles, was er zu gewinnen oder zu verlieren hat? Er kann alles besitzen, was wert ist, besessen zu werden. Die Erde, den Himmel, die Sterne, die Blumen und kleine Kinder.« Er hielt inne, um seine Gedanken in die richtigen Worte zu fassen. »Ich kann verstehen, daß ich mächtig bin, weil ich ein Teil des Unendlichen bin. Doch mächtig nur in dieser einen Hinsicht. Und daß alles, was ich sehe, mein ist und daß ich ein Teil davon bin. Wenn ich doch nur ein armer Junge sein könnte, dann wäre ich wirklich glücklich, glaube ich.«

Anna dachte, wie wenig dieses Kind von Armut und ihren verschiedenen, doch nicht weniger ernsten Problemen wußte. Sie achtete jedoch seine Aufrichtigkeit und Intelligenz zu sehr, um den Prinzen darauf hinzuweisen, daß das Schicksal eines armen Jungen in einem Land wie Siam, wo er einem Adeligen bis zur Selbstaufgabe dienen mußte, nicht sehr idyllisch war. Er würde es schon noch selbst früh genug erfahren. Der arme Junge, von dem Prinz Chulalongkorn träumte, würde am Handgelenk ein Brandmal tragen, das Zeichen seines Herrn. Er würde ihm jedes Jahr nicht weniger als drei Monate dienen müssen, und wenn er den Fehler beging, sich als zu fähig zu erweisen, würde seine Dienstzeit sogar noch verlängert werden. Anna dachte manchmal, daß die meisten Siamesen sicherlich ihre Begabungen versteckten, um nicht in den königlichen Dienst berufen zu werden.

Als im März die schreckliche Hitzeperiode begann, wurde Anna immer apathischer und müder. Sie hatte ihrem Schwager Tom Wilkinson geschrieben und ihn gebeten, eine geeignete Schule für Louis ausfindig zu machen, da sie ihn so bald wie möglich nach England zurückschicken wollte. Ihre Freunde bedrängten sie, mit ihm zurückzukehren, und an manchen Tagen hatte sie keinen sehnlicheren Wunsch. Francis Cobb, der gerade seine Abreise aus Singapur vorbereitete, hatte ihr geschrieben und seine Dienste angeboten, wenn sie wieder nach Europa zurückwolle. Er hatte seinen Brief mit dem üblichen, ergebenen Satz »Sie können sich jederzeit blind auf mich verlassen, meine Liebe« beendet.
Doch bevor sie einen endgültigen Entschluß gefaßt hatte, erkrankte sie. Sie bekam hohes Fieber, und Beebe eilte zu Dr. Campbell, dem Arzt des britischen Konsulats. Er besuchte sie jeden Tag, doch ihre Temperatur blieb unverändert hoch, und sie wurde immer schwächer. Eines Nachmittags teilte er ihr so schonend wie möglich mit, daß sie ihre Krankheit möglicherweise nicht überleben werde und daß sie besser einen Vormund für ihre Kinder bestimmen solle – das britische Konsulat würde selbstverständlich über die Durchführung ihrer Wünsche wachen. Doch diese Warnung befreite sie offensichtlich von dem drückenden Gewicht ihrer Sorgen. Anna fühlte einen heftigen Schmerz, wenn sie an ihre beiden Kinder dachte, doch sie war körperlich und geistig so müde und krank, daß sie sich auf die ewige Ruhe und die Wiedervereinigung mit ihrem Mann Leon, der nun seit sechs Jahren tot war, fast zu freuen schien. Die harten Jahre in Siam hatten ihren Lebenswillen sehr geschwächt. In einem lichten Augenblick zwischen zwei Fieberträumen hatte sie ihren rotledernen Koffer unter dem Bett hervorgeholt, in

dem sie seit vielen Jahren ihre wichtigen Dokumente aufbewahrte. Einmal, als sie noch auf der anderen Seite des Flusses gelebt hatte, wäre er beinahe gestohlen worden, und Anna hatte den Dolmetscher verdächtigt. Wie jedermann in Bangkok schlief sie unter einem Moskitonetz, das beinahe so weit war wie ein Zimmer. Auf ihrem Nachttisch stand eine brennende Lampe, damit sie sich auch im Dunkeln zurechtfinden konnte. Eines Nachts merkte sie, daß jemand im Zimmer war, außerdem wurde eine Ecke des rotledernen Koffers unter ihrem Bett sichtbar. Sie hielt den Atem an und sah, wie ein schmutziger Arm dem Koffer folgte. Mutig ergriff sie die Lampe, schleuderte sie auf den Dieb und rief: »Was glauben Sie, wer Sie sind?« und fiel vor lauter Angst in Ohnmacht. Als sie die Augen wieder öffnete, war der Dieb verschwunden, nur die zerschmetterte Lampe und der Koffer lagen noch da.

Jetzt ließ Anna den Koffer öffnen und suchte jene Dokumente heraus, die für Louis und Avis von Wichtigkeit sein konnten. Dann bat sie Beebe, den Rest mitsamt den Briefen von Leon zu verbrennen. Sie wollte sie vor den Händen ihrer Feinde oder Neugieriger schützen. Nachdem sie ihr Testament Dr. Campbell übergeben hatte, war sie bereit.

Noch hing ihr Leben an einem seidenen Faden, und obwohl sie nicht darum zu kämpfen schien, wollte der Tod nicht kommen. Eines Tages brachte ihr Dr. Campbell eine Botschaft vom König, in der es hieß, daß sie in Frieden sterben könne, da er ihren Sohn adoptieren werde. Diese Worte wirkten wie ein belebender Schock. Sie zog Dr. Campbell zu sich und flüsterte: »Er meint es nur gut, ich weiß, doch ich würde lieber tausend Jahre leiden, als ihn meinen Sohn adoptieren zu lassen!« Von diesem Augenblick an war sie auf dem Wege der Besserung.

Im April erhielt sie einen langen, freundschaftlichen Brief vom König. Er endete mit den Zeilen, die er »eine sehr private Nachschrift« nannte, und die sie wieder im Geist in den Palast zurückführten:

Erinnern Sie sich, daß Sie mir vor einigen Monaten rieten, ich solle Prinz Chulalongkorn zu meinem Thronfolger machen, wie dies in England mit dem Prince of Wales der Fall ist? Ich habe es damals abgelehnt und Sie daran erinnert, wie unbeliebt ich und meine Nachkommen leider bei manchen Einwohnern sind. Obwohl ich den Leuten nichts Schlimmes getan habe, mögen sie mich nicht. Sie haben zwar immer behauptet, daß Sie nichts davon bemerkt hätten, doch vergessen Sie nicht, daß die Menschen Sie für meine Vertraute oder sogar meine Spionin halten. Wer würde vor einer solchen Person mißfällige Äußerungen machen!
Doch nun habe ich sogar einen Beweis für die Richtigkeit meiner Behauptung.
In der Daily News *war kürzlich der vom 16. März 1866 datierte Brief eines Korrespondenten aus Bangkok abgedruckt. Ich besitze zwar kein Exemplar dieser Zeitung mehr, habe den Artikel aber persönlich gelesen. Ich bin sicher, daß mehrere in Bangkok lebende Ausländer die Zeitung lesen und Sie den Artikel dort sehen oder sich ein Exemplar aus Singapur bestellen können. Dann werden Sie nicht mehr leugnen können, daß ich und meine Nachkommen nicht so beliebt sind und das Volk eine andere Familie auf dem Thron sehen möchte. Was in bezug auf eine gewisse Prinzessin behauptet wird, die der Schreiber dieses Briefes als die ideale Erste Frau des Harems ansieht, habe ich nicht einmal im Traum daran gedacht, eher würde ich an meinen Tod denken.*
Der Bericht vom 16. März 1866 muß demnach entweder von einem Angehörigen des britischen Konsulats und nicht vom Konsul selbst oder von dem Konsul von D. stammen und nicht von einem amerikanischen Journalisten oder Mr. Chandler.

*Bitte behandeln Sie dieses Schreiben vertraulich.
Ihr aufrichtiger
S.P. P. Mongkut, Rx.
am 5441. Tag seiner Herrschaft*

Seine Anspielung auf die andere Familie zeigte, daß der König selbst nach dem Tod seines Bruders noch auf dessen Beliebtheit eifersüchtig war. Anna sah sich die Zeitung genau an, in der es hieß: »Der König hat sein Augenmerk auf eine andere Prinzessin des höchsten Ranges gerichtet und beabsichtigt, sie zur Königin zu machen.« Dies allein wäre nicht so schlimm gewesen, wenn aus dem Bericht nicht auch hervorgegangen wäre, daß der Schreiber dabei an die Prinzessin Duang Prapha, die von allen nur Prinzessin Tui genannt wurde, gedacht hatte. Sie war mit achtundzwanzig Jahren eine der älteren Töchter des Zweiten Königs und somit die Nichte Seiner Majestät. Wahrscheinlich hatte der Korrespondent die Gerüchte über die Prinzessin von Chiengmai gehört, doch die Personen verwechselt.
Der in Bangkok erscheinende *Recorder* machte die Sache noch schlimmer, indem er den Artikel des Konkurrenzblattes mit den folgenden Worten kommentierte:

> *»Wenn man bedenkt, daß der König inzwischen dreiundsechzig Jahre alt ist und bereits Scharen von Konkubinen und ungefähr achtzig Söhne und Töchter hat, von denen einige für die wichtigsten Posten im Königreich in Betracht kommen, erscheint dieses Gerücht zu ungeheuerlich, um glaubwürdig zu sein. Doch andererseits ist kaum etwas für die königliche Vielweiberei zu ungeheuerlich, um nicht wahr zu werden.«*

Anna verstand den Groll des Königs über diese taktlose Bemerkung, doch seine tugendhafte Entrüstung verwirrte sie auch. Natürlich wollte er seine Nichte nicht in den Harem aufnehmen, doch hatte er nicht ein gewisses Interesse für die Prinzessin von Chiengmai gezeigt? Seit fünf Jahren hatte es keine Königin mehr gegeben, und es bestand kein Zweifel, daß die schöne Prinzessin die ideale Gemahlin für ihn gewesen wäre, wenn sie nicht dem Harem seines Bruders angehört hätte. Eine Heirat mit ihr hätte endlich zu dem widerspenstigen Fürsten von Chiengmai verwandtschaftliche Bande hergestellt und so die Stellung des Königs gefestigt.

Als Anna wieder gesund war und in den Palast zurückkehrte, waren die Gerüchte über die Prinzessin von Chiengmai längst verstummt, und anderer Klatsch erregte die Gemüter. Man sprach wieder über den allbekannten Monsieur Aubaret, der im Juni nach Bangkok zurückkehren würde.

Die Vermutungen über seine unwillkommene Rückkehr waren der Hauptgesprächsstoff in der ausländischen Kolonie.

Im Palast waren unterdessen die Vorbereitungen für den Eintritt Prinz Chulalongkorns in das Noviziat des Priesterstandes, der für den 19. Juli geplant war, in vollem Gange. Im Oktober würde er in einem Gebäude nahe dem Palast seines Vaters residieren, das gerade neu eingerichtet wurde und den Namen Wang Suan Kulap erhielt, was soviel heißt wie Rosengartenpalast. Prinzessin Lamom bereitete sich auf den Umzug vor, um dort die Leitung des Haushalts zu übernehmen. Erste Gerüchte besagten außerdem, daß der König bereits die erste Frau für seinen Sohn ausgewählt habe, die zu gegebener Zeit in der neuen Residenz eintreffen sollte. Man nahm an, daß die Wahl auf eine Enkelin des Kralahome gefallen sei.

Die Zeremonie des Eintritts in das Noviziat war zwar feierlicher, doch wesentlich schlichter als die der Tonsur. Der erste Tag wurde dem Ritus des Wien-thien, der Segnung der kreisenden Kerzen, gewidmet. Diese Feier fand in der Audienzhalle vor geladenen Gästen statt, die anschließend auch noch bewirtet wurden.

Am zweiten Tag wurde der Prinz wieder wie bei der Tonsur in

kostbare weiße Gewänder gekleidet, vorher waren ihm wieder die Augenbrauen und das Haar abrasiert worden. Eine Gruppe von Priestern geleitete ihn vom Palast seines Vaters zum Tempel des Smaragdenen Buddha. Auf dem Weg sangen seine barfüßigen Begleiter Hymnen der buddhistischen Liturgie. Vor dem Tor des Tempels nahm ihm eine andere Gruppe von Priestern seine schönen Gewänder ab und kleidete ihn, während sie ihre Gesänge fortsetzte, in schlichtes Weiß. Im Tempel bildeten die Mönche einen doppelten Halbkreis und hielten brennende Kerzen in ihren Händen. Der Prinz näherte sich demütig dem Hohenpriester in der Mitte des Halbkreises, verbeugte sich dreimal und bat um Aufnahme in den Orden. Er legte seine Hände in die des Hohenpriesters und gelobte, den Versuchungen der Welt zu entsagen und den Regeln des Noviziats zu gehorchen. Darauf wurden ihm die gelben Ordensgewänder angelegt und seine Pflichten verlesen, dann war die Zeremonie beendet.

Nachdem die Priester gefrühstückt hatten, wurden dem Prinzen Geschenke überreicht. Sein Vater machte den Anfang, seine Brüder, Onkel, Tanten und Vettern folgten, dann kamen der Kralahome und die anderen hohen Beamten und schließlich die chinesischen und indischen Kaufleute. Die meisten Geschenke gab der Prinz an die Priester weiter. Anschließend traten die Brüder des Prinzen in kostbaren, mit Gold und Juwelen geschmückten Gewändern vor und führten auf einer kleinen Bühne einen siamesischen Fechtkampf vor. Ein chinesischer Adeliger nutzte diese Gelegenheit, um jedem von ihnen eine goldene Uhr zu überreichen, zum großen Entzücken der Kinder und Seiner Majestät. Als die Zeremonie vorüber war, wurde Prinz Chulalongkorn aus dem Palast, der seit fast vierzehn Jahren sein Zuhause gewesen war, zum Kloster von Wat Bawonniwet geleitet, wo er die nächsten drei Monate leben würde.

Der rote Samtbrief

Den 10. August 1866 sollte Anna niemals vergessen. Der Tag begann eigentlich ganz angenehm: Beebe hatte an dem klaren und schönen Morgen auf dem Markt köstliche Äpfel fürs Frühstück besorgt. Nichts ließ auf einen herannahenden Sturm schließen, und Anna hatte auch keine Ahnung, daß sich der Vorhang für den letzten Akt ihres Dramas mit dem König in Kürze heben würde.
Seine Majestät hatte schon sehr früh nach ihr geschickt. »Mem«, sagte er, als sie eintrat, »schreiben Sie sofort einen Brief an Sir John Bowring und teilen Sie ihm mit, daß ich meine Meinung geändert habe. Ich benötige seine Dienste als Gesandter bei der Abfassung des neuen Vertrages mit Frankreich nicht mehr. Ich werde eine Delegation mit Phya Suriwong Wai Wat an der Spitze senden.«

Da Anna sich bereits daran gewöhnt hatte, daß der König stets seine Entscheidungen wieder umwarf, ärgerte sie sich auch nicht mehr darüber, obwohl sie fand, daß Sir John recht schäbig behandelt wurde. Monsieur Aubaret war am letzten Junitag aus Paris zurückgekehrt, und die in Bangkok lebenden Franzosen waren seither in ausgelassener Stimmung. Sie sahen in ihm einen Pionier des französischen Imperiums, dem es gelingen würde, Siam weitere fruchtbare Gebiete zu entreißen und vielleicht sogar die Annexion des ganzen Königreichs zu erreichen. Sie wußten alle, daß sich der König vor dem kleinen, hitzigen Konsul mit dem rötlichen Schnurrbart ängstigte.

Lamache, den man wegen seines unverschämten Verhaltens dem König gegenüber im vergangenen Jahr entlassen hatte, war wieder in den königlichen Dienst zurückgekehrt. Ein Korrespondent des *Bangkok Recorder* hatte deswegen bei dem Blatt angefragt, warum der König »den einst berühmten Exerziermeister wieder in seine frühere Stellung eingesetzt habe. Ist dieses Verhalten etwa eine Garantie für eine Bevorzugung?« Dr. Bradley veröffentlichte diesen Brief und fügte die Bemerkung hinzu: »Kann einer unserer Leser unserem Korrespondenten vielleicht mit einer Antwort dienen?«

Monsieur Alloin, einer der französischen Kaufleute, stellte Dr. Bradley wegen dieser Veröffentlichung zur Rede. Er teilte ihm kurz und bündig mit, daß er sein Leben durch solche Unverschämtheiten gefährde. Monsieur Lamache habe sich vorgenommen, ihm eine tüchtige Tracht Prügel zu verabreichen, und drohe, ihn bei der erstbesten Gelegenheit zu ermorden. Dr. Bradley zupfte daraufhin an seinem grauen Bart und antwortete gelassen: »In diesem Fall wäre er ein Mörder und schlimmer, als ich befürchtet hatte. Außerdem müßte er für diese Tat mit seinem Leben büßen.«

»Und warum sollte ihm das etwas ausmachen«, rief Monsieur Alloin, »wenn er Ihnen dafür das Leben nehmen kann?« Und er fügte hinzu: »Wenn Monsieur Aubaret zurückkehrt, wird er Sie auf jeden Fall wegen ihres Artikels vom vergangenen August, daß er im Palast einen Tumult verursacht habe, zur Rechenschaft ziehen.«

»Wollen Sie etwa leugnen, daß der Artikel der Wahrheit entsprach?«

Der Kaufmann wußte dem nichts zu entgegnen und stieß nur weitere Verwünschungen gegen den Amerikaner aus, der es gewagt hatte, den französischen Konsul in der Presse derart vorzuführen.

Monsieur Aubaret überbrachte dem König ein herrliches Schwert und einen Brief des französischen Kaisers, und auch Prinz Chulalongkorn erhielt ein Geschenk: ein Schwert des französischen Thronfolgers. All dies sah nach freundschaftlichen Beziehungen aus, doch die Gerüchteküche in Bangkok brodelte. Angeblich verbarg sich dahinter ein Komplott und die Absicht, Siam in ein französisches Protektorat zu verwandeln. Monsieur Aubaret nährte diesen Verdacht noch, da er sofort mit Verhandlungen wegen der Revision des Vertrags über Kambodscha, der im vorhergehenden Jahr erzwungen worden war, begann. Ein Paragraph dieses Vertrags war seinen Vorgesetzten in Paris nicht genehm gewesen, in ihm war die Zugehörigkeit von Battambang und Nakon Siemreap zu Siam festgehalten. Battambang und Siemreap unterstanden seit dem Jahr 1794 der Regierung von Bangkok, während der König von Kambodscha über den Rest seines Landes herrschte. Da die beiden Provinzen einst ein Teil von Kambodscha gewesen waren, betrachteten die Franzosen sie als ihre Beute.

Doch der König war sehr unnachgiebig, und Monsieur Aubaret konnte ihm nicht mehr als ein unfreiwilliges Versprechen entlocken, einen Gesandten Siams zu Verhandlungen nach Paris zu senden. Anna mußte Sir John Bowring schreiben und ihn bitten, seine Dienste als Gesandter zur Verfügung zu stellen. Dieser Brief hatte seinen Bestimmungsort kaum erreicht, als der König plötzlich entschied, den Sohn des Kralahome an seiner

Stelle nach Paris zu senden. Anna machte sich seufzend an die Arbeit, doch bevor sie etwas schreiben konnte, fügte der König einen weiteren Befehl hinzu: Sie sollte den Widerruf der Ernennung so darstellen, als sei die Meinungsänderung Seiner Majestät auf den Rat des britischen Konsuls Mr. Thomas George Knox zurückzuführen. Anna wußte, daß der König ihn nicht ausstehen konnte und daß er ihn absichtlich vor seinem einflußreichen Landsmann in eine heikle Lage bringen wollte. Falls sie diesbezüglich irgendwelche Skrupel habe, könne sie sich gerne eine andere Begründung ausdenken, solange sie dadurch nicht Sir Johns Feindschaft erregte. Er schlug ihr sogar vor zu behaupten, sie selbst habe ihm dazu geraten.

Anna erhob sich von ihrem Sessel. »Majestät«, erklärte sie bestimmt, »ich werde nichts derartiges tun.« Sie sah den Zorn im Gesicht des Königs und fügte eilig hinzu, daß sie sich bei Sir John gerne entschuldigen werde, daß sie aber die Meinungsänderung des Königs nicht mit Mr. Knox oder sich selbst in Verbindung bringen könne, da sie beide nichts damit zu tun hätten. Anna hatte zwar erwartet, daß der König ärgerlich würde, doch sein Wutausbruch überraschte sie. Er versuchte ihren Widerstand mit bösartigen Bemerkungen und Beschimpfungen und, als die versagten, mit Drohungen zu brechen. Anna stand auf, verließ ohne zu antworten den Palast und ging in ihr Haus zurück.

Die angenehme Kühle des Morgens war einer sengenden Hitze gewichen. Als Anna in ihrem Zimmer saß und einige Briefe schrieb, die schon seit längerem überfällig waren, hörte sie von Zeit zu Zeit ein fernes Donnern. Kein Lüftchen bewegte sich, die versengten Blätter der Sträucher hingen kraftlos zu Boden. Die Auseinandersetzung mit dem König hatte Anna aus dem Gleichgewicht gebracht, sie bereute immer mehr, daß sie Siam noch nicht verlassen hatte. Wenn ihre Arbeit und besonders die Erziehung des jungen Prinzen Chulalongkorn sie nicht so sehr in Anspruch genommen hätte, wäre sie längst nicht mehr hier.

Allerdings wußte sie nicht einmal, ob sie ihren Unterricht nach Ablauf des Noviziats überhaupt fortsetzen durfte. Vielleicht war es wirklich besser, mit Louis nach England zurückzukehren und den ungleichen Kampf mit dem König endlich aufzugeben.

Außerdem machte sich Anna ernsthafte Sorgen über ihren Gesundheitszustand, seit ihrer Erkrankung hatte sie ihre Arbeitszeit stark verkürzen müssen. Nur widerwillig hatte der König Dr. Campbell geglaubt, daß Mrs. Leonowens ihre Tätigkeit unmöglich in vollem Umfang ausüben könne. Doch selbst die verkürzte Arbeitszeit konnte sie nicht vor dem launischen Temperament und den extravaganten Ansprüchen des Königs schützen.

Am Spätnachmittag kam Phra Alak, der Privatsekretär des Königs, in Begleitung einer Gruppe von Sklavinnen aus dem Palast zu ihr. Er überreichte ihr ein Schriftstück, auf dem mehrere Beschuldigungen aufgeführt waren, die sie lesen, bestätigen und unterzeichnen sollte. Phra Alak würde das Schreiben anschließend dem König zurückbringen. Fassungslos überflog Anna die Taten, die man ihr vorwarf:

1. *Sie haben ein wertvolles Sanskritbuch aus der Bibliothek gestohlen.*
2. *Sie sind den Befehlen des Königs nicht nachgekommen.*
3. *Sie haben seine Wünsche durchkreuzt.*
4. *Sie haben es gewagt, Seine Majestät wegen Angelegenheiten, die sie nichts angehen, zu tadeln.*
5. *Sie haben ihm nicht die nötige Achtung erwiesen, weil Sie oft standen, während er saß, und Sie haben schlecht von ihm gedacht, ihn verleumdet und ihn böse genannt.*
6. *Sie haben immer wieder über den Kopf Seiner Majestät hinweg gehandelt.*

7. Sie haben den britischen Konsul, Mr. Thomas George Knox, auf Kosten des amerikanischen Konsuls, Mr. James Madison Hood, bevorzugt. So haben Sie zum Beispiel den Namen des amerikanischen Konsuls an das Ende eines königlichen Rundschreibens gesetzt, während Ihr eigener und der des britischen Konsuls als erste genannt waren.

Anna las diese lächerlichen Beschuldigungen mit wachsendem Ärger. Wie gut sich der König an ihre kleinsten Fehler erinnerte! Und wie leicht er ihre treuen Dienste vergaß! Einmal, noch lange bevor sie mit der Palastetikette vertraut gewesen war, hatte der König nach einem bestimmten Buch gefragt. Zufällig wußte sie, daß es im Raum über dem Gemach stand, in dem Seine Majestät früher gearbeitet hatte, und sie war sofort über die Treppen hinaufgeeilt, um es zu holen. Ohne böse Absicht war sie in den Raum gegangen, hatte das Buch genommen und war damit zum König geeilt. Sie hatte ihm damit nur eine Freude machen wollen, doch – »sie hatte über seinen Kopf hinweg gehandelt«. Zu ihrer grenzenlosen Überraschung zitterten die anwesenden Frauen vor Angst. Mit bebenden Lippen erklärten sie ihr, daß sie beim nächsten Mal wegen eines solchen Bruchs der königlichen Etikette in den Kerker geworfen würde.
Die anderen Beschuldigungen waren ebenso lächerlich, und Anna gab Phra Alak das seltsame Schriftstück wortlos zurück.
»Aber Sie haben es ja gar nicht unterschrieben«, murmelte er.
»Das werde ich auch nicht tun«, antwortete sie trotzig. »Das können Sie dem König gerne berichten.«
Die Sklavinnen fielen vor ihr auf die Knie und baten sie im Namen all ihrer Gebieterinnen, dem Befehl des Königs nachzugeben und zu tun, was er wünschte. Sie wußte, daß die Frauen um sie besorgt waren und die Konsequenzen für sie fürchteten. Doch Anna würde niemals etwas gegen ihre persönliche Überzeugung tun. Der listige Phra Alak wechselte seine Taktik und

versuchte, sie mit einer bedeutenden Summe zu bestechen. Zweifellos hatten die Frauen des Palastes das Geld für diesen Zweck gesammelt, da Phra Alak eine solche Summe kaum allein aufbringen konnte.

»Phra Alak«, sagte Anna vorwurfsvoll, »Sie wissen genau, daß ich nicht bestechlich bin. Wenn ich der Forderung des Königs guten Gewissens nachkommen könnte, würde ich es auch ohne Geld tun. Doch es ist nicht Rechtens, und kein Geld der Welt kann mich veranlassen, meinen Entschluß zu ändern.«

Es schmerzte sie zu erkennen, daß weder Phra Alak noch der König von ihrer Redlichkeit überzeugt waren. Vor viereinhalb Jahren hatte sie ihre Arbeit im Palast aufgenommen, und nicht ein einziges Mal hatte sie bei ihren Vermittlungen als Fürsprecherin der Leidenden und Unterdrückten an Geld gedacht. Und dennoch hielt dieser Mann, dem sie so oft geholfen hatte, sie für käuflich. Anna sah einfach keinen Sinn mehr in der Zusammenarbeit mit Menschen, die nicht an die Kraft der Grundsätze eines Menschen glaubten.

Phra Alak erhöhte sein Angebot. Als sie auch auf diesen Vorschlag nicht einging, sah sie ihm förmlich an, daß er glaubte, sie wolle bloß feilschen. Zwei Stunden lang bat und drängte er und erhöhte dabei immer wieder die Summe, die er für die Unterzeichnung des Schriftstücks und den Brief an Sir John Bowring zahlen wollte. Die Sklavinnen unterstützten ihn mit stürmischen Bitten. Schließlich stand Anna auf, um die Unterredung zu beenden, die Teestunde war längst vorüber. Sie war sehr geduldig gewesen und hatte gehofft, Phra Alak von ihrer Unbestechlichkeit überzeugen zu können – doch ohne Erfolg. Er verließ sie schließlich in der Überzeugung, daß sein letztes Gebot der grenzenlosen Habgier dieser Engländerin nicht genügen konnte. Er war sehr betrübt, weil er unverrichteter Dinge zum König zurückkehren mußte und die schlimmsten Strafen fürchtete, und schlich sich wortlos davon.

Anna war durch die langwierigen Verhandlungen so erschöpft,

daß sie kaum etwas essen konnte. Es hatte noch immer nicht geregnet, und die Schwüle war drückend. Nach dem Essen saß sie allein in ihrem Wohnzimmer und dachte an die Ereignisse des Tages. Wieder einmal steckte sie unfreiwillig in einem Konflikt, der ihre Lage nur noch erschwerte. Die schlimmsten Befürchtungen überkamen sie. Eine anonyme Nachricht aus dem Palast, die sie über den Zorn des Königs informierte, machte sie nur noch unruhiger. Der König hatte vor den versammelten Höflingen geschrien: »Will mich denn niemand von dieser Frau befreien?« Anna rief ihre Bediensteten herbei und bat sie, die Tore zu schließen und zu verriegeln. Sie befahl ihnen, keine Siamesen einzulassen, auch nicht, wenn sie aus dem Palast kamen, es sei denn, sie erlaube es ausdrücklich.

Sie hatte in ihrem ganzen Leben bisher erst einmal um ihre persönliche Sicherheit gefürchtet, glaubte sie doch – als Engländerin –, vor dem »plötzlichen« Tod, der so viele Untertanen Seiner Majestät ereilte, sicher zu sein. Sie wußte allerdings, daß einige Höflinge ihr nicht gerade wohlgesonnen waren. Wenn der König tatsächlich von ihr befreit werden wollte, waren ihre Angst und die Vorsichtsmaßnahmen durchaus begründet. Schließlich konnte einer der Hofleute problemlos einen Mörder beauftragen, den Wunsch seines Herrschers in die Tat umzusetzen.

Der König war ihretwegen erst einmal so zornig gewesen. Damals hatte sie sich geweigert, einen Brief an den Earl of Clarendon zu schreiben, in dem der König gegen Mr. Knox Einspruch erhob. Er war damals so erregt gewesen, daß sie um ihr Leben fürchtete, und sie hatte sich drei Tage lang hinter versperrten Türen und Fenstern verbarrikadiert. Später konnte sie nur noch über sich selbst lachen und dachte, sie habe sich ihre Angst eingebildet.

Lange hatte sie geglaubt, der Kralahome würde den König von voreiligen Handlungen abhalten, doch ihre Beziehung zu ihm war schon lange nicht mehr freundschaftlich. Der Dolmetscher hatte ihr einst gedroht, er werde seinen Bruder gegen sie aufbringen, und offensichtlich war es ihm gelungen. Sie ahnte, daß sie sich nicht länger auf die Hilfe des Kralahome verlassen konnte.

Sie hatte seinen Sinneswandel bemerkt, als sie wieder einmal mit einem ihrer »Klienten« bei ihm vorgesprochen hatte. Der Lieblingssklave des Dolmetschers hatte einen Chinesen ermordet, dessen Frau und Kinder in hilfloser Armut zurückgeblieben waren. Der Mörder hatte sich mit seinem Gebieter verbündet und sogar die Beute mit ihm geteilt. Vergeblich bat die Witwe um die Rückerstattung ihres Eigentums. Die Richter schenkten ihren Worten kein Gehör, daher ging sie von einem Gericht zum andern, bis sie einem Richter so lästig wurde, daß er – unter irgendeinem Vorwand – ihren ältesten Sohn verhaften und ins Gefängnis werfen ließ. In wilder Verzweiflung kam sie zu Anna, weinte und bettelte um ihre Hilfe. Anna konnte schließlich die Freilassung des Sohnes erreichen, doch zu seinem Schutz mußte sie ihn in ihren Haushalt aufnehmen und seinen Namen ändern.

Als nächstes ging sie mit der Frau zum Kralahome und versuchte, einige der gestohlenen Gegenstände wiederzubekommen. Als sie eintraten, saß der Premier am Boden und spielte Schach. Er ließ sich von einem Sklaven eine Jacke bringen und zog sie eilig an. Anna erinnerte sich, daß er ihr diese Höflichkeit nicht immer erwiesen hatte. Allerdings beachtete er seine Gäste nicht weiter, sondern beendete in aller Ruhe seine Schachpartie.

Als sie den Grund für ihr Kommen erklärt hatte, war er zwar verärgert, doch er ließ seinen Bruder rufen. Der Kralahome unterhielt sich lange flüsternd mit dem Dolmetscher, blickte die chinesische Witwe schließlich grollend an und drohte ihr, er werde sie auspeitschen lassen, wenn sie weitere Beschwerden vor die Richter bringe. Dann lächelte er Anna höhnisch zu und sagte: »Chinesen machen einfach immer Mühe. Auf Wiedersehen, Sir.«

An diesem Tag hatte er sich Anna gegenüber zum ersten Mal

absichtlich ungerecht verhalten. Das konnte nur bedeuten, daß sein Bruder die Oberhand gewonnen hatte und daß sie ihn nicht länger um Hilfe bitten konnte. Am Abend des gleichen Tages saß sie allein in ihrem Salon, als sie ein leises Geräusch hörte. Sie blickte sich um und sah zu ihrer Überraschung den Dolmetscher neben ihrem Klavier hocken.
»Wie können Sie es wagen, unangemeldet mein Haus zu betreten?« fragte sie.
»Mem«, sagte er, »Ihre Bediensteten haben mich eingelassen. Sie wissen, wer mich schickt, und würden es nicht wagen, mir den Einlaß zu verweigern. Seine Exzellenz, der Kralahome, fordert Sie hiermit dazu auf, Ende des Monats Ihr Entlassungsgesuch einzureichen.«
»Und in wessen Auftrag sendet er mir diese Nachricht?« hatte sie gefragt.
»Das weiß ich nicht. Aber Sie sollten ihm besser gehorchen.«
»Sagen Sie ihm«, hatte sie geantwortet, »daß ich aus Siam abreisen werde, wann es mir paßt und daß ich mir den Zeitpunkt von keinem Menschen vorschreiben lasse!«
Der Dolmetscher war schließlich unter vielen Entschuldigungen und mit der Versicherung, daß er an dieser Sache vollkommen unbeteiligt sei, gegangen. Anna hatte in jener Nacht nicht geschlafen. Wieder und wieder dachte sie daran, die Sicherheit in der Flucht zu suchen, doch am Morgen hatte sie sich entschlossen zu bleiben. Der Kralahome würde sie nicht vertreiben! Ihre Freunde im Palast waren um sie besorgt, doch Anna lachte sie nur unbekümmert aus. Ungefähr drei Wochen später, als der König gerade seine Abreise aus der Hauptstadt vorbereitete, hatte er sie aufgefordert, ihre Schüler zu begleiten. Der Kralahome habe bereits für sie und Louis auf seiner Jacht *Volant* eine Kabine zur Verfügung gestellt. Lady Son Klin hatte sie gewarnt, die Speisen und Getränke an Bord des Schiffes nicht anzurühren.
An diesen und andere Zwischenfälle erinnerte sich Anna, als sie

nun in Gedanken versunken dasaß. Damals hatte sie das Land noch nicht verlassen wollen, doch vielleicht war inzwischen der richtige Zeitpunkt dafür gekommen. Sie wollte den Schulbetrieb nur sehr ungern aufgeben, gerade jetzt, wo ihre Schüler so große Fortschritte machten, doch sie mußte endlich einmal an sich denken. Am besten, sie fuhr mit Louis nach London oder – wie einige ihrer Freunde, besonders Francis Cobb sie gedrängt hatten – in die Vereinigten Staaten und begann dort ein neues Leben.

Plötzlich fühlte sie sich beobachtet, blickte auf das offene Fenster und sah, daß ein schwarzes Augenpaar sie musterte. Anna wollte um Hilfe rufen, doch dann versuchte sie die aufsteigende Panik zu unterdrücken. Wie ängstlich sie in letzter Zeit geworden war! Wenn da draußen ein Mörder stand, hätte er sein Messer schon längst in ihr Herz gestoßen. Anna nahm all ihren Mut zusammen und rief: »Wer ist da?«

»Ich bin es, gnädige Frau«, antwortete eine leise, ihr unbekannte Frauenstimme. »Ich warte schon seit einiger Zeit hier, doch Ihre Bediensteten lassen mich nicht zu Ihnen.«

»Ja, das stimmt«, entgegnete Anna. »Ich will heute abend niemanden sehen, nicht einmal meine Freunde. Ich bin krank und müde. Gehen Sie jetzt bitte wieder, und wenn Sie mir etwas zu sagen haben, kommen Sie morgen früh zurück.«

»*Phutho!*« sagte die Frau leise. »Ich bin keine Siamesin, und ich lebe auch nicht in Bangkok. Sie würden nicht das Herz haben, mich fortzuschicken, wenn Sie wüßten, daß ich dreißig Meilen gegen die Strömung gerudert bin, um Sie aufzusuchen.«

»Noch eine Hilfesuchende«, dachte Anna verzweifelt. Und das ausgerechnet in dieser Nacht! Sie sagte ein wenig ungeduldig: »Es hat keinen Sinn, mir Ihr Anliegen jetzt vorzubringen. Ich will nicht einmal wissen, worum es geht. Und jetzt lassen Sie mich bitte in Ruhe! Sie sollten zu so später Stunde nicht mehr durch die Straßen gehen.«

»Aber, Mem cha, bitte, lassen Sie mich nur für eine Minute hereinkommen. Ich will Ihnen nur ein Wort sagen, nur eines! Ich verspreche, daß ich danach sofort gehen werde. Wollen Sie mich nicht doch einlassen?« Die Stimme der Frau klang immer bittender.

Anna war zu einem Kompromiß bereit. »Also gut, was wollen Sie denn?« fragte sie kurz angebunden und ärgerte sich über sich selbst, weil sie nachgegeben hatte. »Hier kann sie niemand hören. Ich lasse Sie nicht herein, was immer Sie mir auch zu sagen haben.«

»*Phutho! Phutho!*« sagte die Frau vorwurfsvoll, wie zu sich selbst. »Ich wäre nicht diese lange Strecke gerudert, wenn man mir nicht gesagt hätte, daß sie eine gute und tapfere Frau ist. Natürlich behaupten manche auch das Gegenteil, doch ich wollte es darauf ankommen lassen. Schließlich bitte ich doch um so wenig. Und nun sagt sie, daß sie mich nicht einlassen kann! Sie soll freundlich und hilfsbereit sein, doch sie will mir nicht einmal fünf Minuten ihrer Zeit widmen oder meine Bitte anhören. *Phutho*.«

Obwohl Anna wußte, daß dies eine Komödie war – eine sehr gut gespielte übrigens –, rührten die Worte der Frau sie. Teils war es ihre echte Verzweiflung, teils ihre List, die Anna beeindruckten. »Ich fürchte, ich kann Ihnen nicht helfen«, sagte sie freundlich. »Der König ist gerade nicht sehr gut auf mich zu sprechen, und das wissen auch die Richter, ich habe wirklich keinen Einfluß mehr.«

Annas Stimme klang plötzlich wieder ganz weich, und sie hatte kaum zu sprechen aufgehört, als die Fremde ihre Hände auf das Gesims stützte und durch das offene Fenster sprang. Sie war wirklich keine Siamesin. Sie hatte klare, kluge Augen und trug ihr Haar, wie es für die Bewohner der nördlichen Provinzen typisch war. Sie war ungewöhnlich groß und stark und hatte ein hübsches Gesicht. Anna sah sofort, daß sie keine gewöhnliche Sklavin war, und beinahe gegen ihren Willen regte sich ihr Interesse an der Frau. Ihr Rock wurde von einem englischen Gür-

tel gehalten, der ihre wunderschöne Figur voll zur Geltung kommen ließ.
Sie blieb vor Anna stehen, und die Worte sprudelten nur so aus ihr hervor. Anna hatte sich so sehr an die Zurückhaltung der Siamesinnen gewöhnt, daß die Lebhaftigkeit, mit der die Lao-Frau sprach, sie verwirrte. Tränen liefen ihr übers Gesicht, und ihre Stimme klang abwechselnd leise und laut.
Während der ganzen Zeit beobachtete sie Annas Reaktion aufmerksam, um notfalls ihre Taktik ändern zu können. Allerdings mußte sich die Lao-Frau keine Sorgen machen, da Anna ihr inzwischen völlig gebannt zuhörte. Schließlich überreichte sie Anna einen dicken Brief in einem Samtkuvert, das mit seidenen Schnüren verschlossen und mit englischem Siegellack versehen war. Der Adressat stand allerdings nicht auf siamesisch, sondern in einer Anna unbekannten Schrift auf dem Kuvert.
Die Fremde fiel vor ihr auf die Knie, hob flehend ihre Hände und sagte leise: »Mem cha, ich bitte Sie nur, diesen Brief einer Frau im Palast zu überbringen. Wer Sie ist werde ich Ihnen sagen, sobald Sie zustimmen.« Anna versuchte einzuwenden, daß sie einen so gefährlichen Auftrag nicht übernehmen könne, doch sie fand einfach nicht die richtigen Worte. Die Frau bewegte sich nicht, und aus ihren dunklen Augen sprach ein so leidenschaftliches Flehen, daß Anna in große Verlegenheit geriet. Sie hatte weder den Mut, die Bitte zu erfüllen, noch die Härte, sie zurückzuweisen.
Warum kamen die Menschen nur immer mit den unmöglichsten Bitten zu ihr? So behutsam wie möglich sagte sie der Fremden, daß sie leider nichts für sie tun könne. Die Sklavin hatte erwähnt, daß die Frau im Palast eine Gefangene sei, was die Sache noch schwieriger machte. »Ich sorge mich nicht nur um meine persönliche Sicherheit, sondern auch um die meines Sohnes«, fügte Anna hinzu. »Sein Vater ist tot, und wenn mir etwas zustoßen würde, wäre er plötzlich ganz allein auf der Welt.«
Bei Annas Worten wich jegliche Farbe aus dem Gesicht der

Frau, Schweißperlen traten ihr auf die Stirn, und sie wankte, als wehrte sie sich gegen eine Ohnmacht. Annas fester Entschluß, vernünftig zu bleiben, schmolz angesichts der vollkommenen Trostlosigkeit der Sklavin. »Ist der Brief denn von so großer Bedeutung?« fragte sie schließlich, verzweifelt über ihre eigene Schwäche. Doch die Fremde konnte nicht antworten, stumm blickte sie Anna an, die bereits die Reue über ihre Nachgiebigkeit überwunden hatte und ihr zurief: »Oh, um Himmels willen, sag mir doch, was dir solchen Kummer macht, und ich werde mein Bestes tun, um dir zu helfen.«
Die Wirkung dieses Versprechens war unglaublich: Sofort kam wieder Leben in die Augen der Sklavin. Sie legte ihre Hand auf den Arm der Engländerin, atmete schwer und sprach schnell, bevor Anna sich eines Besseren besinnen konnte. »Sie haben mich zwar nicht nach meinem Namen gefragt«, sagte sie, »aber ich will es Ihnen trotzdem sagen. Ich bin sicher, daß Sie mich nicht verraten werden. Mein Name ist Mae Pia, und ich komme aus Chiengmai. Manitha, mein Vater, zählt zu den vertrautesten Ratgebern des Fürsten Sarawong, obwohl er ein Sklave ist. Meine Mutter war eine Sklavin der Familie des Fürsten, als mein Vater sie zur Frau nahm. Ich war erst einen Monat alt, als man sie bat, die Tochter des Fürsten aufzuziehen, deren Mutter bei der Geburt gestorben war. Wir wuchsen gemeinsam auf, und ich wurde die beste Freundin meiner Pflegeschwester.« Sie hielt einen Augenblick inne und gab dann ihre letzte Zurückhaltung auf. »Sie ist die Prinzessin Sunatda Wismita.«
Nun war es an Anna zu staunen. Die geheimnisvolle Prinzessin von Chiengmai! Sie hatte erst gestern gehört, daß der Fürst von Chiengmai mit seinem Gefolge in sechsundzwanzig Booten bereits nach Bangkok gekommen sei, um den dreijährigen Tribut zu zahlen. Man hatte ihn eigentlich erst viel später erwartet. Er war mal wieder in einen Streit verwickelt und saß in einem Prozeß auf der Anklagebank, der die ausgedehnten Teakwälder in seinem Fürstentum betraf. Der Kläger war eine englische Fir-

ma aus Moulmein, und der Prozeß war von solcher Bedeutung, daß Mr. Knox im vorhergehenden Jahr sogar nach Birma gereist war, um sich persönlich nach dem Stand der Dinge zu erkundigen. Seit Monaten munkelte man in Bangkok, der Fürst spiele mit der Idee, sich unter den Schutz des Königs von Birma zu stellen. Außerdem war bekannt, daß er erst vor kurzem zwei Elefanten nach Ava gesandt hatte, zwar keine weißen Elefanten – das wäre offener Verrat gewesen –, doch sie hatten weiße Flecken um die Augen. Der König von Birma war von ihnen so entzückt gewesen, daß er ihm zum Dank herrliche Juwelen schenkte. Diese freundschaftliche Annäherung hatte König Mongkut alles andere als gefreut, und nun war der Fürst von Chiengmai auch noch in Bangkok erschienen. Mae Pia gehörte zweifellos zu seinem Gefolge.

Die Sklavin setzte ihren Bericht fort: »Die Prinzessin wird seit dem Tod ihres Gatten im Palast des Königs gefangengehalten. Wir glauben, daß zwei ihrer Hofdamen bei ihr sind, doch wir haben seit beinahe einem Jahr nichts von ihnen gehört.«

Anna saß nun aufrecht, ihr Puls schlug rasch. War die Prinzessin tatsächlich im Palast? Und wenn ja, wieso hatte sie noch nichts davon gehört? Wenn sich die Prinzessin im Gefängnis befinden würde, hätte sie längst davon erfahren.

»Niemand, selbst ihr Bruder nicht, weiß, ob sie noch am Leben ist. Dieser Brief ist für die Prinzessin, Mem chao kha. Darin steht nichts, was Ihnen Unannehmlichkeiten bereiten könnte, selbst wenn er in die falschen Hände fiele. Er enthält nur einen kleinen Gruß und ein liebes Wort von ihrem Bruder, Prinz Othong Karmatha, meinem Gebieter. Mem chao kha, die Götter werden Sie sicherlich reich belohnen, wenn Sie diesen Brief überbringen! Es ist völlig egal, wann Sie es tun, es muß nur mit der größten Vorsicht und Heimlichkeit geschehen! Dieser Brief mag das Leben der Prinzessin retten, zumindest ist er unsere einzige Chance. Das heißt, wenn sie überhaupt noch unter den Lebenden weilt.« Als Anna sie wegen des Widerspruchs zwi-

schen der angeblichen Wichtigkeit des Briefs und der Harmlosigkeit seines Inhalts ungläubig anblickte, fügte Mae Pia schnell hinzu: »Sie kann vor Gram und Schmerz sterben, weil sie glaubt, wir hätten die Briefe nie beantwortet, die sie uns aus Ban Sita noch vor dem Tod des Zweiten Königs schickte.«
Anna war ratlos. Der Brief war viel zu dick, um bloß einen Gruß zu enthalten. Außerdem ließen die unvorsichtigen Äußerungen der Sklavin – »mag ihr Leben retten« – mehr auf einen Fluchtplan als auf mitfühlende und ermutigende Worte schließen. Dieser Fall war nicht so einfach wie Son Klins Befreiung oder selbst die von L'Ore. Wegen der bedeutenden Stellung der Prinzessin von Chiengmai konnte Anna nur schwer das Ausmaß der Intrige erraten, die mit diesem Brief verbunden sein mochte. Mae Pia handelte zweifellos im Auftrag der Familie des Fürsten von Chiengmai, einer hochmütigen Sippschaft, die König Mongkuts Souveränität haßte. Ihre Wut über die Einkerkerung der Prinzessin mußte grenzenlos sein. Hielt König Mongkut sie tatsächlich als Geisel? Waren die Elefanten für den König von Birma etwa eine stillschweigende Drohung an König Mongkut, die Prinzessin freizulassen, wenn er keinen Bürgerkrieg heraufbeschwören wollte? Irgend etwas schien bereits im Gange zu sein, und Anna wollte sich keinesfalls einmischen, solange sie nicht bedeutend mehr über die Sache wußte.
»Wo ist eigentlich der Prinz, dein Gebieter?« forschte sie.
»Er ist gerade beim Gouverneur von Paklat zu Besuch.« Das war Lady Son Klins Vater, der König Mongkut ebenfalls nicht gerade wohlgesonnen war.
Ehe Anna eine weitere Frage stellen oder den gefährlichen Auftrag annehmen oder ablehnen konnte, war Mae Pia verschwunden. Mit einer raschen, anmutigen Bewegung sprang sie aus dem Fenster, und Anna sah in den Falten ihres Rocks einen kurzen Dolch aufblitzen.
Der Sturm, der sich schon während des ganzen Tages zusammengebraut hatte, brach nun mit aller Heftigkeit los. Drei Stun-

den lang beherrschten Donner, Blitz und Regen die Stadt. Anna blieb die ganze Zeit über in ihrem Sessel sitzen und dachte über ihren letzten Streit mit dem König, die Unterredung mit Mae Pia, das rote Samtkuvert, das Schicksal der Prinzessin von Chiengmai und ihre Verantwortung gegenüber einer Frau nach, die sie niemals zuvor gesehen hatte. Sie fragte sich auch, ob die Sklavin überhaupt in der gewaltigen Strömung des Flusses gegen den Sturm ankämpfen konnte.

Als nach Mitternacht das Unwetter endlich nachgelassen hatte, nahm Anna den Brief, schloß die Fensterläden und ging in ihr Schlafzimmer. Sie war noch immer zu keiner Entscheidung gekommen. Für den Augenblick verwahrte sie den Brief in ihrem Lederkoffer. Dann ging sie zu Bett.

Die Fahrt nach Paklat

Anna erwachte müde und abgespannt. Sie überlegte, ob es klüger war, im Haus zu bleiben, bis ihre Lage geklärt war. Schließlich entschied sie sich, die Arbeit wiederaufzunehmen, als ob nichts geschehen wäre. Während ihrer Krankheit hatte Mae Prang, ihre Gehilfin, den Unterricht geleitet, doch wenn sie jetzt nicht in der Schule erschien, würde der König davon erfahren und am Ende sogar glauben, daß er sie eingeschüchtert hatte. Dabei hatte sie sich gerade wegen ihres entschlossenen Auftretens gegen ihn durchsetzen können. Mehr als einmal hatten ihre Freundinnen im Harem über ihren Mut beinahe neidisch bemerkt: »Nur eine Ausländerin konnte sich so etwas erlauben!« Anna wußte ganz genau, daß sie nicht wirklich mutig war, sondern nur versuchte, nicht das geringste Anzeichen von Schwäche zu zeigen. Schließlich hingen ihre Stellung und ihre Sicherheit davon ab, daß sie möglichst immer eine kühle und selbstbewußte Miene bewahrte.

Zur gewohnten Stunde verließ sie mit Louis das Haus und trat rasch durch die Tore in den Palast. Eine Schar armer Sklavinnen, die außerhalb der Palaststadt lebten, saß vor dem inneren Tor und wartete darauf, eingelassen zu werden. Sie kannten Anna gut und begrüßten sie ehrfürchtig. Neben den Frauen lungerte eine Gruppe von Soldaten und finsteren Gestalten herum, die Anna noch nie zuvor gesehen hatte. Sie ging auf die Männer zu und zweifelte keinen Augenblick daran, daß sie ihr Platz machen würden. Doch die ganze Schar ging mit erhobenen Armen und mit Steinen in den Händen auf sie zu. Plötzlich liefen die Sklavinnen zu ihrem Schutz herbei und drängten sich von allen Seiten um sie und Louis und beschützten sie mit ihren Körpern vor den Angreifern. Sie geleiteten die beiden aus dem Palast und brachten sie nach Hause. Dort angekommen riefen sie eilig die Bediensteten herbei, und nach wenigen Minuten war das Haus im Belagerungszustand: Alle Tore und Fenster waren versperrt und verriegelt.

Als Anna sich von dem Schrecken wieder erholt hatte, bebte sie am ganzen Körper. Mittags versuchte sie, ein wenig zu essen, um den noch immer verängstigten Louis zu beruhigen, doch sie konnte Messer und Gabel kaum halten, und sogar das Wasserglas zitterte in ihren Fingern. Wann immer sie durch die Jalousien spähte, konnte sie irgendwelche Männer vor ihrem Haus herumlungern sehen, manche hockten sogar schon seit einigen Stunden am Straßenrand und in den Büschen. Einige Männer kamen sogar zum Tor und klopften an, doch ihre Bediensteten ließen noch immer niemanden ins Haus.

Ihr erster Gedanke war, dem britischen Konsul zu schreiben und ihm von diesen Ereignissen zu berichten, doch dann zögerte sie aus verschiedenen Gründen. Sie hatte beim täglichen Um-

gang mit den Siamesen bisher noch nie den Schutz des Konsuls in Anspruch genommen. Es würde erstens feige aussehen, und zweitens wären Komplikationen vorprogrammiert, wenn sie Mr. Knox' Hilfe in Anspruch nähme. Louis und sie ritten zwar oft mit ihm aus und betrachteten ihn als Freund, doch der König mochte ihn nicht, und was immer er tun würde, konnte den König nur noch mehr gegen sie aufbringen. Wenn sie sich dagegen für eine Weile vollkommen ruhig verhielt, würde sein Zorn vielleicht schon bald wieder verrauchen.
Anna setzte sich an ihren Schreibtisch und begann einen Brief, in dem sie alle Ereignisse seit dem letzten Morgen festhielt. Sie beschrieb ihren Streit mit dem König, erwähnte die Nachricht aus dem Palast, daß die Höflinge des Königs sie angefallen hatten, den Angriff der Männer beim Tor und die Tatsache, daß diese Männer vor ihrem Haus herumlungerten. Sie versiegelte und adressierte den Brief, damit er beim nächsten Angriff umgehend abgeschickt werden konnte. Dann ließ sie einen Zimmermann kommen, der Eisenstäbe an allen Fenstern anbringen sollte, um die Eindringlinge so lange fernzuhalten, bis sie Hilfe holen konnte – wenn es nötig würde –, und auch, um nachts ruhig schlafen zu können. Sie hatte solche Sicherheitsvorkehrungen vorher nie für nötig gehalten, doch die Leichtigkeit, mit der Mae Pia in ihr Zimmer gesprungen war, hatte sie eines besseren belehrt.
Als nächstes schrieb sie einen Brief an Captain John Bush. Das Rundschreiben, das in der Liste der Beschuldigungen des Königs erwähnt war, befand sich in Captain Bushs Besitz. Der amerikanische Konsul hatte sich sogar tatsächlich darüber geärgert, weil sein Name erst lange nach denen des britischen Konsuls und Annas aufgeführt war. Mr. Hood war erst im vergangenen Herbst nach Bangkok gekommen und legte großen Wert auf solche Förmlichkeiten. Anna erinnerte sich noch genau an den Vorfall, weil sie den Groll des Amerikaners gut nachvollziehen konnte; ihr Name hätte wirklich nicht vor seinem stehen

sollen. Sie wußte genau, daß sie es nicht selbst niedergeschrieben hatte, und wollte das anhand der Handschrift überprüfen. In ihrem Brief bat sie Captain Bush nur, das Zirkular zu suchen, da es zu Unstimmigkeiten zwischen ihr und dem König geführt hätte.

Er kam noch am gleichen Abend vorbei, froh und gutgelaunt wie am ersten Tag ihres Aufenthalts in Bangkok. »Hier ist es, Mem«, sagte er und hielt ihr das Schreiben hin. Ah, sehr gut! Sie sah, daß sie recht gehabt hatte. »Wozu brauchen Sie es denn?«

»Ich möchte nur, daß Sie damit zum König gehen und es ihm überreichen.«

Verwirrt und etwas amüsiert willigte er ein. Mit einiger Mühe überredete sie Phra Alak, der in ihrer Nähe wohnte, eine sofortige Audienz für Captain Bush zu erwirken. Phra Alak war immer noch ungehalten, weil sie seiner Bitte nicht nachgekommen war, doch Anna erinnerte ihn ein wenig spitz daran, wie oft sie ihm schon aus der Patsche geholfen habe, und er stimmte schließlich zu.

Kurz darauf stand Captain Bush vor dem König und überreichte ihm das Rundschreiben. »Mem Leonowens sagte mir, daß Sie es zu sehen wünschen«, bemerkte er nur.

Der König sah ihn mit fragender Miene an, doch der Engländer lächelte nur abwartend, da Anna ihm nichts weiter aufgetragen hatte. Seine Majestät nahm das Schreiben in die Hand und studierte es aufmerksam, dabei wirkte er zunächst verwundert, dann verwirrt und schließlich verärgert. Er fuhr sich mit der Hand über die Stirn. Es war seine eigene Handschrift!

»Ich hatte es vergessen«, sagte er schließlich.

Als Captain Bush in Annas Haus zurückkehrte, mußte er über das Unbehagen des Königs schmunzeln. »Nun sagen Sie mir doch endlich, worum es eigentlich ging«, drängte er. Anna tat es. »Ging es dabei etwa auch um ein Buch?« fragte er.

»Ja, genau«, sagte sie, »der König beschuldigt mich, ein Buch aus seiner Bibliothek gestohlen zu haben.«

»Da haben wir's!« rief Captain Bush und warf lachend den Kopf in den Nacken. »Während ich vorhin bei ihm war, kam eine kleine Prinzessin mit einem Buch in der Hand zu ihm gekrochen und sagte, sie hätte es in einem der Schlafzimmer gefunden. Seine Majestät geriet noch mehr aus der Fassung und bemerkte völlig geknickt, daß er Sie die ganze Zeit über verdächtigt habe. Ich konnte allerdings mit seiner Bemerkung nichts anfangen.«

Captain Bush richtete Anna auch aus, daß der König sich mit ihr versöhnen wolle, doch Anna zögerte. War der unbändige Zorn des Königs etwa in so kurzer Zeit der Vernunft gewichen? Vorsichtig ließ sie wieder ihre Fenster und Tore öffnen, doch es sollten noch mehrere Wochen vergehen, bevor sie den Palast betrat.

Als die *Chow Phya* mit der nächsten Auslandspost einlief, bat der König Anna, ihre Arbeit wiederaufzunehmen. Sie gehorchte, ohne noch ein Wort über ihren Streit zu verlieren, nahm an ihrem Tisch Platz und schrieb die Briefe des Königs ab. Als er sich nach einer Weile neben sie stellte, blickte sie nicht auf.

»Mem, Sie sind und bleiben ein Problemfall«, sagte er in vorwurfsvollem Ton. »Ich habe Ihnen schon so viele Gefälligkeiten erwiesen, doch Sie sind immerzu widerspenstig. Das ist nicht gerade klug von Ihnen. Warum sind Sie nur eine so schwierige Person? Sie sind doch nur eine Frau. Es ist wirklich schlimm, daß Sie immer so eigensinnig sind. Haben Sie etwa auch etwas dagegen, Sir John zu schreiben, daß ich sein guter Freund bin?«

Anna konnte ein Lächeln über die neue Strategie des Königs nicht unterdrücken. »Durchaus nicht, Eure Majestät«, antwortete sie freundlich, »wenn alles, was Sie wollen, ein Brief mit guten Wünschen ist.«

Eilig schrieb sie den Brief und gab ihn dem König zur Durchsicht und Unterzeichnung. Er war nicht zufrieden, denn er hatte insgeheim gehofft, daß sie nachgeben würde, und sein Gesicht verriet es. Mürrisch gab er ihr den Brief zurück und ging

aus dem Zimmer, um seinen Zorn an jemand anderem auszulassen.
Trotz dieses nicht gerade sehr vielversprechenden Anfangs meinte der König die Versöhnung noch immer sehr ernst. Er schenkte Anna nun größeres Vertrauen als je zuvor. Wenn ihn mal wieder eine seiner Erkrankungen ans Bett fesselte, wurde sie jeden Tag zu ihm gerufen, um Briefe zu schreiben oder mit Hilfe einer siamesischen Sekretärin Dokumente zu übersetzen. Während dieser ganzen Zeit lag der Brief von Mae Pia in dem roten Lederkoffer. Es gab nach wie vor nicht das geringste Anzeichen dafür, daß die Prinzessin von Chiengmai im Gefängnis des Palastes war. Anna begann sich zu fragen, ob Mae Pia falsche Informationen gehabt hatte und die Prinzessin vielleicht im Palast des Zweiten Königs eingesperrt war – falls sie überhaupt noch am Leben war. Anna hatte Angst, ihren Freundinnen im Harem von diesen Vermutungen zu erzählen. Sie brachte sich und die Prinzessin nur in Gefahr, wenn sie zuviel Interesse zeigte, daher fragte sie Lady Son Klin so beiläufig wie möglich, ob sie in letzter Zeit etwas von der Prinzessin Sunatda gehört habe. Sie verneinte hastig, und Anna merkte, daß sie dieses Thema nicht weiter diskutieren wollte. Der Fürst von Chiengmai weilte noch immer in Bangkok, und sein Boot lag auf der anderen Seite des Flusses beim Wat Arun, dem Tempel der Dämmerung, vor Anker.
Eines Tages, als Anna in einem Zimmer neben dem königlichen Schlafgemach arbeitete, hörte sie die Stimme Mae Ying Thahans. Anna war gerade mit mehreren handschriftlichen Dokumenten des Königs, die sie für eine Veröffentlichung im *Bangkok Recorder* vorbereiten sollte, beschäftigt. Seine Majestät war an diesem Morgen in bester Laune. Das Manuskript, an dem Anna arbeitete, war eine Entgegnung des Königs auf Dr. Bradleys Theorie der »angeborenen Verderbtheit«. Die beiden sauertöpfischen Herren vorgerückten Alters stritten sich immer wieder in den Rubriken der Zeitung.

Dr. Bradley, der seit 1835 in Bangkok lebte, hatte dem König während seiner einsamen Jahre im Priesterstand sehr nahegestanden. Seit ihrer ersten Begegnung führten sie langwierige und verwickelte theologische Diskussionen, ein jeder wild entschlossen, den anderen von den Mängeln seiner Religion zu überzeugen. Der König war hocherfreut über den Gedanken, daß sein neuester Artikel Dr. Bradleys Theorie vollkommen widerlegte und den ehrwürdigen Gentleman endlich in seine Schranken verweisen würde. Er hatte den ganzen Morgen vor Vergnügen gekichert.

Anna hörte zufällig, wie die oberste der Amazonen in den angrenzenden Raum kroch und dem König berichtete, daß Prinzessin Sunatda Wismita sehr krank sei. »Lassen Sie die Prinzessin jeden Tag einen ausgedehnten Spaziergang im Garten machen«, antwortete er. »Weisen Sie ihr eine bessere Zelle zu, und sagen Sie dem Arzt, er soll sie gründlich untersuchen.«

Die Amazone kroch aus dem Raum und eilte die Treppe hinunter. Lautlos erhob sich Anna von ihrem Tisch und lief ihr auf Zehenspitzen nach, ständig darauf bedacht, die Amazone nicht aus den Augen zu verlieren, ohne sich ihr zu zeigen. Mae Ying Thahan ging mit schnellen Schritten durch die Straßen des Harems und hielt nur an, um auf die Knie zu fallen, wenn eine vornehme Dame vorüberkam. Bald merkte Anna, daß sie auf das Hauptgefängnis zusteuerte, jenen schauerlichen Ort, aus dem sie einst Lady Son Klin befreit hatte. Anna blieb in der Nähe des Tors stehen und wartete. Einige Sklavinnen lungerten hier herum, und ein paar Bedienstete, die Besorgungen zu erledigen hatten, blieben stehen und gesellten sich zu ihnen. Niemand schien zu wissen, was passieren würde, doch alle hofften auf ein wenig Abwechslung in ihrem eintönigen Leben. Bald war die ganze Straße voller Menschen. Anna trat zurück, als eine Amazonengarde aus dem Gefängnis kam und vorbeimarschierte. In der Mitte der Gruppe führten sie eine Frau, anscheinend die Prinzessin, der zwei Lao-Mädchen folgten. Sie schien das Auf-

sehen um ihre Person gar nicht zu bemerken, sondern schritt ganz ruhig dahin, als ob sie völlig allein wäre. Sie sah ziemlich niedergeschlagen und krank aus und hatte sich völlig in ihrem Kummer vergraben.
Anna folgte der Prozession mit der neugierigen Menschenmenge, doch als sie den nächsten Garten erreicht hatten, deutete die Prinzessin mit einer stolzen Handbewegung an, daß sie nicht weitergehen könne. Sie setzte sich auf einen künstlichen Felsen vor einem Teich, in dem Goldfische herumschwammen. Teilnahmslos ließ sie den Kopf hängen, und ein Ausdruck tiefer Trauer lag auf ihrem schönen Gesicht.
Ehrfürchtig murmelnd blickten die Frauen auf das Gesicht der Prinzessin, von der sie schon so viel gehört hatten. Zum erstenmal schien die Prinzessin zu bemerken, daß sie von einer Menschenmenge umgeben war. Anna konnte sehen, wie sie mit ihren dunklen Augen die Umgebung absuchte und dann wieder vor sich hin starrte.
Als sich die Prozession nach einer Stunde wieder in Bewegung setzte, wurden überall Worte des Mitleids laut, manche der alten Sklavinnen hoben sogar ihre Hände und beteten für die unglückliche Prinzessin. Die Sklavinnen folgten den Amazonen noch bis zu den Gefängnistoren, dann eilten sie mit der Neuigkeit in ihre Häuser zurück.
Als Anna zum Mittagessen nach Hause zurückkehrte, konnte sie die Prinzessin und die große Einsamkeit, die ihre wenigen Bewegungen verrieten, nicht vergessen. Sie wußte nun, daß die Prinzessin von Chiengmai noch am Leben war und wo sie die junge Frau finden konnte. Anna mußte sofort an den roten Samtbrief denken. Wäre es eine mündliche Botschaft gewesen, hätte Anna sie bedenkenlos überbringen können, doch eine schriftliche Mitteilung konnte alles mögliche enthalten. Sie glaubte Mae Pia nicht, daß der Brief bloß Grüße und Ermutigungen enthielt. Der Fürst von Chiengmai, Mae Pia – woher sollte sie wissen, welchen verwegenen Plan sich die beiden aus-

gedacht haben mochten? Sollte Anna etwa als ihre Vermittlerin auftreten? Überbrachte sie der Prinzessin den Brief, handelte sie eindeutig gegen die Interessen des Königs. Wodurch könnte sie diese Tat rechtfertigen? Oder war die Lage, in der sich die Prinzessin befand, ein ausreichender Grund?

Als Anna in die Schule zurückkehrte, trug sie den Brief in ihrer Tasche bei sich. Sie wollte Lady Thiang besuchen und sich vielleicht mit ihr beraten. Allerdings wußte sie noch nicht, wie sie das Gespräch im Beisein der anderen Frauen auf dieses heikle Thema bringen sollte.

Mit nachdenklicher Miene schritt Anna auf Lady Thiangs Haus zu und fragte sich, ob dieser Besuch wirklich das richtige war. Sie hatten zwar schon viele kleine Komplotte geschmiedet, doch nie war es um eine so bedeutende Sache oder Person gegangen. Wahrscheinlich lehnte Lady Thiang es sowieso grundsätzlich ab, sich in die Angelegenheiten des Königs und der Prinzessin zu mischen. Anna würde schon einen harmlosen Grund für ihren Besuch finden, da verließ sie sich auf ihr Einfühlungsvermögen. Die Hauptfrau erwartete gerade ihr zehntes Kind, und Anna kam sowieso häufig vorbei, um sich nach ihrem Befinden zu erkundigen.

Lady Thiang empfing sie liebenswürdig lächelnd und umarmte Anna herzlich. Prinz Chaiyanuchit, der noch ein winziges Baby gewesen war, als Anna das erste Mal den Palast betreten hatte, kletterte wie gewöhnlich auf Annas Schoß. Seit sie ihn englische Kinderlieder und Sätze gelehrt hatte, begrüßte er sie immer mit ein paar englischen Wortfetzen, nickte mit dem kleinen Kopf und zwinkerte ihr aus glänzenden Augen zu, was seiner Mutter und ihren Dienerinnen stets große Freude bereitete.

Einige Frauen versammelten sich um Annas Sessel, um ihrem Geplauder mit Chai zu lauschen. Sie brachen in schallendes Gelächter aus, wenn er Vers um Vers eines kurzen Liedes wiederholte und ihr dann eine Orange auf den Mund hielt. Das war sein Geschenk! Dann sprang er von ihrem Schoß auf den Bo-

den, zog sich ihren Hut und ihren Mantel an und stolzierte damit wie ein englischer Gentleman auf und ab. Seine Mutter hielt ihn fest und bedeckte ihn mit Küssen, während die Frauen sich zuflüsterten, daß Chai ebenso klug sei wie sein Vater und sicherlich eines Tages den Thron besteigen würde. Mitten in das fröhliche Gelächter wurde einer der Ärzte angekündigt.
Lady Thiang zog sich sofort mit ihm in einen anderen Raum zurück und bat Anna, ihr zu folgen. Dann hob sie Chai in Annas Arme und legte sich auf eine Liege, um sich massieren zu lassen. Das war die Gelegenheit, auf die Anna gewartet hatte, doch sie zögerte noch ein wenig, um ganz sicherzugehen, daß sie dem Doktor vertrauen konnte.
Die Frauen verhielten sich einige Minuten lang völlig still. Lady Thiang seufzte, während der Doktor ihren Körper bearbeitete. Plötzlich wurde Anna klar, daß die Frauen ebenfalls warteten, an ihren Blicken konnte sie sehen, daß der Arzt der Hauptfrau etwas sagen wollte, daß sie ihm aber noch kein Zeichen gegeben hatte, mit seinen Ausführungen zu beginnen. Auch sie schien zu warten – zweifellos auf Annas Weggehen. Doch Anna tat, als bemerkte sie es nicht. Sie ließ Chai auf ihrem Schoß auf und ab hüpfen und sang ein Lied für ihn. Nach einer Weile, als Anna sich noch immer nicht zum Gehen wandte, sagte Lady Thiang auf siamesisch zu dem Arzt: »Macht nichts, sprechen Sie ruhig. Es ist vollkommen in Ordnung. Seien Sie unbesorgt!«, was Anna natürlich verstand.
Der Doktor beendete die Massage, blickte sich vorsichtig um und sagte kopfschüttelnd: »Ich glaube nicht, daß sie noch lange leben wird.«
Lady Thiang richtete sich auf, faltete ihre Hände und rief: »*Phutho!*«
»Es ist einfach grausam«, fügte der Doktor leise, mit ernster Stimme hinzu. »Es wäre besser, sie sofort zu töten, als sie langsam zu Tode zu quälen, wie sie es jetzt tun.«
»Großer Buddha im Himmel, hilf uns!« weinte Lady Thiang

leise und zutiefst erschüttert.»Was soll ich nur tun? Kann ich sie denn irgendwie retten?«

»Wenn irgend etwas für sie getan werden soll, muß es sofort geschehen«, antwortete der Doktor.

»Warum schreiben Sie ihren Befund nicht nieder und geben den Bericht Mae Ying Thahan? Erwähnen Sie, daß sie keine vierundzwanzig Stunden mehr zu leben hat, wenn sie nicht auf der Stelle aus diesem Raum entfernt wird und die Erlaubnis erhält, jeden Tag ins Freie zu gehen. Armes Kind! Armes Kind!« wiederholte Lady Thiang.»Sie hat solch ein gutmütiges Herz und soll nun so qualvoll sterben. Wir müssen einen Ausweg finden, damit sie am Leben bleiben kann, bis die Lage sich entspannt. Es muß eine Möglichkeit geben, ihr zu helfen!«

»Er hat sie bereits vollkommen vergessen«, erwiderte der Doktor und packte seine Sachen zusammen.

Anna hatte die ganze Zeit über mit Chai gespielt und versuchte, so unbeteiligt wie möglich zu wirken. Doch sobald der Arzt die Tür hinter sich geschlossen hatte, drehte sie sich zu Lady Thiang um und sagte mit leiser, entschiedener Stimme:»Haben Sie gerade über die Prinzessin Sunatda Wismita gesprochen?«

Die Hauptfrau sprang erschrocken auf und sah Anna an, als glaubte sie, die Engländerin besitze übernatürliche Kräfte.»Woher kennen Sie ihren Namen?« fragte sie.»Wir erwähnen ihn niemals.«

Anna berichtete ihr kurz von Mae Pias Besuch und dem roten Samtbrief.»Wenn die Prinzessin wirklich, wie der Doktor sagt, im Sterben liegt, kann mit dem Brief auch kein Schaden mehr angerichtet werden. Könnten Sie ihr das Schreiben denn nicht zukommen lassen? Sie sagten doch gerade, daß Sie ihren Lebenswillen anfachen wollen, bis Sie ihr helfen können.« Lady Thiang schüttelte den Kopf.»Dann lassen Sie mich den Brief persönlich zu ihr bringen!«

Lady Thiang saß in Gedanken versunken auf dem Rand ihres Ruhebetts.»Wir alle sind hier Gefangene, liebe Freundin«, sagte sie schließlich, »und wir müssen in unserem Tun sehr vorsichtig sein. Aber wenn Sie mir versprechen, kein Wort darüber zu verlieren und im Fall unserer Entdeckung die Folgen mitzutragen, werde ich Ihnen gerne helfen.«

»Natürlich«, sagte Anna. »Das verspreche ich gerne.«

Lady Thiang blickte Anna fest an. Ihr schwarzes Haar ließ das elfenbeinweiße Gesicht noch bleicher erscheinen, als es war.

»Sie müssen mich für einen selbstsüchtigen Schwächling halten«, sagte sie nach einer kleinen Pause und ergriff Annas Hand, als bäte sie um Verständnis. »Sie sind eine Fremde, und Seine Majestät hat nicht die gleiche Macht über Sie. Sie können fortgehen, wann immer Sie wollen. Doch wir müssen hierbleiben und den königlichen Willen ertragen, was immer auch geschieht.«

Anna nickte. »Ich weiß«, sagte sie, »ich weiß es nur zu gut.«

»Kommen Sie nach Sonnenuntergang wieder, und ich werde Ihnen sagen, ob wir den Brief vielleicht schon heute nacht überbringen können.«

Nach Einbruch der Dämmerung kehrte Anna in Lady Thiangs Haus zurück. Die Hauptfrau ging ihr entgegen, um sie abzufangen, ehe ein Mitglied ihres Haushalts sie entdecken konnte. »Alles in Ordnung, Mem cha«, flüsterte sie mit frohlockender Stimme. »Der Bericht des Arztes hat ihre Lage deutlich verbessert. Die Prinzessin wurde in eine andere Zelle verlegt, die sogar ein kleines Fenster hat.« Lady Thiang rief zwei Sklavinnen herbei und beauftragte sie, Anna zu begleiten und die Amazonen davon zu unterrichten, daß Anna die Prinzessin besuchen dürfe. Das war ein sehr mutiges Unterfangen. Anna hatte gedacht, daß die Amazonen nur bestochen werden sollten, um sie zu so später Stunde in den Palast einzulassen und nicht, daß sie auch den Anlaß ihres Besuchs erfuhren.

Die Sklavinnen eilten lautlos durch die stillen Straßen, und Anna folgte ihnen nervös. Beim Gefängnistor verabschiedeten sie sich kurz und verschwanden in der Dunkelheit. Rasch und ohne Förmlichkeiten wurde Anna zu einem kleinen Raum geleitet. Wortlos bedeutete die Amazone ihr einzutreten und schloß die Tür. Der Raum war von einem Docht, der in einem irdenen Gefäß brannte, matt erleuchtet. Das einzige Fenster war mit schweren Gittern versehen, doch die Fensterläden standen offen, und ein warmer Lufthauch drang in die Zelle. Unter dem Fenster befand sich ein hölzernes Gestell mit einem Brett, auf das eine geblümte Matte und ein Satinkopfkissen gelegt worden waren. Dort lag die abgezehrte Prinzessin Sunatda.

Sie trug die Kleidung einer Lao-Dame hohen Ranges: einen scharlachfarbenen, seidenen, mit Gold geschmückten Pasin, ein geblümtes schwarzes Gewand und einen langen Schleier aus indischer Gaze, der auf ihren Schultern ruhte. Eine schwere goldene Kette hing um ihren Hals, und mehrere Ringe von großem Wert schmückten ihre Hände. Das Haar war aus der Stirn gekämmt und in einem schweren Knoten zusammengefaßt. Nach Annas erstem Eindruck war sie nicht annähernd so schön wie die Sklavin Mae Pia, doch als sie die Prinzessin genauer ansah, bemerkte sie den herausfordernden heroischen Stolz, der in ihren melancholischen Augen blitzte. Ob ihr Gesicht nun schön war oder nicht, man würde es zumindest niemals vergessen. Zu ihren Füßen befanden sich noch zwei unbequeme Ruhestätten, auf denen die Gefährtinnen der Prinzessin saßen. Anna schritt durch die Zelle und setzte sich neben sie. Prinzessin Sunatda, die durch das eiserne Gitter auf das kleine Stück Himmel geblickt hatte, drehte sich zu Anna um. Ihr Gesicht verriet weder Interesse noch Ärger, als sie sah, daß eine Fremde ihre Zelle betreten hatte. Niemand sprach, doch Anna wußte nicht, wie sie die Unterredung am besten beginnen sollte. Schließlich erkundigte sie sich nach dem Gesundheitszustand der Prinzessin. »Ich bin gesund«, antwortete die Prinzessin teilnahmslos. »Bitte, warum sind Sie hergekommen?«
»Ich habe eine wichtige Botschaft für Sie«, entgegnete Anna.

»Ist das wahr?« fragte die Prinzessin und blickte, als erwarte sie eine Bestätigung dieser Worte, mehr auf ihre Gefährtinnen als auf Anna.

Anna antwortete ohne zu zögern: »Ja, es ist wahr. Ich komme zu Ihnen von Frau zu Frau, weil ich Ihren Kummer kenne.«

Die Prinzessin sah sie befremdet an, als würde sie ihre Worte nicht verstehen. »Wie kann das sein?« fragte sie in hochmütigem Ton. »Sie müssen wissen, Madame, daß Frauen nicht gleich Frauen sind. Manche sind vornehmer Herkunft, und andere sind als Sklavinnen geboren.« Sie sprach sehr langsam und bedächtig.

Anna nahm keinen Anstoß an dieser Bemerkung. »Ja, das stimmt«, antwortete sie sanft. »Wir sind nicht alle gleich. Aber ich bin zu Ihnen gekommen, weil eine sehr tapfere Frau mich darum gebeten hat. Ich kam nicht aus Neugierde, sondern weil ich Mae Pias Bitte nicht abschlagen konnte.«

»Mae Pia? Was sagen Sie da?« Die Prinzessin sprang von ihrem Bett auf, ihr Gesicht strahlte, und sie schlang ihre Arme um Annas Hals, als wären sie seit Jahren die besten Freundinnen. Sie preßte ihre heiße Wange gegen Annas und flüsterte: »Reden Sie! Erzählen Sie! Haben Sie wirklich Mae Pia gesagt?«

Anna nahm das rote Samtkuvert aus der Tasche und reichte es der Prinzessin. Der Wechsel von Verzweiflung zur Glückseligkeit ließ sie wunderschön erscheinen. Mit hastigen Bewegungen öffnete sie die Samthülle, zog den Brief heraus und beugte sich zu der irdenen Lampe, um ihn zu lesen. Eine leichte Röte überzog ihr bleiches Gesicht. Nachdem sie den Brief gelesen hatte, lächelte sie und plauderte mit ihren Gefährtinnen in einer Sprache, die Anna nicht kannte.

Die drei Lao-Frauen diskutierten eine ganze Weile miteinander, und es schien, als drängten die beiden Mädchen ihre Herrin zu etwas, wogegen sie sich offenbar wehrte. Schließlich warf die Prinzessin den Brief verärgert fort und bedeckte ihr Gesicht mit den Händen, als könne sie den Argumenten nicht länger widerstehen und als weigerte sie sich, den beiden länger zuzuhören.

Daraufhin nahm eines der beiden Mädchen den Brief und las ihn ihrer Kameradin mehrere Male vor. Sie öffnete eine Betelbüchse, nahm ein Tintenfaß, eine kleine Feder und eine lange Rolle gelben Papiers heraus und begann einen Brief zu schreiben. Mehrmals rieb sie die Worte mit ihren Fingern aus und fing wieder von vorne an. Die Prinzessin lag wieder auf ihrem Bett und starrte abwesend aus dem Fenster. Als der Brief schließlich geschrieben war, hatte er so viele Kleckse, daß Anna sich fragte, ob ihn überhaupt jemand würde lesen können. Die Schreiberin faltete den Brief sorgfältig, steckte ihn in eine blaue, seidene Hülle, die sie aus der Betelbüchse genommen hatte, nähte sie zu und befestigte schließlich ein Stück Papier an der Außenseite. Darauf schrieb sie eine Adresse in den gleichen Schriftzeichen wie auf dem Samtkuvert und reichte die Hülle mit einem hoffnungsvollen Lächeln der Engländerin. Dann erst wandte sich die Prinzessin wieder zu Anna und fragte: »Hat Ihnen Mae Pia Geld versprochen?«

»Nein!«

»Wollen Sie Geld?«

»Nein, ich danke Ihnen«, antwortete Anna ebenso hochmütig wie die Prinzessin. »Allerdings sollten Sie mir sagen, an wen der Brief adressiert ist, da ich diese Schrift nicht lesen kann. Ich werde mein möglichstes tun, den Brief an die richtige Stelle zu leiten, und ich werde Ihnen behilflich sein, soweit es in meiner Macht steht.«

Die Prinzessin war völlig überwältigt. Sie umarmte Anna stürmisch, dankte ihr wieder und immer wieder und sagte, sie werde sie stets in Gedanken segnen. Dann bat sie Anna, den Brief Mae Pia oder ihrem Bruder Prinz Othong und keinem anderen Menschen zu übergeben.

»Wo kann ich sie finden?«

Die Prinzessin flüsterte die Antwort, damit keine der Amazonen sie hören konnte. »Sie halten sich im Haus des Gouverneurs von Paklat versteckt. Zumindest haben sie mir den Brief von dort geschickt. Falls sie nicht mehr dort sind, wird er auf alle Fälle wissen, wo sie sind.«

Annas nächstes Problem war, nach Paklat zu gelangen. Die Stadt lag viele Meilen flußabwärts von Bangkok entfernt, unweit Paknam, wo der Chow Phya in den Golf strömt. Anna war bisher erst einmal dort gewesen. Es war ein malerischer Ort mit sechs- oder siebentausend Einwohnern. Der sehenswerteste Teil lag gegenüber einer Biegung des großen Flusses. So weit das Auge reichte, erstreckten sich Bananenwälder, Palmenhaine und Gärten mit Mangobäumen und Tamarinden, und die alten Feigenbäume sahen aus, als hätten sie schon tausend Sommern getrotzt.

Paklat hatte jedoch einen großen Nachteil. Mitten im Ort gab es eine *Sala*, die einst der Treffpunkt für die derben Seeleute der englischen und amerikanischen Schiffe, die nach Bangkok kamen, gewesen war. Man hatte daher in Bangkok irgendwann einmal festgelegt, daß Paklat ein unschicklicher Ort sei, den eine Dame nicht ohne Begleitung besuchen könne.

Anna konnte also unmöglich alleine nach Paklat fahren, doch sie wollte auf gar keinen Fall Aufmerksamkeit erregen, indem sie jemanden bat, sie zu begleiten. Eine achtlose Bemerkung eines englischen Freundes konnte bei den Siamesen schnell Verdacht erregen. Sie wußte schon lange, daß sie genau beobachtet wurde, obwohl sie noch immer nicht sicher war, wer von ihren Bekannten zu den Spionen gehörte, die den König über jeden ihrer Schritte informierten.

Zum Glück war Monsieur Malherbe, einer der in Bangkok lebenden Franzosen, von Dr. Campbell zur Luftveränderung nach Paklat geschickt worden. Louis liebte Madame Malherbe sehr, und er hatte in den Briefen an Avis stets mit großer Begeisterung von ihr geschrieben. Unglücklicherweise weilte Madame Malherbe gerade in Frankreich, wodurch es keinen wirklichen Grund für einen Besuch gab, doch Anna fiel keine bessere Ausrede für eine Fahrt nach Paklat ein. Und als sie erfuhr, daß der Exerziermeister Lamache mit seiner Frau zu Malherbe reiste, bat Anna darum, das Ehepaar begleiten zu dürfen. Sie sagte, sie wolle mit Louis einen kleinen Ausflug machen, und erkundigte sich höflich nach Monsieur Malherbes Befinden, da »Louis, wie Sie wissen, Madame sehr lieb hat«. Es klang nicht gerade überzeugend, und Annas Freunde machten sich über sie lustig. Sie unterstellten ihr, es auf den Monsieur abgesehen zu haben, und warnten sie scherzhaft, daß seine Frau in Kürze zurückkommen werde. Anna ließ die Hänseleien mit Humor über sich ergehen und kommentierte sie nicht weiter.

Und so stieg sie wenige Tage später um fünf Uhr morgens mit Louis, ihrem Gastgeber und seiner Frau in eine kleine Barkasse, und die Reise begann. Den Brief der Prinzessin hatte sie in ihrer Tasche mit einer Nadel befestigt. Die Fahrt stromabwärts verlief sehr angenehm, sie kamen genau zur Frühstückszeit in Paklat an und wurden von Monsieur Malherbe mit einem reichhaltigen Mahl empfangen. Anna aß sehr schnell, und der Gedanke, in eine Intrige verwickelt zu sein, erfüllte sie mit großer Freude. Bisher verlief das Ganze reibungslos, fast wie in einem Roman. Ihr war sogar ein sehr guter Grund eingefallen, sich völlig unverdächtig aus der Runde verabschieden zu können: Angeblich habe sie Lady Son Klin versprochen, ihrem Vater, dem Gouverneur, einen Besuch abzustatten. Sie ließ Louis bei Madame Lamache und machte sich auf den Weg zum Haus des Gouverneurs.

Er empfing sie sehr freundlich und erkundigte sich sofort nach seiner Tochter und nach Louis. Anna erklärte ihm ohne Umschweife den Grund für ihren Besuch und erfuhr, daß der Prinz und Mae Pia sich noch immer bei ihm verborgen hielten. Der Gouverneur führte sie durch lange Hallen und Korridore, bis sie schließlich zu einem alten Turm außerhalb des Gebäudes kamen, der völlig mit Moos bedeckt und von einem tiefen Wassergraben umgeben war. Anstelle der Fenster gab es nur einige schmale Gucklöcher. Vom Dach aus konnte man über Treppen zu zwei verfallenen Zugbrücken gelangen, von denen eine zum Gouverneurspalast führte, während die andere in den Kanal mündete, von dem aus man den Fluß erreichen konnte. Anna war sofort klar, daß der Turm als Zufluchtsort bestimmt oder zumindest hervorragend dafür geeignet war. Zwei Boote lagen im Burggraben am Fuß der Stufen wie für einen Notfall bereit.

Der Gouverneur ließ Anna bei der niederen Mauer stehen, die den Wassergraben umgab, stapfte über die Zugbrücke und betrat den Turm. Er öffnete ein schweres Tor, das ganz so aussah, als ob es schon mehr als einer Belagerung widerstanden hätte. Nach wenigen Minuten kam Mae Pia herausgelaufen und rief: »Oh, Mem cha, Mem cha! Ich bin ja so glücklich, Sie zu sehen! Oh, ich liebe Sie! Ich liebe Sie so sehr, weil Sie gekommen sind! Sie müssen unbedingt hereinkommen und den Prinzen kennenlernen!«

Sie zog Anna in den hohen Turm. Zuerst kamen sie in einen großen Raum, an dessen Wänden verrostete indische Rüstungen alten Stils – mit Schilden, Fahnen, Speeren, Schwertern, Bogen, Pfeilen und Lanzen – hingen. Sie waren ungeheuer groß und wirkten auf Anna wie aus einem phantastischen Traum. Nachdem sie die Halle durchschritten hatten, betraten sie ein kleines Gemach, dessen Wände mit riesigen Blumen, Vögeln und Tieren bemalt waren. In dem Raum stand nur ein Paradebett mit einem geblümten Vorhang, der von der Decke bis zum Boden reichte. Das flimmernde Licht und der Widerschein des dunkelgrünen Wassers im Burggraben schlugen Anna völlig in ihren Bann.

Einer von drei jungen Männern, die in dem Raum saßen, stand auf und ging auf Anna zu, um sie zu begrüßen. Sie erkannte ihn sofort, da er Prinzessin Sunatda sehr ähnlich sah. »Willkommen, tapfere Freundin, willkommen!« rief er und verbeugte sich anmutig. Er konnte seine Erregung kaum verbergen und fragte Anna mit glühenden Wangen, ob sie seine Schwester gesehen habe.

»Ja, und zwar vor wenigen Tagen. Sie wurde gerade erst in eine bessere Zelle mit einem Fenster verlegt, und ihre Gefährtinnen sind bei ihr.« Als Anna zu sprechen begann, kam Mae Pia näher heran, um ihren Worten mit sorgenvollem Gesicht zu lauschen. »Sie war ziemlich krank, aber ich glaube, daß es ihr schon viel besser geht, seit sie von Ihnen gehört hat. Sogar ein gelegentlicher Spaziergang im Palastgarten ist ihr inzwischen gestattet worden.« Sie fragten Anna nach jeder Einzelheit ihres Gefängnisbesuchs, und als sie schließlich das blau seidene Kuvert aus der Tasche zog, war ihre Freude unbeschreiblich.

Während der Prinz den Brief las, beobachteten ihn die anderen mit ängstlicher Miene. Anschließend las er ihn laut vor, doch »Mae Pia« waren die einzigen Worte, die Anna verstand. Sie sah, wie zwei große Tränen über die Wangen des Prinzen auf das bekleckste gelbe Papier rollten, und seine Stimme wurde zu einem Flüstern. Als er sich hinsetzte, schwiegen alle betreten. Der Prinz saß, die Augen zur Decke gerichtet, wie im Gebet da. Mae Pia kroch zu ihm und sah ihn eindringlich an. Während er schwach und zutiefst bekümmert wirkte, sprachen aus Mae Pias Zügen Stärke und unerschütterliche Entschlossenheit. Sie kniete vor ihm und bat wortlos um seine Zustimmung für eine Sache, die sie offensichtlich schon so oft besprochen hatten, daß es nicht notwendig war, sie nochmals in Worte zu fassen. Mae Pias Willenskraft machte den Prinzen ganz unruhig, doch Anna war voller Bewunderung. Was für eine Frau!

Mittlerweile war für Anna die Zeit zum Aufbruch gekommen. Sie hatte erwartet, daß man ihr eine Antwort für die Prinzessin mitgeben würde, doch nichts dergleichen geschah. Der Prinz bot Anna ein Geschenk als Zeichen seiner Dankbarkeit an, doch sie lehnte es ab. Er bat sie, seine Schwester bald wieder zu besuchen und ihr über die Fahrt nach Paklat zu berichten. Er

trug ihr ein paar Worte der Liebe, des Trostes und der Hoffnung auf, doch er gab ihr keinen Brief.
Mae Pia geleitete Anna zur Residenz des Gouverneurs zurück. Auch sie dankte ihr unzählige Male für ihre tatkräftige Unterstützung und bat:»Sagen Sie der Prinzessin bitte, sie soll den Mut nicht verlieren. Ich weiß noch nicht genau, was ich als nächstes tun werde, doch wir müssen endlich etwas unternehmen, um sie zu retten, selbst wenn ich dabei mein Leben riskieren muß. Sagen Sie ihr das bitte!«
»O Mae Pia«, widersprach Anna, »sei bloß vorsichtig! Du darfst jetzt nichts überstürzen und solltest besser geduldig warten, um zu beobachten, wie sich die Dinge entwickeln.«
Mae Pia schüttelte den Kopf. »Nein, ich werde etwas tun! Und zwar bald, hoffe ich. Sagen Sie ihr das!«
»Aber Mae Pia sitzt im Gefängnis. Selbst wenn du in den Palast gelangen könntest, hättest du noch lange keinen Zugang zu ihrer Zelle.«
Die Sklavin lächelte nur.
Der am Morgen noch so klare Himmel hatte sich zugezogen, und auch die nahende Flut ließ darauf schließen, daß Lamache bereits ungeduldig auf eine Rückkehr nach Bangkok drängte. Anna durfte nicht noch mehr Zeit mit Worten verlieren, zumal sie ihre Wirkung verfehlten. Mae Pia würde ihren Plan, wie immer er auch aussah, auf jeden Fall durchführen, falls der Prinz es nicht verbot. Und wenn Diplomatie und Bestechung versagten, würde sie bestimmt eine Verzweiflungstat begehen, um ihre Herrin zu befreien. Die Sache war von vornherein zum Scheitern verurteilt, dachte Anna traurig.
Ein letztes Mal drehte sie sich um und sah Mae Pia, die gefalteten Hände zum Gruß hoch über ihrem Kopf, in dem langen Korridor des Gouverneurspalastes stehen. »Sie ist einfach wundervoll!« dachte Anna, und Tränen schossen ihr in die Augen bei dem Gedanken, die Sklavin wohl nicht mehr lebend wiederzusehen.

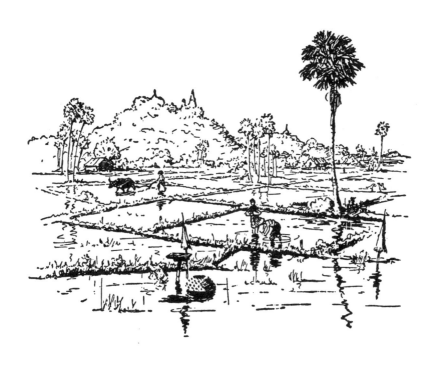

Die Prinzessin von Chiengmai

Anna konnte mit Hilfe von Lady Thiang problemlos eine weitere Unterredung mit der Prinzessin vereinbaren. Anscheinend hatte ihre erste Begegnung keinen Schaden angerichtet, und falls der König durch seine allgegenwärtigen Spione davon erfahren hatte, störte er sich offensichtlich nicht daran. Die Prinzessin saß noch immer in der gleichen Zelle, doch sie sah schon viel gesünder und glücklicher aus.
»Haben Sie meinen Bruder und Mae Pia getroffen?« fragte sie erregt, sobald sich die Amazone zurückgezogen hatte.
»Ja. Und die beiden waren überglücklich, von Ihnen zu hören. Sie sind noch immer in Paklat und lassen Sie herzlich grüßen.«

Anna berichtete der Prinzessin und ihren Gefährtinnen ausführlich von ihrem Besuch. Anschließend unterhielten sich die drei Frauen in ihrer Landessprache lebhaft miteinander, und die Prinzessin löcherte Anna mit Fragen. Als Anna ihr Mae Pias Versprechen übermittelte, schüttelte sie heftig den Kopf. »Nein, das ist unmöglich!« murmelte sie und sank für einen Augenblick wieder in sich zusammen. Doch sofort kehrte ihre gute Laune zurück, und sie erzählte Anna von Chiengmai und ihrem Leben dort.

»Wenn man im Boot stromaufwärts fährt, erreicht man die Stadt in sechs Wochen. Inzwischen ist Chiengmai dem Königreich Siam tributpflichtig, doch vor langer Zeit herrschten meine Vorfahren über das riesige Land, das zwischen Birma, China und Siam liegt. König Phra Chao Othong Karmatha, von dem mein Bruder seinen Namen hat, gründete die Stadt vor vielen Jahrhunderten. Er hat auch die großen Wasserwerke erbaut, die noch heute die Menschen in den Bergen mit reinstem Wasser versorgen.

Mein Bruder und ich sind die einzigen Kinder des Prinzen Sarawong, der wiederum ein Bruder des gegenwärtigen Herrschers von Chiengmai ist. Meine Mutter starb bei meiner Geburt, und Mae Pias Mutter zog mich auf, daher lieben wir uns wie Schwestern. Mein Bruder ist sieben Jahre älter als ich und dem Sport und sonstigen Vergnügungen sehr zugetan. Ruhm, Ehre und Unabhängigkeit sind ihm jedoch noch wichtiger. Immer wenn wir dem König von Siam huldigen müssen, fühlt er sich gedemütigt, schließlich war der Großvater des Königs nur ein gewöhnlicher General. Doch wir sind schon lange nicht mehr unabhängig und müssen dem König alle drei Jahre goldene und silberne Bäume als Zeichen unserer Treue senden.

Vor drei Jahren fuhr mein Onkel nicht selbst nach Bangkok, sondern schickte meinen Bruder mit den Bäumen zum König. Damals wurden er und der Zweite König, der unserer Familie seit langem verbunden war, gute Freunde.

Buddha weiß, daß ich den Ersten König nicht schlechtmachen möchte, doch jeder, der die beiden kannte, wird Ihnen sagen, daß der jüngere Bruder ihm in jeglicher Hinsicht weit überlegen war«, fuhr die Prinzessin stolz fort. »Schon bald ging der Zweite König in unserem Haus ein und aus und nahm an vielen Jagden teil. Ich würde Ihnen so gerne meine erste Begegnung mit dem König beschreiben, doch mir fehlen die richtigen Worte. Ich hatte schon viel von ihm gehört und habe mich auf den ersten Blick in ihn verliebt.

Als er uns verließ und wieder nach Saraburi zurückkehrte, hatte ich den Schlüssel zu meinem Leben verloren. Mein Bruder konnte meine Gefühle nachvollziehen und schickte daher ohne mein Wissen Mae Pia nach Saraburi, damit sie eine Anstellung im Palast annehmen konnte. Sie sollte herausfinden, ob der Zweite König meine Gefühle erwiderte. Mae Pia fuhr mit ihrer Mutter zum Palast und gelangte unter dem Vorwand, ein paar Freundinnen besuchen zu wollen, in den Harem. Irgendwann nahm sie dann ihre silberne Flöte heraus und begann zu spielen. Haben Sie Mae Pia jemals spielen gehört? Nein? Sie ist die beste Musikerin im ganzen Land und beherrscht zehn verschiedene Instrumente. Und sie kann singen. Sie haben bestimmt noch nie so etwas Wunderbares wie ihre Musik gehört. Die Menschen strömten herbei, um ihr zuzuhören, und waren begeistert. Auch Khun Klip fand das Flötenspiel so bezaubernd schön, daß sie Mae Pia ihrer Mutter für das Orchester des Zweiten Königs abkaufte.

Nur wenige Tage später hatte Mae Pia Gelegenheit, vor dem Zweiten König zu musizieren, und selbst er war entzückt. Eine Krankheit fesselte ihn ans Bett, doch er fand an Mae Pias Kunst solchen Gefallen, daß sie nicht von seiner Seite weichen durfte. Sie sollte ihn unterhalten, wenn er sich zu elend fühlte, um sich mit etwas anderem beschäftigen zu können. Eines Tages, als er von ihren Melodien mal wieder völlig hingerissen war, fragte sie ihn, ob sie ein Lied singen dürfe, das sie nur für ihn geschrieben

habe. Sie erzählte mir später, wie sehr ihre Kühnheit den Zweiten König überraschte, da sie doch nur ein einfaches Landmädchen war. Was konnte sie schon von der Dichtkunst wissen? Er befürchtete, daß seine Höflinge sie auslachen könnten, doch er lächelte ihr ermutigend zu und gab ihrem Wunsch nach. ›Und dann‹, um mit seinen Worten zu sprechen, ›sang sie ein wundervolles Lied über dich, meine Geliebte, und ich höre noch heute die tiefe Sehnsucht, die aus ihrem Herzen sprach. Nachdem sie geendet hatte, riß ich die Flöte aus ihrer Hand und schüttete ihr mein Herz aus über meine Liebe zu dir, Sunatda.‹
Als Mae Pia nach drei Monaten immer noch nicht zurückgekehrt war, gab ich die Hoffnung auf. Doch eines Tages kam sie mit Briefen und Geschenken von ihm nach Chiengmai, und nur einen Monat später fuhr ich als Braut – und zwar als eine überglückliche, Mem cha! – nach Ban Sita. Kurz bevor wir seinen Palast erreichten, eilte mein Bruder voraus, um ihm meine Ankunft anzukündigen …« Sie hielt plötzlich inne und brach in Tränen aus. Anna rührte sich nicht, da sie die Prinzessin nicht verwirren wollte. Nach einer Weile hatte sie sich wieder gefaßt und fuhr fort: »Und so wurden wir getraut. Die ersten Monate schwebten wir vor Glück wie auf einer Wolke, dann erkrankte er wieder. Er schickte mich zu meinem Vater zurück, weil er befürchtete, daß ich nach seinem Tod in die Hände seines Bruders fiele, doch ich wollte ihn nicht verlassen. Als er nach Bangkok gebracht wurde, begleitete ich ihn.
Seine letzten Worte waren: ›Leb wohl, meine schöne Sunatda. Du warst für mich das Licht der untergehenden Sonne. Unsere Liebe hat all die dunklen Wolken am Himmel vertrieben, die mein Leben überschatteten, und die Erinnerung an dich wird bis an mein Ende hell und klar vor meinen Augen stehen.‹
Nur wenige Tage nach dem Tod meines Gatten war ich in seinem Palast gefangen, doch schon bald wurde ich hierher gebracht und bekam die Wohnung einer Königin zugewiesen. Seine Majestät erwartete mich dort. Er ignorierte einfach meine

tiefe Liebe für meinen Gatten und den Kummer um seinen Verlust und wollte mich auf der Stelle heiraten. Ich lehnte diesen taktlosen Antrag stolz und öffentlich ab, und nun bin ich hier und werde wahrscheinlich gefangen bleiben, solange ich lebe.«
Sie schwieg. Da trat eine Amazone ein und sagte, die Gefängnistore würden bald geschlossen. Die Prinzessin saß mit zusammengepreßten Lippen da, traurig hielt sie ihren Kopf gesenkt, als erlebte sie den schweren Verlust und die schlimme Demütigung noch einmal. Sie winkte Anna zum Abschied zu, drehte sich aber nicht zu ihr um.
Anna sah sie nach diesem Besuch hin und wieder, wenn sie unter den wachsamen Augen der Amazonen in einem der Palastgärten saß. Sie war stets in Gedanken versunken, doch wirkte sie auf Anna völlig verändert, als hätte sie neue Kraft geschöpft.

Im Oktober war der König endlich wieder vollkommen hergestellt. Am sechsundzwanzigsten würde Prinz Chulalongkorn das Noviziat verlassen und in den Palast zurückkehren. Es war beschlossen worden, daß Anna ihn in den Abendstunden in seinem neuen Haus unterrichten sollte, da er nicht länger zur Schule gehen konnte. Der König war außerdem gerade mit der endgültigen Auswahl der kostbaren Gegenstände beschäftigt, die auf einer Pariser Ausstellung gezeigt werden sollten. Monsieur Aubaret drängte immer noch auf einen Widerruf des vierten Artikels des Vertrags von 1865, doch der König weigerte sich, weitere Zugeständnisse zu machen, und versprach nur, eine Gesandtschaft nach Paris zu schicken.
Am letzten Oktobertag trat der ganze Hof mit den bevorzugtesten Mitgliedern der königlichen Familie, Anna und Louis die Reise nach Petschaburi an. Die Stadt lag ungefähr neunzig Meilen südwestlich von Bangkok am gleichnamigen Fluß. Die Landschaft war hier bedeutend malerischer als in Bangkok: Sanfte Hügelketten und herrliche Wälder machten Petschaburi zu einem beliebten Aufenthaltsort, und die Ebene zwischen den

Bergen und dem Golf von Siam war von unzähligen Reisfeldern und Palmenhainen geprägt.

Auf dem königlichen Berg gleich hinter der Stadt war auf Befehl Seiner Majestät ein herrlicher Palast erbaut worden. Obwohl fünfhundert Sklaven über zehn Jahre an diesem Kunstwerk gearbeitet hatten, wurden noch immer Veränderungen vorgenommen. Auf den angrenzenden Bergen hatte man die Tempel errichtet, und an allen Hängen waren Arbeiter mit der Fertigstellung der Gärten beschäftigt. In der Mitte der meisten Anlagen standen aus Fels gehauene Vasen in ägyptischem Stil, die stets mit Blumen gefüllt waren. Zum Palast gehörten ein Schulhaus, eine Wohnung für die Lehrerin und eine Hauskapelle für die Frauen, allerdings lebten diese hier nicht in einer eigenen »Stadt der Frauen« wie in Bangkok. Die Haremsdamen, die den König alljährlich bei seinen Besuchen begleiteten, hatten eigene Räume im westlichen Flügel des Palastes, der vom übrigen Gebäude durch eine Mauer getrennt und von Amazonen Tag und Nacht bewacht war.

Prinz Chulalongkorn, Anna und Louis genossen es sehr, über die Berghänge, durch die Schluchten und Wälder zu wandern, wilde Blumen zu pflücken und die Quellen, Höhlen und Grotten zu erkunden. Von den Grotten waren sie am meisten beeindruckt: Herrliche Tropfsteine und die wundervollen Farben der Decken und Wände gaben ihnen einen tempelähnlichen Eindruck. Eine Grotte wurde auch tatsächlich als Tempel benutzt, während die anderen nicht verändert wurden, mit Ausnahme einiger in den Fels gehauenen Stufen, um den Zugang zu diesen romantischen Orten zu ermöglichen. Am Fuß des Berges befand sich ein spiegelglatter kleiner See, an dessen Ufern zahlreiche schattige Rastplätze lagen. Vom Palast führten mehrere Wege durch dichte Wälder zu der weiten Hochebene, die eine herrliche Aussicht auf das Land und auf das fruchtbare Tal bot, durch das der Fluß sich schlängelte.

Der ganze Hofstaat verbrachte hier zwei glückliche Wochen.

Anna unterrichtete vormittags in der Schule und verbrachte die Nachmittage mit Prinz Chulalongkorn und Louis bei der Erkundung der Gegend. An keinem anderen Ort in Siam hatte sie sich so wohl gefühlt. Das Leben war abwechslungsreich und einfach, die Luft viel kühler und klarer als in Bangkok. Anna war glücklich, als der König den Aufenthalt um zwei Wochen verlängerte; sie genoß das Leben in vollen Zügen. Doch eines Nachts wurde sie um drei Uhr morgens durch das Läuten der Sturmglocken geweckt. Trompetensignale schmetterten über die fernen Hügel und hallten von den Felsen wie das Wehklagen von Dämonen wider. Der königliche Palast war hell erleuchtet. Fackeltragende Gestalten traten aus den dunklen Torwegen und eilten unter den Bäumen vorüber, mehrere Sänften und Reiter machten sich auf den Weg.

Die Fackelträger waren Amazonen, die jeden einzelnen wecken sollten, da der Hof innerhalb einer Stunde nach Bangkok zurückkehren würde.

»Warum denn?« fragte Anna enttäuscht. »Der König hat doch erst gestern verfügt, daß wir noch zwei Wochen bleiben.« Die Amazonen weigerten sich, ihr eine Erklärung zu geben. »Sie haben eine Stunde Zeit, Ihre Sachen zu packen«, war die Antwort. »Seine Majestät hat angeordnet, daß wir noch heute nacht nach Bangkok zurückkehren.«

Auch während der Heimreise wurde der Befehl nicht weiter kommentiert – Seine Majestät hatte sie angeordnet, und das genügte. Drei Tage später war Anna wieder in ihrem Haus in Bangkok und dachte sehnsüchtig an den Berggipfel von Petschaburi, die gute Luft und die schöne Aussicht.

Am nächsten Morgen gingen Anna und Louis zur gewohnten Stunde in die Schule, doch als sie sich dem Palasttor näherten, studierte eine aufgebrachte Menschenmenge große Plakate auf Siamesisch, Pali und in anderen Sprachen. Anna konnte zwar Pali und Siamesisch lesen, doch diese Proklamationen verwirrten sie völlig. Sie fragte mehrere Leute, was denn darauf stehe,

doch niemand half ihr weiter. Alle wichen eingeschüchtert zurück und schüttelten die Köpfe. Auf dem Weg zum Tempel entdeckte Anna die geheimnisvollen Ankündigungen auf allen Mauern in den schmalen Straßen und Gassen. Noch immer wollte ihr niemand sagen, was sie bedeuteten. Anna fragte sich allmählich, ob die Ankündigungen irgend etwas mit ihr zu tun hätten. Sie stand doch mit dem König wieder auf ziemlich gutem Fuß. Zwar war sie der Sklaverei und Polygamie gegenüber von Anfang an feindselig eingestellt, doch das konnte kaum ein Grund sein.
Die Schule war leer. Als auch nach einer Stunde niemand erschien, machte Anna sich auf den Weg zu Lady Thiang. Doch deren Verhalten war geheimnisvoller als die Hieroglyphen auf den Mauern. Sie blickte ihre Besucherin nur neugierig an und schüttelte wortlos den Kopf. Darauf tastete sie Anna von oben bis unten ab, als wollte sie sich vergewissern, daß die Engländerin – wie sie – ein Wesen aus Fleisch und Blut war. »Mem cha«, sagte sie ernst, »haben Sie sich jemals mit Zauberei oder Hexerei befaßt?«
Die Frage kam so unerwartet, daß Anna auflachen mußte. »Natürlich nicht! Was für eine komische Idee! Wie kommen Sie denn darauf?«
Lady Thiang sah sie beleidigt an und sagte streng: »Mem, das hier ist wirklich nicht lustig, und für uns beide ist es sogar todernst. Während wir alle in Petschaburi waren, ist eine Zauberin im Palast aufgetaucht. Niemand weiß, wer sie war, und niemandem ist etwas Ungewöhnliches aufgefallen. Doch plötzlich war die Prinzessin von Chiengmai verschwunden, obwohl alle Palasttore verschlossen und bewacht waren und niemand herein- oder hinausging.« Als sie Annas ungläubige Miene sah, fuhr sie fort: »Ja, sie ist aus ihrer Zelle verschwunden, obwohl die Zelle und das Gefängnis ebenso wie sämtliche Tore versperrt und verriegelt waren. Die Amazonen standen wie immer auf ihren Posten, doch die Prinzessin muß in der nächtlichen Dunkelheit

verzaubert worden sein. Niemand hat die Hexe gesehen. Man weiß nur, daß sie im Palast war. Als die Amazonen die Zelle der Prinzessin betraten, lag nur eine taube und stumme Sklavin da, die von der Zauberin dort zurückgelassen worden war.«
Anna war sprachlos. Das mußte Mae Pia gewesen sein. Sie erinnerte sich an ihre letzten Worte: »Wir müssen endlich etwas unternehmen, um sie zu retten, selbst wenn ich dabei mein Leben riskieren muß.« Nun hatte sie das Unmögliche getan! Doch wie? Sie hatte zweifellos einen günstigen Zeitpunkt gewählt, da der König nicht in Bangkok war und die Wachsamkeit der Amazonen offensichtlich nachgelassen hatte. Trotzdem war es Anna absolut unverständlich, wie Mae Pia ihre Herrin aus dem Gefängnis und dem Palast geschmuggelt hatte. Kein Wunder, daß Lady Thiang an das Werk einer Zauberin glaubte!
»Ach«, rief Lady Thiang erregt, »könnte man doch nur dieses stumme Mädchen zum Sprechen bringen! Dann könnte man nachvollziehen, wie die Entführung genau vor sich ging, wie die alte Hexe aussah und vielleicht sogar, wer sie war. Sie könnte verhaftet werden, und wir beide wären außer Gefahr. Mem cha, ich fürchte um mein Leben und das meiner Kinder. Und wissen Sie«, sagte sie mit vor Angst aufgerissenen Augen, »daß sich Seine Majestät in Sein oberstes Gemach eingeschlossen und an allen Toren und Fenstern Wachen postiert hat, um keine verdächtigen Personen einzulassen, weil die Hexe, als Mensch getarnt, noch hier sein kann? Nur die alte Ärztin Khun Mo Prang darf zu ihm kommen. Sie bringt ihm alle Mahlzeiten, und er wird sein Gemach nicht verlassen, ehe der Palast und die ganze Stadt beschworen worden sind. Oh, und morgen wird der Unterricht ausfallen. Beinahe hätte ich vergessen, es Ihnen zu sagen. Auf seinen Befehl hin müssen alle Königskinder bis morgen mittag in ihren Häusern bleiben. Die Brahmanenpriester werden die Stadt am Morgen beschwören, am Nachmittag werden die Priester dann Buddhas Räucherwerk verbrennen und die Häuser und Wände und uns mit heiligem Wasser besprengen.«

Anna atmete erleichtert auf. Daß das Verschwinden der Prinzessin ganz und gar nichts mit übernatürlichen Kräften zu tun hatte, schien weder Lady Thiang noch dem König in den Sinn gekommen zu sein. Früher oder später würde allerdings ein klar denkender Kopf wie der Kralahome die wahren Umstände aufdecken, und dann war Mae Pias Leben verwirkt. Anna bewunderte die Sklavin inzwischen weit mehr als ihre Herrin, und sie wußte, daß Mae Pia in tödlicher Gefahr schwebte.
Lady Thiang berichtete Anna mit ängstlicher Miene, daß die Hofastrologen versuchten, die Angelegenheit aufzuklären, und daß der König für des Rätsels Lösung eine hohe Belohnung ausgesetzt hatte. Auch würden die zwei Lao-Frauen sowie die taube und stumme Sklavin beschworen und vor dem geistlichen Gericht von den weisen Männern und Frauen des Landes verhört werden.
Die Hauptfrau preßte das Gesicht in ihr Kissen und weinte verängstigt. Anna versuchte sie zu beruhigen, doch es gelang ihr nicht. Lady Thiang fürchtete, daß sie wegen ihrer stetigen Fürsprache für die Prinzessin in Verdacht geraten und mit ihrem Verschwinden in Verbindung gebracht werden könnte. Ihre Angst vor dem Übernatürlichen und die drohende Möglichkeit, verklagt zu werden, hatten sie vollkommen entmutigt, sie war einfach untröstlich.
Anna versprach ihr, an der Geisterbeschwörung teilzunehmen und ihr später davon ausführlich zu berichten.
Am nächsten Morgen – dem 20. November 1866 – ritt Anna, nur von einem indischen Reitknecht begleitet, zum Schauplatz der Geisterbeschwörung. Sie hatte in Erfahrung bringen können, daß die drei verdächtigen Frauen vor Tagesanbruch aus ihren Zellen geholt und durch die leeren Straßen geführt worden waren. Erst nachdem sie das Gefängnis verlassen hatten, konnte die Reinigung des Palastes und seiner Umgebung beginnen. Da diese Prozedur vor dem Beginn des Verhörs abgeschlossen sein mußte, blieb Anna genügend Zeit.

Ende November war die angenehmste Jahreszeit, die Morgensonne schien klar, doch nicht zu warm. Anna ritt zur nordöstlichen Mauer der befestigten Stadt und genoß die kühle Luft und die gleichmäßigen Bewegungen des Pferdes. Dieser Stadtteil war hauptsächlich von Brahmanen bewohnt, er war ihnen von den Königen von Siam zugeteilt worden, als die Stadt angelegt wurde. Hier stand nicht ein modernes Gebäude, und Anna hatte nie zuvor, noch nicht einmal in Indien, ein so historisch getreues Bild der alten Brahmanenkultur vorgefunden wie in diesem Winkel Bangkoks, wo die Tradition gewissenhaft gewahrt worden war. Die zahlreichen Giebel, die seltsamen kleinen Fenster, die phantastischen Türme, die engen Torwege und die endlosen Farbspiele, das alles kam hier zusammen. Die Brahmanen trugen überwiegend sogar noch die Trachten ihrer Ahnen, was das Bild vervollständigte.

Endlich kam Anna zum Tempel Wat Bawonniwet, in dem die Beschwörung und das Verhör stattfinden sollten. Eine alte steinerne Brücke führte über einen kleinen Fluß in einem tiefen, engen Tal. Die steilen Flußufer waren mit Gras und Stechginster bewachsen, und über dem ganzen Ort lag eine öde, seltsame Düsterkeit.

Tief in der Bergschlucht stand ein alter Altar des Phra Khan, des Gottes des Todes. Dahinter, einem zackigen Schatten gleich und selbst im hellsten Sonnenlicht immer düster, konnte man die geschwärzten Dächer der Behausungen der brahmanischen Büßer erkennen.

Anna stieg ab und reichte ihrem Reitknecht die Zügel. »Halt das Pferd bitte außerhalb der Tempelgründe, bis wir uns auf den Rückweg machen«, sagte sie und setzte sich auf die Brücke, um zu warten. Der Reitknecht ging mit dem Pferd fort, kehrte aber nach einer Viertelstunde mit Öl, frischen Blumen und Süßigkeiten zurück. Er band sein Pferd sorgfältig fest und trat mit seinen Opfergaben in den Tempel. Anna folgte ihm. Er warf sich vor jedem einzelnen der vielen Götter nieder. Anna zog ein Notizbuch und einen Stift aus der Tasche und machte eifrig Skizzen und Notizen.

Wischnu, Schiwa, Krischna und Schiwas schwarze Frau waren die obersten Gottheiten des Tempels. Sie waren die Helden und Heldinnen zahlreicher grotesker Mythen, die in Stein gehauen die Wände schmückten. Die Reliefs zeigten Wischnu, der bequem auf der tausendköpfigen Schlange Schescha ruhte oder wie ein Fisch herumschwamm oder wie eine Schildkröte daherkroch oder seine Klauen wie ein wilder Bär zeigte oder in seiner fünften und letzten Verwandlung als Zwerg den Kopf schüttelte. Die Bildhauerarbeiten waren sehr beeindruckend. Sie zeigten auch Krischna – als zweiten Apollo –, der seiner Streiche wegen aus dem Himmel verstoßen wurde. Er hatte die Herzen der Schäferinnen von Mathura gestohlen, lief stets heimlich mit ihrer wohlschmeckenden Butter davon und machte sich einen Spaß daraus, ihre Milchkrüge auszuleeren. Auf einer anderen Wand war er verewigt, wie er auf einem Baum hockte und die Gewänder der Milchmädchen unter seinem Arm hielt. Er hatte ein Grinsen auf seinem Gesicht, das von Gläubigen mit Opfergaben und Öl verschmiert worden war. Die keuschen Eigentümerinnen standen in verschiedenen Posen darunter und flehten um die Rückgabe ihrer Gewänder. Unweit davon stand eine Skulptur Schiwas mit seiner Frau Parwati. Der heilige Stier Nandi ruhte zu ihren Füßen, während Kali mit dem Monstrum Mahis chasura kämpfte. Gleich daneben war sie ein zweites Mal verewigt, wie sie eine zu ihr aufblickende Antilope liebkoste. Wie lange es doch her war, seitdem sie und Leon sich eines Morgens aufgemacht hatten, um den Kali Ghat in Kalkutta zu sehen! Es war anläßlich eines Opferfestes gewesen, und der Tempel hatte ebenso dämonisch und faszinierend auf sie gewirkt wie dieser. Das schwarze Gesicht der Göttin wurde von einer langen Haarpracht gekrönt, die aussah wie unzählige Schlangen. Eine rote Zunge hing aus dem scheußlichen Mund, die Augen hatten einen seltsamen, beinahe wahnsinnigen Ausdruck.

Sie hatte vier Arme: In einem hielt sie ein Messer, in dem zweiten den Kopf eines Mannes, in dem dritten eine Lotosblume und in dem vierten ein Rad. Um ihren Hals baumelten die Schädel ihrer Opfer. Sie stand auf dem ausgestreckten Körper eines Anbeters, der sie schreiend pries, während sie ihn zermalmte.

Anna seufzte und ging wieder hinaus an die frische Luft. Sie wanderte ein wenig durch den Hain, doch es gab hier nicht viel zu sehen. Die Prozession war noch nicht eingetroffen, und sie wurde langsam hungrig. Sie rief den Reitknecht herbei und schickte ihn ins Dorf, um einen Krug Milch und Bajri-Brot zu kaufen. Als er damit zurückkam, ließ sie sich im Schatten des Tempels und der Bäume nieder und stärkte sich.

Bald darauf hörte sie den Klang von Trommeln und schrille Musik. Sie lief dem Lärm entgegen und erblickte eine äußerst seltsame Prozession: alte Frauen, in Scharlach und Gelb gekleidet, grauhaarige Männer in den unterschiedlichsten Trachten. Einige marschierten, andere kamen hoch zu Roß daher, und ihre bestickten Fahnen flatterten im Wind. In der Mitte des Zuges ritten ungefähr zwanzig Männer und Frauen auf weißen Maultieren. Die Reitenden waren in schwarze und purpurne Gewänder gehüllt und entweder sehr jung oder sehr alt. Es handelte sich um die königlichen Astrologen, Hexenmeister und Zauberinnen. Anna hatte nie zuvor alle beisammen gesehen, obwohl die Haremsdamen sie immer wieder mit ehrfürchtigen Mienen auf die wichtigen Berater aufmerksam gemacht hatten. Ihnen folgten chinesische Kulis, die nur für dieses Ereignis angeheuert worden waren, und die zwei Kistchen und zwei lange Planken trugen. Anna fragte sich, welche Rolle diese Gegenstände bei dem Ritual wohl spielen würden. Wahrscheinlich hatte Mae Pia die Prinzessin damit aus dem Palast gebracht. Eine bunte Gruppe gutgekleideter Siamesen und eine Schar zerlumpter Sklaven folgten dem Zug.

Die Gerichtsverhandlung fand in einer großen Halle statt, deren Dach stark beschädigt war. Trotz ihrer Baufälligkeit erinnerte sie an den wundervollen Tempel Angkor Wat. Anna trat aus dem Schatten der Bäume und setzte sich auf eine zerbrochene Säule in der Nähe der Halle, um gut sehen und hören zu können.

Am Haupteingang des Tempels hielt der Zug an. Die Männer und Frauen warfen ihre Hände in die Höhe, falteten sie über ihren Köpfen und riefen die Worte Krischnas.

Dann marschierten sie zu den Klängen der Musik in den Tempel und opferten den Göttern ihre Gaben. Die Augen auf das gewölbte schwärzliche Dach gerichtet, beteten sie zu Brahma, dem Tröster, dem Schöpfer, der sanften Mutter und dem Freund des Menschen, daß er sie mit dem Licht des Verständnisses erleuchte, damit sie den Teufel erkennen und überwinden könnten.

Erst als die langwierigen Gebete beendet waren, nahmen die Astrologen, Hexenmeister und Zauberinnen ihre Plätze in der Halle ein, während die neugierige Menge sich um sie versammelte oder auf den Stufen des Gebäudes stehengeblieben war. Dann traten zwei Beamte mit dem Schreiben des Königs vor, es waren der Vorsitzende Richter des obersten Gerichtshofs Phya Phrom und sein Sekretär. Sie sollten den Bericht über das Verhör abfassen und ihn anschließend dem König überreichen. Nachdem sie Platz genommen hatten, wurden die Gefangenen – Mae Pia und die beiden Gefährtinnen der Prinzessin – vorgeführt. Sie wurden zum Ende der Halle geleitet und von fünfzig Amazonen bewacht, während die Soldaten das Gebäude umstellten. In dem Raum war es totenstill. Die eigenartige Versammlung blickte ängstlich um sich und beäugte Mae Pia mißtrauisch, als wäre sie tatsächlich eine Hexe. Die taube und stumme Sklavin war leichenblaß. In ihren Augen spiegelte sich ein seltsames Licht, beinahe wie Irrsinn. Vielleicht war es aber auch furchtbarer Schmerz.

Anna wurde unruhig. Warum begannen sie nicht endlich mit

dem Verhör? Und wozu waren diese Planken und Schachteln? Anna bemerkte kleine Vertiefungen in den Planken, die einer geschickten Person sicher guten Halt boten. Sehr wahrscheinlich hatte Mae Pia sie benutzt, um damit die Mauern zu überwinden. Doch wie hatte sie die Planken über die erste Mauer gebracht, um sie anschließend für die innere Mauer zu benutzen? Wie hatte sie der geschwächten Prinzessin über die Mauer geholfen und war dabei ungesehen geblieben? Und wie war sie überhaupt in das Gefängnis gelangt? Anna konnte sich das alles nicht erklären. Sie wandte sich an einen Soldaten und fragte ihn, warum sich der Beginn des Verhörs verzögerte.
»Sie warten noch auf den heiligen Mann aus den Wäldern«, erklärte er. »Sie haben schon dreimal die Tritonshörner für ihn geblasen, doch er ist noch immer nicht erschienen. Und sie werden nicht ohne ihn mit dem Verhör beginnen, wie lange sie auch auf ihn warten müssen.« Er berichtete ihr von dem Yogi, der zurückgezogen in einer Höhle auf den angrenzenden Tempelgründen lebte. Tagsüber verließ er sein Versteck nur selten, doch einige fromme Hindus, die am Abend im Strom badeten, konnten ihn manchmal im Mondschein sehen und hören, wie er zu Gott sprach. Er ernährte sich von Tamarinden und wilden Früchten und verschlief den ganzen Tag wie ein Tier. Nachts betete er oft mit lauter Stimme.
Nach einstündigem Warten erschien plötzlich ein Mann auf der gegenüberliegenden Seite des Flusses. Er sah sich um und lauschte mit der gespannten Aufmerksamkeit eines Hirsches. Dann sprang er in die Fluten und tauchte auf der Seite des Tempels wieder auf. Er war nur mit einem Lendentuch bekleidet, sein magerer brauner Körper war muskulös und sein Haar lang und ungekämmt. Er schüttelte sich wie ein Hund und ging auf die Halle zu. Mit unübersehbarer Scheu setzte er sich in die Nähe der Gefangenen. Anna konnte ihn ganz genau sehen. Er hatte ein markantes, edles Gesicht, das trotz der wirren Haare einen sanften Eindruck machte.

Der Soldat beugte sich zu Anna und flüsterte ehrfürchtig: »Die Augen dieses Mannes können Dinge sehen, die den bezahlten Hexenmeistern des Königs verborgen bleiben. Sie haben ihn eingeladen, damit er ihnen bei dem Verhör und der Untersuchung hilft.«

Das Verhör begann. Der Richter verlas ein Schreiben des Königs, in dem Anklage gegen eine oder mehrere unbekannte Personen erhoben wurde, die eine Staatsgefangene aus dem Palast entführt hatten.

Nachdem der königliche Brief von den Versammelten mit der üblichen Huldigung – drei tiefe Selams – zur Kenntnis genommen worden war, befahl der Richter den beiden Amazonen, die in der Nacht der Entführung das Gefängnistor bewacht hatten, zu sprechen. Ihre Aussage lautete: »In der Nacht des fünften Tages des zunehmenden Mondes im zwölften Monat wehte plötzlich ein heftiger Wind, der unsere Laternen auslöschte. Obwohl es plötzlich stockfinster war, bemerkten wir, daß eine große, in einen schwarzen Schleier gehüllte Gestalt die Halle betreten hatte. Als sie sich uns näherte, sahen wir, daß sie größer war als ein Mensch und daß sie einen kurzen Dolch in der einen und einen großen Schlüsselbund in der anderen Hand hielt.«

Sie versuchten den Schreck, der ihnen in die Glieder gefahren und sie der Fähigkeit des Sprechens und Handelns beraubt hatte, zu erklären, und berichteten, daß sie nicht einmal den kleinen Finger bewegen konnten, so sehr seien sie verzaubert gewesen. Als das große Wesen schließlich vor ihnen stand und ein Messer zückte, war es von gleißendem Licht umgeben. In diesem Lichtschein konnten sie beobachten, wie es zur Zelle der Prinzessin Sunatda schritt, die Tür mit einem der geheimnisvollen Schlüssel öffnete und die Prinzessin mit sich fortzog. Dann war der Lichtschein plötzlich verschwunden, und das Gefängnis wurde in die schreckliche unwirkliche Finsternis eines Grabes getaucht. Beinahe zwei Stunden konnten sie sich nicht von der Stelle rühren, dann kehrte die seltsame Gestalt zurück.

Diesmal trug sie weder Schleier noch Dolch oder Schlüssel, doch sie sah bleicher und schauerlicher aus als zuvor. Sie ging schnell an ihnen vorbei und warf die Gefängnistür mit solcher Kraft zu, daß sie mit einem lauten Knall ins Schloß fiel.

Als nächste wurden die beiden Gefährtinnen der Prinzessin aufgerufen. Ihr Bericht war sehr kurz, sie sagten nur: »In der Nacht des fünften Tages des zunehmenden Mondes wurden wir durch einen lauten Knall aufgeweckt. Als wir zu dem Bett hinübersahen, auf dem die Prinzessin geschlafen hatte, sahen wir eine Person dort sitzen. Wir riefen nach der Prinzessin, doch sie antwortete uns nicht. Als wir die Lampe anzündeten, bemerkten wir, daß unsere Herrin verschwunden war. Diese stumme Sklavin saß statt dessen auf ihrem Bett. Wir wichen entsetzt vor ihr zurück, weil wir große Angst hatten, daß sie auch uns verwandeln könnte.«

Anna war davon überzeugt, daß die Amazonen an ihre eigene Geschichte glaubten. Das war der einzige Hoffnungsschimmer für Mae Pia. Die Amazonen waren durch die Begegnung mit dem Gespenst so verängstigt gewesen, daß sie tatsächlich glaubten, ein übernatürliches Wesen, doppelt so groß wie ein Mensch und der Sklavin vor ihnen in keinster Weise ähnlich, gesehen zu haben.

»Es war ein böser Geist«, erklärten sie beharrlich, und die Versammelten nickten weise, denn es gab niemanden unter den Anwesenden, der ihre unter diesen Umständen logisch wirkende Erklärung nicht geglaubt hätte.

Schließlich wurde Mae Pia aufgerufen. Der Ausdruck des Schmerzes, des Wahnsinns oder der Raserei – was immer es auch war – brannte noch heftiger aus ihren Augen. Ihr zerlumptes braunes Gewand war mit Flecken übersät, und ihr Gesicht schien von Minute zu Minute bleicher zu werden. Die Zauberinnen und Zauberer richteten eine Frage nach der anderen an sie, doch sie antwortete nicht. Eine übernatürliche Macht schien ihre farblosen Lippen für immer verschlossen zu haben.

Anna erinnerte sich an ihre Redegewandtheit und ihr leidenschaftliches Lied, mit dem sie dem Zweiten König das Bekenntnis seiner Liebe zu ihrer Herrin entlockt hatte. Hatte sie etwa ihre Fähigkeiten über Nacht verloren? Sie konnte doch mit Leichtigkeit eine Geschichte erfinden, die ihre leichtgläubigen Zuhörer, die noch immer im Bann der Aussagen der Amazonen standen, bewegen würde, das Phantastische zu glauben. »Ist es denn möglich, daß sie allen nur etwas vorspielt?« fragte sich Anna. Sie bezweifelte es; vielleicht stand Mae Pia unter Drogen. Auf ein Zeichen ertönte plötzlich ein Gong hinter der Sklavin. Alle Anwesenden fuhren zusammen, und auch Mae Pia, die zutiefst erschrocken war, wandte sich um. »Ha!« rief Phya Phrom triumphierend, »Du bist gar nicht taub! Du kannst sehr wohl hören! Und wahrscheinlich kannst du auch sprechen!« Das Mitgefühl der Anwesenden für das angebliche Opfer der Hexe schwand augenblicklich. Ein aufgebrachtes Gemurmel ging durch die Menge, und der Richter verurteilte Mae Pia augenblicklich zur Streckfolter.

Doch der Yogi hob seine nackten Arme und stieß einen schrillen Schrei aus: »Tut es nicht! Tut es nicht!« rief er so befehlend, daß seine Stimme durch den Tempel dröhnte und allen Bewegungen Einhalt gebot. Er ging zu Mae Pia und legte seine großen knochigen Hände auf ihre Schultern. Dann flüsterte er dem Mädchen etwas ins Ohr, das sie sehr zu bewegen schien, denn sie sah zu ihm auf und weinte. Sie schüttelte traurig den Kopf, legte einen Finger auf die Lippen und versuchte ihm klarzumachen, daß sie nicht sprechen könne. Ein mitfühlender Blick erhellte das Gesicht des Yogi. Er wandte sich an die Versammlung und sagte: »Diese Frau ist keine Hexe, sie ist nicht einmal widerspenstig. Sie kann nur nicht sprechen, weil sie verzaubert ist.«

Die Gefangene konnte sich des Mitgefühls wieder sicher sein. »Laßt sie also beschwören«, sagte Phya Phrom, der das Urteil des Yogi ohne Umschweife annahm.

Daraufhin nahm eine alte zahnlose Frau einen Schlüssel aus ihrem Gürtel und öffnete die hölzernen Kistchen. Ein kleines Boot, eine Art Fischerkahn, wie die alten Ägypter sie benutzt hatten, kam zum Vorschein. Anna hatte derartige Boote schon einmal in Wales gesehen. Dann nahm sie einen langen grauen Schleier, einen kleinen Ofen und etwas Holzkohle heraus. Aus dem zweiten Kistchen holte sie Kräuter, Feuersteine, Schlangenhäute, Federn, verschiedene Tierhaare, menschliche Knochen und unzählige andere Dinge hervorgeholt.
Mit der Holzkohle und den Feuersteinen entfachte die alte Frau im Ofen ein Feuer. Dann öffnete sie mehrere Tontöpfe, die mit Wasser gefüllt waren, warf die Kräuter hinein, murmelte über jedem Krug geheimnisvolle Zaubersprüche und schwang einen Stab, der aussah wie der Armknochen eines kräftigen Mannes. Nachdem sie dies getan hatte, ließ sie die Gefangene in der Mitte der Hexenmeister und Zauberinnen Platz nehmen und legte den grauen Schleier über sie. Dann begann sie, zu Annas großem Entsetzen, brennende Holzkohle über die verschleierte Gefangene zu schütten. Die anderen Frauen tanzten mit wilden Gebärden um sie herum, wiederholten den Namen Brahmas und fegten die glühenden Kohlen mit unglaublich schnellen Bewegungen fort. Dabei wurde weder der Schleier versengt noch auch nur ein Haar von Mae Pias Haupt verbrannt. Danach schütteten die Frauen die Krüge über ihr aus, während sie den Namen Brahmas riefen. Schließlich wurde Mae Pia aufgefordert, neue Gewänder anzulegen.
Wieder legte der Yogi seine Hände auf ihre Schultern und flüsterte zuerst in ihr rechtes und dann in ihr linkes Ohr. Doch Mae Pia schüttelte immer wieder den Kopf und deutete auf ihre Lippen. Nun warf sich der älteste Zauberer Khun Phikhat vor ihr nieder und betete mit einer ungestümen Energie. Nach einer Weile stand er auf und rief mit lauter Stimme: »Wohin hast du den Schlüsselbund geworfen?«
Das grelle Licht des Spätnachmittags beleuchtete das edle Ge-

sicht der Lao-Sklavin, als sie zum drittenmal in der feierlichen Versicherung, daß sie nicht sprechen könne oder wolle, ihren Kopf von einer Seite zur anderen bewegte. Die Anwesenden begannen vereinzelt zu flüstern, daß die böse Hexe, die auch die Prinzessin verschwinden ließ, dieses arme Mädchen der Sprache beraubt habe. Die Mehrheit war jedoch nicht davon überzeugt und forderte, der Richter solle sie foltern lassen. Anna war auf einmal der unerklärlichen Ansicht, daß Mae Pia wirklich nicht sprechen konnte, selbst wenn sie wollte.

»Öffnet ihren Mund und gießt etwas von dem magischen Wasser hinein«, schlug eine der weisen Frauen vor. Diese Anregung fand allgemeine Zustimmung. Eine der Frauen hielt nun Mae Pias Unterkiefer, eine andere ihre Stirn, während eine dritte mit dem Wasser bereitstand. Doch als sie ihren Mund öffneten, wichen sie erschreckt zurück und riefen: »Brahma! Brahma! Brahma!«

»Was ist denn geschehen?« fragte Phya Phrom und erhob sich von seinem Platz. Eine der Frauen wandte sich zu ihm und rief: »Brahma! Brahma! Der böse Feind hat ihr die Zunge herausgerissen!«

Ein Höllenlärm brach aus. Mae Pia war nicht mehr ein Objekt der Furcht und des Schreckens, alles Mitleid, sogar Verehrung strömten ihr zu. Die Angst war so plötzlich dem Gefühl des Erbarmens gewichen, daß die meisten Frauen und Männer beim Gedanken an die grausame Verstümmelung des Sklavenmädchens weinten.

Langsam und feierlich wurde die letzte Frage gestellt – hatte die Beschwörung gewirkt? Sie zündeten eine kleine Kerze an und stellten sie in das Boot der weisen Frau. Alle folgten der zahnlosen Weisen zum Flußufer, um zuzusehen, wie es ins Wasser gesetzt wurde. Sogleich schwamm das Boot mit dem ruhig brennenden Licht stromabwärts, bis es von einem Stein, der aus dem Wasser ragte, aufgehalten wurde.

Der Yogi schrie vor Freude auf, und alle Anwesenden teilten

seine Befriedigung. Die Antwort lautete ja – die Beschwörung hatte tatsächlich gewirkt. Gemäß den Befehlen des Königs wurde das Verhör nun schnell beendet. Die Gefangenen wurden von jeder Mitschuld an der teuflischen Entführung freigesprochen, erhielten eine kleine Summe als Entschädigung und wurden freigelassen. Das belastende Beweismaterial, das eindeutig darauf hinwies, daß jemand damit die Palastmauern überwunden hatte, wurde nicht weiter erwähnt. Als sich die ganze Gesellschaft auf den Heimweg machte, blieb es unbeachtet an der Stelle liegen, an der es die Kulis abgesetzt hatten.

Inzwischen war die Sonne untergegangen. Anna schickte ihren Reitknecht nach Hause und blieb unter dem Baum zurück, an dem ihr Pferd angebunden war. Der Yogi schwamm zu seiner Höhle zurück, doch die Frauen verweilten in der Halle und blickten Mae Pia teilnahmsvoll an.

Schließlich gingen auch sie, und die Sklavin, die reglos auf dem Boden gesessen hatte, stand auf und trat hinaus. Als sie Anna erblickte, lief sie auf die Engländerin zu, warf sich ihr in die Arme und legte den Kopf auf ihre Schultern. Sie machte jämmerliche Geräusche, und Anna dachte zuerst, es seien Ausrufe des Schmerzes, doch als die Sklavin ihren Kopf hob, erkannte Anna, daß es Freudenschreie waren. Die reine Glückseligkeit spiegelte sich auf ihrem Gesicht. Anna war erschüttert von der Opferbereitschaft des Mädchens und schloß sie mit der Sanftheit, die eine Mutter für ihr tapferes und verwegenes Kind empfindet, in ihre Arme. Sie konnte ihre Tränen nicht zurückhalten, als sie daran dachte, wie die Prinzessin ihr erzählt hatte, daß Mae Pia die beste Musikerin im ganzen Land sei. Nun würde sie nie wieder singen können.

Die beiden Gefährtinnen der Prinzessin kamen herbei und berichteten Anna mit flüsternder Stimme den wahren Verlauf der Geschichte. Mae Pia hatte mit Hilfe der Planken die Mauern überwunden und sie dann nachgezogen, um sie auch bei der zweiten Mauer verwenden zu können. Sie hatte den Palast eingehend studiert und für ihr Eindringen eine sehr finstere Stelle zwischen zwei Toren an der Flußseite gewählt. Mae Pia hatte sich vorher einen großen Schlüsselbund verschafft – sie wußten allerdings nicht, wie sie in dessen Besitz gelangt war. Mit Hilfe dieser Schlüssel hatte sie die Gefängnistore geöffnet und die Amazonen erschreckt. Daß der Wind die Laternen ausgeblasen hatte, war ein nützlicher Zufall gewesen. Durch Annas Berichte hatte sie die Zelle der Prinzessin sofort gefunden. Es stimmte, daß sie ihre Herrin mit Gewalt hatte fortziehen müssen. Nachdem sie der Prinzessin geholfen hatte, über die Mauern auf der Innenseite zu steigen, hatte sie sich auf die äußere Mauer gesetzt und dort gewartet, bis die Prinzessin in Sicherheit war. Der Prinz hatte mit zwei Freunden in einem kleinen Boot am Flußufer gewartet.

In der mondlosen Nacht fiel es ihnen nicht schwer, unentdeckt zu bleiben. Mae Pia hatte der Prinzessin die Schlüssel zugeworfen, sie sollte den Bund im Fluß versenken. Vergeblich hatten der Prinz und die Prinzessin Mae Pia gebeten, mit ihnen zu kommen und ebenfalls zu fliehen, doch sie hatte sich standhaft geweigert, die beiden Gefährtinnen ihrem Schicksal zu überlassen. Da die Flüchtenden befürchten mußten, bald entdeckt zu werden, hatten sie sich endlich dem Fluß zugewandt. Ein kleines Schiff erwartete sie an der Flußmündung, um sie aufzunehmen und nach Moulmein zu bringen.

Mae Pia hatte befürchtet, daß sie während der Folter die Wahrheit preisgeben könnte, und sich kurzerhand mit einem Dolch die Zunge abgeschnitten.

»Warum seid ihr denn nicht alle drei mit der Prinzessin geflohen?« fragte Anna die Frauen.

»So viele Personen wären sicherlich entdeckt worden«, antworteten sie. »Und Mae Pia hatte versprochen, uns nicht allein zu lassen.«

Dem war nichts hinzuzufügen, und Anna hätte auch sonst nichts für sie tun können. Ihr Plan stand bereits fest: Sie würden flußabwärts nach Paklat fahren und von dort das nächste Schiff nach Moulmein nehmen, um die Prinzessin einzuholen. Es war längst dunkel geworden, und Anna erinnerte sich an das Versprechen, das sie Lady Thiang gegeben hatte. Doch die Hauptfrau hatte nichts mehr zu befürchten und konnte ruhig warten. Schließlich war alles gesagt, und die Frauen mußten noch ein Boot auftreiben, ehe es zu spät war.

Anna band ihr Pferd los und schwang sich auf das schöne Tier. Als sie fortritt, hob Mae Pia die Hände über ihren Kopf und winkte ihr zu. Sie lächelte. Auch Anna versuchte zu lächeln, doch es wollte ihr nicht gelingen. Sie war zu sehr ergriffen von dem Heldenmut, dessen Zeugin sie gerade geworden war.

Abschied

Anna hatte nach langem Hin und Her beschlossen, Louis nach England zu begleiten, und sie fühlte sich unendlich erleichtert. Der König lehnte ihr Vorhaben grundweg ab und wollte an die Möglichkeit, daß sie Bangkok verließ, nicht einmal denken, geschweige denn darüber reden.
»Mem, Sie sind faul! Sie sind undankbar!« sagte er jedesmal vorwurfsvoll, wenn sie das Gespräch vorsichtig darauf lenkte. Warum ausgerechnet er sie als undankbar ansah, wo er ihr doch die versprochene Gehaltserhöhung nie gegeben, hatte, war Anna ein Rätsel. »Ich brauche Sie«, betonte er, und damit war die Sache für ihn erledigt. Nach sechs Monaten gab er schließ-

lich widerwillig seine Zustimmung, und selbst dann durfte sie Siam nur verlassen, wenn sie versprach, nach sechs Monaten wieder zurückzukehren. Dies konnte sie nur bedingt zusichern, da ihr Gesundheitszustand so labil war, daß diese Zeit kaum ausreichen würde, um sie vollkommen wiederherzustellen.
Fünf Jahre waren vergangen, seit sie Avis, die inzwischen zwölf war, nach England geschickt hatte. Louis, der nur ein Jahr jünger war, mußte in einem Internat untergebracht werden. Sie hatte mit Louis gut zehn Jahre in den Tropen verbracht, zehn harte Jahre, und sie beide benötigten endlich wieder die erfrischende Luft eines gemäßigten Klimas.
Gegen ihre Abreise aus Siam sprach allerdings die Tatsache, daß ihr Einfluß auf den König größer war als je zuvor. Ihre ständigen Streitigkeiten mit ihm schienen ihre Stellung gestärkt zu haben. Die drei Stunden, die sie jeden Abend mit Prinz Chulalongkorn in der Bibliothek seines neuen Rosengartenpalastes verbrachte, machten ihr den Abschied ebenfalls schwer. Er war zwar nicht mehr so sehr für Eindrücke empfänglich wie vor seinem Eintritt in das Noviziat, doch er folgte ihrem Unterricht nach wie vor mit größtem Interesse. An ein Erlebnis erinnerte sie sich noch nach Jahren mit großer Freude.
Der Prinz und sie hatten über Abraham Lincoln gesprochen. Die Geschichte des großen Menschenfreundes war dem Prinzen durch ihre zahlreichen Erwähnungen über all die Jahre hinweg bekannt. Er und die anderen älteren Schüler hatten die Proklamation der Sklavenbefreiung gelesen, und sie hatten den Verlauf des Bürgerkriegs bis zu seinem Ende verfolgt. An jenem Abend sprachen sie über den tragischen Tod des Präsidenten, der den jungen Prinzen zutiefst beeindruckt hatte. Er beugte sich über den Tisch, und seine Augen drückten eine Entschlossenheit aus, die Anna nicht mehr vergessen konnte.
»Mem cha«, sagte er, »wenn ich jemals über Siam regieren sollte, werde ich über ein freies und nicht über ein unterdrücktes Volk herrschen. Es wird mein ganzer Stolz sein, die ursprüngliche

Verfassung dieses Königreichs wiederherzustellen, die vor vielen Jahrhunderten beschlossen wurde, als es von einer kleinen Buddhistenkolonie gegründet wurde. Sie flohen aus ihrer Heimat Magadan, um den Verfolgungen durch die Brahmanenpriester zu entgehen und kamen nach Siam. Sie nannten das Land, das sie als ihre neue Heimat erwählt hatten, *Muang Thai*, das ›Land der Freien‹. Vielleicht kann ich es eines Tages sogar wieder zu dem Land der Freien machen.«

Anna blickte auf das vor Erregung glühende Gesicht des Jungen und hoffte, daß sein Traum eines Tages Wirklichkeit werden würde. Im Gegensatz zu seinem Vater hatte Prinz Chulalongkorn sehr fortschrittliche Ansichten und blickte voller Zuversicht in die Zukunft. Dies war zu einem erheblichen Teil Annas Verdienst, und sie freute sich sehr darüber. Ob er wirklich eines Tages zum König werden würde, war noch ungewiß, er würde in seinem Leben sicher noch einige Schattenseiten kennenlernen und schwierige Situationen meistern müssen.

Licht und Schatten! So war es von Anfang an gewesen, und so war es bis zum Ende geblieben. War das wenige Gute, das sie hatte tun können, den hohen Preis wert? Sie hatte L'Ore gerettet, aber Tuptim verloren. Manchmal zweifelte Anna ernsthaft daran, ob das wenige, das sie erreicht hatte, die Qualen aufwog, wenn sie mal wieder erkannte, daß sie all die schrecklichen Dinge nicht aus der Welt schaffen konnte. An manchen Tagen fühlte sie sich niedergeschlagen und hilflos, an anderen erfüllte die Befriedigung über noch so kleine Erfolge sie mit Kraft.

Was die Lage Siams betraf, schrieb Anna, kurz bevor sie Bangkok verließ:

»*Der körperliche und geistige Gesundheitszustand des Königs verschlechtert sich unglaublich schnell, und auch sein Regime weist deutliche Anzeichen der Schwäche auf, wenn er weiter seine eigenen Wege geht. Alle wesentlichen Erfolge seiner Herrschaft sind auf die Fähig-*

keiten und die Tatkraft seines Premiers, Phya Kralahome, zurückzuführen, und selbst dessen Macht hat gelitten. Literatur und Künste sind rückläufig, das Kunstgewerbe hat viel von seiner Bedeutung verloren, und die gesamte Nation hat sich dem Spielteufel verschrieben. Die Regierung hat zwar bedeutende Reformen durchgeführt, doch die Lage der Sklaven ist derart schlecht, daß sie Erstaunen und Schrecken hervorrufen muß. Wie das endgültige Schicksal Siams unter diesem verabscheuenswerten System aussehen mag und ob es sich jemals von den Fesseln befreien wird, kann niemand erraten.«

Wann immer sie an Prinz Chulalongkorn und andere Schüler dachte, die zur neuen Generation, zur Zukunft dieses Landes gehörten, stieg ein wenig Hoffnung in ihr auf. Wann immer sie über den Heldenmut von Frauen wie Mae Pia und Tuptim, die beständige Freundlichkeit Lady Thiangs oder den Idealismus von Lady Son Klin nachdachte, glaubte sie an eine Zukunft für dieses Land. Doch das System, unter dem sie lebten! Das war das ganze Übel!
Ihre persönlichen Erfolge kamen ihr eher unbedeutend vor, und doch machte sie jeder einzelne glücklich. Sie war sehr dankbar, daß sie die kleine Mae Khao ihrem Vater zurückgegeben hatte. Das weiße Baby, das sie damals auf der Auktion erworben und gleich darauf bei ihrem Sturz in den Fluß wieder verloren hatte, tauchte später auf unerwartete Weise wieder auf. Anna und Louis waren eines Abends ausgeritten, als sie Monthani mit Mae Khao in den Armen begegneten. Sie hatte inzwischen einen chinesischen Kaufmann geheiratet, der sie sehr gut behandelte und das Kind wie sein eigenes betrachtete. Anna drängte Monthani, sie mit Mae Khao einmal zu besuchen, und am nächsten Donnerstag kamen sie auch. Anna wusch das kleine Mädchen, schenkte ihr englische Kleider, Schuhe und Strümpfe und schmückte ihr Haar mit einem blauen Band. Mutter und Kind

kamen seit jenem Tag immer wieder zu Besuch. Schließlich konnte Anna mit Hilfe J. C. Campbells, des Zollinspektors, Captain George Davis ausfindig machen. Er überredete seine frühere Frau, ihm die kleine Tochter zu überlassen, gab seine Stelle auf und kehrte mit dem Mädchen nach England zu seiner Mutter zurück. Ein Jahr später erhielt Anna einen Brief aus Liverpool, in dem er ihr berichtete, daß sein kleines Mädchen bei seiner Mutter sehr glücklich sei. Vor wenigen Tagen sei Mae Khao nach der Frau, die sie ihrem Vater wiedergegeben habe, Anna Harriette getauft worden. Wenn Anna einmal erwachsen sei, wolle er ihr die Geschichte von ihrer Versteigerung und der englischen Dame, deren Namen sie trug, erzählen. Er fügte noch hinzu, er werde Annas Güte niemals vergessen.

Während ihres letzten Jahres in Siam ereignete sich etwas, das Anna mehr berührte als alle anderen Erlebnisse. Am 3. Januar lud Lady Son Klin sie zu einem Festmahl ein. Wie gewöhnlich unterzeichnete sie ihre Einladung mit Harriet Beecher Stowe. Das Schreiben selbst war nicht ungewöhnlich, doch Lady Son Klin veranstaltete einen unglaublichen Wirbel um die Einladung. Sie schickte Anna mehrere Boten, die sie an das Festmahl erinnerten und sie immerzu auf dessen Wichtigkeit hinwiesen. Schließlich war Anna davon überzeugt, daß sie eine besondere Unterhaltung geplant haben mußte.
Anna fand Lady Son Klins kindisches Verhalten, das sehr typisch für sie war, einfach köstlich. Sie war eine sehr gescheite, taktvolle Frau, doch ihre Naivität stand in seltsamem Gegensatz zu ihrem Scharfsinn. Ihre Übersetzung von *Onkel Toms Hütte* war schließlich ein eindeutiger Beweis für ihre Begabung. Doch sie konnte andererseits keine klare Trennungslinie zwischen ihrer und Annas Religion ziehen. Als sie die Bergpredigt gelesen und übersetzt hatte, rief sie plötzlich aus: »Oh, Ihr heiliger Phra Jesus ist einfach wunderbar! Wir müssen einander versprechen, daß Sie – wann immer Sie zu ihm beten – ihn Buddha,

den Erleuchteten, nennen werden, und wenn ich zu Buddha bete, werde ich immer Phra Jesus Karuna, sanfter und heiliger Jesus, zu ihm sagen. Bestimmt sind die beiden ein und derselbe Gott!«

An jenem Januartag zogen Anna und Louis nach der Schule zur Ehre der Freundin ihre besten Kleider an. Lady Son Klin steckte bereits den Kopf aus dem Fenster und hielt nach ihnen Ausschau. Als sie endlich kamen, lief sie ihnen freudestrahlend entgegen und begrüßte sie herzlich.

Das Festmahl wurde im Studierzimmer serviert. Da zwei Schwestern Lady Son Klins auch daran teilnahmen, aber nur fünf Stühle um den Tisch standen, mußten sich Prinz Krita und Louis einen Stuhl teilen. Sklavinnen, die rund um den Tisch knieten, reichten ihnen kleine silberne Tabletts. Zuerst gab es Fisch, Reis, Gelee und leckere Süßspeisen, dann verschiedene Gemüse, später folgten Fleisch, Wildbret und Geflügel aller Art. Süße Getränke, Eingemachtes und Früchte bildeten den Abschluß der Mahlzeit.

Nach diesem wahrhaft verschwenderischen Festmahl folgten die künstlerischen Darbietungen. Das musikalische Programm wurde nicht nur von talentierten Sklavinnen, sondern auch von Lady Son Klin und ihren Schwestern bestritten. Die Atmosphäre war noch immer seltsam gespannt, und Anna schloß daraus, daß auch die Musik nur ein Vorspiel zu etwas anderem war. Nach dem Ende der musikalischen Darbietungen erhob sich Lady Son Klin und führte Anna in ihren Garten.

Hier knieten in langen Reihen hundertzweiunddreißig Männer, Frauen und Kinder – all ihre Sklaven und Sklavinnen, die in vollkommen neue Gewänder gekleidet waren. Sie schienen vor Erregung über ein gemeinsames Geheimnis zu zittern, und auch Lady Son Klins Hand auf Annas Arm bebte. Lady Son Klin blickte von ihrem Vorplatz aus auf die Knienden und lächelte sie an. Die Frauen trugen geblümte Kattun-Panungs, die Gewänder der Männer glänzten in den gleichen bunten Farben, nur ohne Blumenverzierungen, und die Kinder trugen die buntesten Kleider, die in den Geschäften von Bangkok erhältlich waren.

Lady Son Klin blickte Anna mit leuchtenden dunklen Augen an und begann zu sprechen. »Ich sehne mich danach«, sagte sie mit ihrer melodischen Stimme, »ebensogut zu sein wie Harriet Beecher Stowe. Ich will niemals wieder Menschen kaufen. Von diesem Augenblick an besitze ich keine Sklaven mehr, nur noch bezahlte Bedienstete. Ich gebe allen von euch, die ihr mir stets treu gedient habt, die Freiheit. Ihr könnt gehen oder bei mir bleiben, wie ihr wollt. Wenn ihr in eure Heimat zurückkehrt, bin ich glücklich. Seht, das hier sind die Dokumente, die ich gleich jedem von euch geben werde. Ihr seid frei! Wenn ihr bei mir bleiben wollt, werde ich noch froher sein. Und ich will jedem von euch jeden Monat, von diesem Tag an gerechnet, vier Ticals und Nahrung und Gewänder als Lohn zahlen.«

Anna stand still da. Ihre Kehle war wie zugeschnürt. Sie war vollkommen überrascht. Ihre harte Arbeit war durch das, was sie in dieser Nacht erlebt hatte, reichlich belohnt worden. Sicherlich war das ein gutes Vorzeichen für die Zukunft!

Anna hatte es immer wieder hinausgeschoben, den Frauen und Kindern von ihrer Abreise zu berichten, bis der Zeitpunkt fast gekommen war. An dem entscheidenden Tag hatte sie kaum den Mut, ihnen gegenüberzutreten. Die meisten von ihnen konnten nicht glauben, daß sie Siam tatsächlich verlassen wollte, doch als darüber kein Zweifel mehr bestand, überschütteten sie Anna mit Beweisen ihrer Liebe und Ergebenheit, und sie war davon völlig überwältigt. Viele sandten kleine Geldbeträge als Zuschuß für Annas Reise, selbst die ärmsten und niedrigsten Sklavinnen brachten Reiskuchen, getrocknete Bohnen und Zucker. Vergeblich versuchte Anna, ihnen so schonend wie möglich beizubringen, daß sie gar nicht alles mitnehmen könne. Doch sie erhielt ständig neue Geschenke, und sie hätte sicher alle Reisenden und die Besatzung des Schiffes mit Lebensmitteln versorgen können. Selbst Nai Lek, der Zwerg, brachte eine Gabe vorbei, eine Kokosnuß.

Der König hatte bis zum Morgen ihrer Abreise mürrisch geschwiegen, doch schließlich wurde er milde. Er umarmte Louis, schenkte ihm eine silberne Schnalle und eine Börse mit hundert Dollar, damit er sich unterwegs etwas kaufen könne. Dann wandte er sich an Anna und sagte: »Mem, Sie sind eine von meinem Volk, von allen Bewohnern des Palastes und allen Königskindern vielgeliebte Person. Ich bin zwar oft verärgert gewesen und heftig geworden, doch ich habe und hatte stets große Achtung vor Ihnen. Aber Sie sollen wissen, daß Sie eine schwierige Frau sind. Eines Tages werden Sie in meinen Dienst zurückkehren, denn ich habe jeden Tag mehr Vertrauen in Sie. Auf Wiedersehen.«

Anna konnte nicht antworten. Ihre Augen waren voller Tränen. Sie erkannte, daß all das, was sie niemals für möglich gehalten hatte, wahr geworden war. Sie und der König waren mehr als Dienstherr und Arbeitnehmerin, König und Erzieherin – sie waren Freunde.

Er begleitete sie in den Tempel, wo sie sich von den Frauen und Kindern verabschiedete. Sie knieten vor ihr nieder, dichtgedrängt in dem großen Raum, und weinten. Das war schon ergreifend genug, doch als sich der König zurückzog, erhoben sie sich, Prinzessinnen wie Sklavinnen, umarmten sie, drückten ihr Briefchen und letzte Geschenke in die Hand und machten ihr immer wieder Vorwürfe, weil sie fortging. Anna konnte es nicht länger ertragen. Sie eilte hinaus und rannte durch das Tor, durch das sie ihr nicht folgen konnten. Doch ihre Stimmen verfolgten sie, und die Frauen riefen: »Kommen Sie zurück! Kommen Sie zurück!« Und die Kinder fielen ein: »Mem cha, bitte gehen Sie nicht! Gehen Sie nicht fort, verlassen Sie uns nicht!«

Schließlich ging sie zu Prinz Chulalongkorn, das war der letzte und schwerste Abschied. Sie hatte ihm bereits viele ihrer ärmsten Bittsteller anvertraut, besonders den Chinesenjungen, den sie Timothy getauft hatte. Erst einige Tage vorher hatte ihr der Prinz in seinem besten Englisch einen kurzen Brief geschrieben:

Bangkok, 1. Juli 1867,
Meine liebe Mrs. Leonowens,
hiermit sende ich Ihnen eine Fotografie von mir, die Ihnen hoffentlich gefallen wird. Ich hoffe außerdem, daß Sie dieses Bild stets in Erinnerung an Ihren Schüler, den Sie für eine solch lange Zeit unterrichteten, aufbewahren werden.
Ich bitte Sie, das kleine Geschenk von dreißig Dollar anzunehmen, und zum Abschluß kann ich Ihnen nur eine angenehme und schnelle Reise nach Europa wünschen, und mögen Sie bei Ihrer Ankunft jede Freude haben.
Ihr treuer Freund
Chowfa Chulalongkorn

Sein Schmerz war zu tief, um ihn in Worte zu fassen. Er nahm ihre Hände in die seinen, und während er seine Stirn darauf legte, sagte er nach einer langen Pause: »Mem cha, bitte kommen Sie zurück!«
»Bewahren Sie sich Ihr tapferes und treues Herz, mein Prinz!« war alles, was sie antworten konnte.

Am 5. Juli 1867 verließen Anna und Louis Bangkok mit dem Dampfer *Chow Phya*. Da sie sich über ihre Zukunftspläne nicht im klaren war, hatte sie all ihre Möbel verkauft. Ihre europäischen Freunde begleiteten sie flußabwärts bis zum Golf. Dann waren sie allein auf dem großen Schiff, das sie vor fünf Jahren nach Bangkok gebracht hatte, und sie blickten zurück auf die Küste, die in der Ferne zu einem dünnen grauen Schatten zusammenschmolz.

Die Erfüllung

Im September traf Anna in England ein. Ende Oktober besuchte sie die irischen Verwandten ihres Gatten in der Grafschaft Wexford, brachte Louis in der Kingstown-Schule unter und reiste mit Avis nach New York. Der Arzt hatte ihr gesagt, daß sie ein milderes Klima als das von Irland oder England benötige, und das Ehepaar Cobbs – Mr. Cobbs hatte inzwischen geheiratet – drängte sie, in die Vereinigten Staaten zu kommen. Sie überlegte sich, daß sie von dort ebensogut wie von England aus nach Siam zurückkehren konnte.

Nachdem sie die Cobbs und die Mattoons, ihre alten Freunde aus Bangkok, besucht hatte, fuhr sie mit Avis in die Catskills, um die Bergluft zu genießen. Anna war von der tropischen Sonne braungebrannt, und auch ihre Kleider entsprachen nicht mehr der neuesten Mode. Bald schon munkelten die Dorfbewohner, sie sei die märchenhaft reiche Exkönigin von Syrien.

Anna fühlte sich trotz der Kälte sehr wohl. Die herrliche Landschaft, der teilweise zugefrorene Hudson und die endlose Weiße mit den blauen Schatten beeindruckten sie, da sie nie zuvor richtigen Schnee und Eis gesehen hatte. Eines Tages beschloß sie, ihre Erlebnisse in Siam in einem Buch festzuhalten.

Anna hatte dem König geschrieben und ihm die Bedingungen, unter denen sie nach Siam zurückkehren würde, mitgeteilt. Nach reiflicher Überlegung war sie zu dem Schluß gekommen, daß sie nicht zurückkehren konnte, wenn ihr Gehalt nicht angemessen und die Abmachungen klar waren. Louis war von ihrem Plan, ohne ihn zurückzukehren, sowieso nicht begeistert, was er ihr in einem besorgten Brief aus Irland darlegte. Vom König erhielt Anna Ende Mai Post, doch seine Antwort entsprach nicht ganz ihren Vorstellungen. Es war das letzte Schreiben, das Anna von ihm erhalten sollte.

8. Februar 1868
An Lady A. H. Leonowens und ihren Sohn, den lieben Louis.
Meine liebe Madam und Louis,
ich habe gerade Ihren Brief vom 2. November erhalten. Ich bin in diesen Wochen sehr beschäftigt, wie ich bereits in meinem letzten Schreiben erwähnte. Die sterblichen Überreste meines verstorbenen Sohnes wurden am 6. Februar verbrannt, und die Zeremonie der Weihung wird diesen Abend stattfinden.
Was Ihr Ansuchen betrifft, habe ich Phra Siam Thurabat, dem siamesischen Konsul in London, der morgen auf seinen Posten zurückkehren wird, einen Bescheid zukommen lassen. Ich kann Ihnen gerade nicht ausführlich schreiben, weil mir die Zeit fehlt. Ich möchte nur kurz sagen, daß ich Ihrem Ansuchen sehr gerne nachkommen will. Sollte es Ihnen allerdings nicht möglich sein, bald nach Siam zurückzukehren, könnten die Aus-

länder das Gerücht verbreiten, ich sei ein oberflächlicher Mann und geizig, was mir große Unannehmlichkeiten bereiten würde. Wenn Sie hier ankommen, kann ich Ihnen sofort den gewünschten Lohn von 200 Dollar gewähren, vielleicht auch mehr, wie Sie wünschen, vielleicht aber auch nicht.
Ihr treuer Freund
S.S.P.P. Mongkut, Rx.
am 6115. Tag seiner Herrschaft

Avis wurde plötzlich krank, und so mußte Anna die Rückkehr nach Siam für einige Monate verschieben. Anna schrieb dem König wieder und verschob ihre Entscheidung bis auf weiteres. Seine Majestät war den ganzen Sommer über mit den Vorbereitungen für eine Expedition nach Hua Wan im Süden des Landes beschäftigt, um eine totale Sonnenfinsternis beobachten zu können. Die französische Regierung hatte um Erlaubnis gebeten, eine Gruppe von Gelehrten nach Hua Wan entsenden zu dürfen, da man sich von dort den besten Blick auf das Naturereignis erhoffte. Auch Sir Harry Ord, der Gouverneur der britischen Kronkolonien, und Lady Ord reisten mit ihrem Gefolge aus Singapur dorthin. Die britischen und französischen Konsuln und andere prominente Europäer aus Bangkok gehörten ebenfalls zu den Gästen der siamesischen Regierung. Nachdem der König und sein Gefolge wieder nach Bangkok zurückgekehrt waren, klagte er über starke Kopfschmerzen. Einige Wochen später stellten die Ärzte fest, daß er ernstlich, vielleicht sogar tödlich erkrankt war. Dr. Campbell und Dr. Bradley wurden an sein Krankenbett gerufen, und beide wollten sein Fieber mit Chinin bekämpfen. Seltsamerweise wurde ihm das Chinin nie verabreicht, und er starb plötzlich am 1. Oktober 1868. Nur Phya Burut, ein adoptierter Sohn, den er immer Pheng Napoleon nannte, war in seinen letzten Stunden bei ihm.
Am frühen Abend hatte er noch die Minister und Krom Luang

Wongsa empfangen. Der König, der bereits eine Abschiedsbotschaft an den buddhistischen Orden diktiert hatte, spürte die Nähe des Todes. Er hatte seinen Ministern feierlich aufgetragen, sich um seinen ältesten Sohn, Prinz Chulalongkorn, und um das Königreich zu kümmern. Er hatte sie nicht gebeten, den Prinzen zu seinem Nachfolger zu wählen, doch seine diesbezüglichen Wünsche waren allen bekannt. Und so sagte er nur, daß er hoffe, der Senabodi würde jemanden zu seinem Nachfolger wählen, der allen Parteien des Königreichs genehm sei, damit nach seinem Tod kein Bürgerkrieg ausbrechen werde.
Er sagte ihnen, daß sein Ende nahe, und beschwor sie, sich nicht dem Schmerz zu überlassen, wenn er von ihnen scheiden würde. Dann wandte er sich einer kleinen Buddhastatue zu und lag in stille Betrachtung vertieft da. Seine Stimme war so kräftig gewesen und er schien so weit von der Stunde des Todes entfernt zu sein, daß die Minister sich zurückzogen. Der Kralahome ging sogar in seinen Palast, um sich einige Stunden auszuruhen, und so saß Phya Burut allein bei dem sterbenden König.

Anna kehrte niemals nach Siam zurück.
Obwohl der König Anna und Louis in seinem Testament großzügig bedacht hatte, erhielten sie keine Erbschaft, da die Testamentsvollstrecker ihren Anteil zurückhielten. Anna und Louis erfuhren auch nur durch eine Mitteilung von Freunden am Hof davon, die ihnen über die näheren Umstände schrieben.
In der Nacht, als der König gestorben war, wählte der Senabodi Prinz Chulalongkorn zu seinem Nachfolger. Der Prinz hatte am gleichen Fieber gelitten, kam aber allmählich wieder zu Kräften und wurde am 11. November im Alter von fünfzehn Jahren gekrönt. Jeder, der ihn sah, war von seinem vornehmen, ruhigen Auftreten und von seiner Schlichtheit beeindruckt.
Die Regierungsgewalt würde er allerdings erst mit Erreichen seiner Volljährigkeit erhalten. Dennoch erlaubten ihm der Senabodi und der Kralahome, der als Regent amtierte, eine Amne-

stie für alle politischen Gefangenen zu proklamieren. Der junge König tat von Anfang an ruhig und entschlossen seine Ansichten über die Zukunft des Königreichs kund. In seiner zweiten Proklamation kündigte er die Glaubensfreiheit an, was ein Musterbeispiel an religiöser Toleranz darstellte.

Das Problem der Sklaverei war bedeutend schwieriger zu lösen. Der Reichtum der mächtigsten Adeligen des Landes beruhte auf den Tausenden von Leibeigenen und Sklaven, die zu ihrer Verfügung standen. Daher verfolgten sie jeden Versuch, dieses für sie so einträgliche System zu zerstören, mit großem Argwohn. Aus den Briefen, die Anna regelmäßig von ihren Freunden erhielt, ging hervor, daß der König diese Angelegenheit sehr mutig und dennoch taktvoll anging. Anna hatte ebenfalls gehört, daß er erklärt hatte: »Ich sehe keine Hoffnung für unser Land, solange es nicht von dem Makel der Sklaverei befreit ist.« Seine Berater waren von der Leidenschaftlichkeit des Königs zwar beeindruckt, doch nicht wirklich überzeugt. Der Kralahome hielt ihm oft entgegen: »Es ist unmöglich, eine Nation von der Sklaverei zu befreien, ohne den Staat und die Sklavenhalter unnötigen Gefahren und Risiken auszusetzen. Unter den bestehenden Gesetzen kann Siam das System der Sklaverei nicht aufgeben, ohne gegen die Verfassung zu handeln.«

»Gut«, antwortete der König, »dann belassen wir es für den Augenblick dabei. Doch meine Sklaven, meine Soldaten und meine Schuldner sind mein persönliches Eigentum, und ich werde sie freilassen, was immer meine Minister auch tun mögen. Was mich angeht, soll kein Mensch jemals wieder in meinem Namen oder mit meinem Zeichen gebrandmarkt werden!« Nach weiteren langwierigen Verhandlungen stimmten der Regent und der Rat grundsätzlich einer allmählichen Abschaffung der Sklaverei zu. Die erste öffentliche Ankündigung dazu wurde vom König persönlich gehalten. Er gab vor den wichtigsten Regierenden, den Gouverneuren und Richtern des Volkes seine revolutionäre Erklärung ab.

Erst im Jahre 1905 wurde die endgültige feierliche Proklamation erlassen, mit der die Leibeigenschaft und die Sklaverei beendet wurden. Doch immer blieb der König seinem Entschluß, den er Anna einst mitgeteilt hatte, treu: »Wenn ich lebe, um über Siam zu regieren, werde ich über eine freie und nicht über eine versklavte Nation herrschen.«
Lady Son Klin schrieb ihr voller Erregung aus Bangkok:

11. *November 1872*
An Lady Leonowens
Meine liebe Freundin und Lehrerin, meine Gute,
Sie werden uns nicht wiedererkennen, wir haben uns so sehr verändert und sind jetzt ein freies Volk. Einige der Freien wollen ihre Herren und Gebieterinnen gar nicht verlassen, sie weinen nur vor Glück, doch die meisten laufen davon wie wilde Rehe und sind vor Freude außer sich.
Meine beiden Schwestern und ich sind überglücklich, und wir wollen es gar nicht laut sagen, aus Angst, daß alles nur ein schöner Traum war.
Ich bete zu meinem Gott, daß er Sie und Ihre Kinder behüten möge und Ihr gutes Werk segne.
Kommen Sie bitte sehr bald zu uns zurück, wir benötigen Sie dringend. Ich bin wie eine Blinde. Lassen Sie mich nicht in der Dunkelheit umherirren. Kommen Sie und führen Sie mich auf den richtigen Weg zurück.
Ihre Sie liebende Schülerin
Son Klin Harriet Beecher Stowe

Im Jahr 1873, als König Chulalongkorn volljährig wurde, dankte er dem Brauch entsprechend für kurze Zeit ab und trat für fünfzehn Tage in den Priesterstand. So wurde streng nach der Tradition die neue Krönung möglich, die am 16. November 1873 stattfand.

An jenem Morgen schmetterten die Trompeten hinter den hohen weißen Mauern des Palastes, und auch das unaufhörliche Donnern der Kanonen ließ die Bevölkerung Bangkoks wissen, daß ihr König wiedergekrönt worden war. Die Prinzen und Adeligen hatten sich mit gesenktem Kopf auf dem mit Teppichen bedeckten Fußboden der Audienzhalle niedergeworfen. Nachdem der betäubende Lärm verstummt war, betrat Seine Majestät die Plattform des Throns, um die erste Proklamation seiner neuen Herrschaft zu verlesen. Es war ein Edikt, welches das Ende der Sitte des Niederwerfens verkündete.
Als der König das Edikt verlesen hatte, machten die Prinzen, Adeligen und Minister drei tiefe Selams, wie es der Brauch war, erhoben sich dann und standen zum erstenmal aufrecht vor ihrem Herrscher.
Mit seinen Reformen erfüllte der König alle Hoffnungen, die Anna in ihn gesetzt hatte. Er gab ihr das Gefühl, daß ihre Arbeit in Siam nicht vergeblich gewesen war.

Anna selbst war sehr mit ihrem neuen Leben beschäftigt. Ihr erster Aufsatz, der einige ihrer Erlebnisse am Hof des Königs Mongkut beschrieben hatte, war im Juni 1869 in der Zeitschrift *Atlantic Monthly* erschienen. Zwei Bücher, *Als englische Erzieherin am Siamesischen Hof* und *Die Romantik des Harems,* folgten dieser Veröffentlichung, und sie wurde zu einer Reihe von Vorträgen eingeladen. Sie hatte Gelegenheit, die bedeutendsten Persönlichkeiten des literarischen Lebens von New York kennenzulernen, die sie schon so lange bewundert hatte. Im Jahr 1872 lernte sie sogar Harriet Beecher Stowe kennen. Sie schrieb Avis, daß Mrs. Stowe, »eine starke, doch schlichte, sehr gut gekleidete Frau«, sie herzlich umarmte, als würden sie sich schon seit vielen Jahren kennen.
Die Jahre vergingen schnell. Anna hatte immer wieder finanzielle Sorgen, doch viele andere Dinge entschädigten sie dafür. Avis schloß die Schule ab und eröffnete einen Kindergarten in

New York. Anna fuhr fort zu schreiben, zu lehren und Vorträge zu halten, bis Avis irgendwann Mr. Thomas Fyshe, einen jungen schottischen Bankier, heiratete und im Jahre 1878 nach Halifax übersiedelte. In ihrem kanadischen Zuhause verbrachte Mrs. Leonowens den Rest ihres Lebens.

Louis hatte die Schule in Irland längst verlassen und war in die Vereinigten Staaten gekommen. Es gefiel ihm allerdings nicht sehr gut in der »Neuen Welt«, und er reiste weiter nach Australien, wo er schließlich in den Polizeidienst eintrat. Sein ruheloses Wesen fand auch hier keinen Frieden, und er kehrte 1882 nach Siam zurück. König Chulalongkorn verlieh ihm den Rang eines Kavallerieoffiziers, und er ließ Mrs. Leonowens durch den siamesischen Konsul wissen, wie glücklich er darüber war. 1881, nach der Ermordung Alexanders II., fuhr Anna für die Zeitschrift *The Youth Companion* nach Rußland, um eine Artikelserie zu schreiben. Die Redaktion bot ihr sogar eine feste Stelle an, doch sie lehnte ab. So gerne sie auch New York und Boston mochte, zog sie es doch vor, die Zeit mit ihren Enkelkindern zu verbringen.
Während eines kurzen Aufenthalts in New York traf sie Prinz Krita wieder. Son Klins Sohn trug nun den Titel »Seine Königliche Hoheit Prinz Nares« und war siamesischer Botschafter in England. Er war mit einem besonderen Auftrag nach Amerika gekommen und hatte sie rechtzeitig wissen lassen, daß er sie sehen wollte. In ihrem Brief vom 19. Mai 1884 berichtete sie Avis glücklich und zufrieden über ihr Wiedersehen mit dem Prinzen:

> *»Ich bin sofort nach dem Frühstück in das Fifth Avenue Hotel gegangen, in dem die Gesandtschaft abgestiegen war, und habe meine Karte hinaufgeschickt. Mr. Loftus, ein sehr höflicher englischer Gentleman und der Dolmetscher und Privatsekretär des Prinzen, führte mich sofort in dessen Salon. Ich hatte kaum Platz genommen,*

als der liebe Krita Phinihan auch schon hereinstürmte, seinen Arm um meinen Hals legte und mich küßte, wie er es als kleiner Junge immer getan hatte. Ich war ganz überwältigt vor Freude über diesen enthusiastischen Empfang. Der Prinz und ich plauderten die ganze Zeit über Siam. Er sagte, daß ich das Land und die Menschen kaum wiedererkennen würde, so sehr habe sich alles verändert. Das Niederwerfen, die Sklaverei, die Einkerkerung von Frau und Kind für die Schuld des Gatten oder des Vaters seien jetzt abgeschafft, neue Straßen und Kanäle seien gebaut, und die Schulen, in denen europäische und orientalische Wissenschaften gelehrt werden, würden vom Staat finanziert. Er hat sogar betont, daß all dies nur das Ergebnis meiner Erziehung sei. Du kannst Dir sicher meine Freude vorstellen, als er mir dieses Kompliment machte. Ich erkundigte mich auch nach jedem einzelnen meiner Schüler und freute mich zu erfahren, daß zehn Prinzen einflußreiche Stellungen innehaben und er selbst Minister des Äußeren ist. Er teilte mir außerdem mit, daß Louis gute Arbeit verrichte, daß seine Leute ihm ergeben seien und er die siamesische Sprache in Wort und Schrift beherrsche. Er sagte mir, der König habe ihn gebeten, sich nach mir zu erkundigen und er fügte hinzu: ›Mem, wenn Sie jemals Geld benötigen, müssen Sie es Seine Majestät nur wissen lassen, denn er hat gesagt, Sie hätten ihm alles Gute, das er gelernt hat, beigebracht.‹«

Dreißig Jahre nachdem sie Siam verlassen hatte, sah Anna Leonowens ihren besten Schüler wieder. Sie fuhr mit ihren Enkelkindern nach Leipzig, als König Chulalongkorn in London eintraf. Am 19. August 1897 um zwei Uhr nachmittags hatte sie eine Unterredung mit ihm, und auch diesen denkwürdigen Tag sollte sie so schnell nicht vergessen.

Der König hatte inzwischen seit neunundzwanzig Jahren über Siam geherrscht, und er war ein ernster, ruhiger, entschlossener Mann, der trotz großer Widerstände schon vieles erreicht hatte. Die Adeligen, deren Privilegien er stark eingeschränkt hatte, bekämpften ihn heimlich, die Franzosen hatten ihre Raubzüge fortgesetzt, und trotzdem hatte er an seinen Reformen festgehalten. Im ganzen Königreich waren Schulen gebaut worden, die Missionare wurden bei ihren Bemühungen, Spitäler zu gründen, in jeder Hinsicht ermutigt. Auch das Transportwesen war stark verbessert und eine Reform der Gerichtshöfe war durchgeführt worden. Allmählich traten immer mehr geschulte Beamte an die Stellen der alten Würdenträger. Das ganze Regierungssystem war gründlich modernisiert worden. Junge Männer wurden zu Studienzwecken ins Ausland gesandt, und Lehrer aus Europa und Amerika wurden nach Siam eingeladen. Bereits zu König Chulalongkorns Lebzeiten behaupteten die Siamesen, er sei der beste König, den das Land jemals gehabt habe. Wenn er an der Spitze einer Prozession in den Straßen Bangkoks erschien, streuten sie Blumen und Reis auf seinen Weg – die höchste Ehrenbezeugung.

Er war seinem Entschluß, ein freies Siam zu schaffen, stets treu geblieben. Sicherlich gab es noch viel zu tun, doch die Entwicklung der Dinge versprach eine verheißungsvolle Zukunft für das Land.

Anna blickte ebenfalls voller Zuversicht in die Zukunft des Landes, in dem sie ihre schwierigsten Jahre verbracht hatte, und war sehr zufrieden.